HARA-HARA SENSEI

DIE TICKENDE ZEITBOMBE

2

YANAGI TAKAKUCHI

CHARACTERS

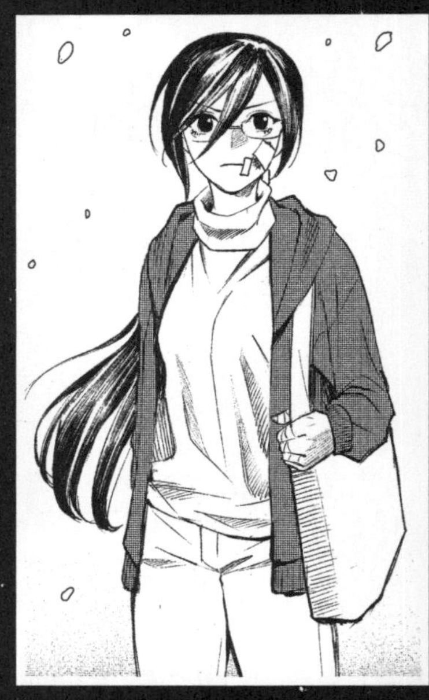

AZUSA TSUKUMO

CHEMIELEHRERIN AN EINER BRENNPUNKTSCHULE IN IHRER HEIMATSTADT TOCHIGI. DEN TRAUM, WISSENSCHAFTLERIN ZU WERDEN, HAT SIE ZUTIEFST GEKRÄNKT AUFGEGEBEN, NACHDEM IHR PROFESSOR UND GROSSES VORBILD IHRE FORSCHUNGSERGEBNISSE ALS DIE SEINEN AUSGEGEBEN HATTE.

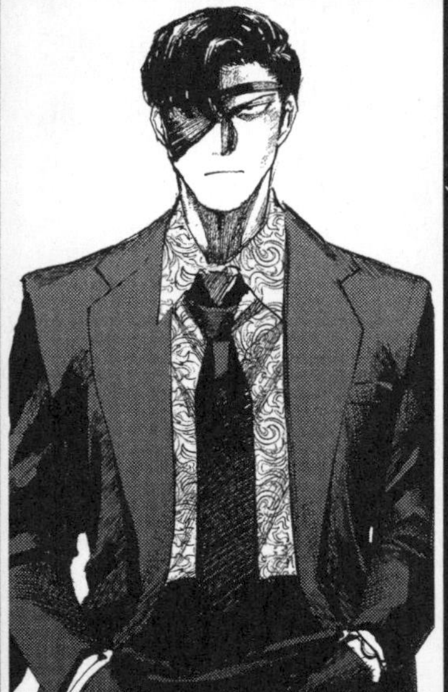

YOROIZUKA

MITGLIED DER RYUO-KOGYO-GANG. ER IST STOLZ AUF SEINE UNSCHLAGBARE STÄRKE IN GANG-FIGHTS UND EIN HEISSBLÜTIGER KÄMPFER, ABER AUCH VERSCHLAGEN UND GERISSEN. ER IST GANGSTER GEWORDEN, UM DEN MORD AN SEINEM KLEINEN BRUDER ZU RÄCHEN.

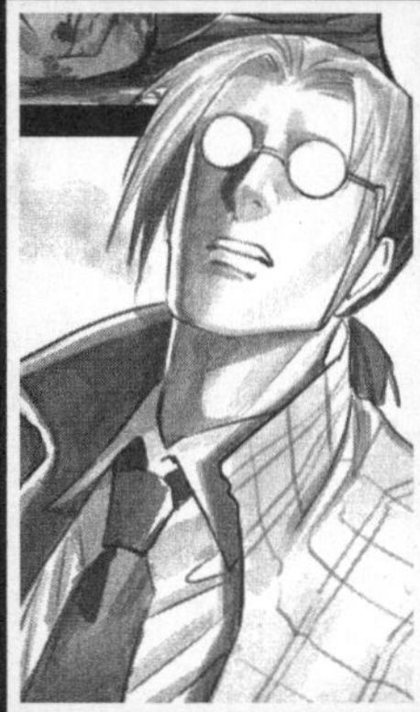

KASHIRA

JUNGBOSS DER RYUO-KOGYO-GANG. ER LÄSST SICH IMMER WIEDER VON YOROIZUKAS UNKONTROLLIERTEN GEWALTAKTIONEN ÜBERRUMPELN, BESITZT ABER DIE GRÖSSE, YOROIZUKA ZU AKZEPTIEREN, WIE ER IST.

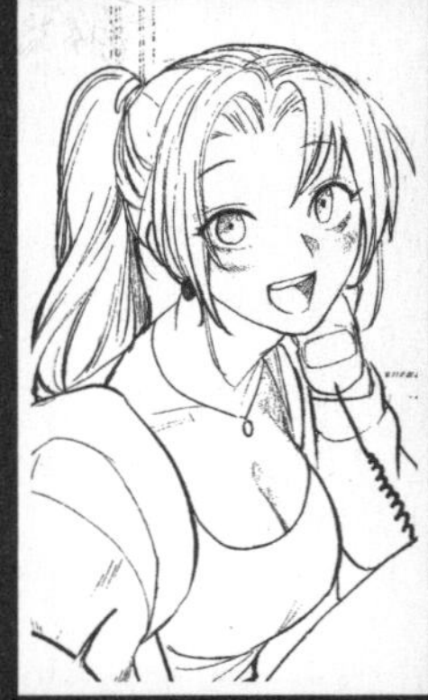

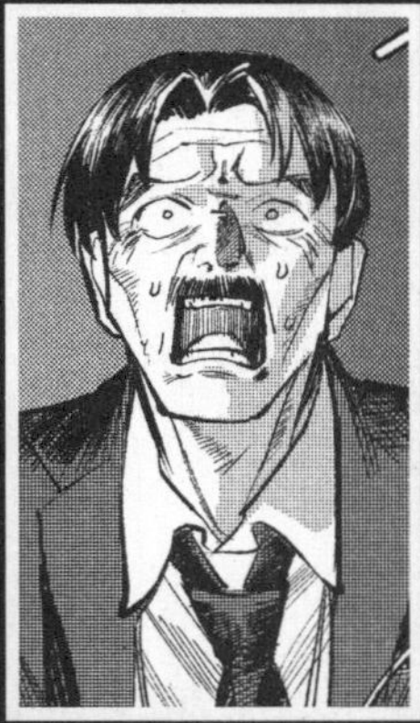

BOSS DES OE-CLANS

ZENTRALE FIGUR DES KINDERHÄNDLERRINGS, VON DEM YOROIZUKA ALS KLEINER JUNGE GEFANGEN GEHALTEN WURDE. ER HAT AUCH SEINEN KLEINEN BRUDER AUF DEM GEWISSEN.

RUKA TSUKUMO

AZUSAS JÜNGERE SCHWESTER. SIE IST MIT IHRER LEBHAFTEN UND EXTROVERTIERTEN ART DAS GENAUE GEGENTEIL VON AZUSA. EIN HILFERUF AM TELEFON WAR DIE LETZTE SPUR VOR IHREM VERSCHWINDEN.

STORY

Die schüchterne und ängstliche Azusa Tsukumo quält sich als Chemielehrerin durch die zähen Schultage mit Problemschülern auf dem Land.
Als aber ihre jüngere Schwester und einzige lebende Verwandte Ruka spurlos verschwindet, ändert sich Azusas Alltag drastisch.
Auf der Suche nach Ruka begibt sie sich auf eigene Faust in einen Club im Vergnügungsviertel Kabukicho in Tokyo, in dem Ruka zuletzt gearbeitet hatte, und wird dort von Yoroizuka und seinen Leuten bedroht, die selbst fieberhaft nach Ruka suchen. Doch Azusa stellt sich den Yakuza mit einer selbstgebauten chemischen Bombe entgegen und steht ihnen damit an entschlossener Grausamkeit in nichts nach. Sie erfährt von Yoroizuka, dass die Kumayama-Gang Informationen über Rukas Aufenthaltsort haben soll und beschließt, unter Einsatz einer von ihr hergestellten chemischen Waffe, mit ihm zusammenzuarbeiten, um Rukas Verbleib herauszufinden. Doch Azusa muss feststellen, dass sie von Yoroizuka belogen wurde - er hat sie nur ausgenutzt, um durch Auslöschung der rivalisierenden Gang seine Machtposition auszubauen - die Informationen über Ruka existieren nicht.
Azusa erfährt, dass ein großer Konzern mit engen Verbindungen zum Tokyoter Oe-Clan eine Milliarde Yen für Rukas Auffinden bietet. Azusa ist wild entschlossen Ruka zu finden und verabreicht Yoroizuka eine chemische Droge, die ihm keine Wahl lässt, als zuzustimmen, ihr zu helfen. Beide schwören einander, sich für ihre jeweiligen Ziele noch einmal zusammenzutun.

Story und Zeichnungen
YANAGI TAKAKUCHI

Übersetzung
DOROTHEA KLEPPER

Lettering
ANDREA RENZONI

INHALT

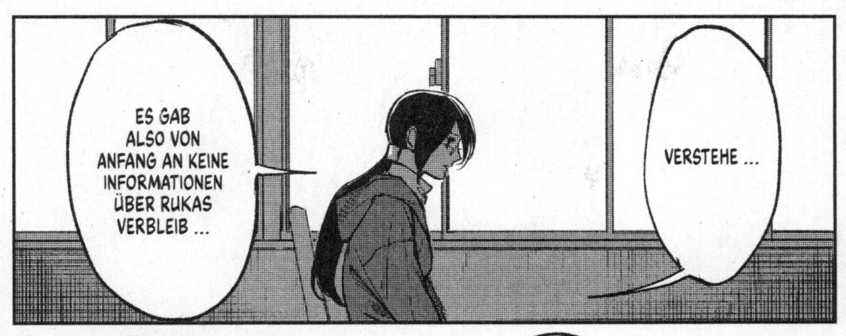

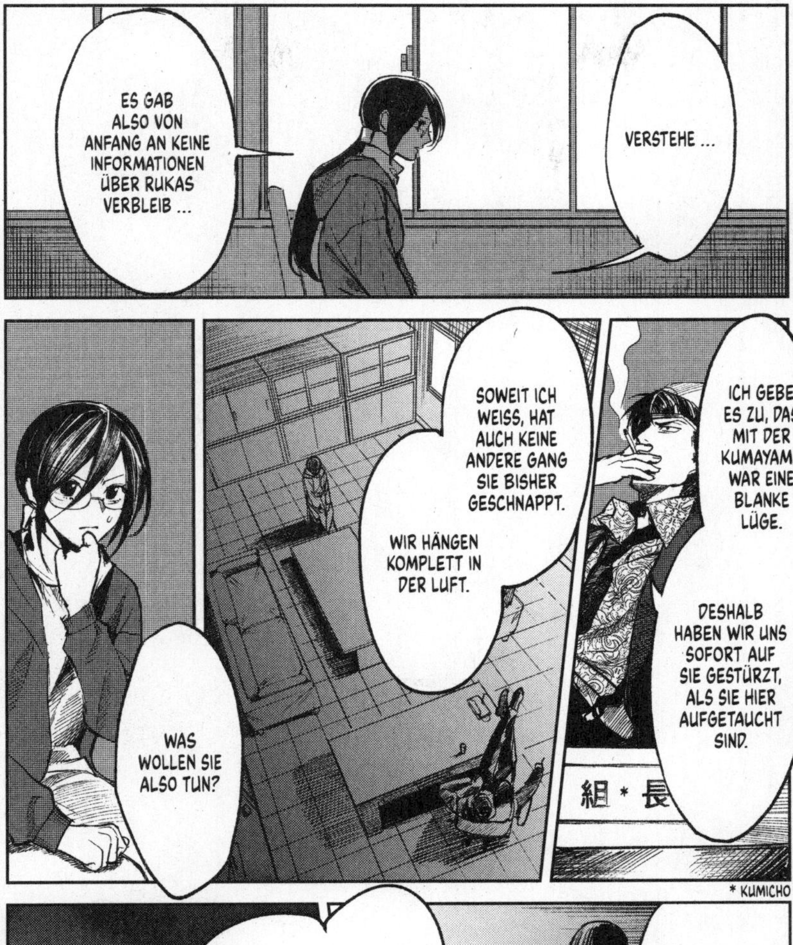

* KUMICHO

** KYODO

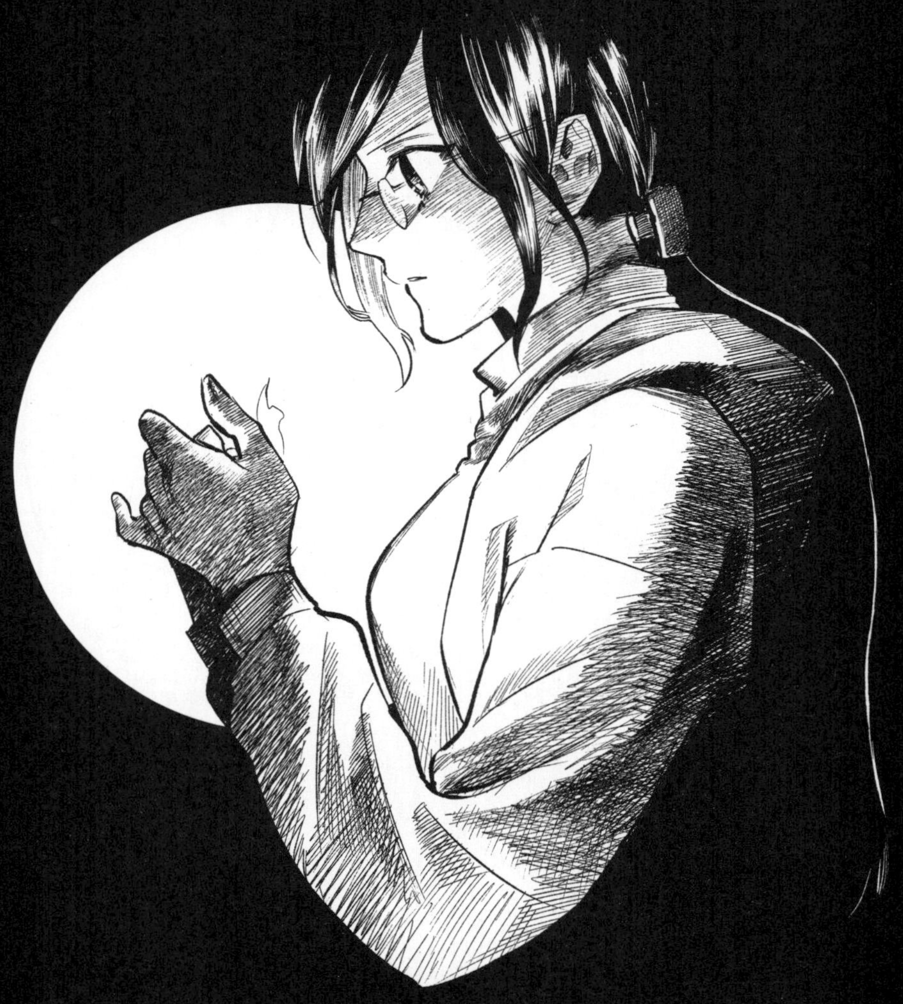

KAPITEL 7

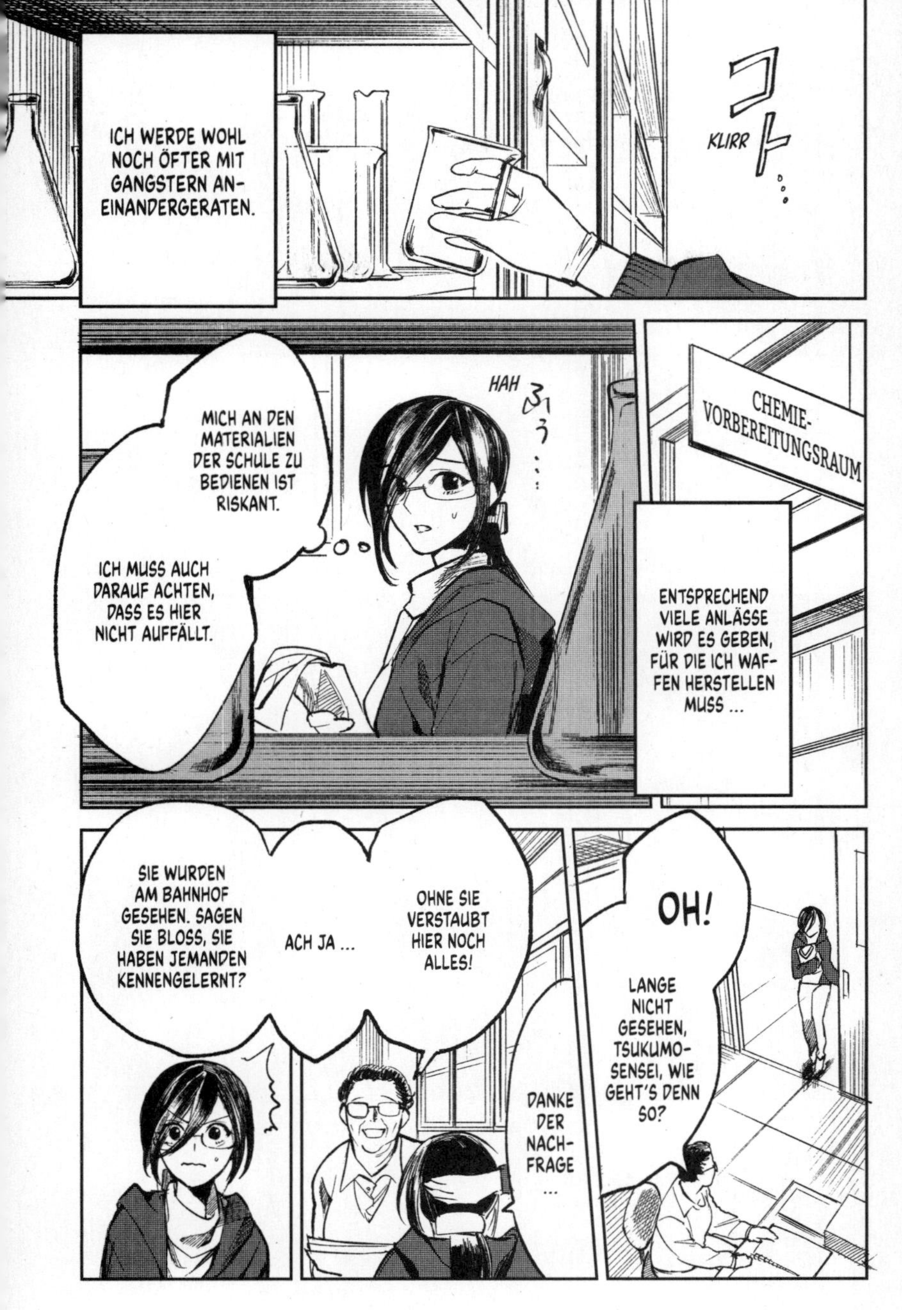

コト…
KLIRR
ICH WERDE WOHL NOCH ÖFTER MIT GANGSTERN ANEINANDERGERATEN.
CHEMIE-VORBEREITUNGSRAUM
ENTSPRECHEND VIELE ANLÄSSE WIRD ES GEBEN, FÜR DIE ICH WAFFEN HERSTELLEN MUSS …
ふぅ…
HAH
MICH AN DEN MATERIALIEN DER SCHULE ZU BEDIENEN IST RISKANT.
ICH MUSS AUCH DARAUF ACHTEN, DASS ES HIER NICHT AUFFÄLLT.
OH!
LANGE NICHT GESEHEN, TSUKUMO-SENSEI, WIE GEHT'S DENN SO?
DANKE DER NACHFRAGE …
OHNE SIE VERSTAUBT HIER NOCH ALLES!
SIE WURDEN AM BAHNHOF GESEHEN. SAGEN SIE BLOSS, SIE HABEN JEMANDEN KENNENGELERNT?
ACH JA …

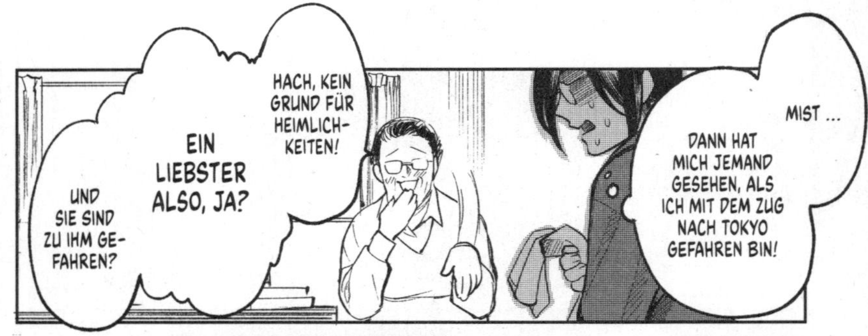
MIST …
DANN HAT MICH JEMAND GESEHEN, ALS ICH MIT DEM ZUG NACH TOKYO GEFAHREN BIN!
HACH, KEIN GRUND FÜR HEIMLICH-KEITEN!
EIN LIEBSTER ALSO, JA?
UND SIE SIND ZU IHM GE-FAHREN?
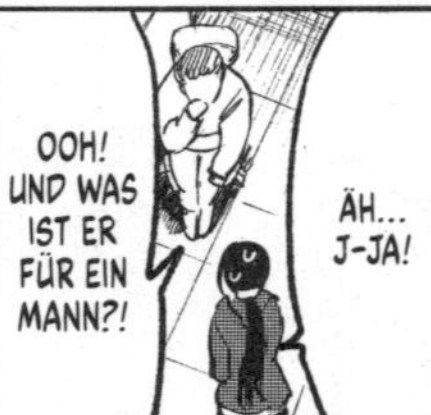
ÄH… J-JA!
OOH! UND WAS IST ER FÜR EIN MANN?!
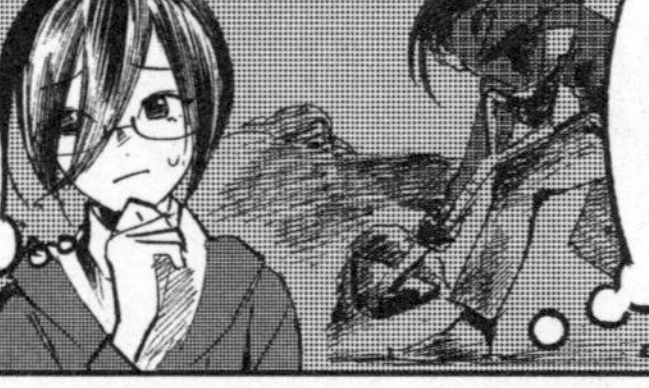
UUH… WAS SAG ICH DENN DA …?
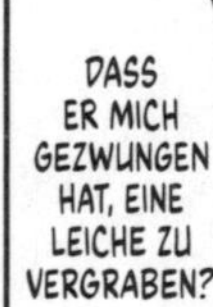
DASS ER MICH GEZWUNGEN HAT, EINE LEICHE ZU VERGRABEN?
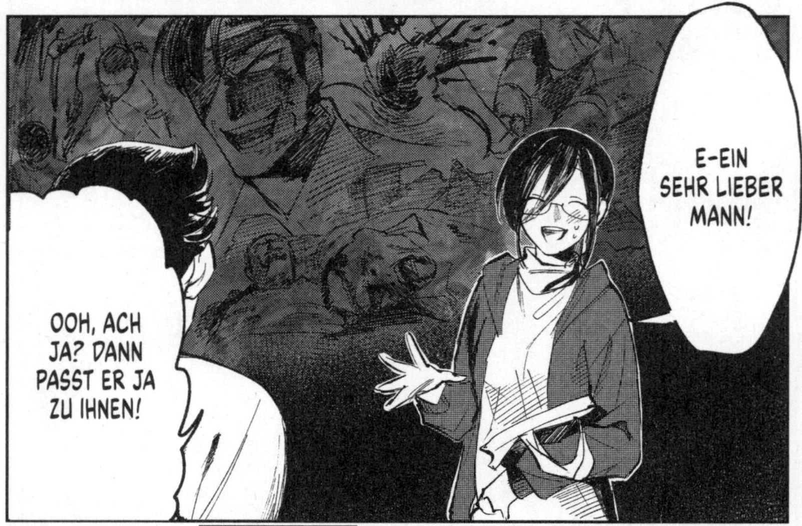
E-EIN SEHR LIEBER MANN!
OOH, ACH JA? DANN PASST ER JA ZU IHNEN!
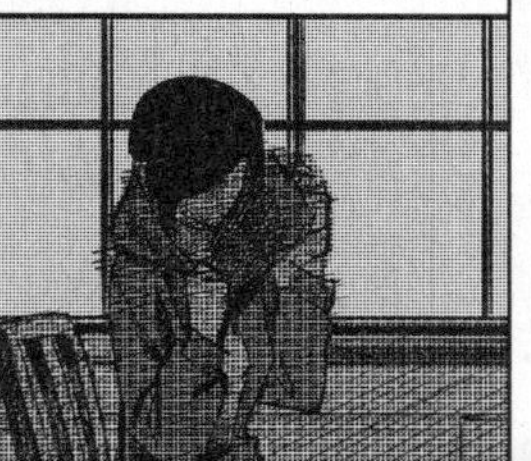
ANFANGS DACHTE ICH, FÜR RUKA TUE ICH ALLES, EGAL, WAS MIT MIR PASSIERT.
ABER ALS ICH DANN IN IKEBUKURO IM CAFÉ SASS …
… HABE ICH DEN KLANG DER SIRENEN ZUM ERSTEN MAL IN MEINEM LEBEN ALS BEÄNGSTIGEND EMPFUNDEN.

* TITRATIONSREGEL (REDOXTITRATION) / REAKTION AUF

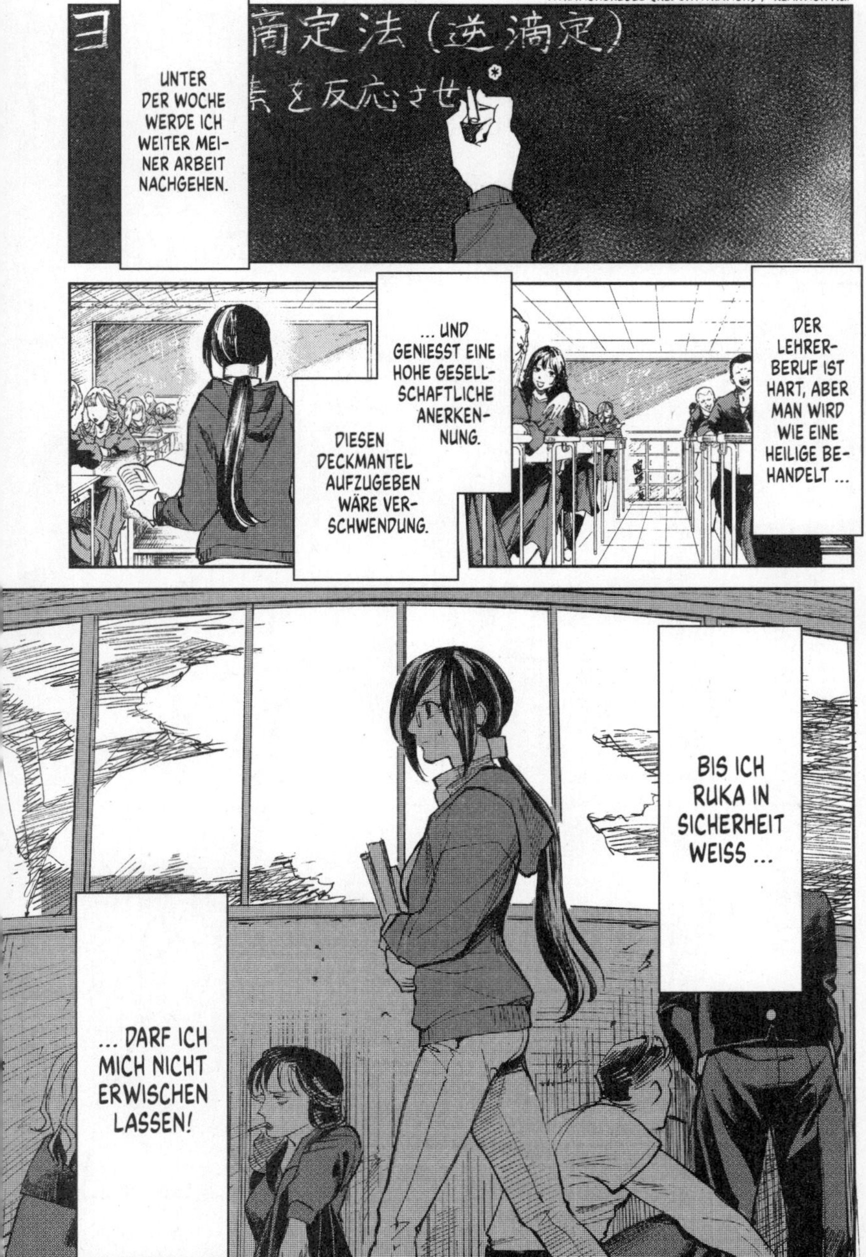

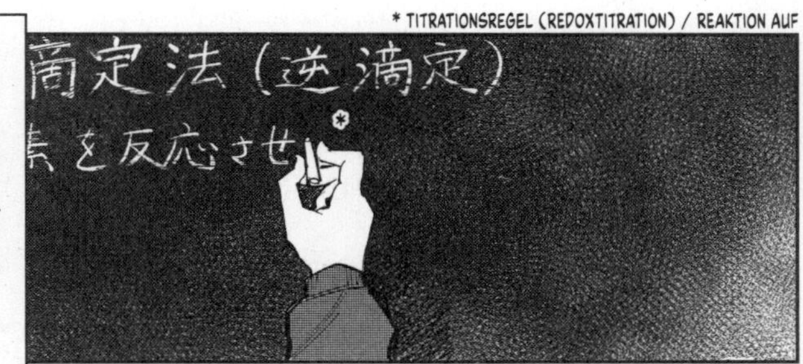

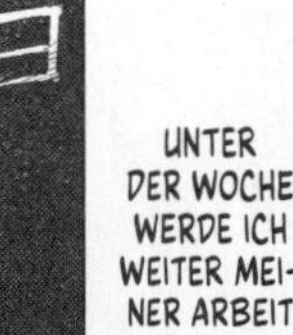

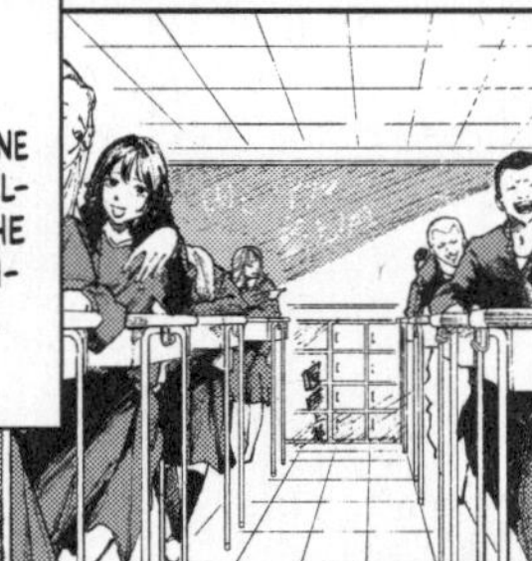

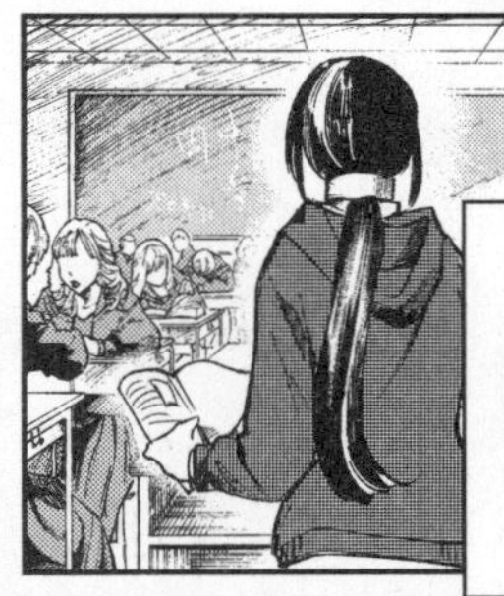

BIS ICH RUKA IN SICHERHEIT WEISS ...

... DARF ICH MICH NICHT ERWISCHEN LASSEN!

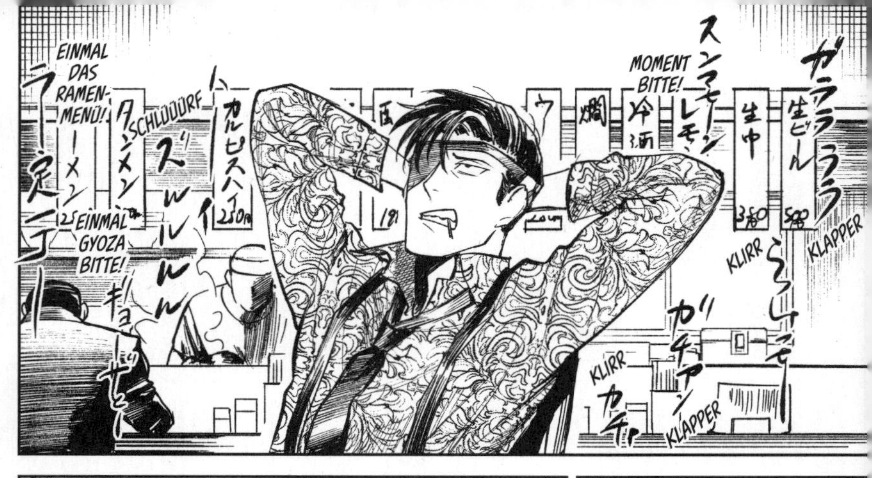
KLAPPER
KLIRR
MOMENT BITTE!
EINMAL GYOZA BITTE!
SCHLÜÜÜRF
EINMAL DAS RAMEN-MENÜ!
KLIRR
KLAPPER

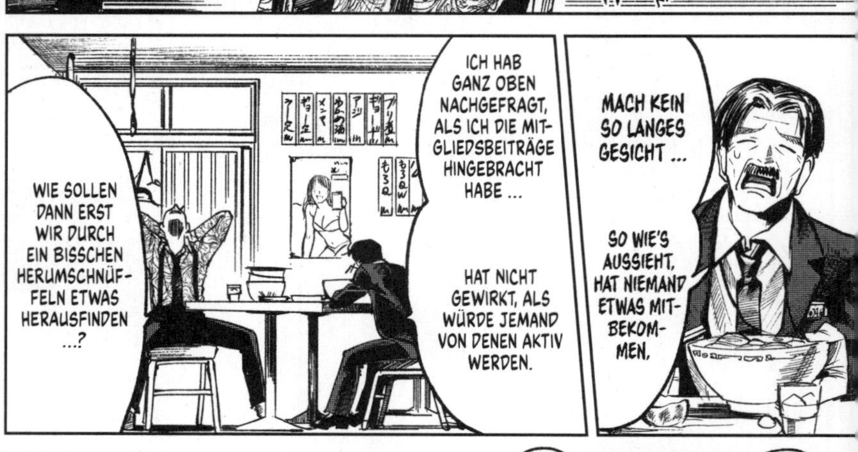
MACH KEIN SO LANGES GESICHT ...
SO WIE'S AUSSIEHT, HAT NIEMAND ETWAS MITBEKOMMEN,
ICH HAB GANZ OBEN NACHGEFRAGT, ALS ICH DIE MITGLIEDSBEITRÄGE HINGEBRACHT HABE ...
HAT NICHT GEWIRKT, ALS WÜRDE JEMAND VON DENEN AKTIV WERDEN.
WIE SOLLEN DANN ERST WIR DURCH EIN BISSCHEN HERUMSCHNÜFFELN ETWAS HERAUSFINDEN ...?

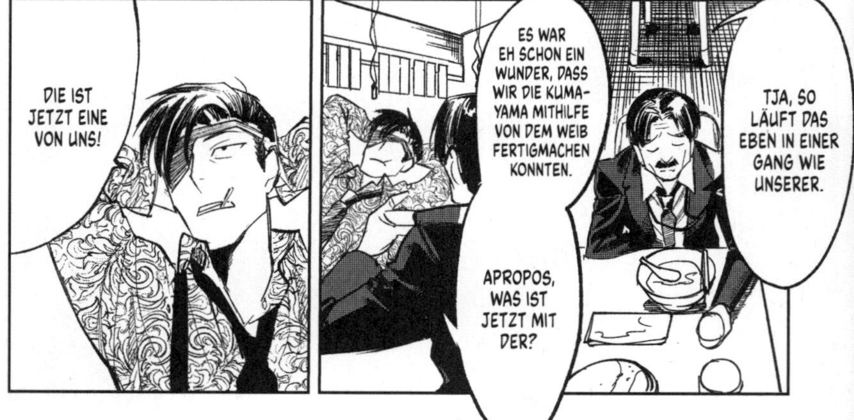
TJA, SO LÄUFT DAS EBEN IN EINER GANG WIE UNSERER.
ES WAR EH SCHON EIN WUNDER, DASS WIR DIE KUMAYAMA MITHILFE VON DEM WEIB FERTIGMACHEN KONNTEN.
APROPOS, WAS IST JETZT MIT DER?
DIE IST JETZT EINE VON UNS!

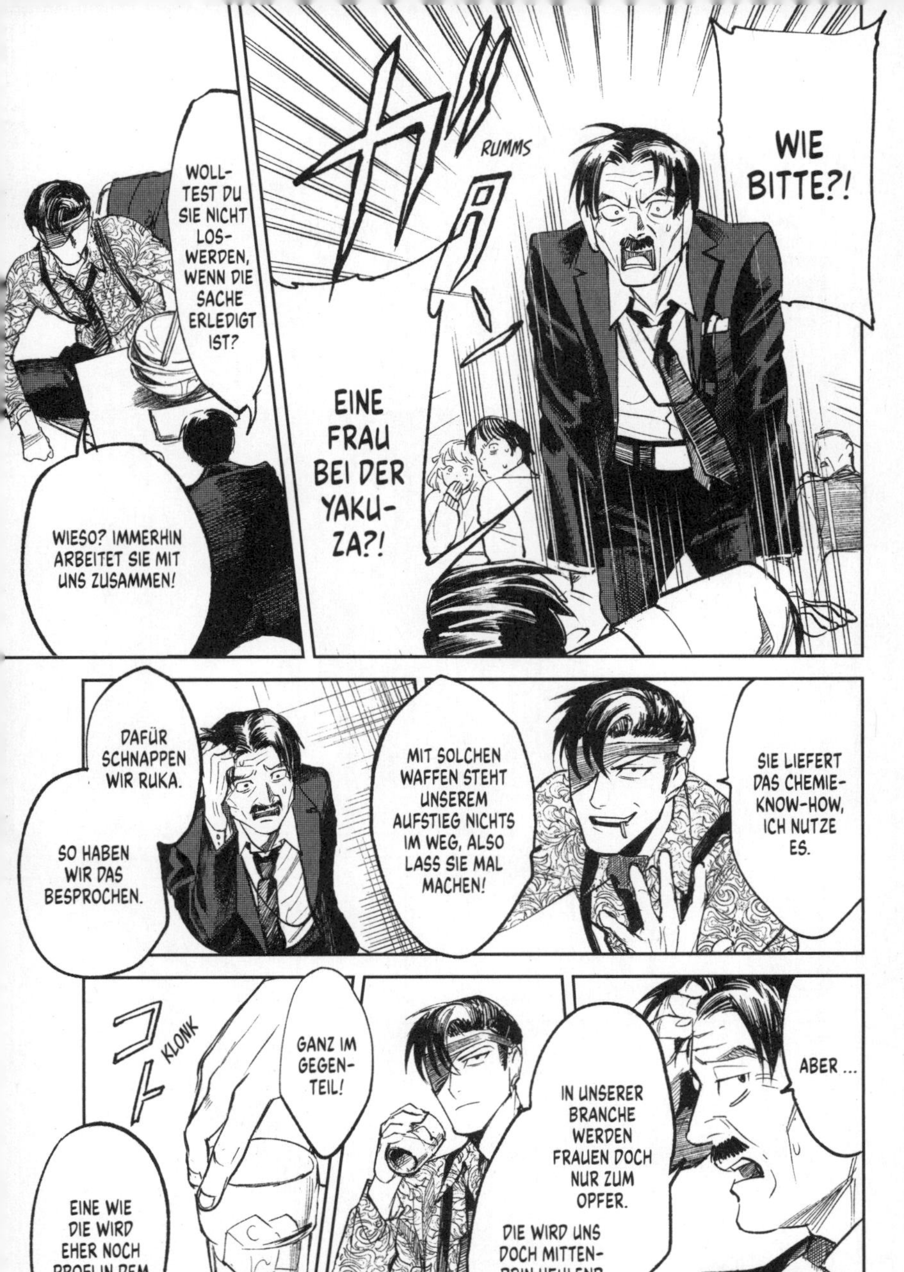
WIE BITTE?!
RUMMS
EINE FRAU BEI DER YAKUZA?!
WOLL-TEST DU SIE NICHT LOS-WERDEN, WENN DIE SACHE ERLEDIGT IST?
WIESO? IMMERHIN ARBEITET SIE MIT UNS ZUSAMMEN!
SIE LIEFERT DAS CHEMIE-KNOW-HOW, ICH NUTZE ES.
MIT SOLCHEN WAFFEN STEHT UNSEREM AUFSTIEG NICHTS IM WEG, ALSO LASS SIE MAL MACHEN!
DAFÜR SCHNAPPEN WIR RUKA.
SO HABEN WIR DAS BESPROCHEN.
ABER ...
IN UNSERER BRANCHE WERDEN FRAUEN DOCH NUR ZUM OPFER.
DIE WIRD UNS DOCH MITTEN-DRIN HEULEND ABSPRINGEN!
GANZ IM GEGEN-TEIL!
KLONK
EINE WIE DIE WIRD EHER NOCH PROFI IN DEM METIER.

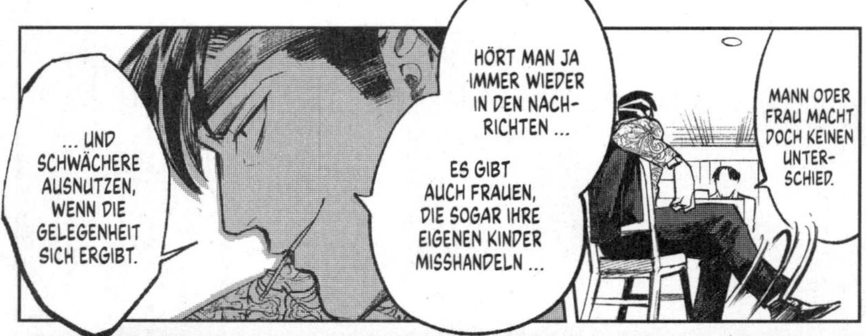
MANN ODER FRAU MACHT DOCH KEINEN UNTER-SCHIED.
HÖRT MAN JA IMMER WIEDER IN DEN NACH-RICHTEN ...
ES GIBT AUCH FRAUEN, DIE SOGAR IHRE EIGENEN KINDER MISSHANDELN ...
... UND SCHWÄCHERE AUSNUTZEN, WENN DIE GELEGENHEIT SICH ERGIBT.

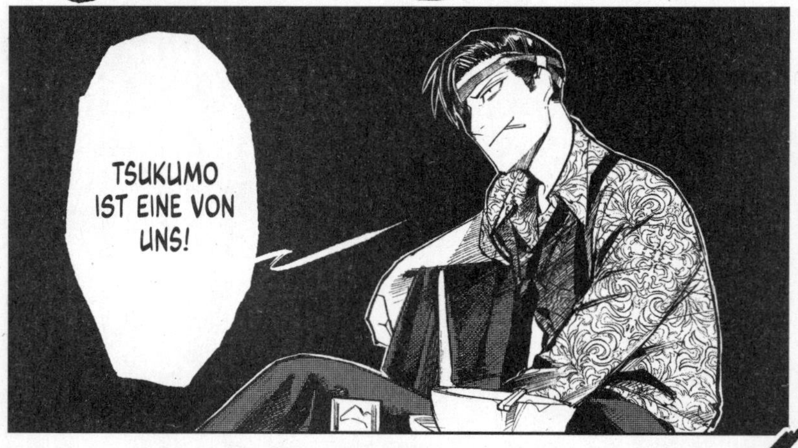
TSUKUMO IST EINE VON UNS!

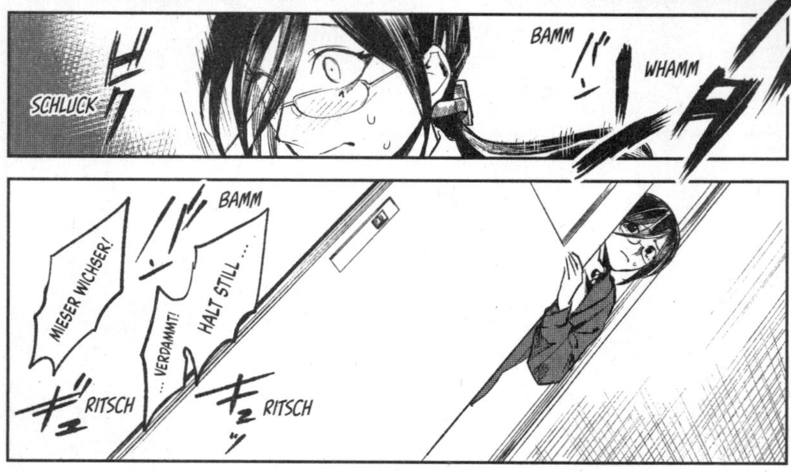
BAMM
WHAMM
SCHLUCK
BAMM
HALT STILL ...
... VERDAMMT!
MIESER WICHSER!
RITSCH
RITSCH

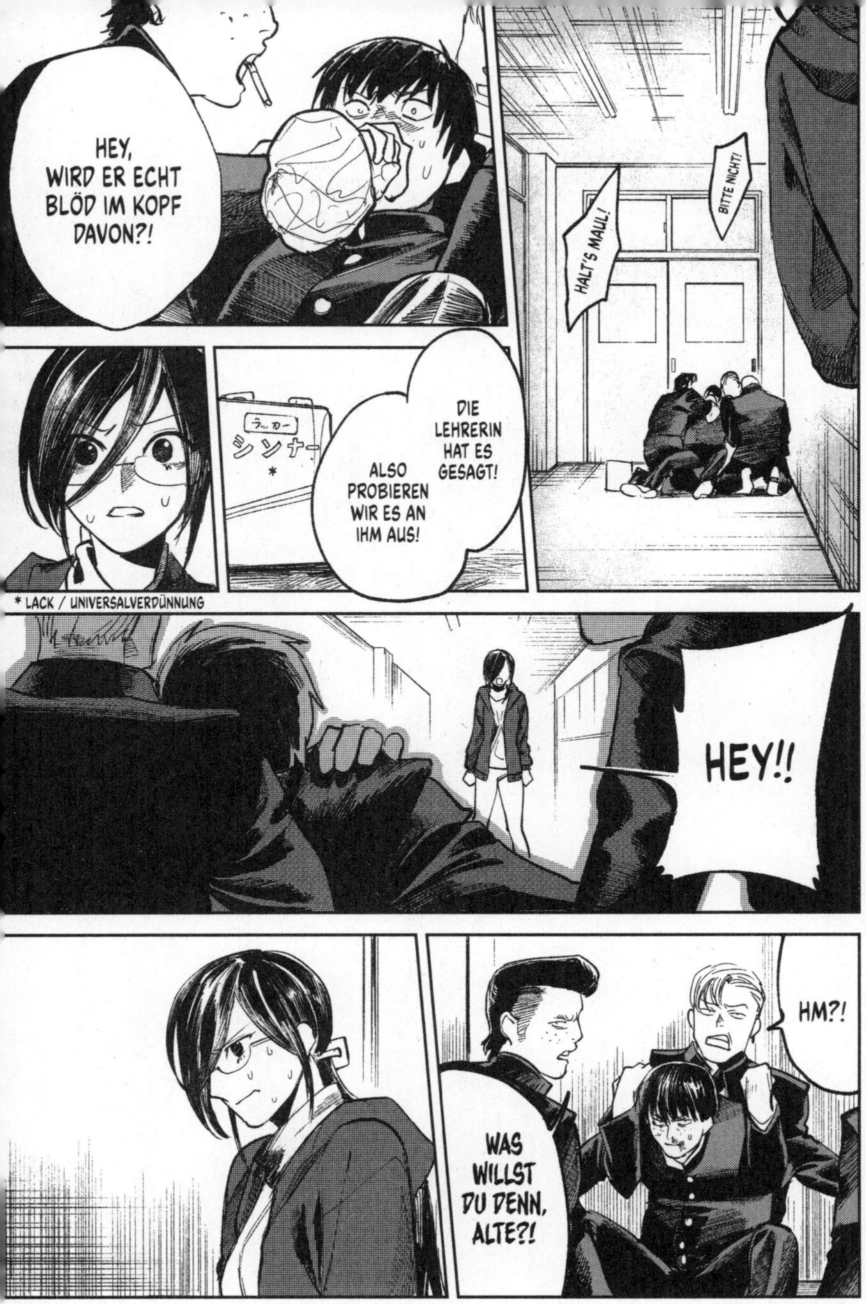

BITTE NICHT!

HALT'S MAUL!

HEY, WIRD ER ECHT BLÖD IM KOPF DAVON?!

DIE LEHRERIN HAT ES GESAGT!

ALSO PROBIEREN WIR ES AN IHM AUS!

ラッカー
シンナー *

* LACK / UNIVERSALVERDÜNNUNG

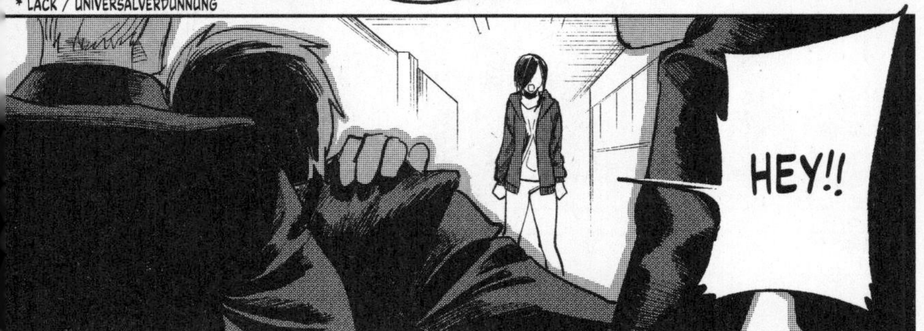

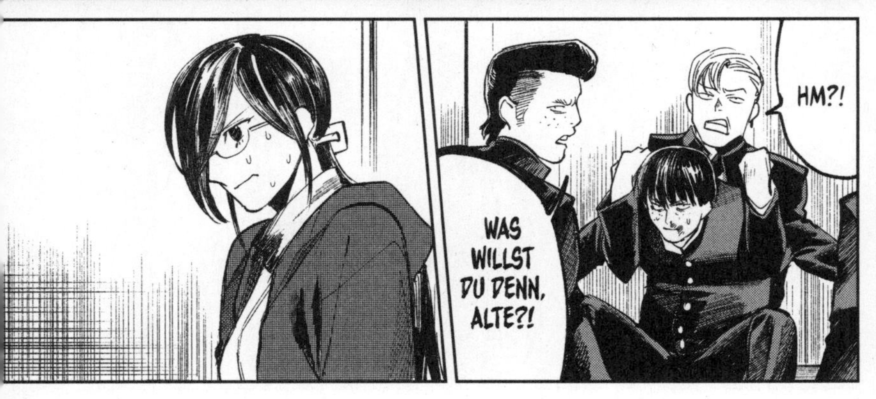

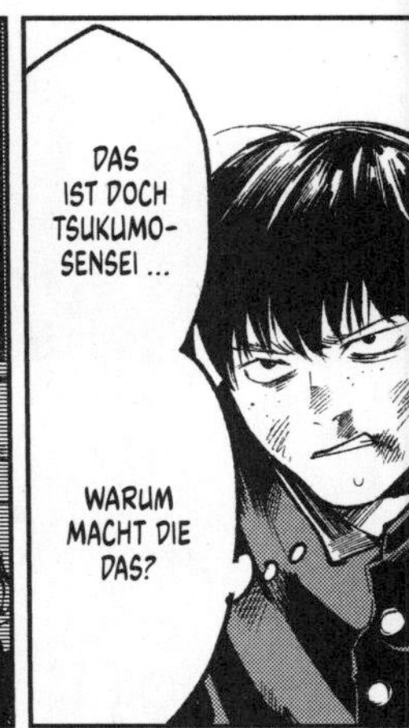
DAS IST DOCH TSUKUMO-SENSEI ...
WARUM MACHT DIE DAS?

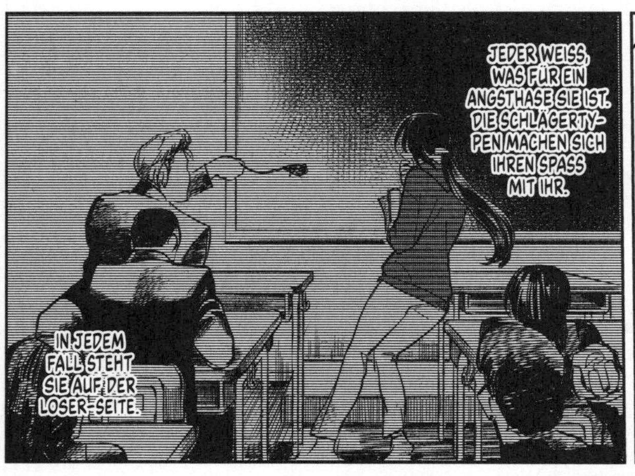
JEDER WEISS, WAS FÜR EIN ANGSTHASE SIE IST. DIE SCHLÄGERTY-PEN MACHEN SICH IHREN SPASS MIT IHR.
IN JEDEM FALL STEHT SIE AUF DER LOSER-SEITE.

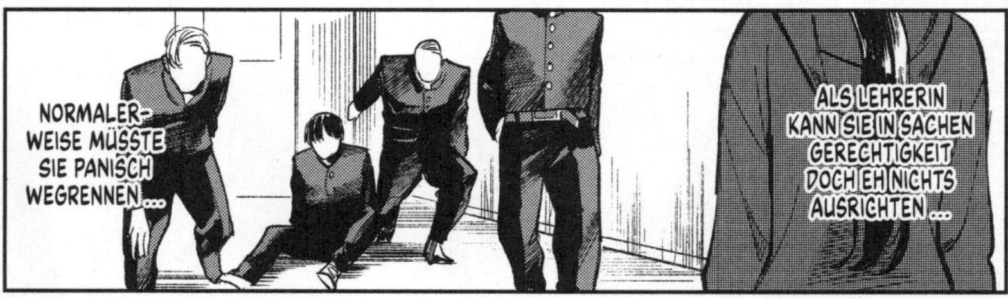
ALS LEHRERIN KANN SIE IN SACHEN GERECHTIGKEIT DOCH EH NICHTS AUSRICHTEN ...
NORMALER-WEISE MÜSSTE SIE PANISCH WEGRENNEN ...

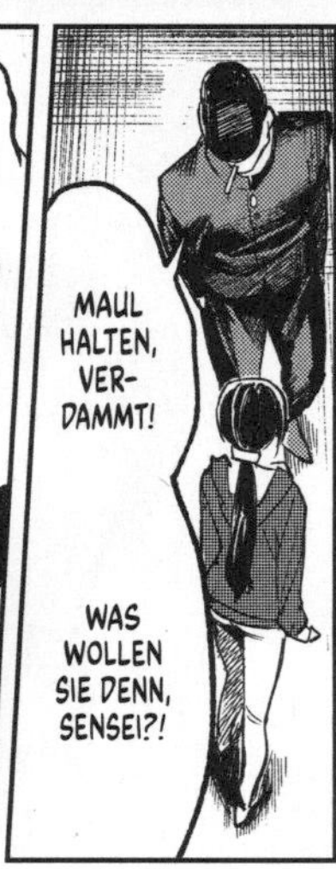
MAUL HALTEN, VER-DAMMT!
WAS WOLLEN SIE DENN, SENSEI?!

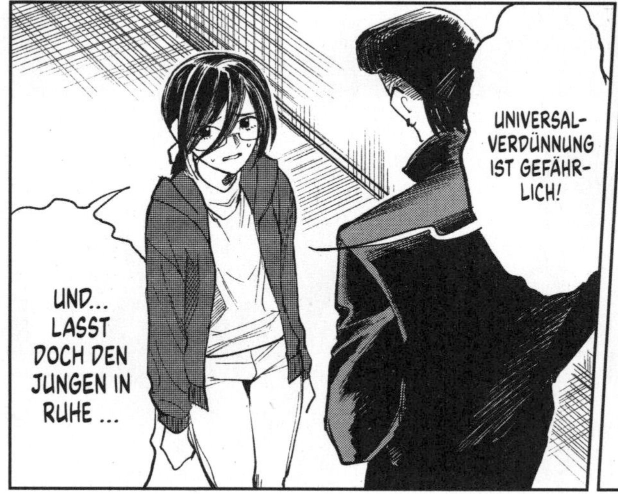
UNIVERSAL-VERDÜNNUNG IST GEFÄHR-LICH!
UND... LASST DOCH DEN JUNGEN IN RUHE ...

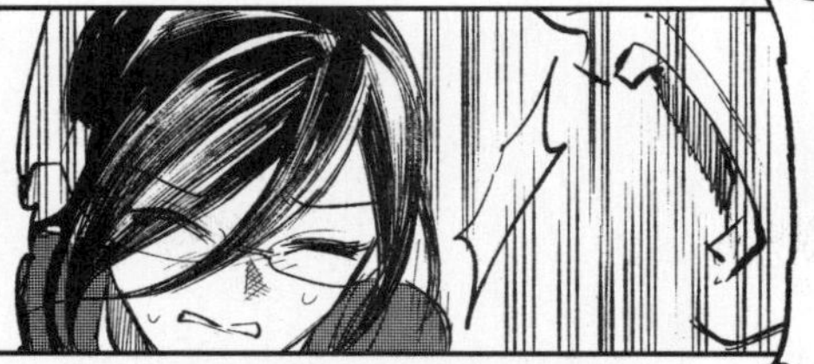

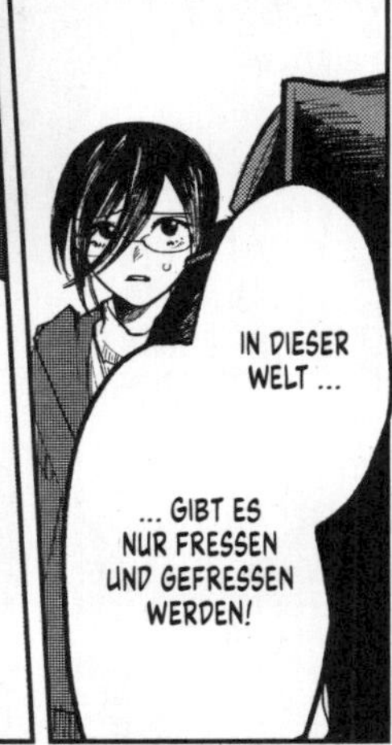

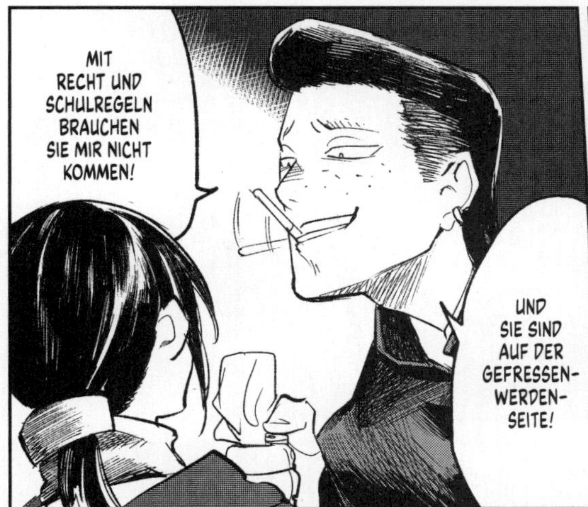

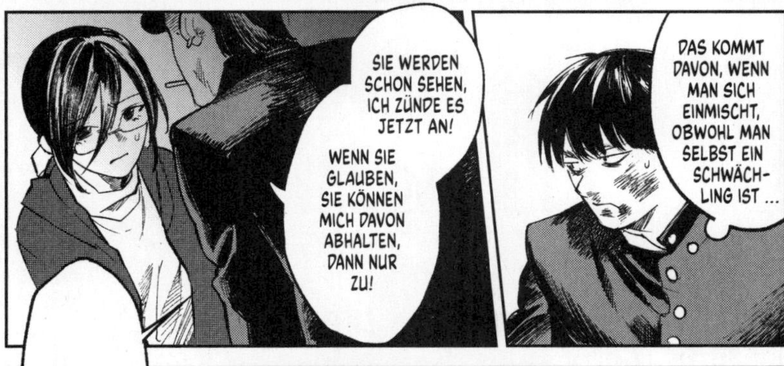

HMMM?

SCHLUCK

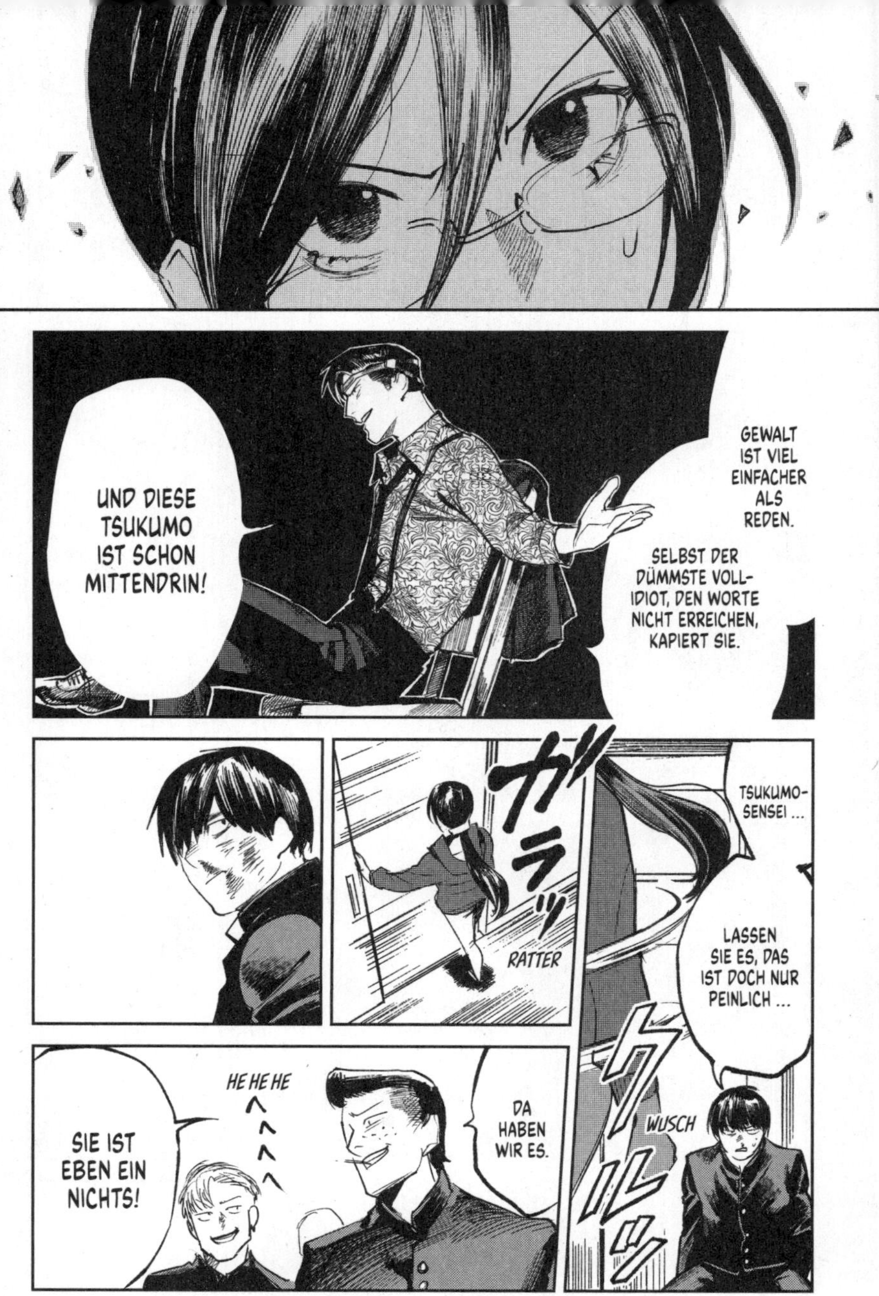

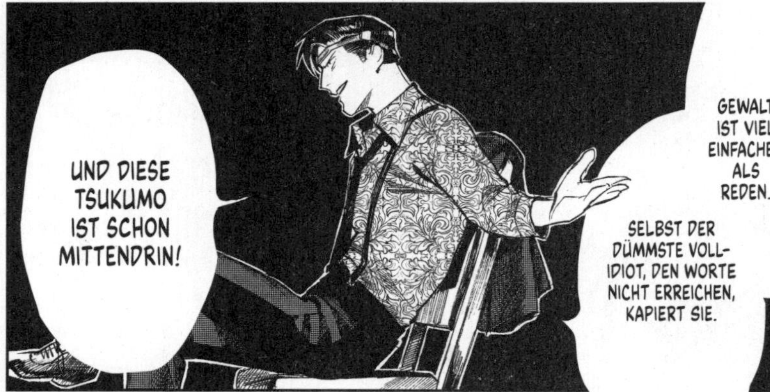
GEWALT IST VIEL EINFACHER ALS REDEN.
SELBST DER DÜMMSTE VOLL-IDIOT, DEN WORTE NICHT ERREICHEN, KAPIERT SIE.
UND DIESE TSUKUMO IST SCHON MITTENDRIN!

TSUKUMO-SENSEI ...
LASSEN SIE ES, DAS IST DOCH NUR PEINLICH ...
WUSCH
RATTER
DA HABEN WIR ES.
HE HE HE
SIE IST EBEN EIN NICHTS!

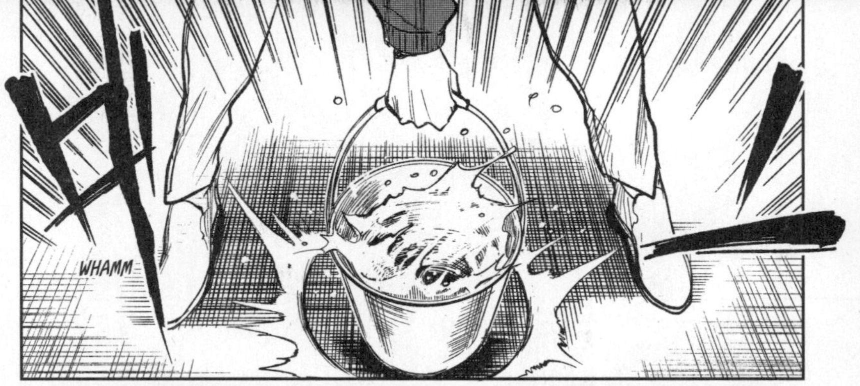
WHAMM

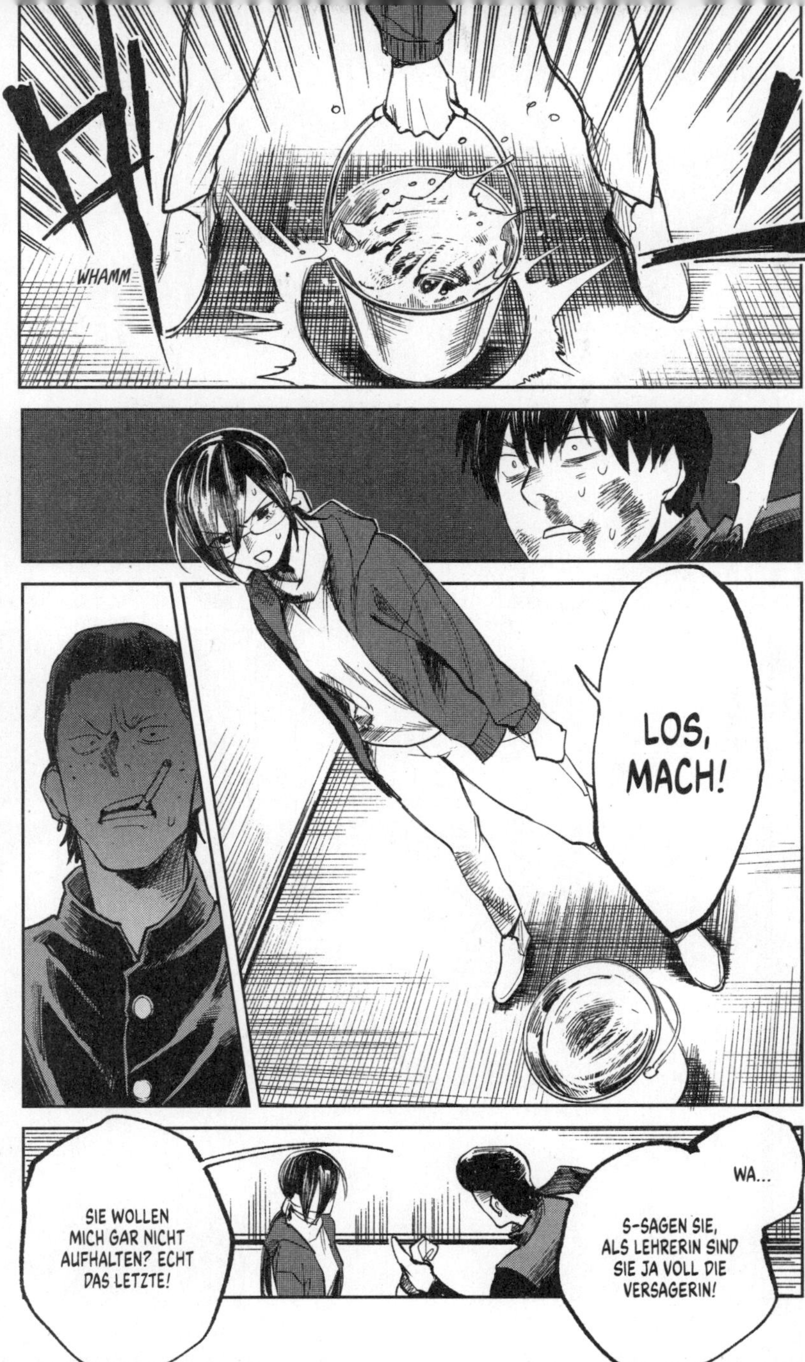

LOS, MACH!

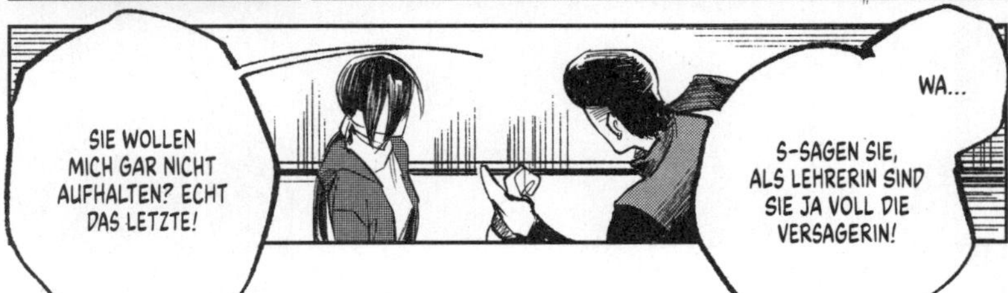
WA...
S-SAGEN SIE, ALS LEHRERIN SIND SIE JA VOLL DIE VERSAGERIN!
SIE WOLLEN MICH GAR NICHT AUFHALTEN? ECHT DAS LETZTE!

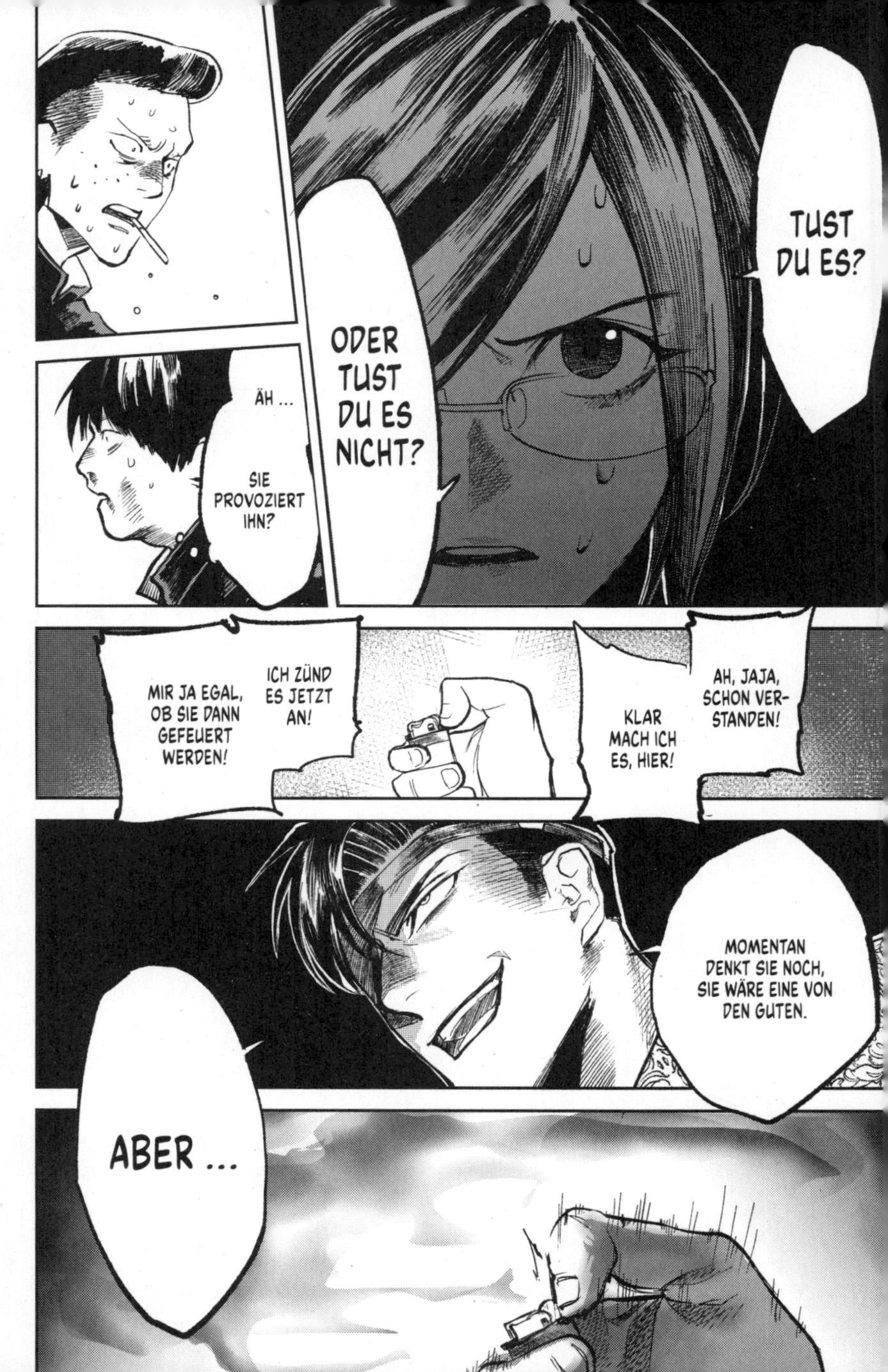
TUST DU ES?
ODER TUST DU ES NICHT?
ÄH ...
SIE PROVOZIERT IHN?
AH, JAJA, SCHON VER-STANDEN!
KLAR MACH ICH ES, HIER!
ICH ZÜND ES JETZT AN!
MIR JA EGAL, OB SIE DANN GEFEUERT WERDEN!
MOMENTAN DENKT SIE NOCH, SIE WÄRE EINE VON DEN GUTEN.
ABER ...

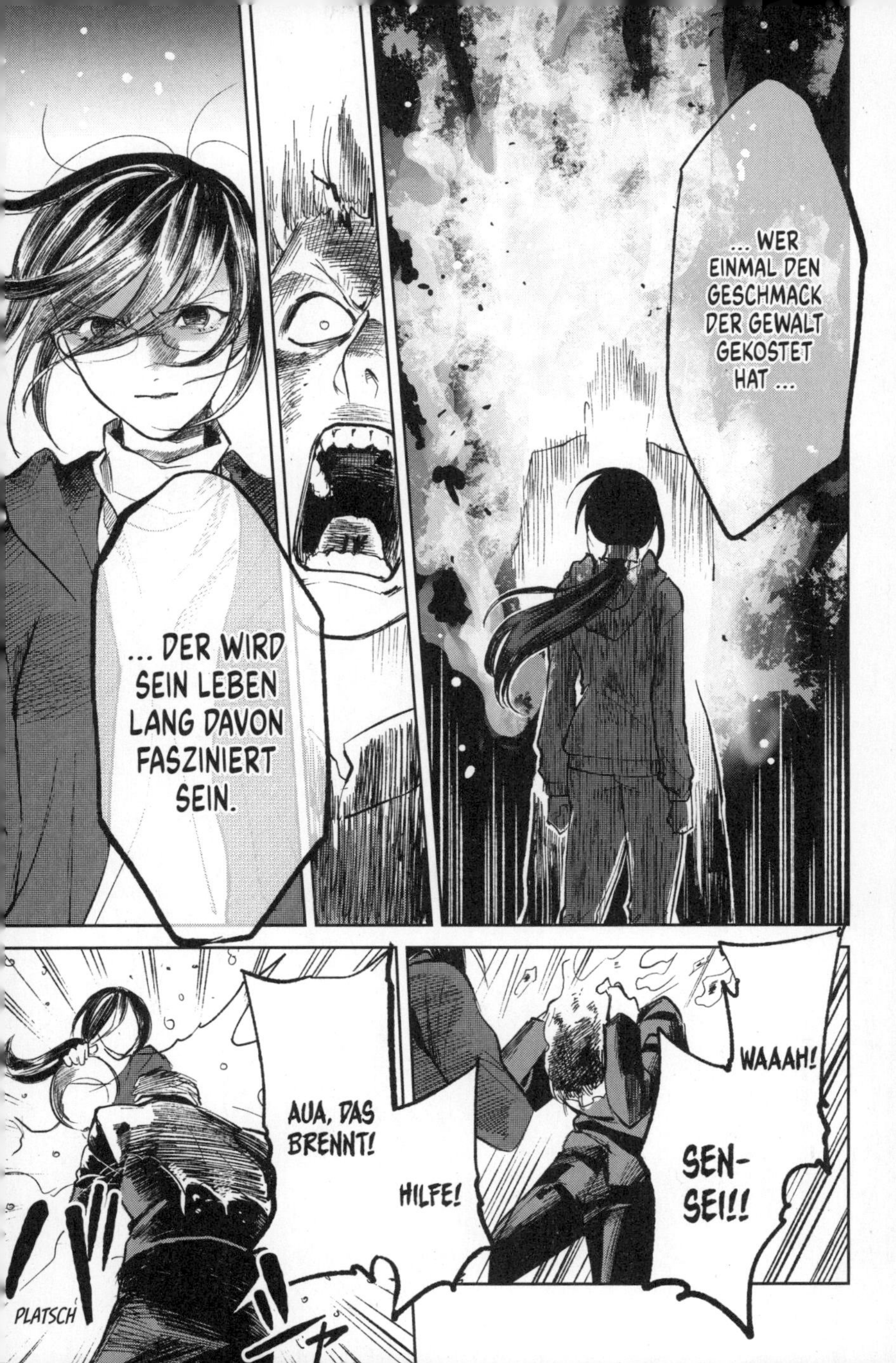
... WER EINMAL DEN GESCHMACK DER GEWALT GEKOSTET HAT ...
... DER WIRD SEIN LEBEN LANG DAVON FASZINIERT SEIN.
WAAAH!
SEN-SEI!!
HILFE!
AUA, DAS BRENNT!
PLATSCH

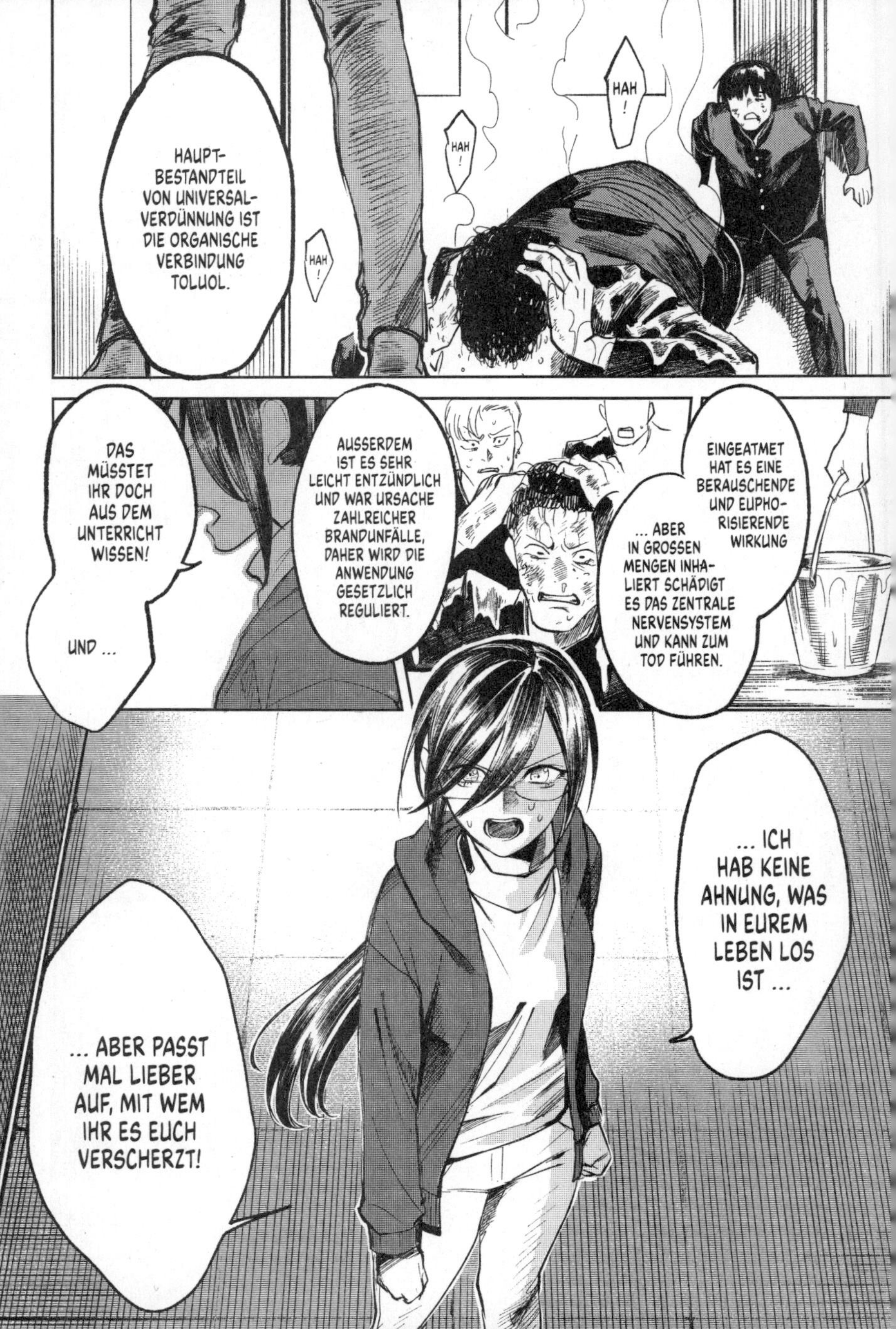
HAH!
HAH!
HAH!
HAUPT-BESTANDTEIL VON UNIVERSAL-VERDÜNNUNG IST DIE ORGANISCHE VERBINDUNG TOLUOL.
EINGEATMET HAT ES EINE BERAUSCHENDE UND EUPHO-RISIERENDE WIRKUNG
... ABER IN GROSSEN MENGEN INHA-LIERT SCHÄDIGT ES DAS ZENTRALE NERVENSYSTEM UND KANN ZUM TOD FÜHREN.
AUSSERDEM IST ES SEHR LEICHT ENTZÜNDLICH UND WAR URSACHE ZAHLREICHER BRANDUNFÄLLE, DAHER WIRD DIE ANWENDUNG GESETZLICH REGULIERT.
DAS MÜSSTET IHR DOCH AUS DEM UNTERRICHT WISSEN!
UND ...
... ICH HAB KEINE AHNUNG, WAS IN EUREM LEBEN LOS IST ...
... ABER PASST MAL LIEBER AUF, MIT WEM IHR ES EUCH VERSCHERZT!

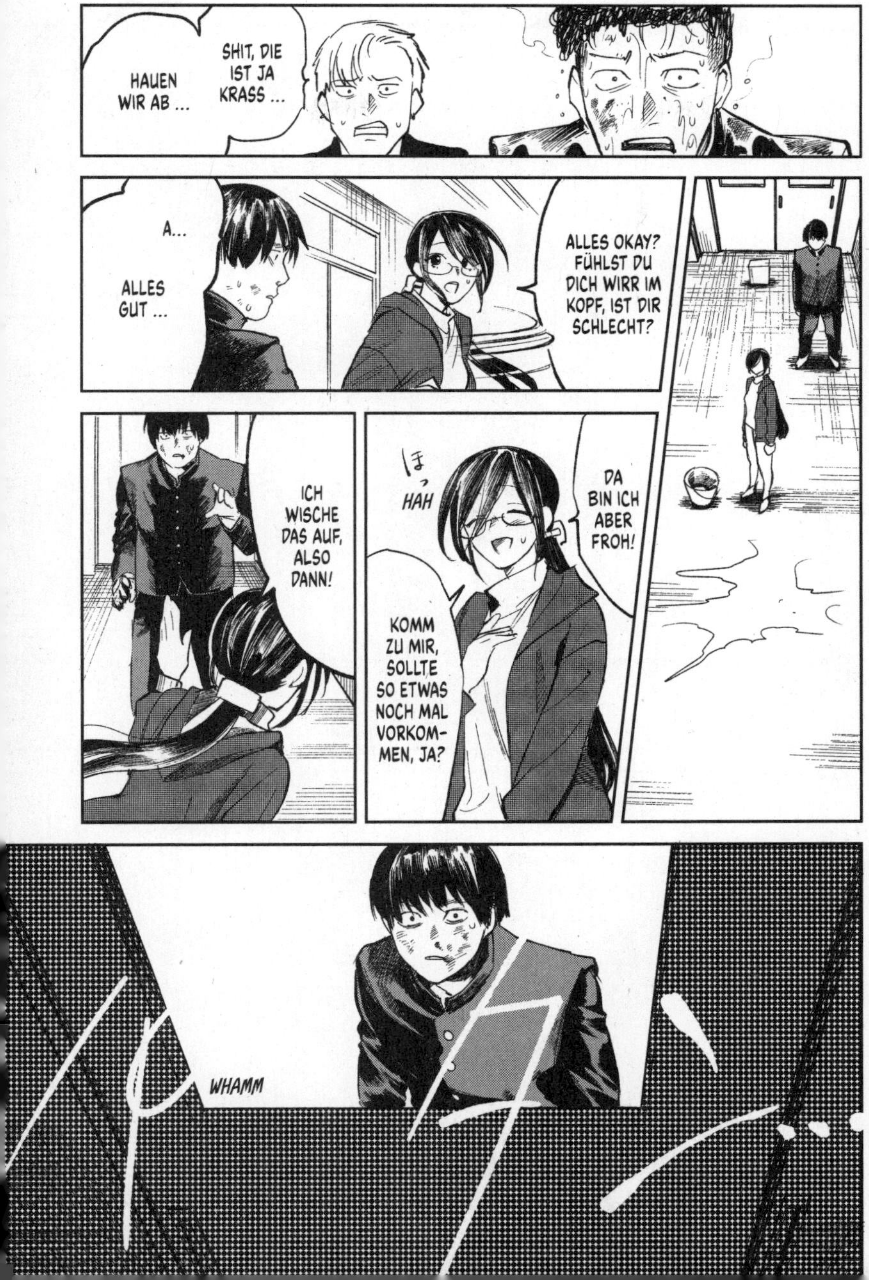

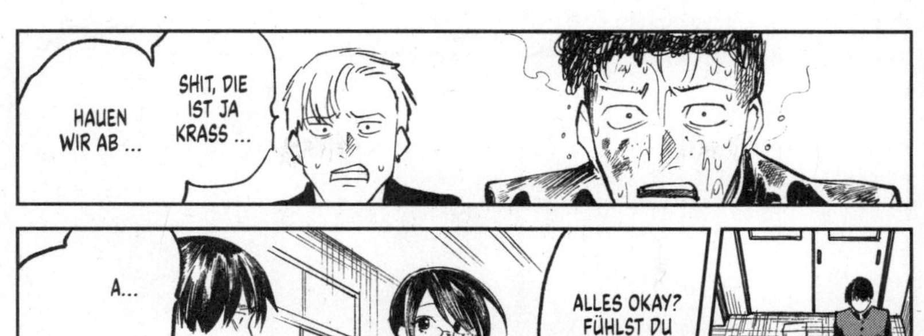

ALLES OKAY? FÜHLST DU DICH WIRR IM KOPF, IST DIR SCHLECHT?

A…

ALLES GUT …

ほっ HAH

DA BIN ICH ABER FROH!

KOMM ZU MIR, SOLLTE SO ETWAS NOCH MAL VORKOMMEN, JA?

ICH WISCHE DAS AUF, ALSO DANN!

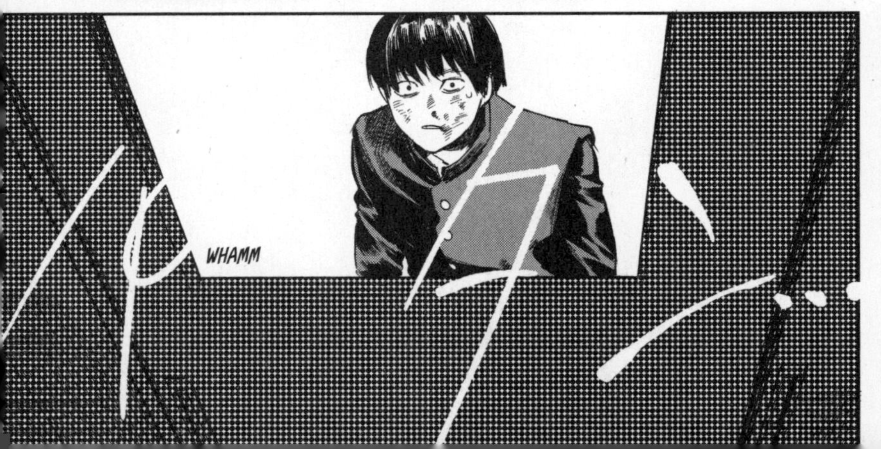

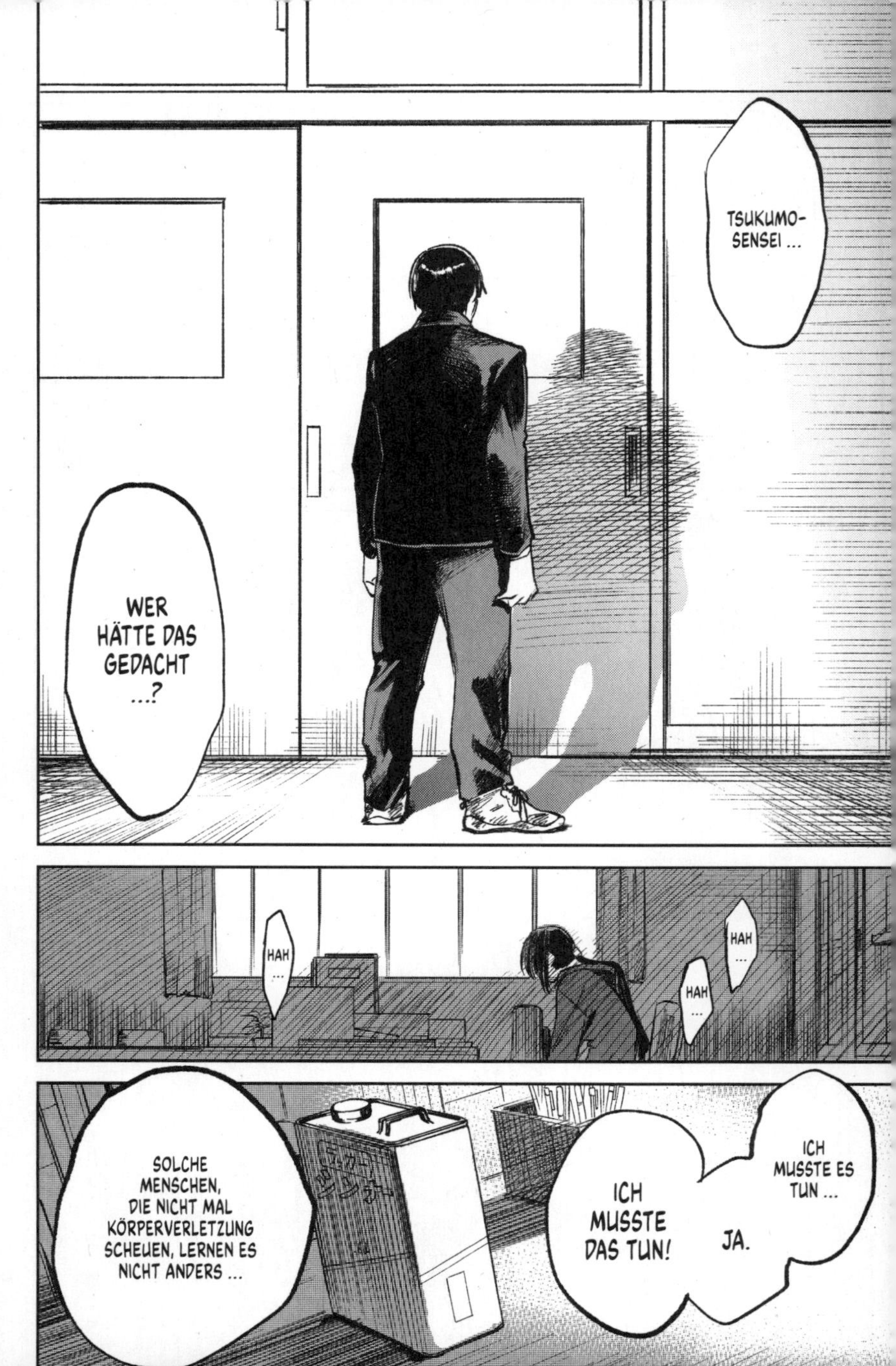
TSUKUMO-SENSEI ...
WER HÄTTE DAS GEDACHT ...?
HAH ...
HAH ...
HAH ...
ICH MUSSTE ES TUN ...
JA.
ICH MUSSTE DAS TUN!
SOLCHE MENSCHEN, DIE NICHT MAL KÖRPERVERLETZUNG SCHEUEN, LERNEN ES NICHT ANDERS ...

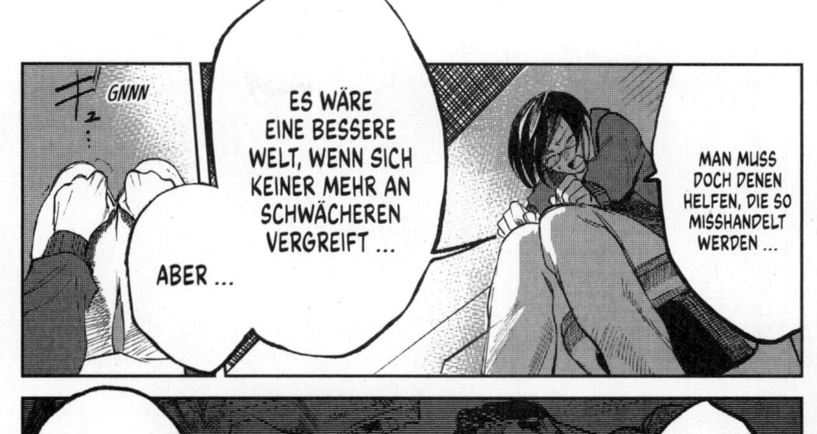

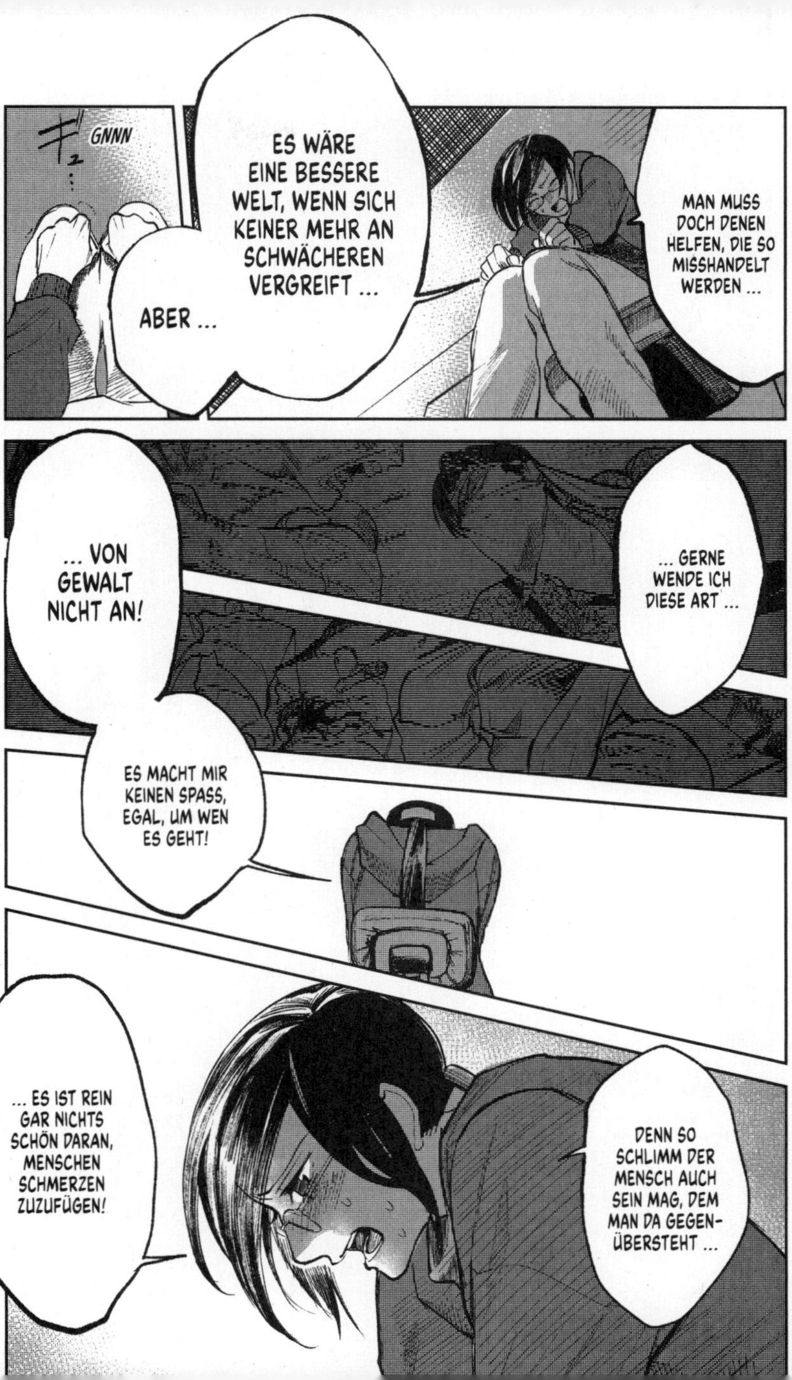

... GERNE WENDE ICH DIESE ART ...

... VON GEWALT NICHT AN!

ES MACHT MIR KEINEN SPASS, EGAL, UM WEN ES GEHT!

DENN SO SCHLIMM DER MENSCH AUCH SEIN MAG, DEM MAN DA GEGENÜBERSTEHT ...

... ES IST REIN GAR NICHTS SCHÖN DARAN, MENSCHEN SCHMERZEN ZUZUFÜGEN!

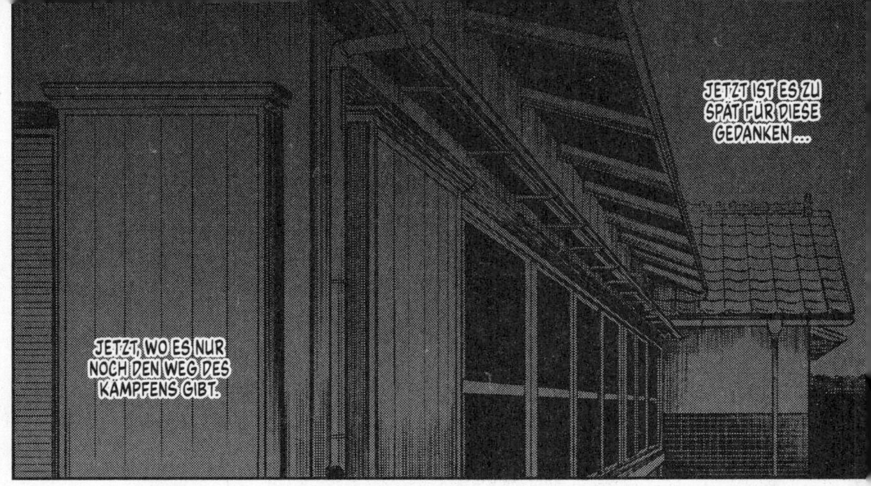

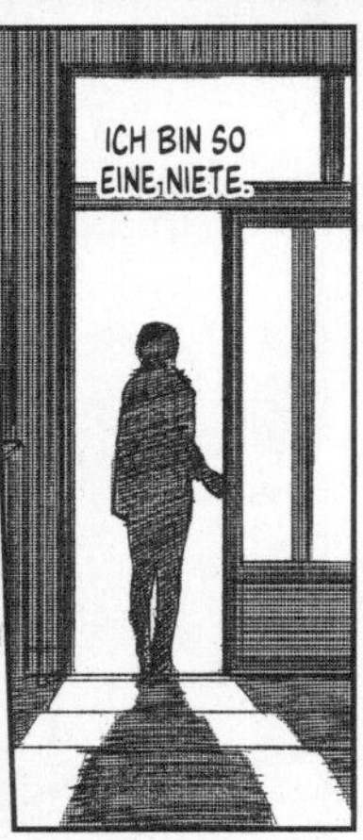

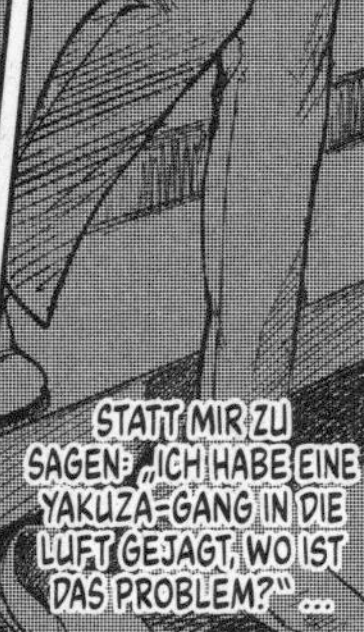

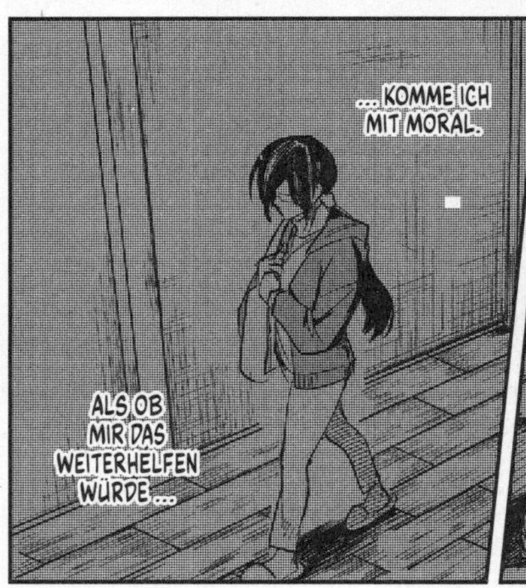

DAS IST AUCH DER GRUND, WARUM AUS DEM STUDIUM NICHTS WURDE.

HÄTTE ICH FÜR MEINEN TRAUM, WISSENSCHAFTLERIN ZU WERDEN, EINFACH GEDULD GEHABT ...

HÄTTE ICH BEIDE AUGEN ZUGEDRÜCKT, WAS DAS PLAGIAT ANGEHT, UND HÄTTE GETAN, WAS MEIN PROFESSOR WOLLTE ...

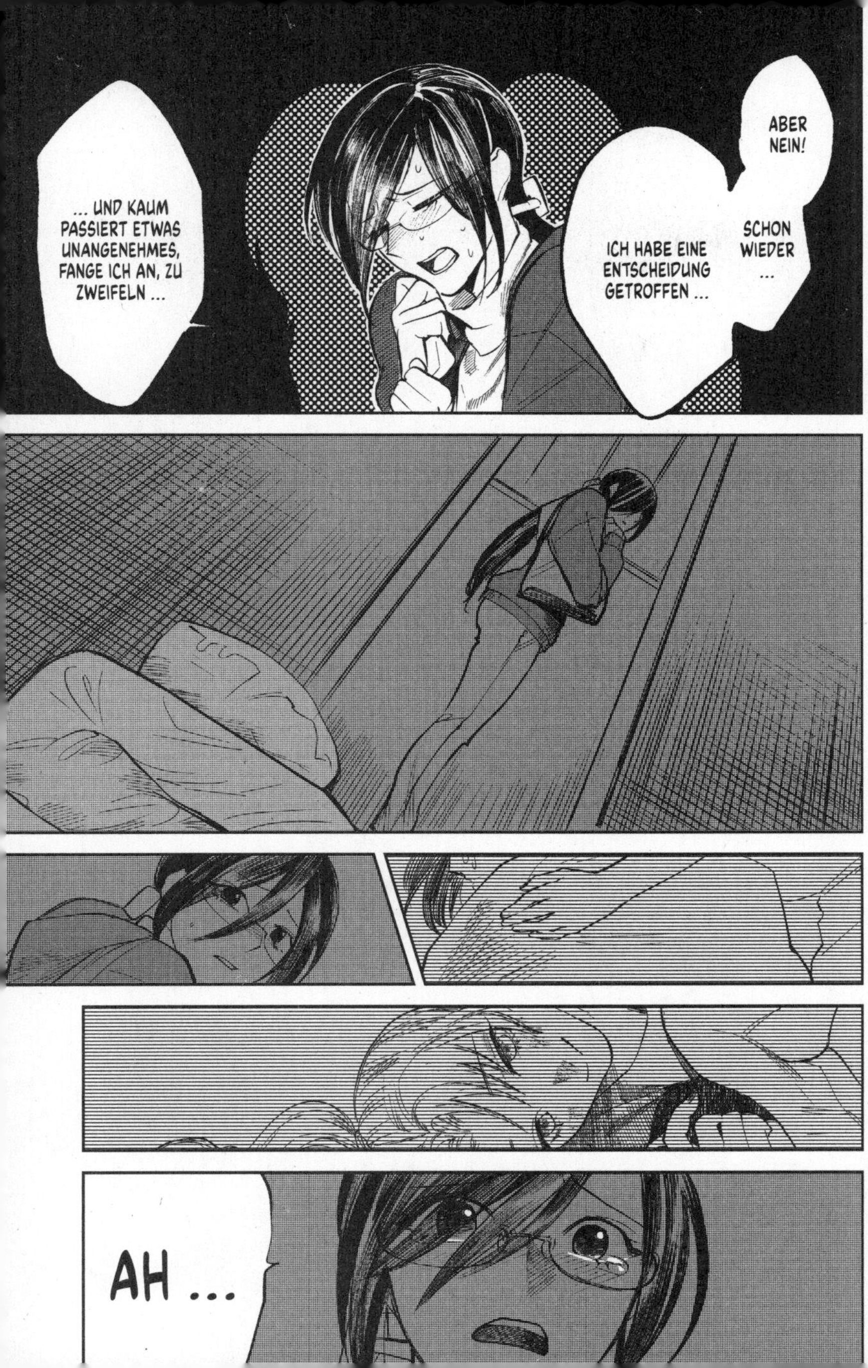

ABER NEIN!

SCHON WIEDER ...

ICH HABE EINE ENTSCHEIDUNG GETROFFEN ...

... UND KAUM PASSIERT ETWAS UNANGENEHMES, FANGE ICH AN, ZU ZWEIFELN ...

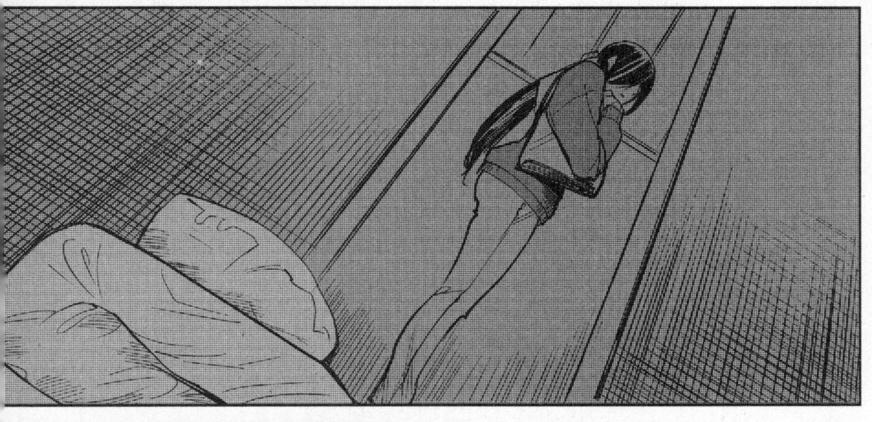

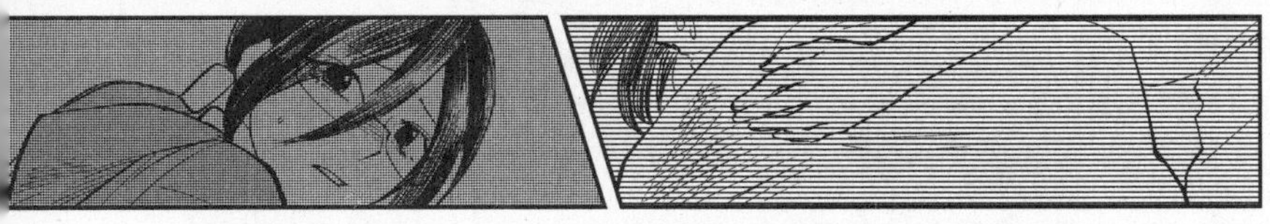

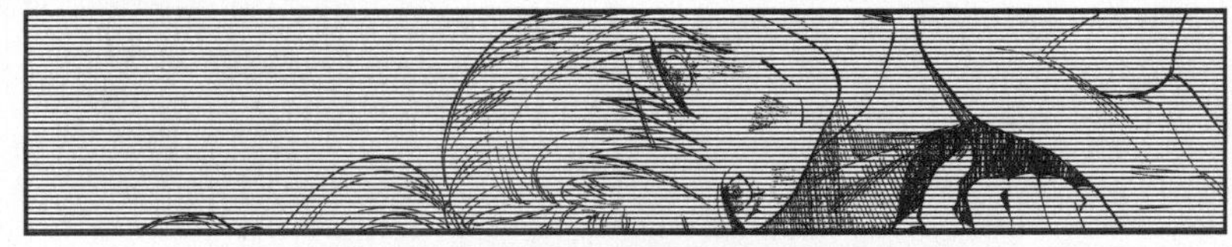

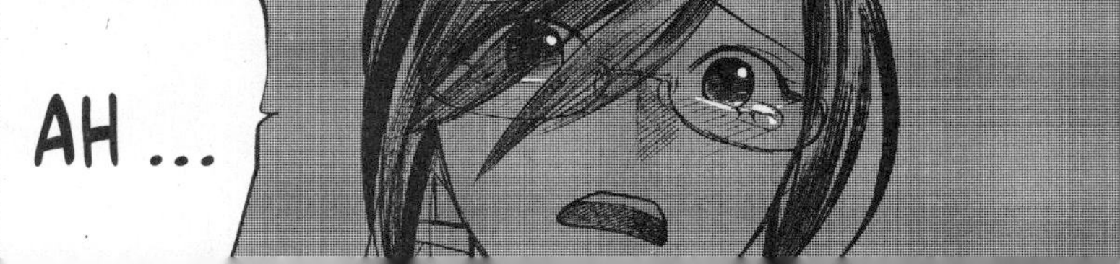

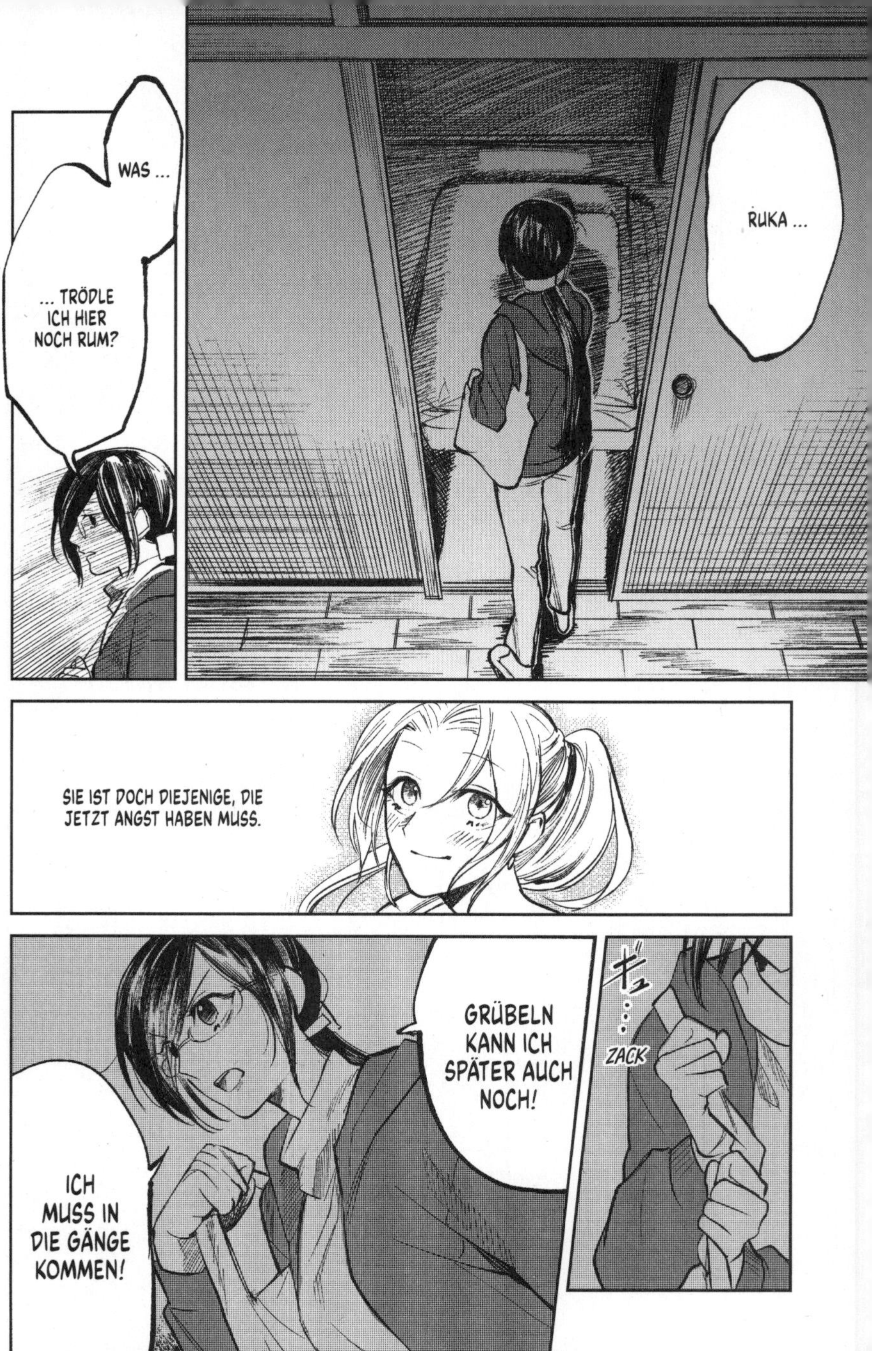

RUKA ...

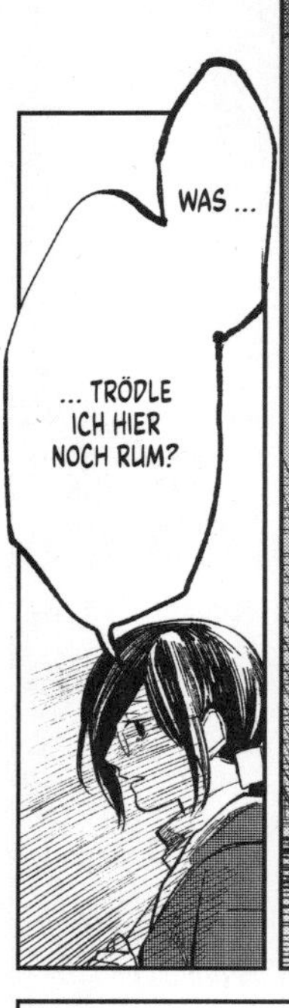
WAS ...
... TRÖDLE ICH HIER NOCH RUM?

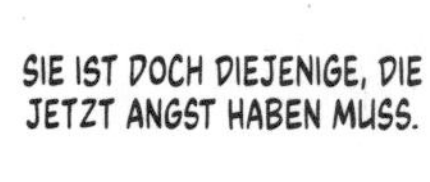
SIE IST DOCH DIEJENIGE, DIE JETZT ANGST HABEN MUSS.

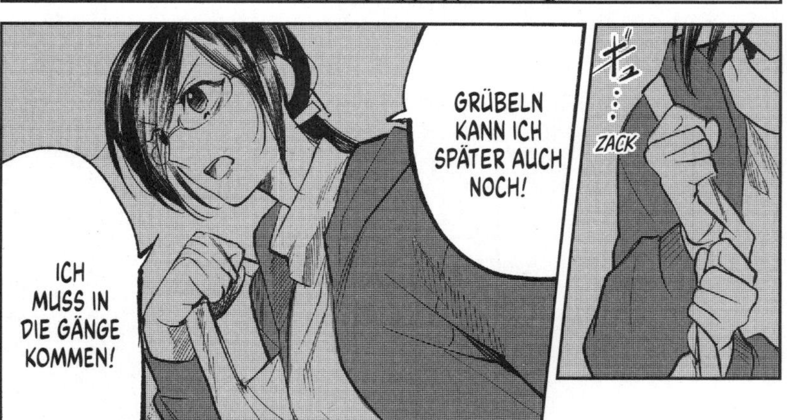
ZACK
GRÜBELN KANN ICH SPÄTER AUCH NOCH!
ICH MUSS IN DIE GÄNGE KOMMEN!

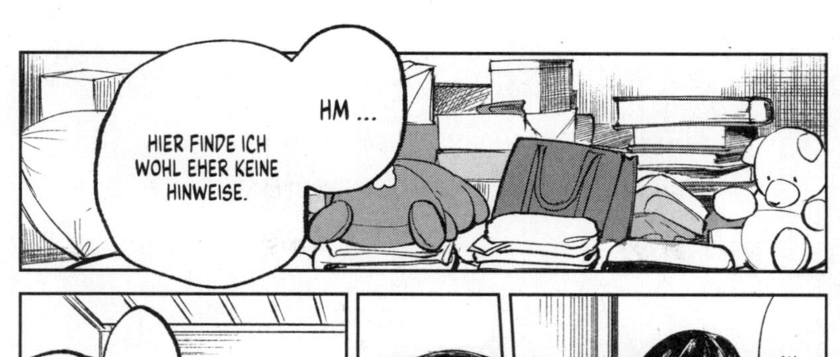

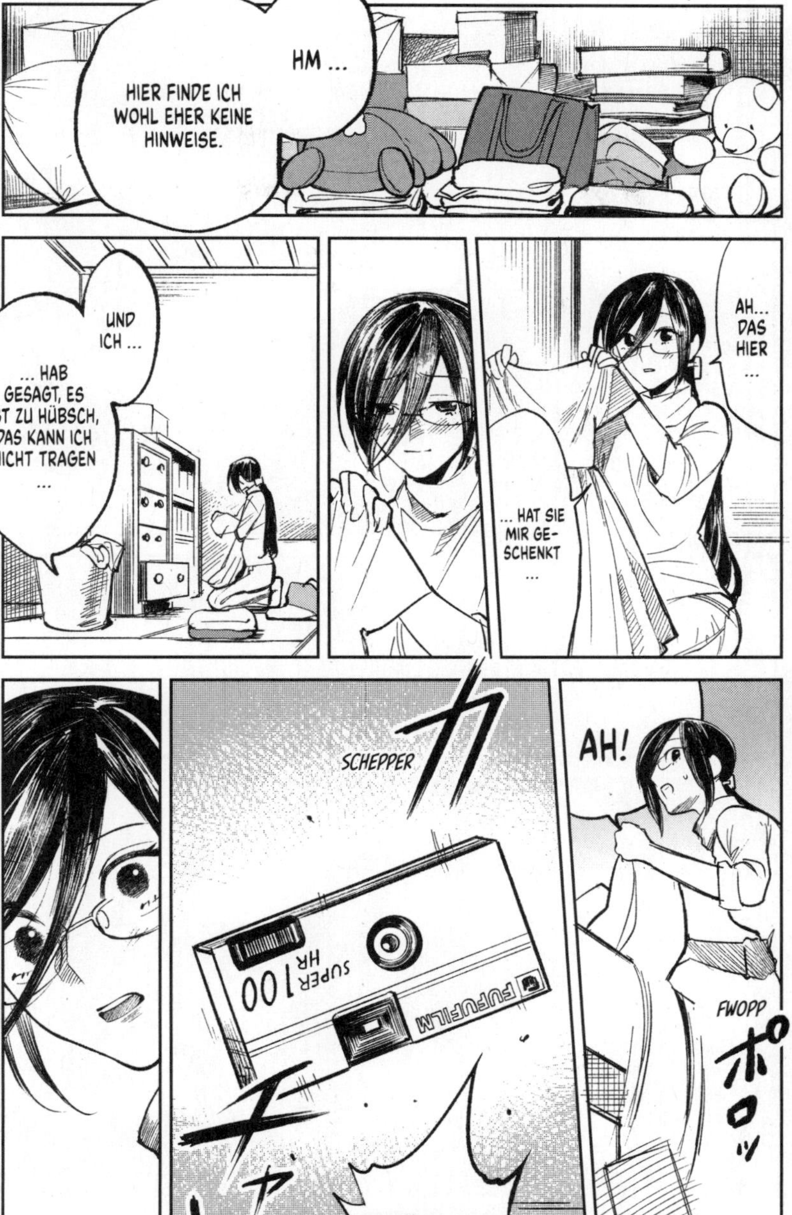

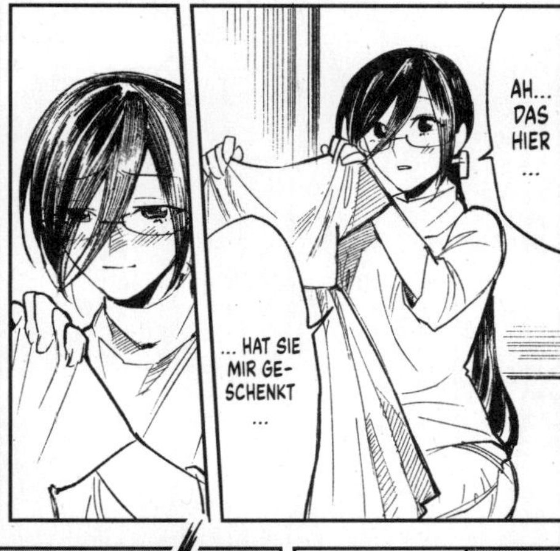

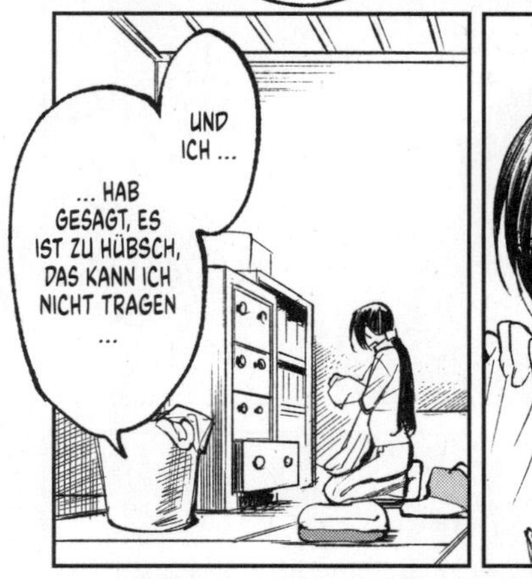

AH!
FWOPP
ポロッ
SCHEPPER
FUFUFILM
SUPER HR 100

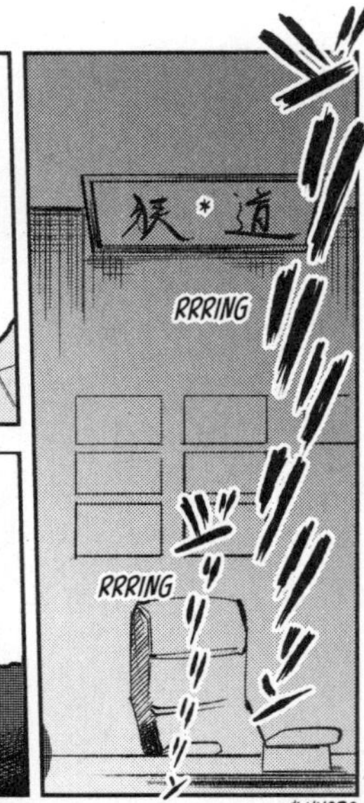
狭*道
RRRING
RRRING

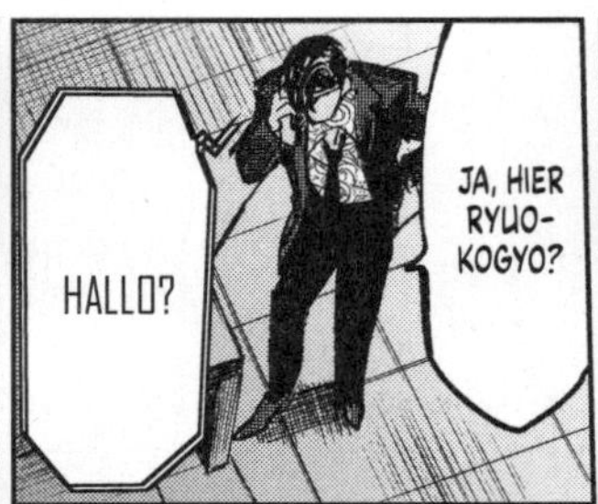
JA, HIER RYUO-KOGYO?
HALLO?

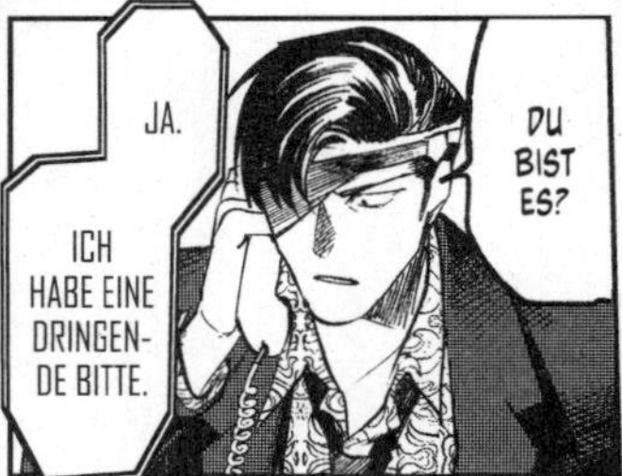
DU BIST ES?
JA.
ICH HABE EINE DRINGENDE BITTE.

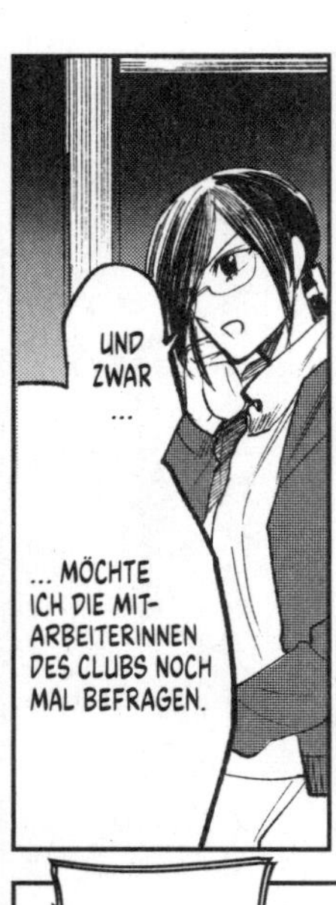
UND ZWAR ...
... MÖCHTE ICH DIE MIT-ARBEITERINNEN DES CLUBS NOCH MAL BEFRAGEN.

* KYODO

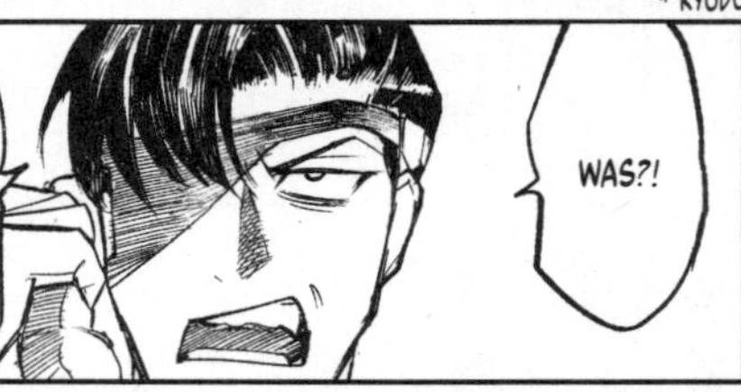
WAS?!
SCHON VERGESSEN, DASS DU MIT EINER BOMBE DA EINMARSCHIERT BIST?
I-ICH WEISS! GERADE DESHALB!

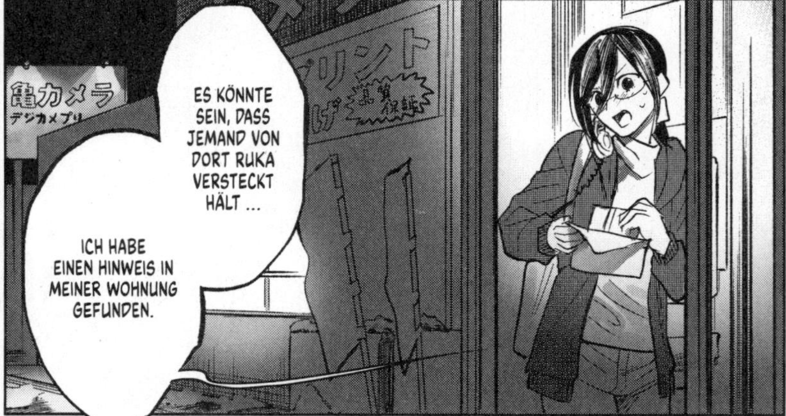
亀カメラ
デジカメプリ
プリント
品質保証
ES KÖNNTE SEIN, DASS JEMAND VON DORT RUKA VERSTECKT HÄLT ...
ICH HABE EINEN HINWEIS IN MEINER WOHNUNG GEFUNDEN.

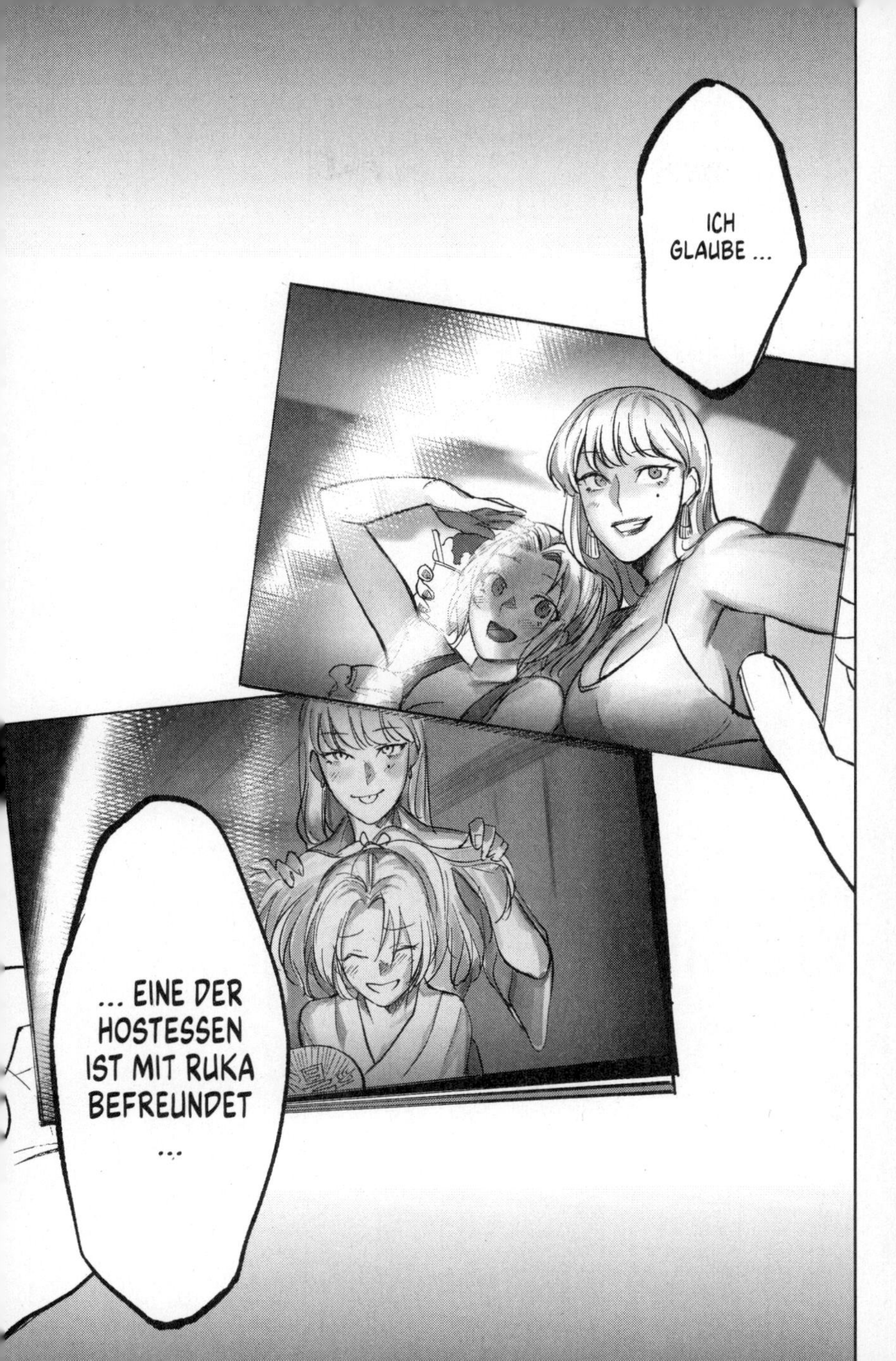
ICH GLAUBE ...
... EINE DER HOSTESSEN IST MIT RUKA BEFREUNDET ...

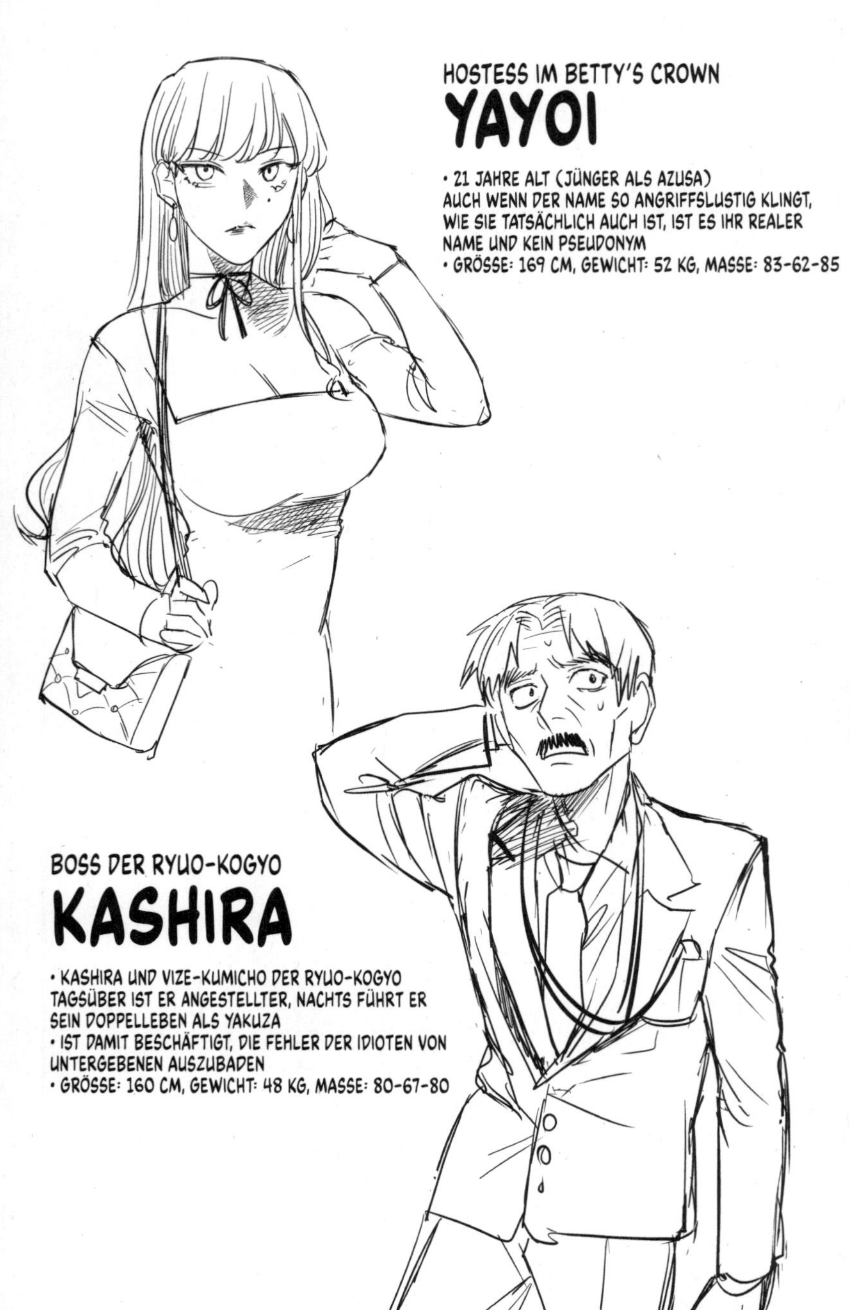
HOSTESS IM BETTY'S CROWN
YAYOI
• 21 JAHRE ALT (JÜNGER ALS AZUSA)
AUCH WENN DER NAME SO ANGRIFFSLUSTIG KLINGT, WIE SIE TATSÄCHLICH AUCH IST, IST ES IHR REALER NAME UND KEIN PSEUDONYM
• GRÖSSE: 169 CM, GEWICHT: 52 KG, MASSE: 83-62-85
BOSS DER RYUO-KOGYO
KASHIRA
• KASHIRA UND VIZE-KUMICHO DER RYUO-KOGYO
TAGSÜBER IST ER ANGESTELLTER, NACHTS FÜHRT ER SEIN DOPPELLEBEN ALS YAKUZA
• IST DAMIT BESCHÄFTIGT, DIE FEHLER DER IDIOTEN VON UNTERGEBENEN AUSZUBADEN
• GRÖSSE: 160 CM, GEWICHT: 48 KG, MASSE: 80-67-80

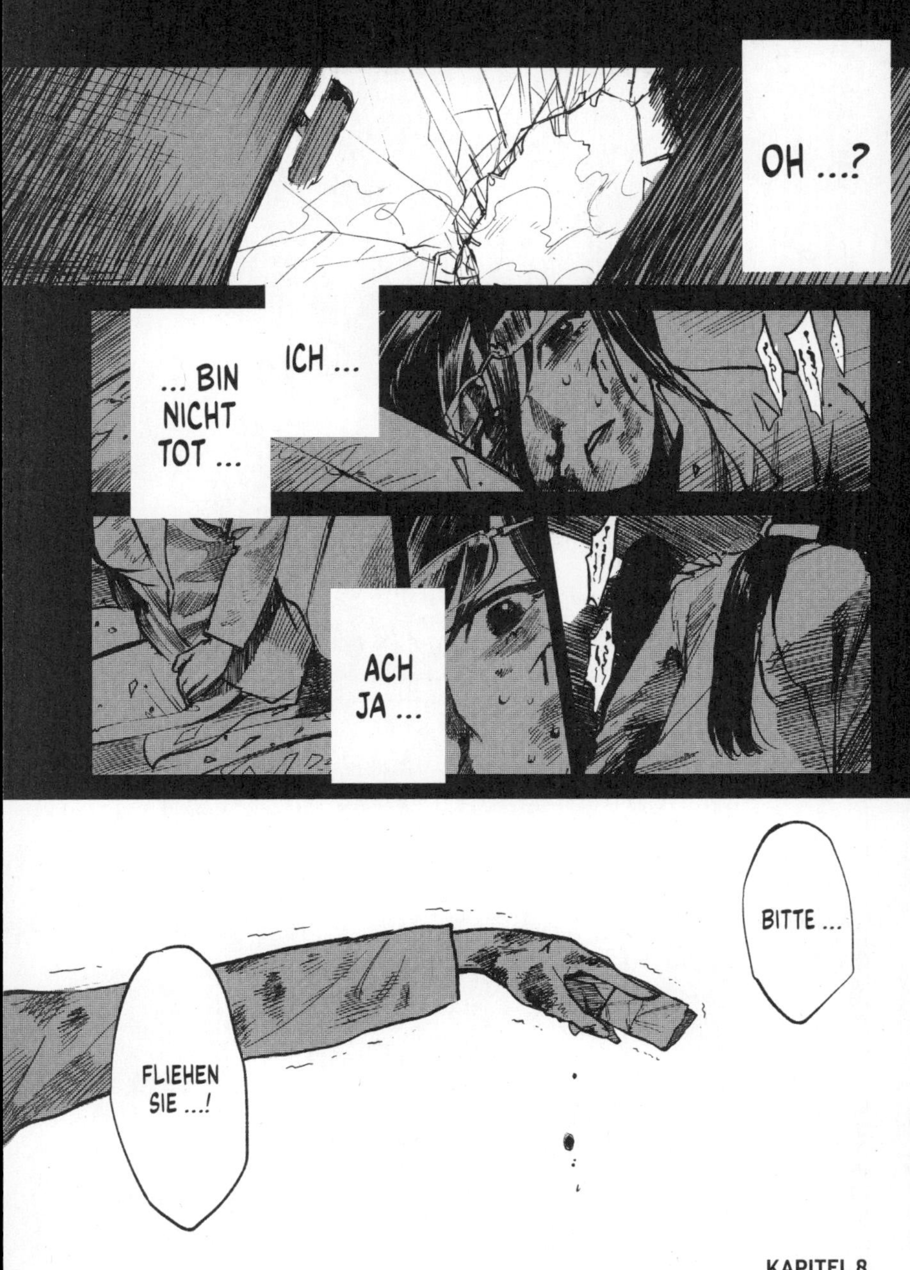
OH ...?
ICH ...
... BIN NICHT TOT ...
ACH JA ...
BITTE ...
FLIEHEN SIE ...!

72 STUNDEN VORHER

WAS?! DU WILLST NOCH MAL IN DEN CLUB?

JA.

MAN WIRD MICH DORT SICHER NICHT WILLKOMMEN HEISSEN …

… ABER AUF FAST ALLEN FOTOS IST DIESE EINE FRAU ZU SEHEN.

VIELLEICHT HAT SIE ETWAS MIT DER SACHE ZU TUN …

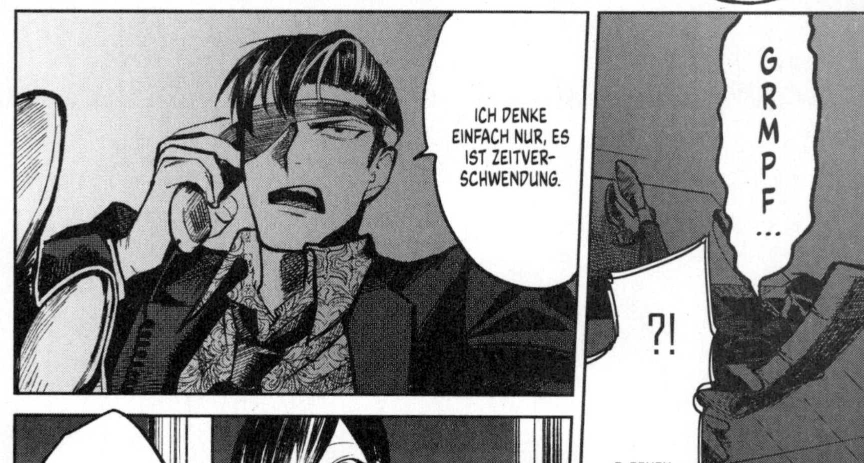

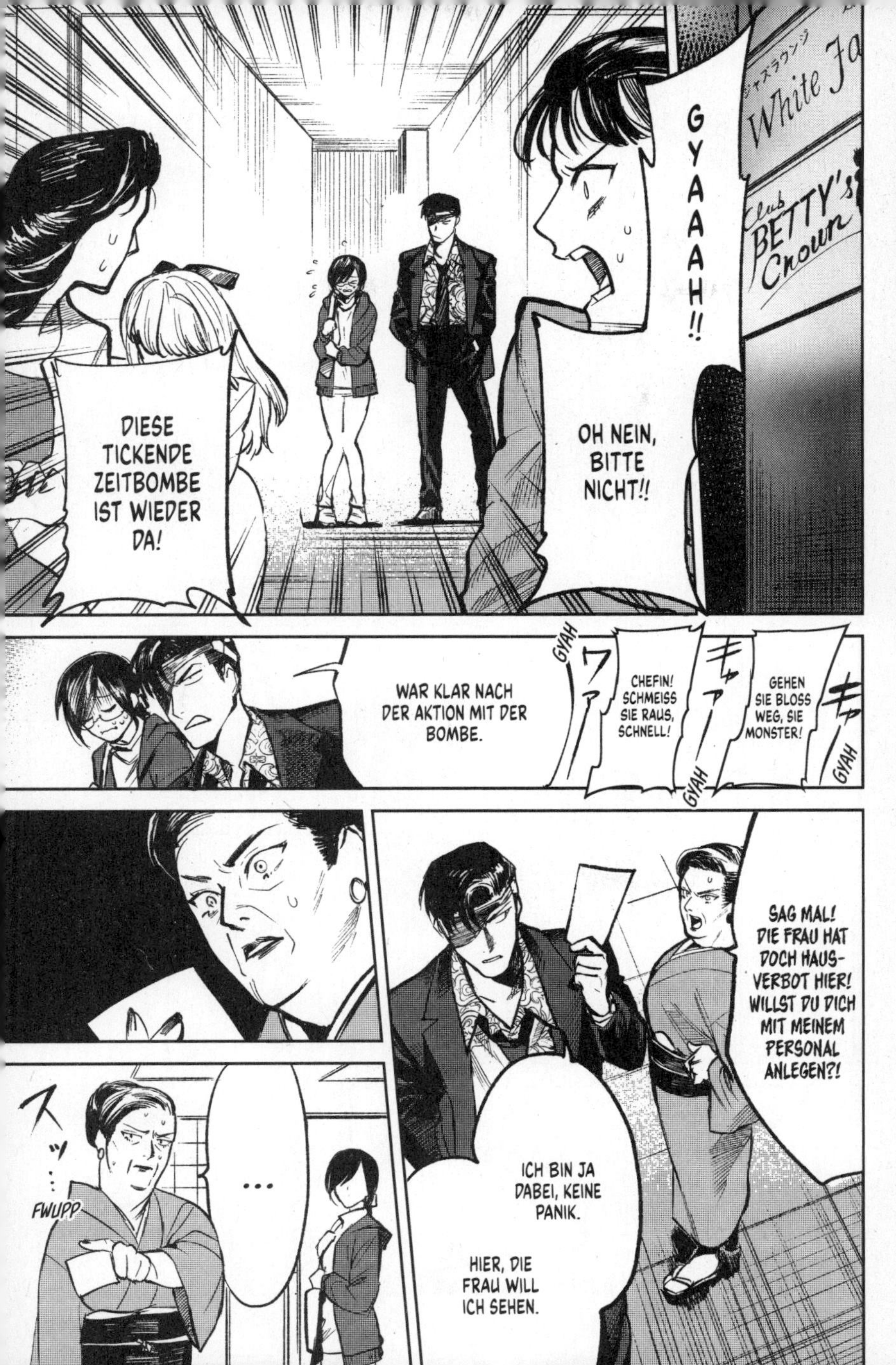
White Fa
ジャズラウンジ
Club BETTY's Crown
GYAAAAH!!
OH NEIN, BITTE NICHT!!
DIESE TICKENDE ZEITBOMBE IST WIEDER DA!
GYAH
GEHEN SIE BLOSS WEG, SIE MONSTER!
GYAH
CHEFIN! SCHMEISS SIE RAUS, SCHNELL!
GYAH
WAR KLAR NACH DER AKTION MIT DER BOMBE.
SAG MAL! DIE FRAU HAT DOCH HAUS-VERBOT HIER! WILLST DU DICH MIT MEINEM PERSONAL ANLEGEN?!
ICH BIN JA DABEI, KEINE PANIK.
HIER, DIE FRAU WILL ICH SEHEN.
...
FWUPP

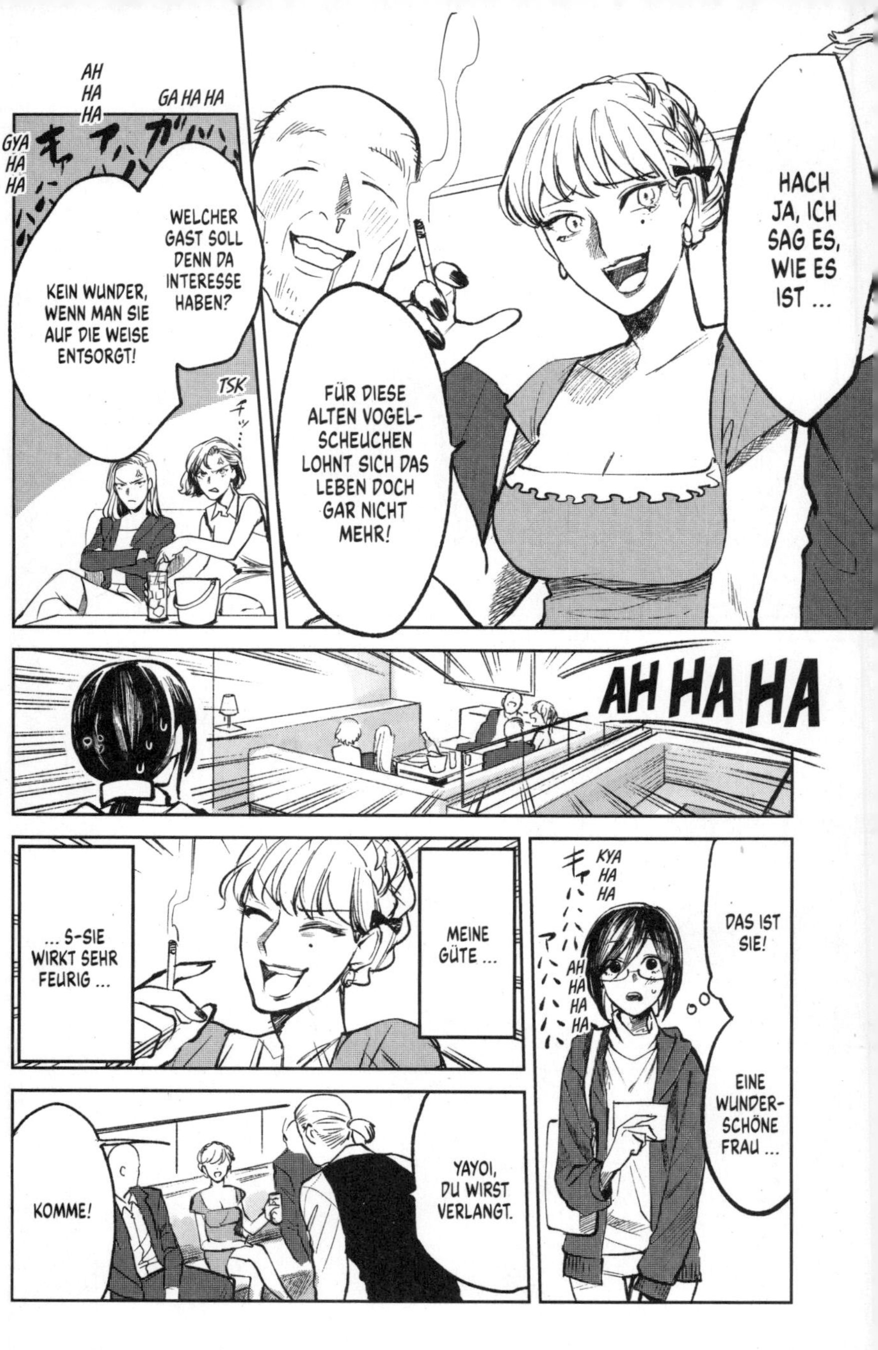

HACH JA, ICH SAG ES, WIE ES IST …

FÜR DIESE ALTEN VOGEL-SCHEUCHEN LOHNT SICH DAS LEBEN DOCH GAR NICHT MEHR!

GA HA HA

AH HA HA

GYA HA HA

WELCHER GAST SOLL DENN DA INTERESSE HABEN?

KEIN WUNDER, WENN MAN SIE AUF DIE WEISE ENTSORGT!

TSK

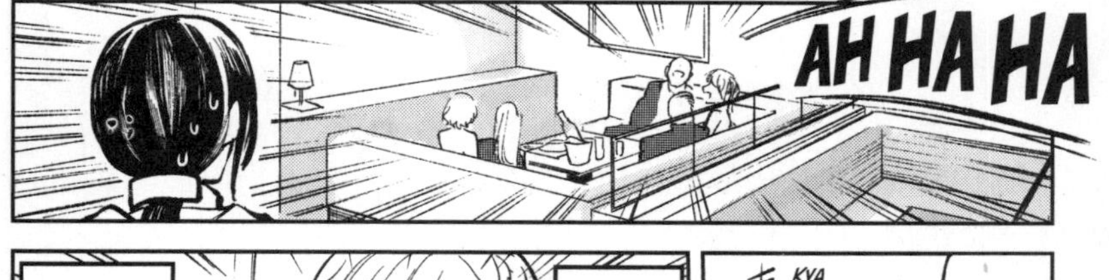

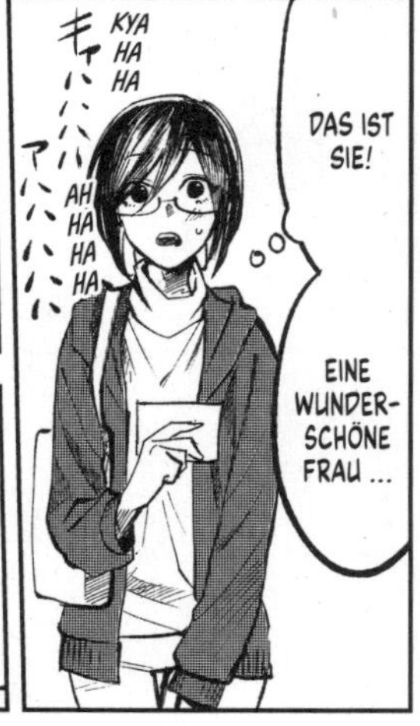

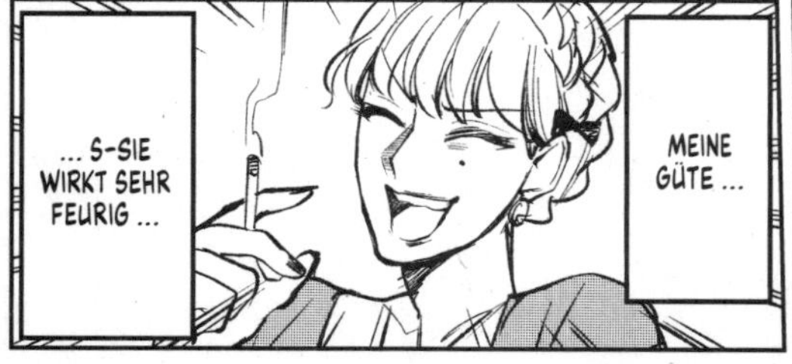

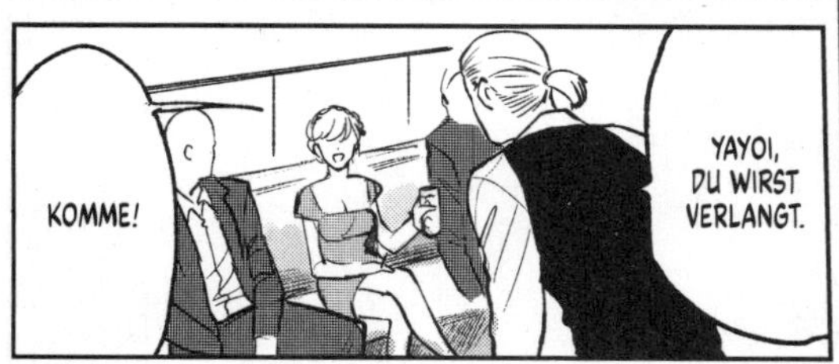

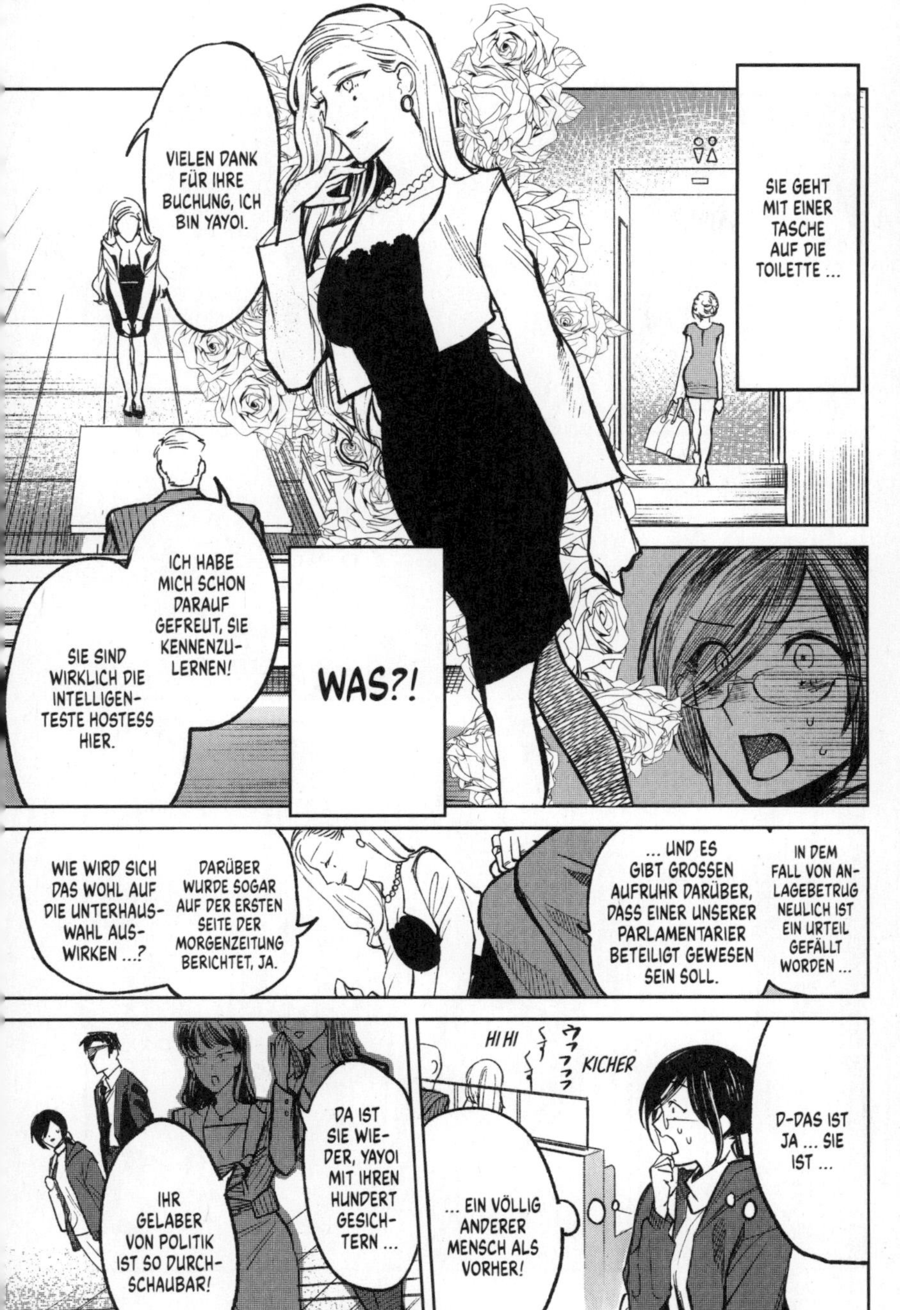
SIE GEHT MIT EINER TASCHE AUF DIE TOILETTE ...
VIELEN DANK FÜR IHRE BUCHUNG, ICH BIN YAYOI.
ICH HABE MICH SCHON DARAUF GEFREUT, SIE KENNENZU-LERNEN!
SIE SIND WIRKLICH DIE INTELLIGEN-TESTE HOSTESS HIER.
WAS?!
IN DEM FALL VON AN-LAGEBETRUG NEULICH IST EIN URTEIL GEFÄLLT WORDEN ...
... UND ES GIBT GROSSEN AUFRUHR DARÜBER, DASS EINER UNSERER PARLAMENTARIER BETEILIGT GEWESEN SEIN SOLL.
DARÜBER WURDE SOGAR AUF DER ERSTEN SEITE DER MORGENZEITUNG BERICHTET, JA.
WIE WIRD SICH DAS WOHL AUF DIE UNTERHAUS-WAHL AUS-WIRKEN ...?
D-DAS IST JA ... SIE IST ...
... EIN VÖLLIG ANDERER MENSCH ALS VORHER!
HI HI
KICHER
DA IST SIE WIE-DER, YAYOI MIT IHREN HUNDERT GESICH-TERN ...
IHR GELABER VON POLITIK IST SO DURCH-SCHAUBAR!

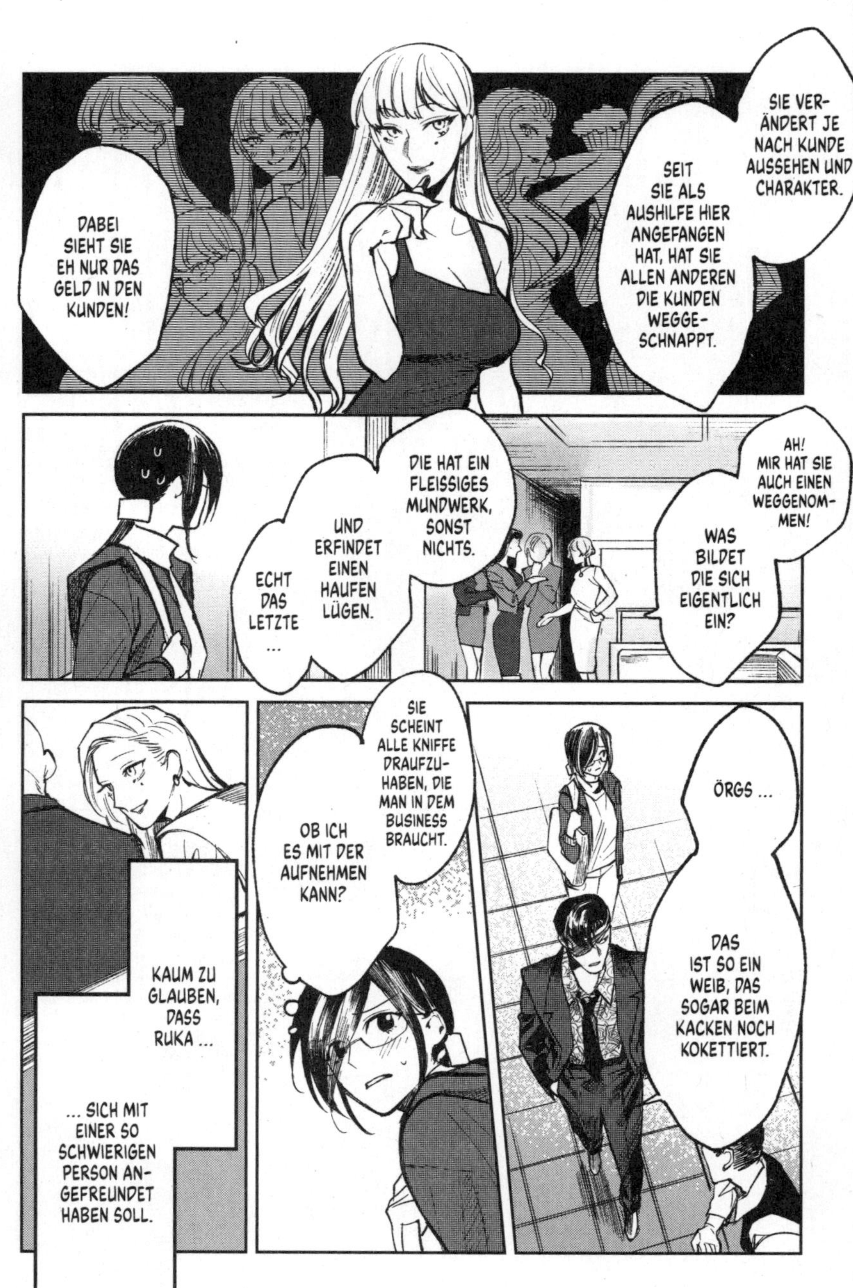
SIE VERÄNDERT JE NACH KUNDE AUSSEHEN UND CHARAKTER.
SEIT SIE ALS AUSHILFE HIER ANGEFANGEN HAT, HAT SIE ALLEN ANDEREN DIE KUNDEN WEGGESCHNAPPT.
DABEI SIEHT SIE EH NUR DAS GELD IN DEN KUNDEN!
AH! MIR HAT SIE AUCH EINEN WEGGENOMMEN!
WAS BILDET DIE SICH EIGENTLICH EIN?
DIE HAT EIN FLEISSIGES MUNDWERK, SONST NICHTS.
UND ERFINDET EINEN HAUFEN LÜGEN.
ECHT DAS LETZTE …
ÖRGS …
DAS IST SO EIN WEIB, DAS SOGAR BEIM KACKEN NOCH KOKETTIERT.
SIE SCHEINT ALLE KNIFFE DRAUFZUHABEN, DIE MAN IN DEM BUSINESS BRAUCHT.
OB ICH ES MIT DER AUFNEHMEN KANN?
KAUM ZU GLAUBEN, DASS RUKA …
… SICH MIT EINER SO SCHWIERIGEN PERSON ANGEFREUNDET HABEN SOLL.

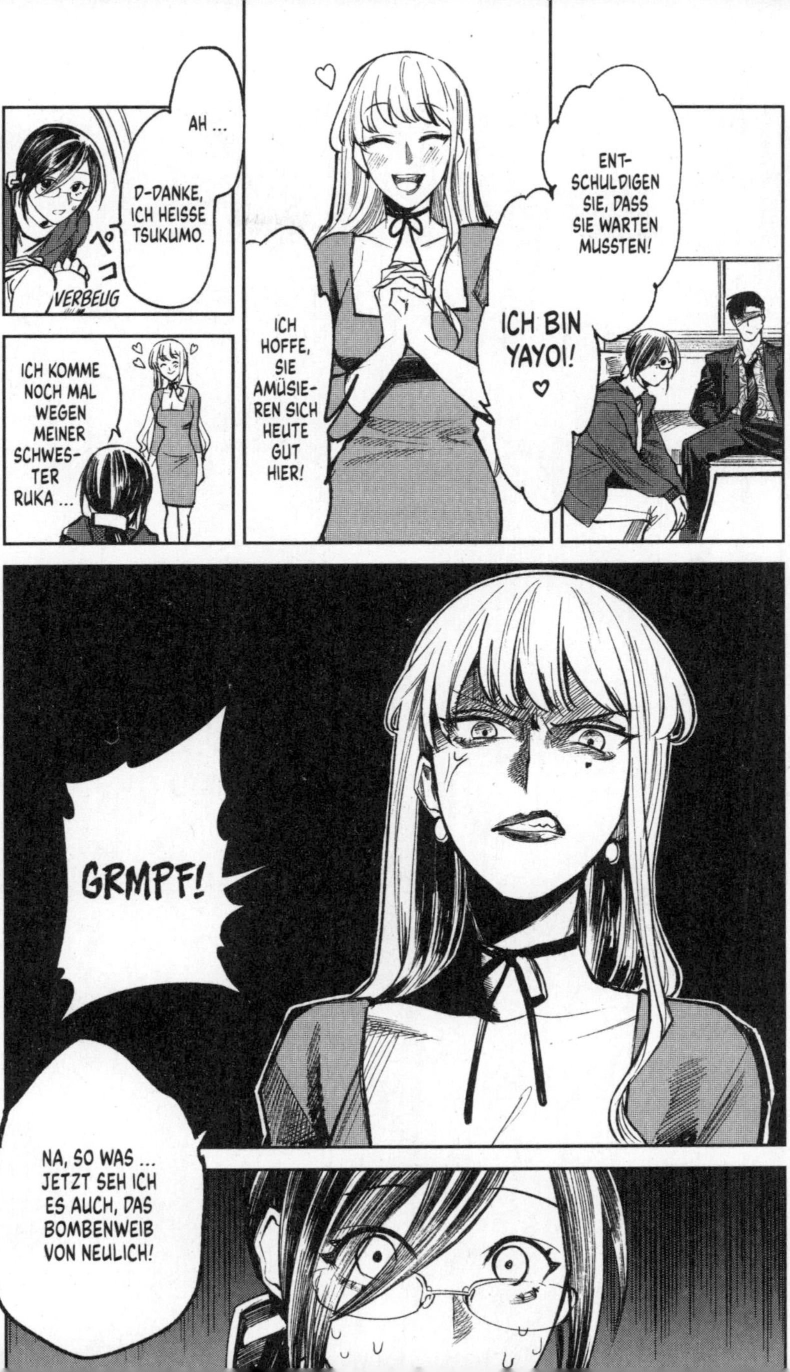

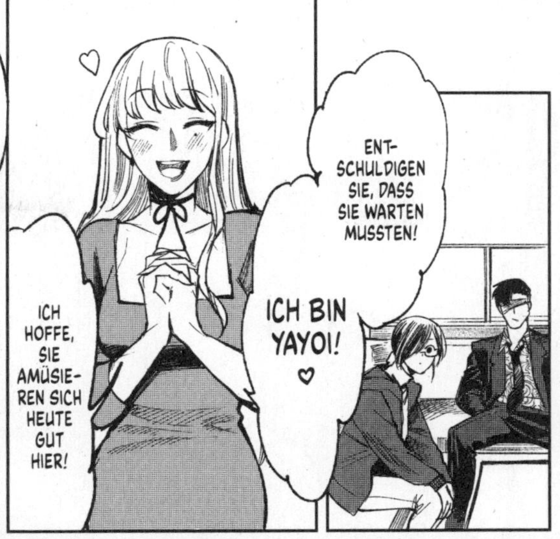

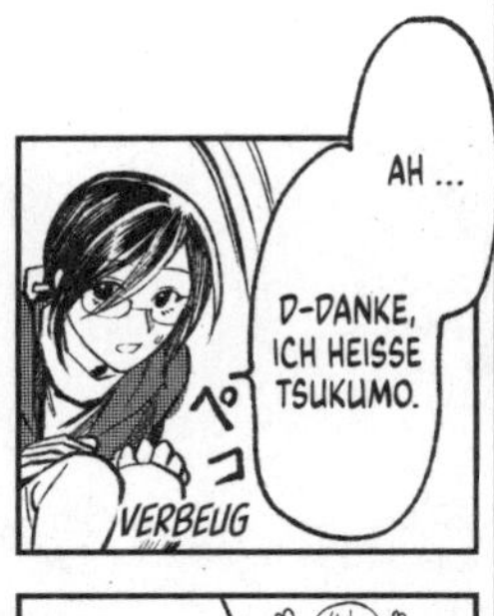

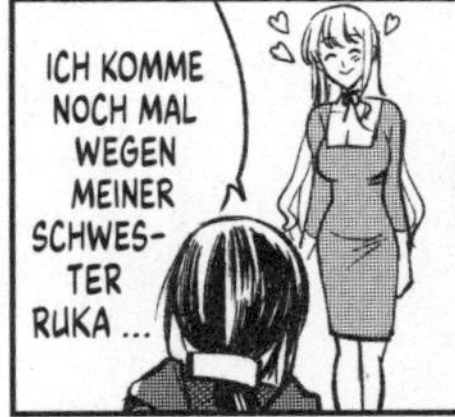

GRMPF!

NA, SO WAS ... JETZT SEH ICH ES AUCH, DAS BOMBENWEIB VON NEULICH!

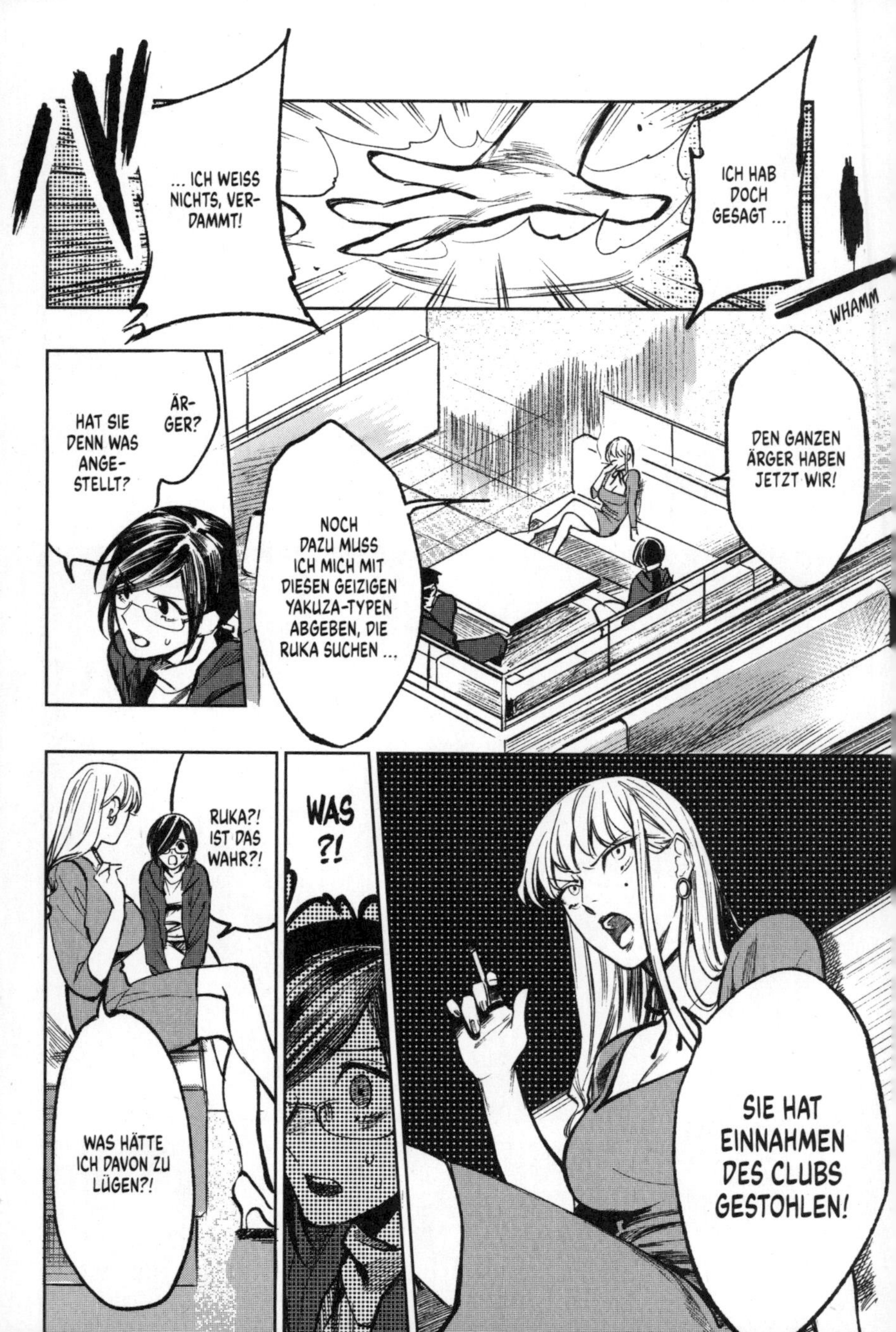

ICH HAB DOCH GESAGT …
… ICH WEISS NICHTS, VERDAMMT!
WHAMM
DEN GANZEN ÄRGER HABEN JETZT WIR!
NOCH DAZU MUSS ICH MICH MIT DIESEN GEIZIGEN YAKUZA-TYPEN ABGEBEN, DIE RUKA SUCHEN …
ÄRGER?
HAT SIE DENN WAS ANGESTELLT?
SIE HAT EINNAHMEN DES CLUBS GESTOHLEN!
WAS ?!
RUKA?! IST DAS WAHR?!
WAS HÄTTE ICH DAVON ZU LÜGEN?!

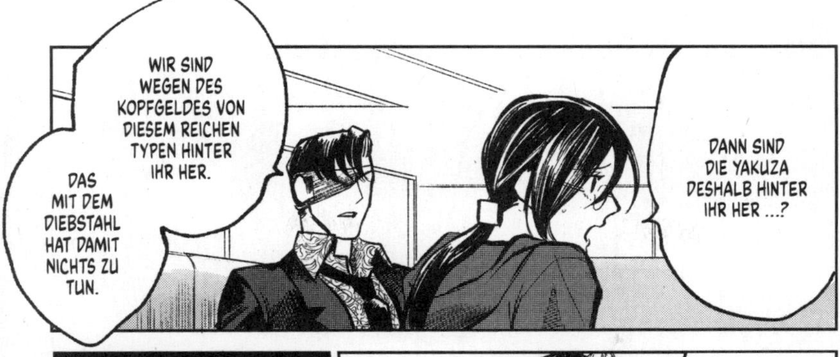
DANN SIND DIE YAKUZA DESHALB HINTER IHR HER ...?
WIR SIND WEGEN DES KOPFGELDES VON DIESEM REICHEN TYPEN HINTER IHR HER.
DAS MIT DEM DIEBSTAHL HAT DAMIT NICHTS ZU TUN.

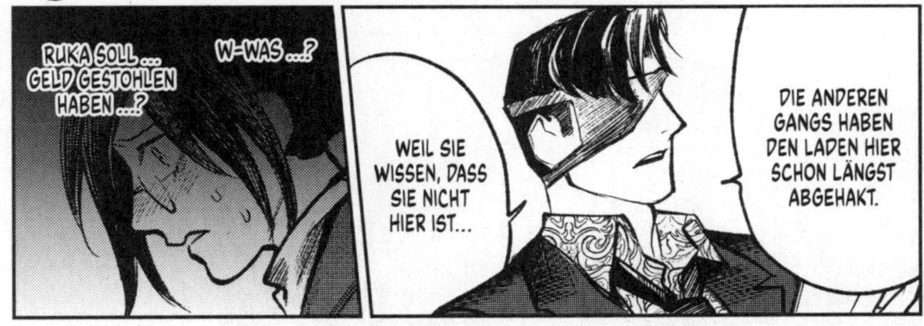
DIE ANDEREN GANGS HABEN DEN LADEN HIER SCHON LÄNGST ABGEHAKT.
WEIL SIE WISSEN, DASS SIE NICHT HIER IST...
W-WAS ...?
RUKA SOLL ... GELD GESTOHLEN HABEN ...?

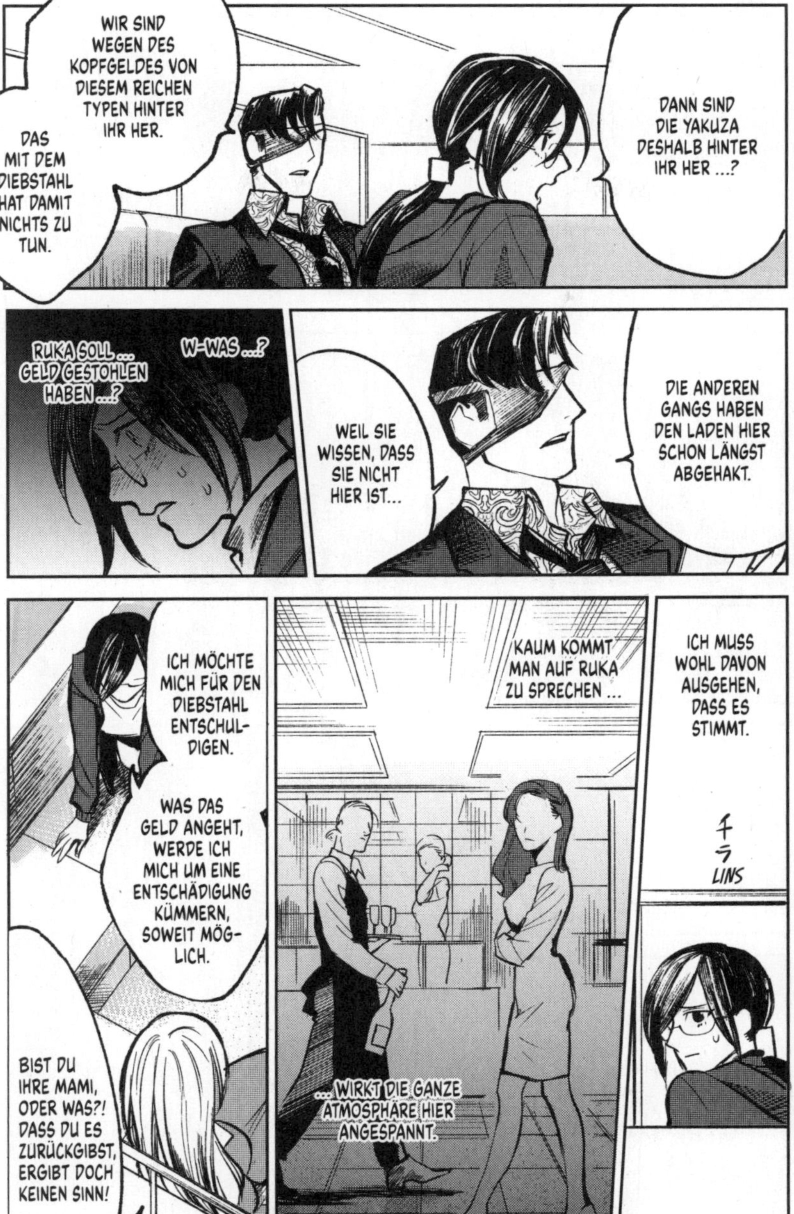

ICH MUSS WOHL DAVON AUSGEHEN, DASS ES STIMMT.
チラ
LINS
KAUM KOMMT MAN AUF RUKA ZU SPRECHEN ...
... WIRKT DIE GANZE ATMOSPHÄRE HIER ANGESPANNT.
ICH MÖCHTE MICH FÜR DEN DIEBSTAHL ENTSCHUL-DIGEN.
WAS DAS GELD ANGEHT, WERDE ICH MICH UM EINE ENTSCHÄDIGUNG KÜMMERN, SOWEIT MÖG-LICH.
BIST DU IHRE MAMI, ODER WAS?! DASS DU ES ZURÜCKGIBST, ERGIBT DOCH KEINEN SINN!

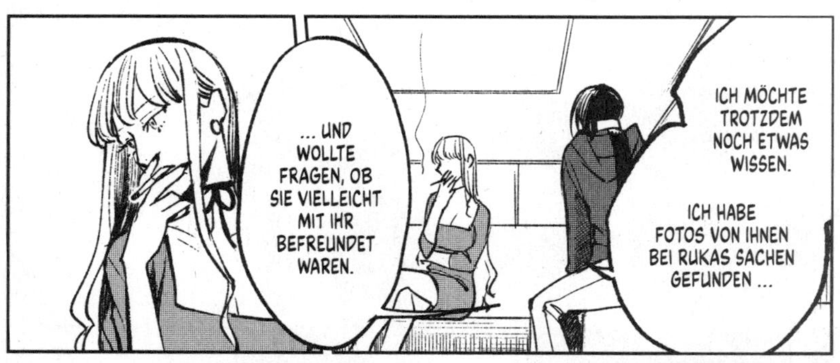
ICH MÖCHTE TROTZDEM NOCH ETWAS WISSEN.
ICH HABE FOTOS VON IHNEN BEI RUKAS SACHEN GEFUNDEN ...
... UND WOLLTE FRAGEN, OB SIE VIELLEICHT MIT IHR BEFREUNDET WAREN.

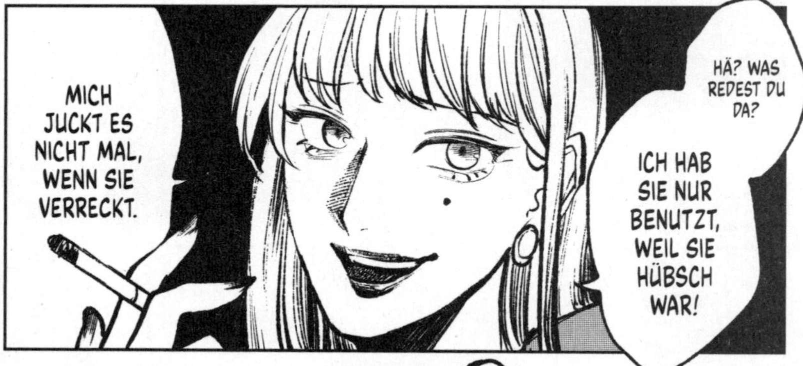
HÄ? WAS REDEST DU DA?
ICH HAB SIE NUR BENUTZT, WEIL SIE HÜBSCH WAR!
MICH JUCKT ES NICHT MAL, WENN SIE VERRECKT.

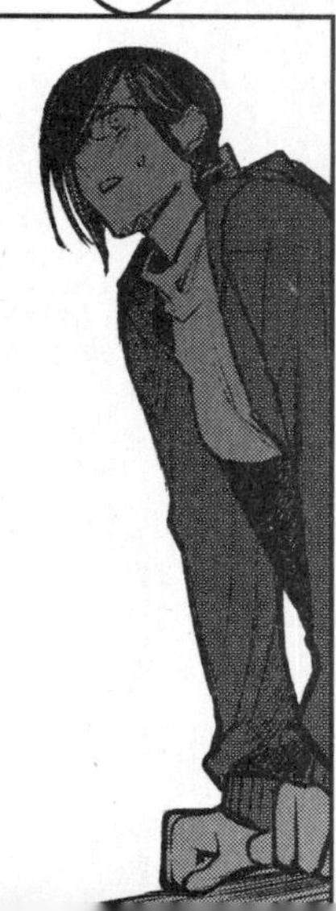

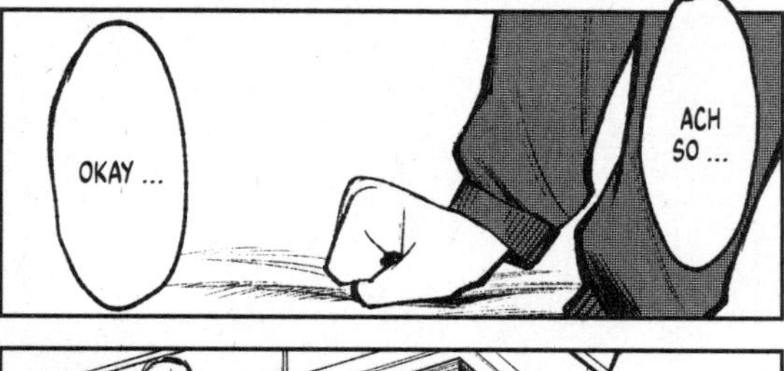
ACH SO ...
OKAY ...

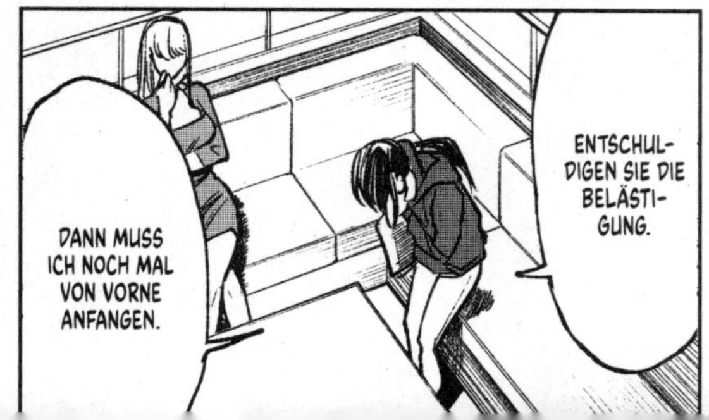
ENTSCHULDIGEN SIE DIE BELÄSTIGUNG.
DANN MUSS ICH NOCH MAL VON VORNE ANFANGEN.

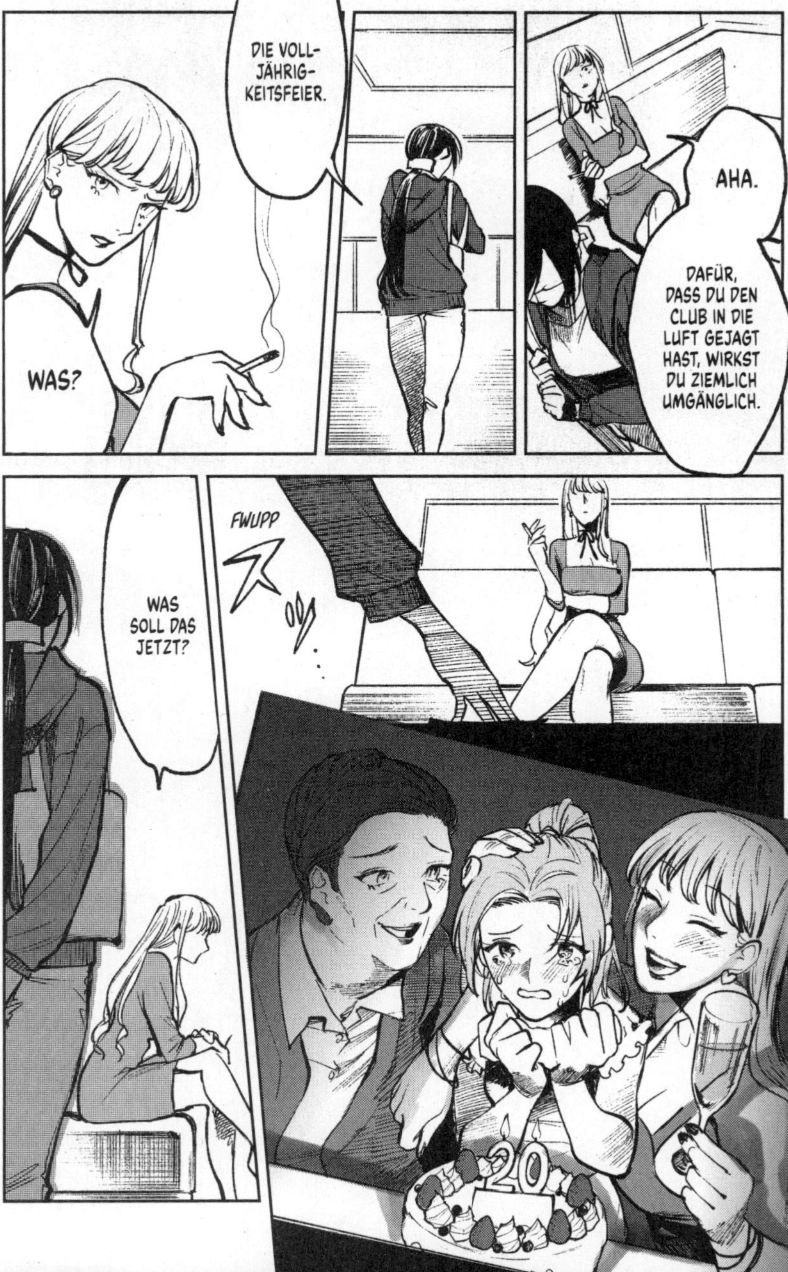

AHA.

DAFÜR, DASS DU DEN CLUB IN DIE LUFT GEJAGT HAST, WIRKST DU ZIEMLICH UMGÄNGLICH.

DIE VOLLJÄHRIGKEITSFEIER.

WAS?

FWUPP

WAS SOLL DAS JETZT?

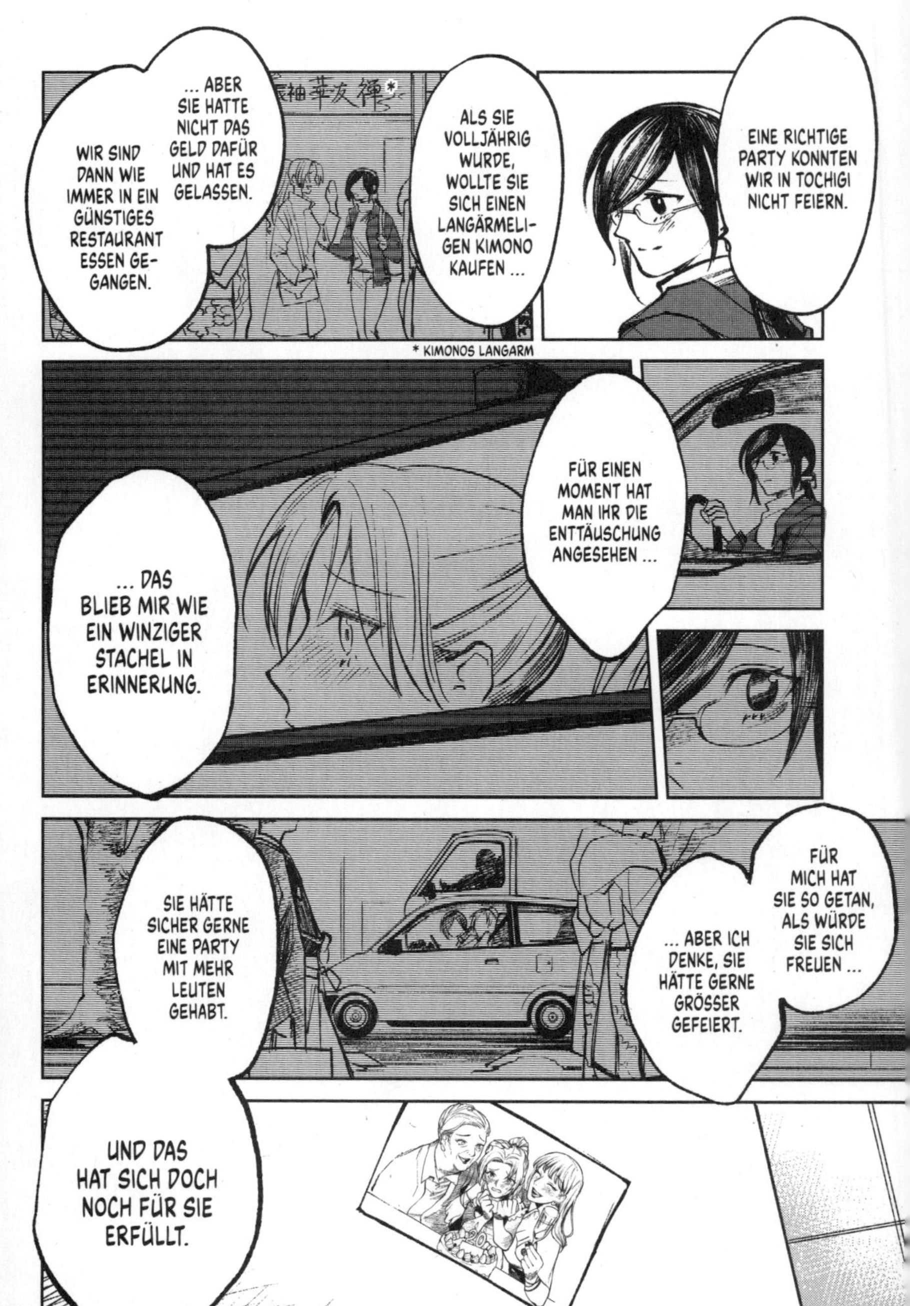
EINE RICHTIGE PARTY KONNTEN WIR IN TOCHIGI NICHT FEIERN.
ALS SIE VOLLJÄHRIG WURDE, WOLLTE SIE SICH EINEN LANGÄRMELIGEN KIMONO KAUFEN ...
... ABER SIE HATTE NICHT DAS GELD DAFÜR UND HAT ES GELASSEN.
WIR SIND DANN WIE IMMER IN EIN GÜNSTIGES RESTAURANT ESSEN GEGANGEN.
振袖 華友禅*
* KIMONOS LANGARM
FÜR EINEN MOMENT HAT MAN IHR DIE ENTTÄUSCHUNG ANGESEHEN ...
... DAS BLIEB MIR WIE EIN WINZIGER STACHEL IN ERINNERUNG.
FÜR MICH HAT SIE SO GETAN, ALS WÜRDE SIE SICH FREUEN ...
... ABER ICH DENKE, SIE HÄTTE GERNE GRÖSSER GEFEIERT.
SIE HÄTTE SICHER GERNE EINE PARTY MIT MEHR LEUTEN GEHABT.
UND DAS HAT SICH DOCH NOCH FÜR SIE ERFÜLLT.

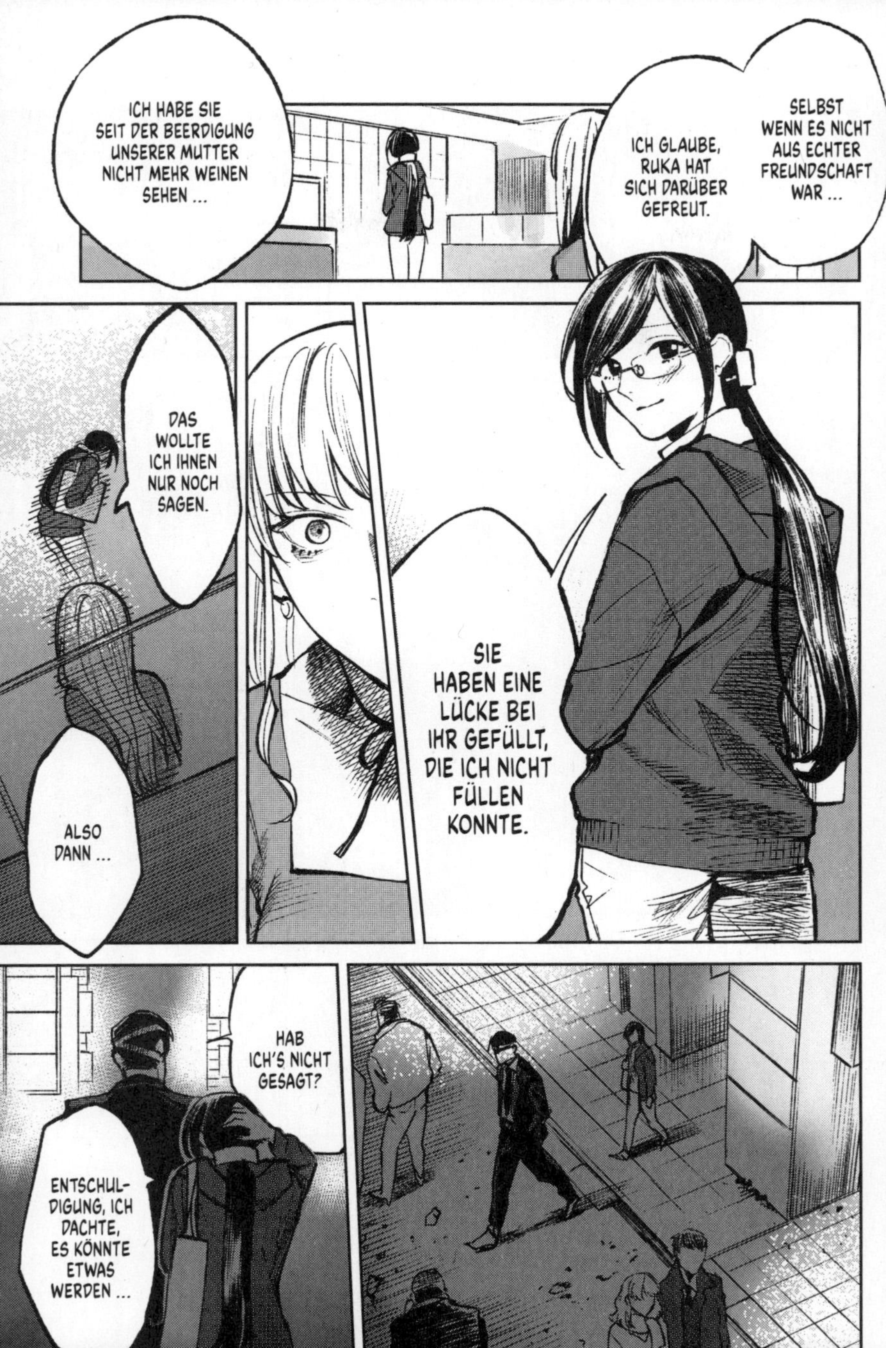
SELBST WENN ES NICHT AUS ECHTER FREUNDSCHAFT WAR ...
ICH GLAUBE, RUKA HAT SICH DARÜBER GEFREUT.
ICH HABE SIE SEIT DER BEERDIGUNG UNSERER MUTTER NICHT MEHR WEINEN SEHEN ...
SIE HABEN EINE LÜCKE BEI IHR GEFÜLLT, DIE ICH NICHT FÜLLEN KONNTE.
DAS WOLLTE ICH IHNEN NUR NOCH SAGEN.
ALSO DANN ...
HAB ICH'S NICHT GESAGT?
ENTSCHUL-DIGUNG, ICH DACHTE, ES KÖNNTE ETWAS WERDEN ...

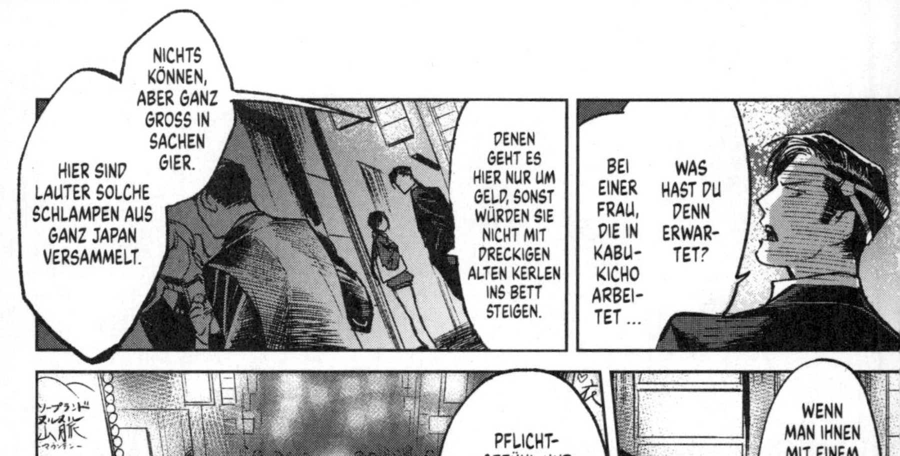

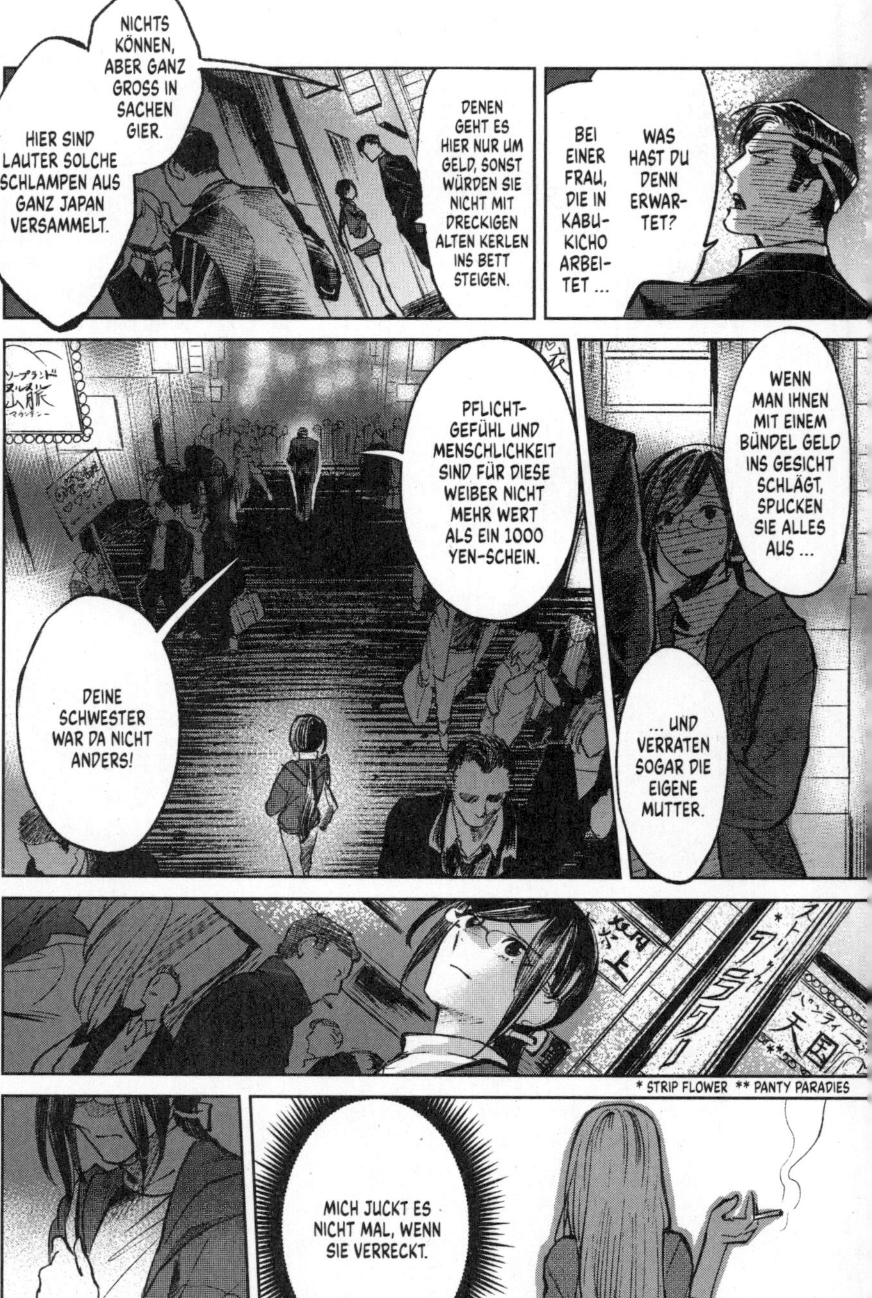

WENN MAN IHNEN MIT EINEM BÜNDEL GELD INS GESICHT SCHLÄGT, SPUCKEN SIE ALLES AUS ...

... UND VERRATEN SOGAR DIE EIGENE MUTTER.

PFLICHTGEFÜHL UND MENSCHLICHKEIT SIND FÜR DIESE WEIBER NICHT MEHR WERT ALS EIN 1000 YEN-SCHEIN.

DEINE SCHWESTER WAR DA NICHT ANDERS!

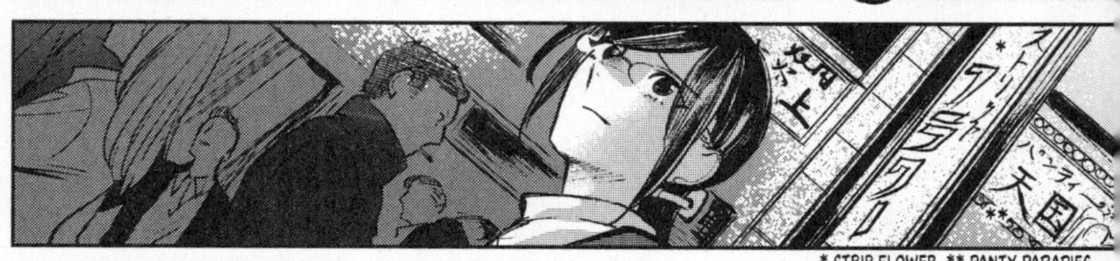

* STRIP FLOWER ** PANTY PARADIES

MICH JUCKT ES NICHT MAL, WENN SIE VERRECKT.

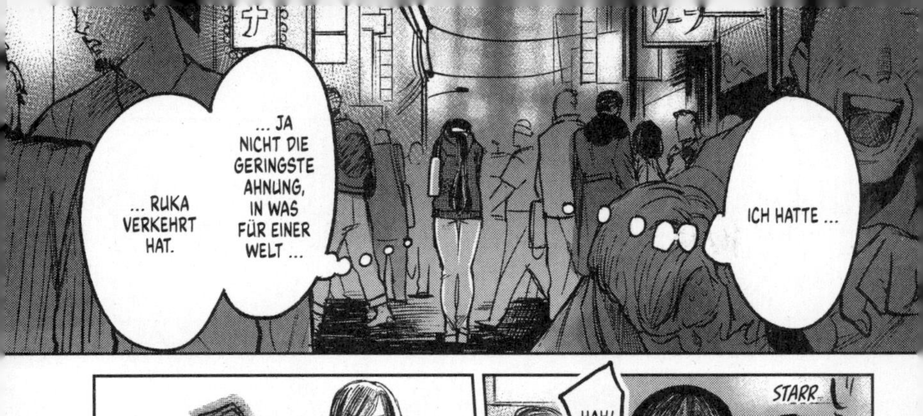
ICH HATTE …
… JA NICHT DIE GERINGSTE AHNUNG, IN WAS FÜR EINER WELT …
… RUKA VERKEHRT HAT.

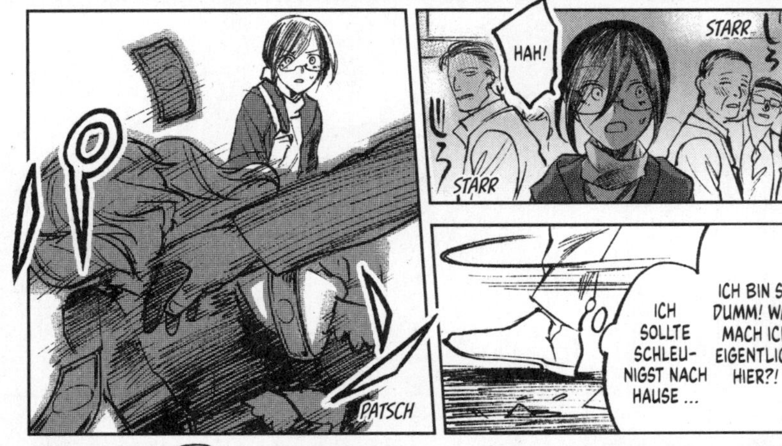
HAH!
STARR
STARR
PATSCH
ICH BIN SO DUMM! WAS MACH ICH EIGENTLICH HIER?!
ICH SOLLTE SCHLEU-NIGST NACH HAUSE …

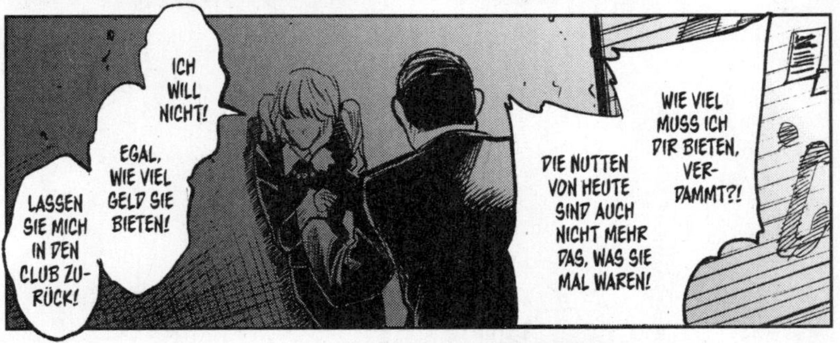
WIE VIEL MUSS ICH DIR BIETEN, VER-DAMMT?!
DIE NUTTEN VON HEUTE SIND AUCH NICHT MEHR DAS, WAS SIE MAL WAREN!
ICH WILL NICHT!
EGAL, WIE VIEL GELD SIE BIETEN!
LASSEN SIE MICH IN DEN CLUB ZU-RÜCK!

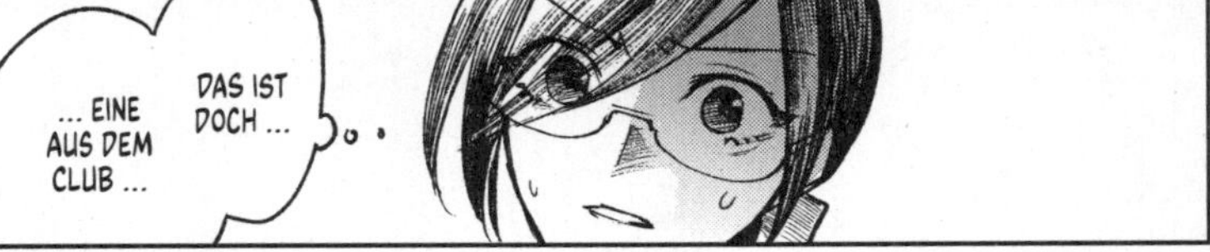
DAS IST DOCH …
… EINE AUS DEM CLUB …

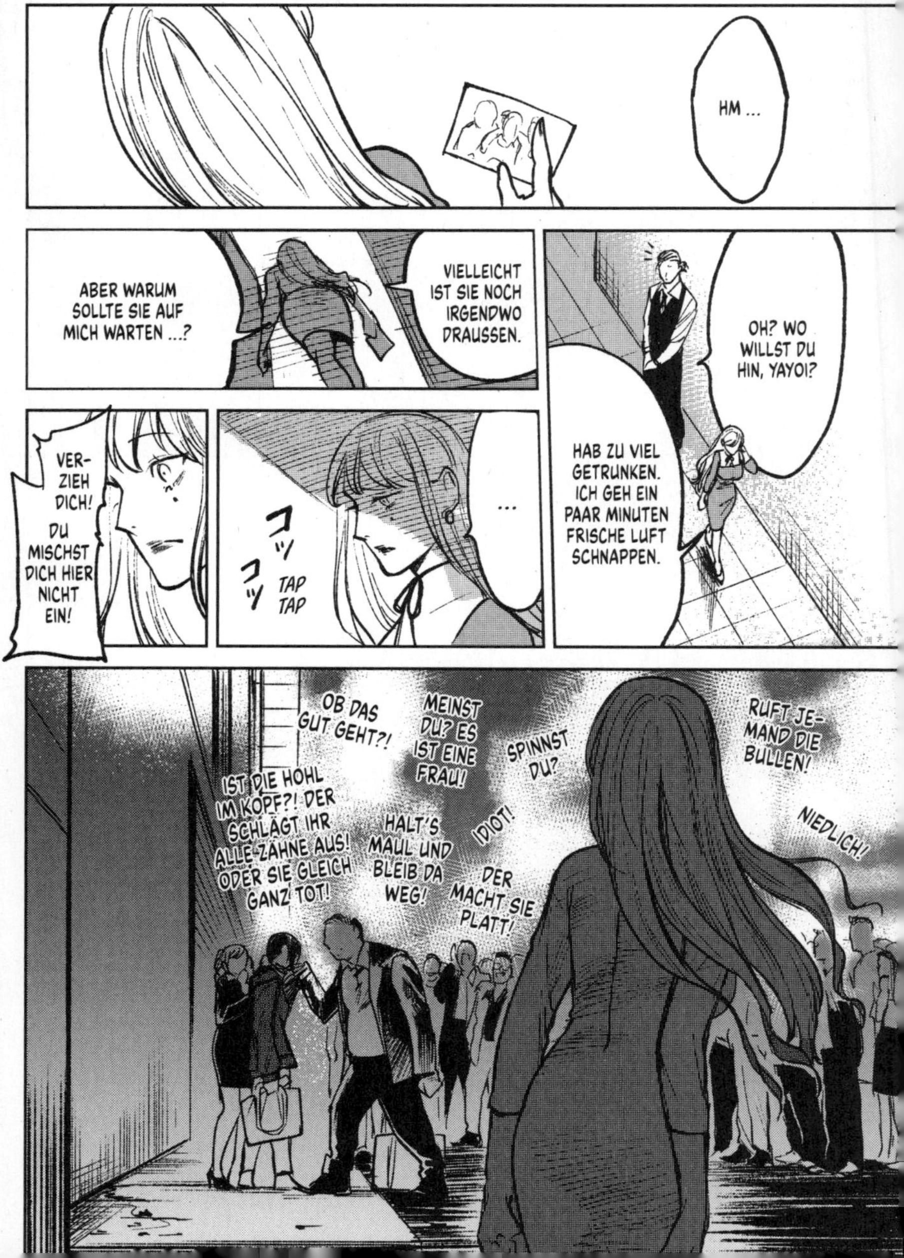

HM ...

OH? WO WILLST DU HIN, YAYOI?

HAB ZU VIEL GETRUNKEN. ICH GEH EIN PAAR MINUTEN FRISCHE LUFT SCHNAPPEN.

VIELLEICHT IST SIE NOCH IRGENDWO DRAUSSEN.

ABER WARUM SOLLTE SIE AUF MICH WARTEN ...?

...

コツ コツ TAP TAP

VER-ZIEH DICH!

DU MISCHST DICH HIER NICHT EIN!

RUFT JE-MAND DIE BULLEN!

NIEDLICH!

SPINNST DU?

IDIOT!

MEINST DU? ES IST EINE FRAU!

OB DAS GUT GEHT?!

DER MACHT SIE PLATT!

HALT'S MAUL UND BLEIB DA WEG!

IST DIE HOHL IM KOPF?! DER SCHLÄGT IHR ALLE ZÄHNE AUS! ODER SIE GLEICH GANZ TOT!

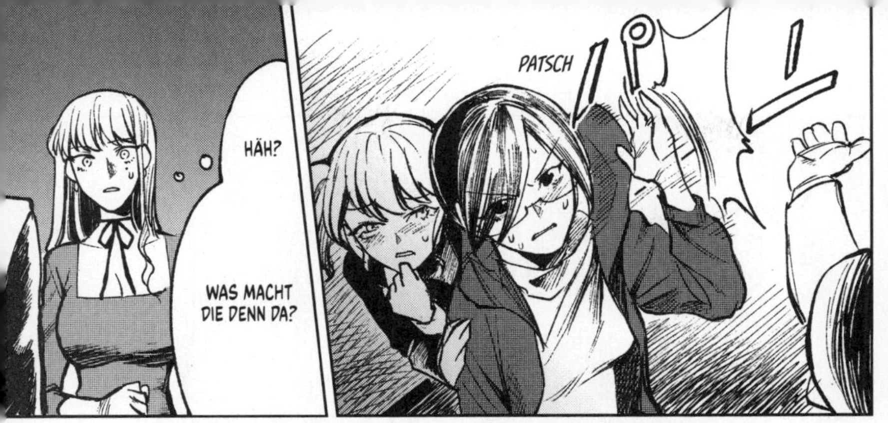
PATSCH
HÄH?
WAS MACHT DIE DENN DA?

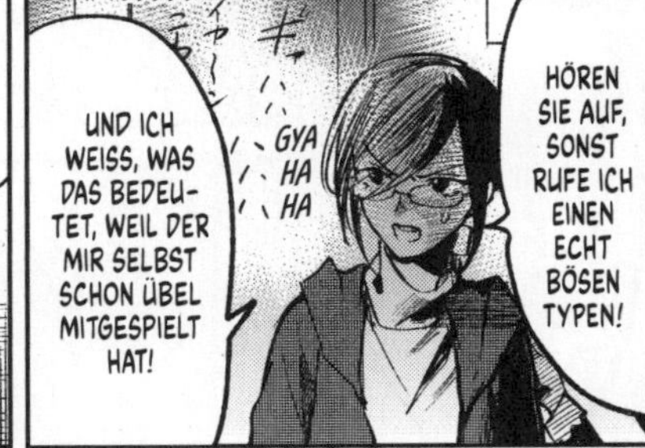
WAAAH
HÖREN SIE AUF, SONST RUFE ICH EINEN ECHT BÖSEN TYPEN!
GYA HA HA
UND ICH WEISS, WAS DAS BEDEU-TET, WEIL DER MIR SELBST SCHON ÜBEL MITGESPIELT HAT!

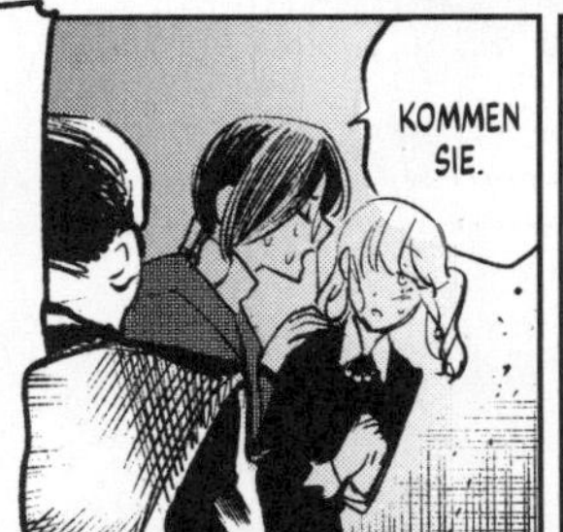
KOMMEN SIE.

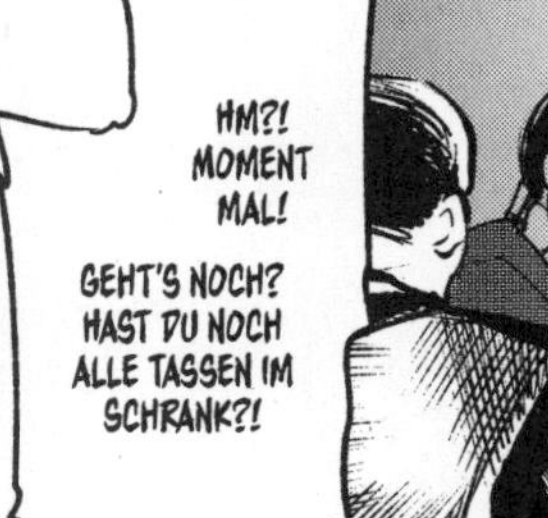
HM?! MOMENT MAL!
GEHT'S NOCH? HAST DU NOCH ALLE TASSEN IM SCHRANK?!

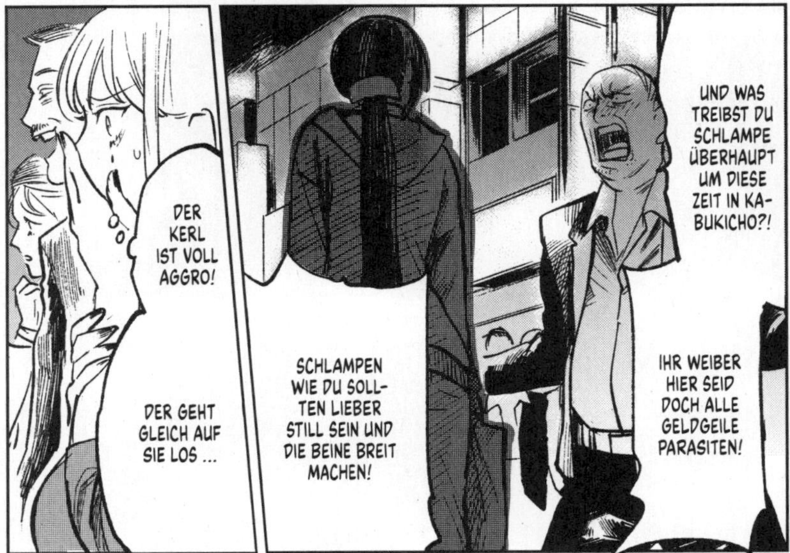
UND WAS TREIBST DU SCHLAMPE ÜBERHAUPT UM DIESE ZEIT IN KA-BUKICHO?!
IHR WEIBER HIER SEID DOCH ALLE GELDGEILE PARASITEN!
SCHLAMPEN WIE DU SOLL-TEN LIEBER STILL SEIN UND DIE BEINE BREIT MACHEN!
DER KERL IST VOLL AGGRO!
DER GEHT GLEICH AUF SIE LOS ...

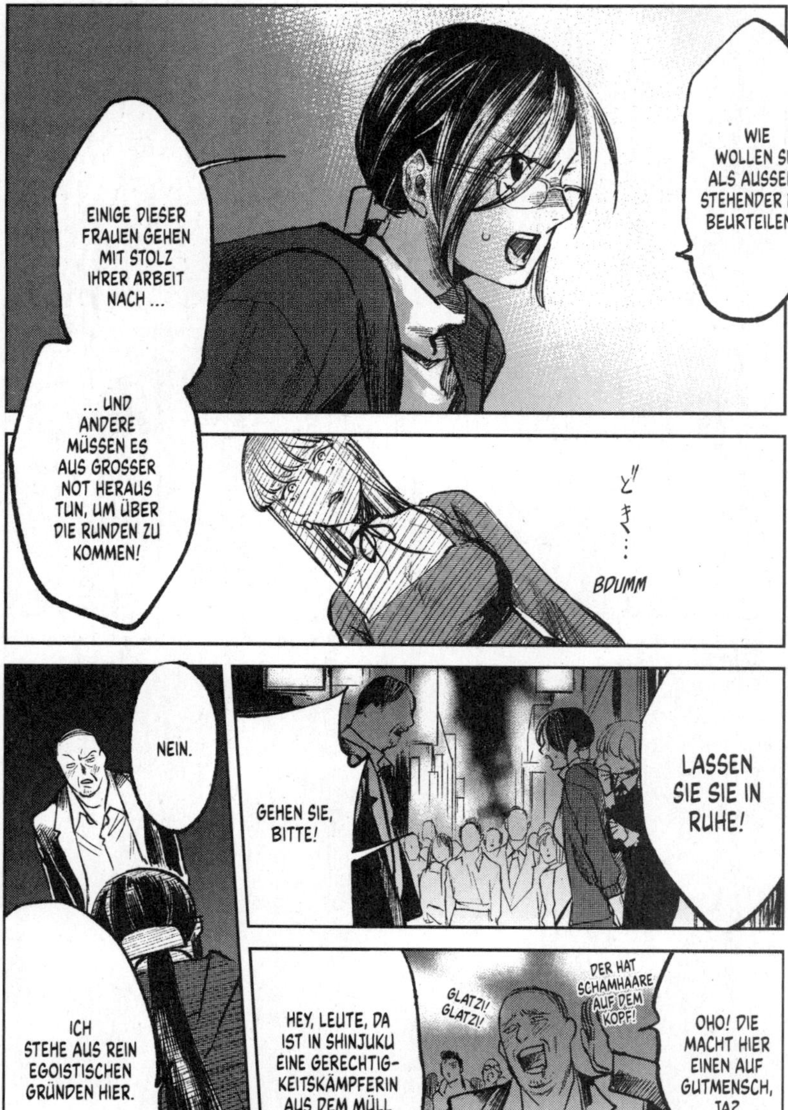

WIE WOLLEN SIE ALS AUSSEN-STEHENDER DAS BEURTEILEN?!

EINIGE DIESER FRAUEN GEHEN MIT STOLZ IHRER ARBEIT NACH ...

... UND ANDERE MÜSSEN ES AUS GROSSER NOT HERAUS TUN, UM ÜBER DIE RUNDEN ZU KOMMEN!

どき…

BDUMM

LASSEN SIE SIE IN RUHE!

GEHEN SIE, BITTE!

NEIN.

ICH STEHE AUS REIN EGOISTISCHEN GRÜNDEN HIER.

OHO! DIE MACHT HIER EINEN AUF GUTMENSCH, JA?

DER HAT SCHAMHAARE AUF DEM KOPF!

GLATZI! GLATZI!

HEY, LEUTE, DA IST IN SHINJUKU EINE GERECHTIG-KEITSKÄMPFERIN AUS DEM MÜLL GEKRABBELT!

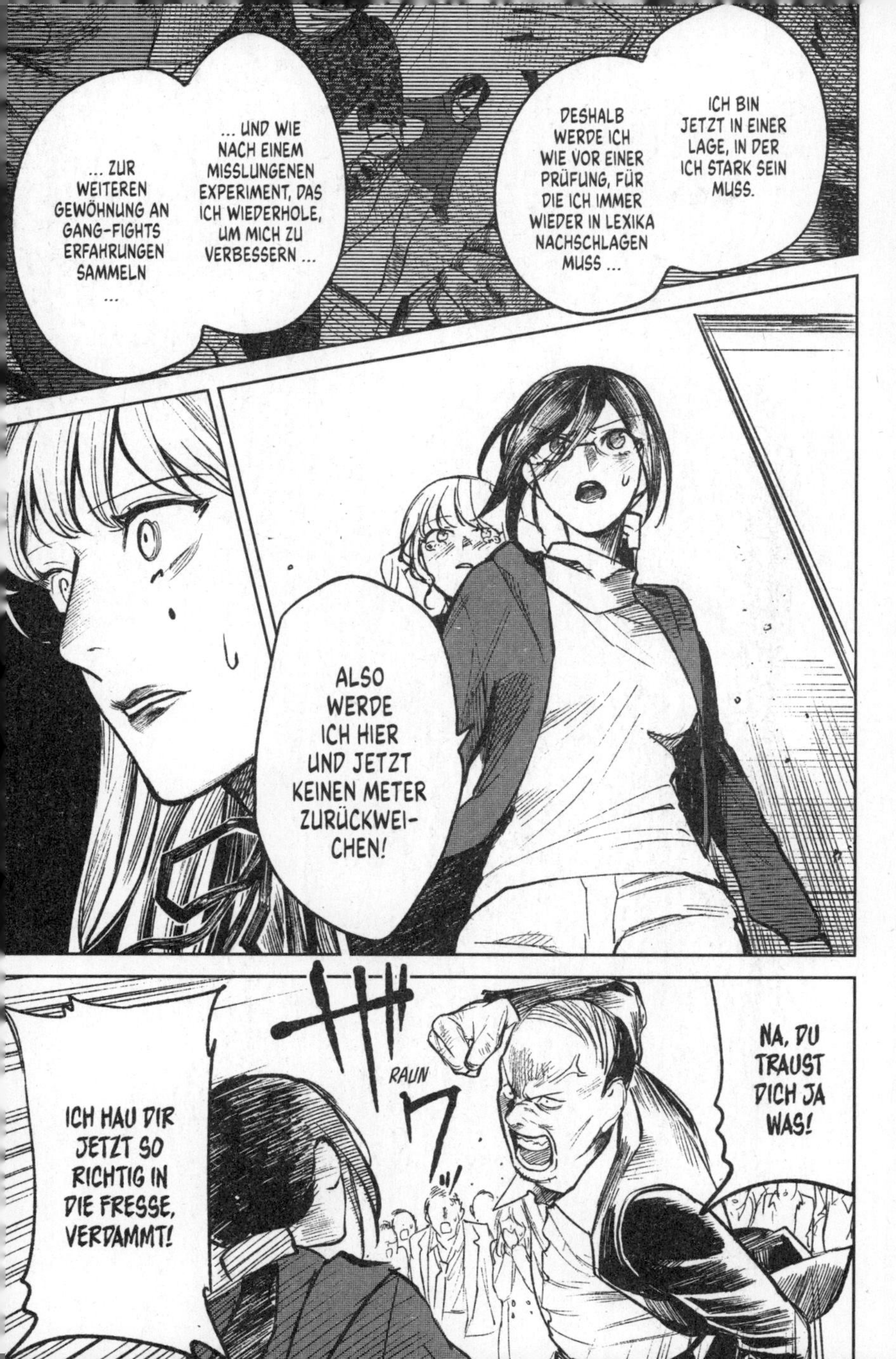
ICH BIN JETZT IN EINER LAGE, IN DER ICH STARK SEIN MUSS.
DESHALB WERDE ICH WIE VOR EINER PRÜFUNG, FÜR DIE ICH IMMER WIEDER IN LEXIKA NACHSCHLAGEN MUSS ...
... UND WIE NACH EINEM MISSLUNGENEN EXPERIMENT, DAS ICH WIEDERHOLE, UM MICH ZU VERBESSERN ...
... ZUR WEITEREN GEWÖHNUNG AN GANG-FIGHTS ERFAHRUNGEN SAMMELN ...
ALSO WERDE ICH HIER UND JETZT KEINEN METER ZURÜCKWEI-CHEN!
NA, DU TRAUST DICH JA WAS!
RAUN
ICH HAU DIR JETZT SO RICHTIG IN DIE FRESSE, VERDAMMT!

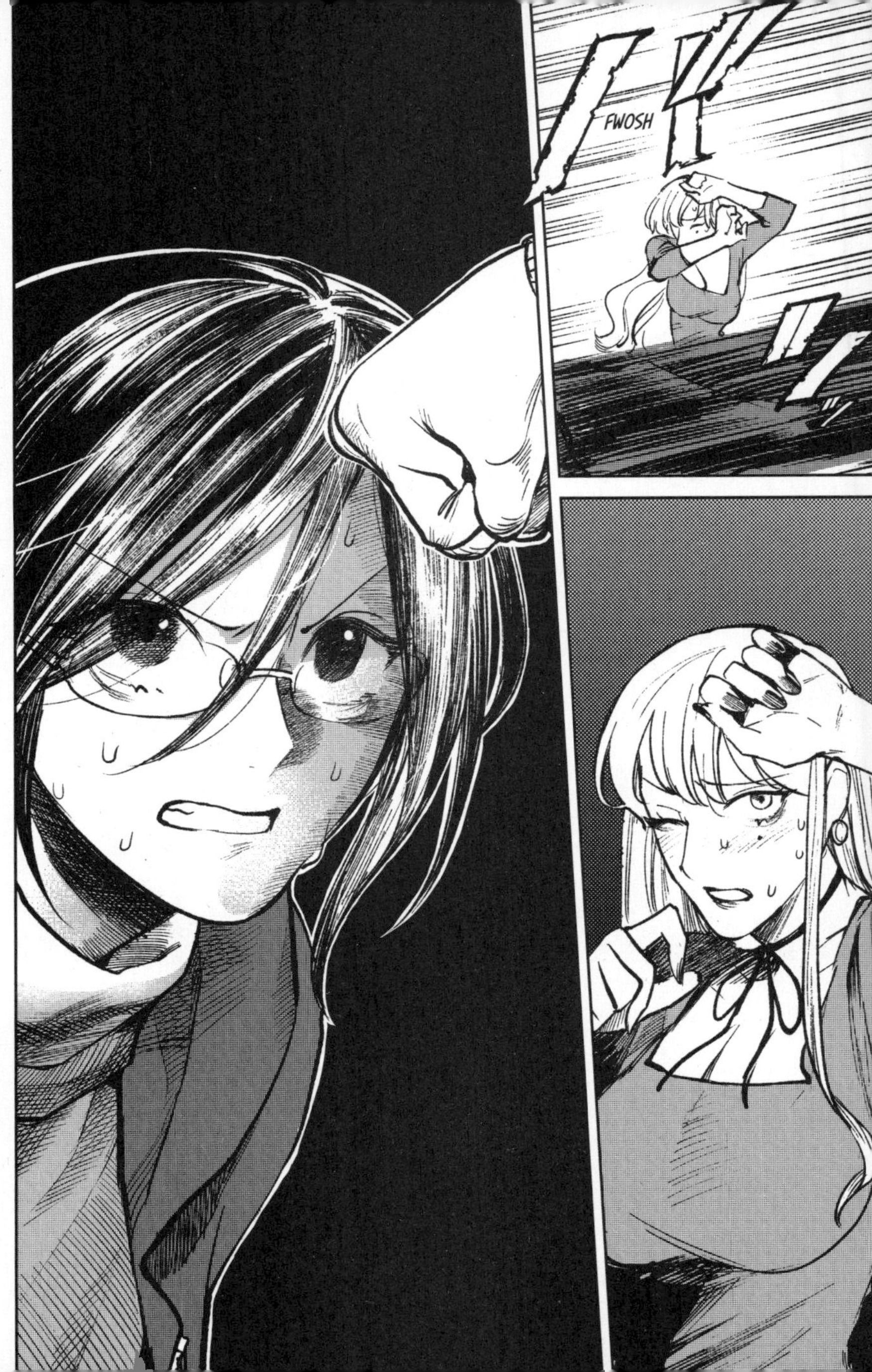
FWOSH

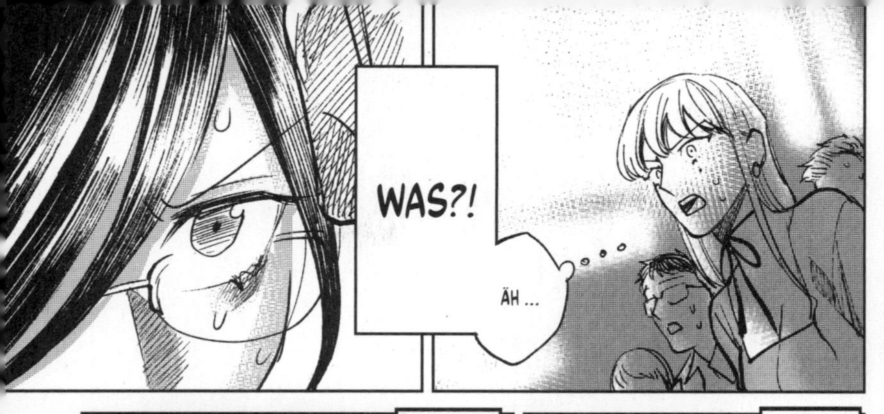

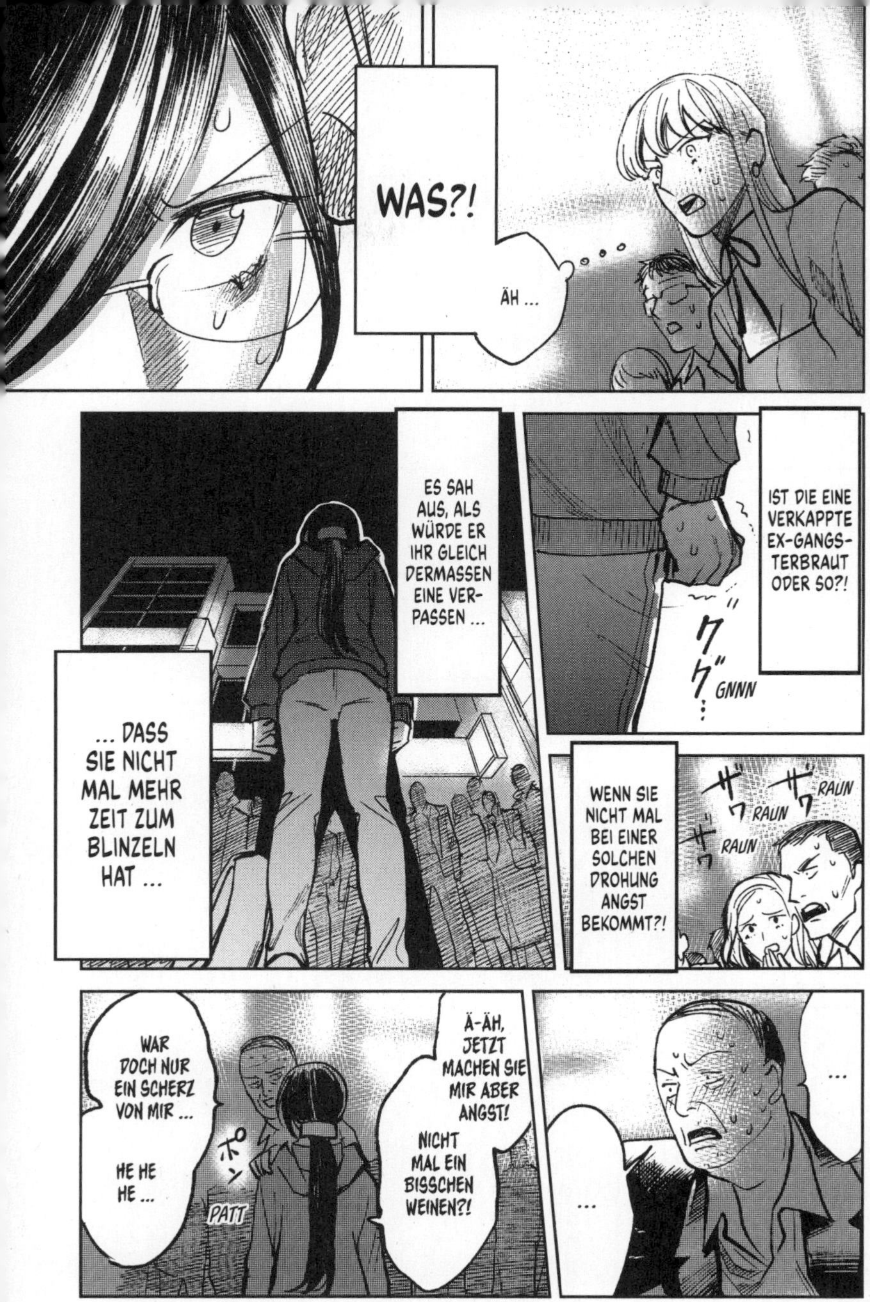

IST DIE EINE VERKAPPTE EX-GANGSTERBRAUT ODER SO?!
GNNN
ES SAH AUS, ALS WÜRDE ER IHR GLEICH DERMASSEN EINE VERPASSEN ...
... DASS SIE NICHT MAL MEHR ZEIT ZUM BLINZELN HAT ...
RAUN
RAUN
RAUN
WENN SIE NICHT MAL BEI EINER SOLCHEN DROHUNG ANGST BEKOMMT?!

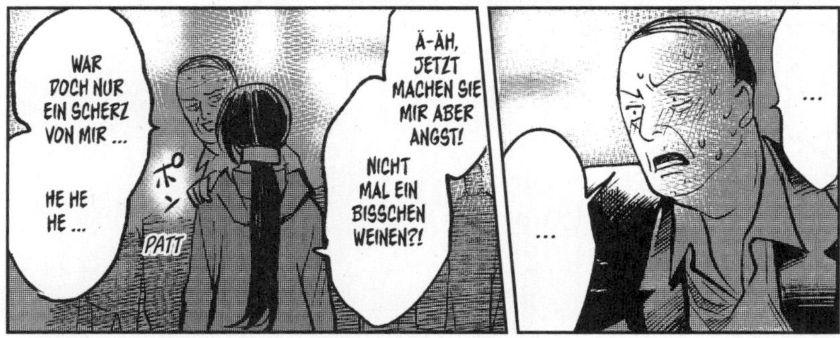

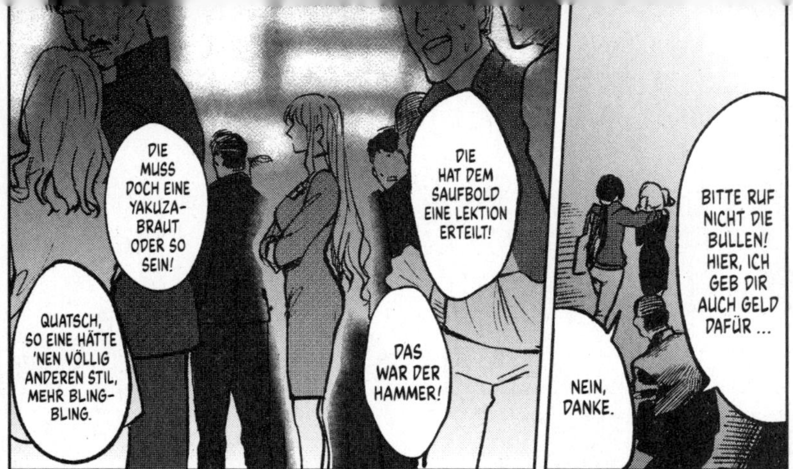

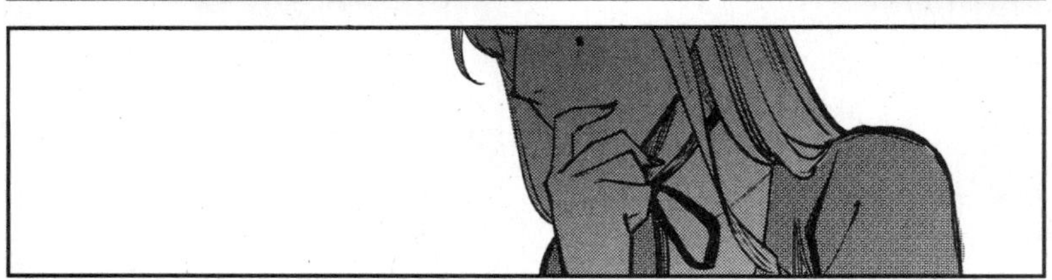

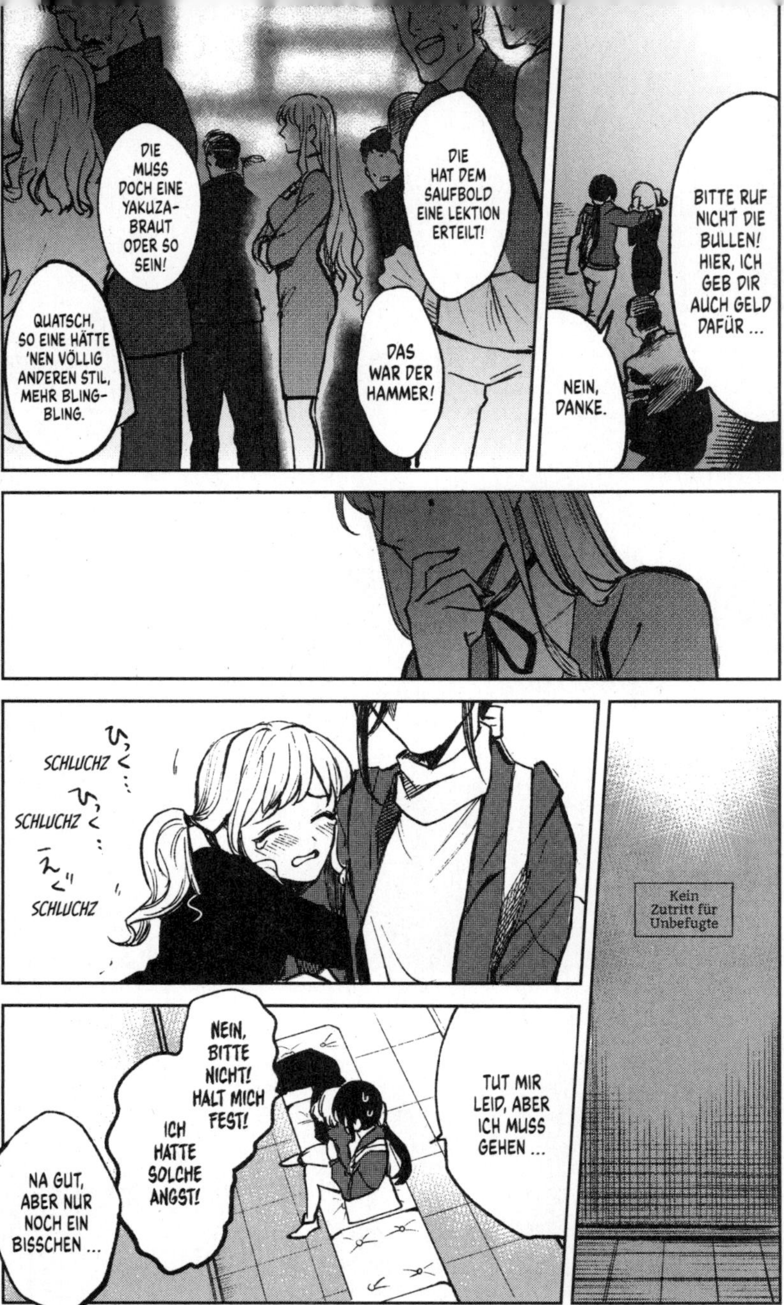

Kein Zutritt für Unbefugte

ひっく… SCHLUCHZ

ひっく… SCHLUCHZ

えぐ SCHLUCHZ

TUT MIR LEID, ABER ICH MUSS GEHEN ...

NEIN, BITTE NICHT! HALT MICH FEST!

ICH HATTE SOLCHE ANGST!

NA GUT, ABER NUR NOCH EIN BISSCHEN ...

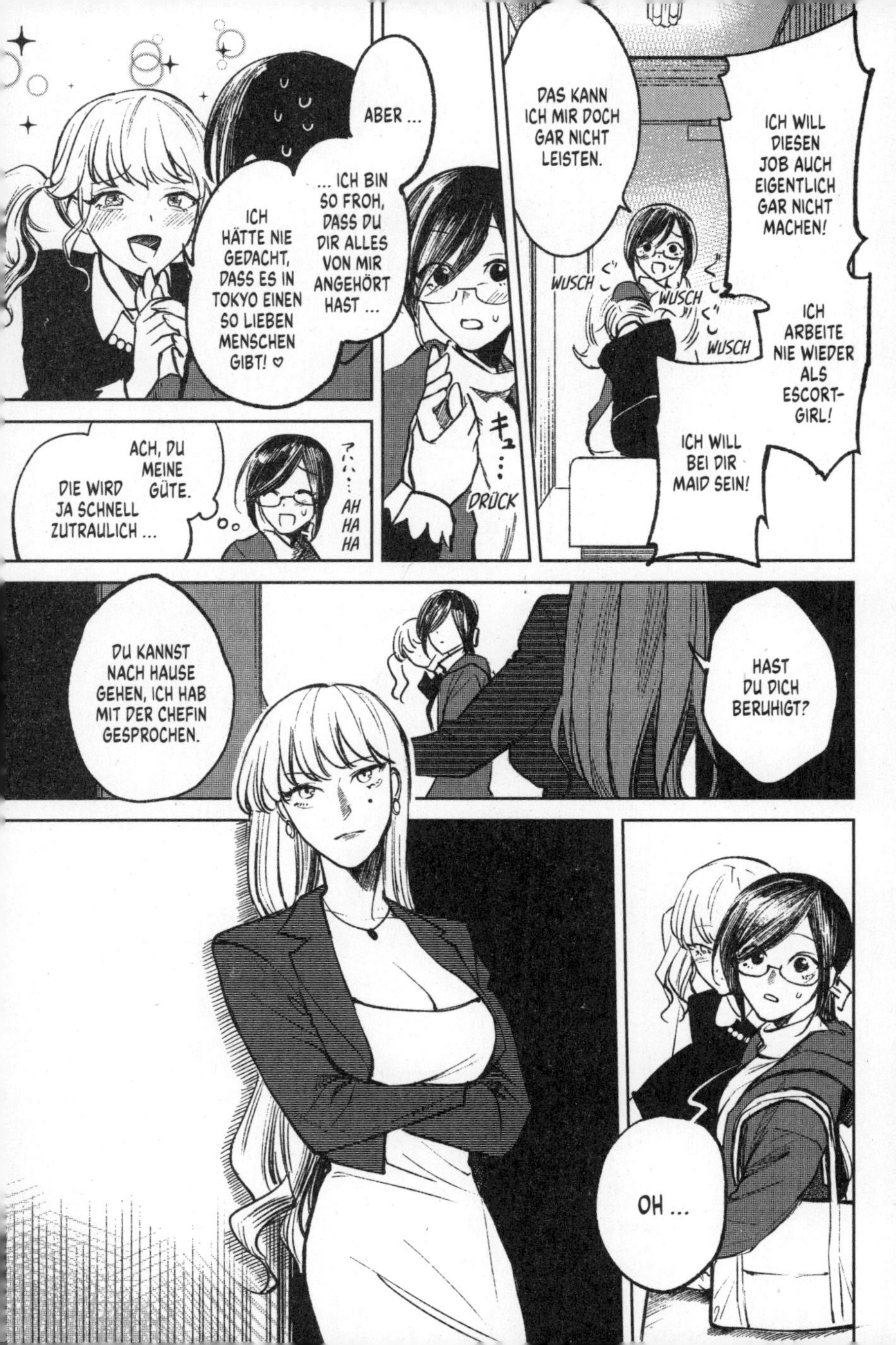

ICH WILL DIESEN JOB AUCH EIGENTLICH GAR NICHT MACHEN!
ICH ARBEITE NIE WIEDER ALS ESCORT-GIRL!
ICH WILL BEI DIR MAID SEIN!
WUSCH
WUSCH
WUSCH
DAS KANN ICH MIR DOCH GAR NICHT LEISTEN.
ABER ...
... ICH BIN SO FROH, DASS DU DIR ALLES VON MIR ANGEHÖRT HAST ...
ICH HÄTTE NIE GEDACHT, DASS ES IN TOKYO EINEN SO LIEBEN MENSCHEN GIBT! ♡
キュ…
DRÜCK
AH HA HA
ACH, DU MEINE GÜTE.
DIE WIRD JA SCHNELL ZUTRAULICH ...
HAST DU DICH BERUHIGT?
DU KANNST NACH HAUSE GEHEN, ICH HAB MIT DER CHEFIN GESPROCHEN.
OH ...

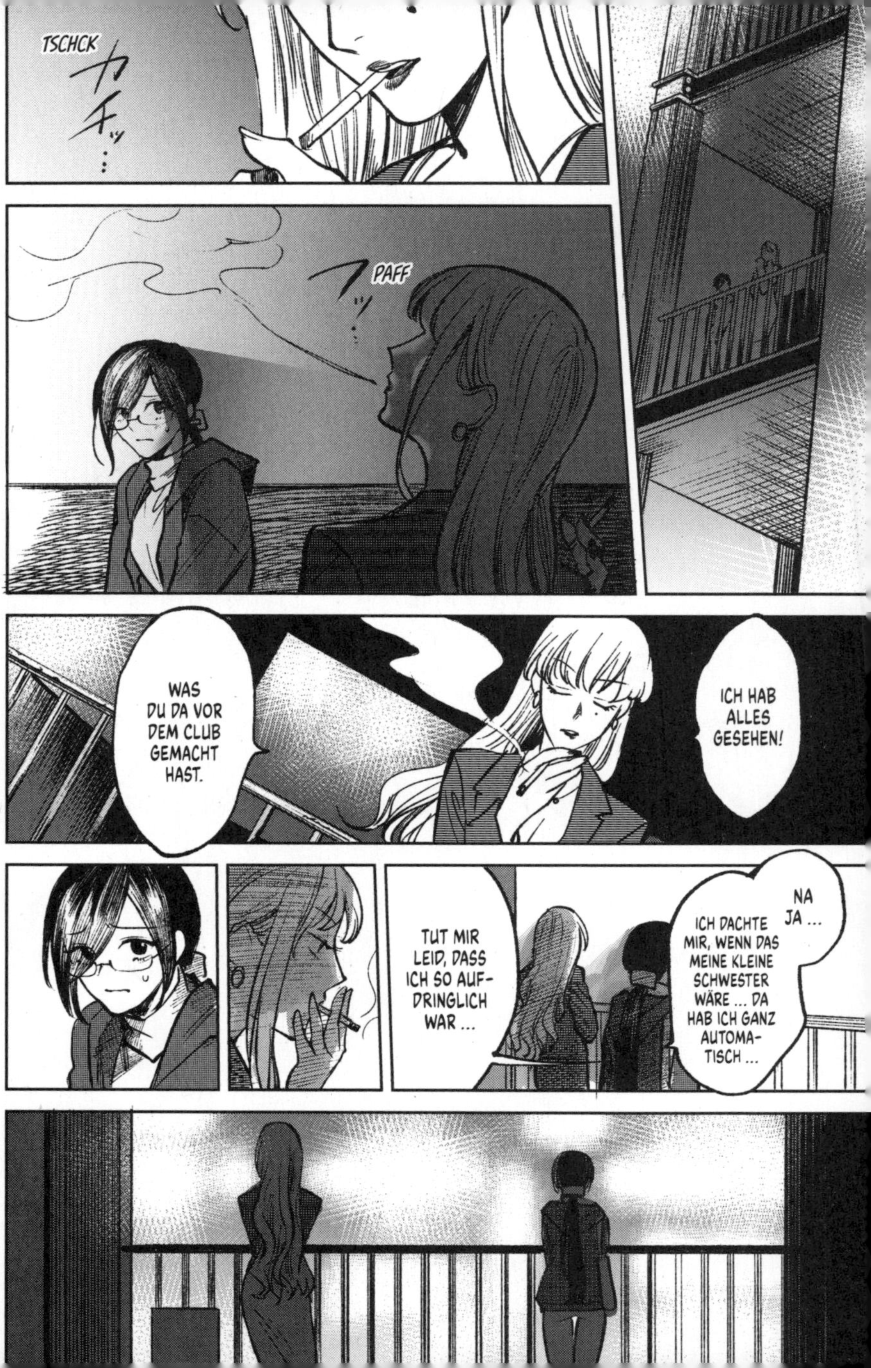

TSCHCK
カチッ…
PAFF
フッ…
ICH HAB ALLES GESEHEN!
WAS DU DA VOR DEM CLUB GEMACHT HAST.
NA JA …
ICH DACHTE MIR, WENN DAS MEINE KLEINE SCHWESTER WÄRE … DA HAB ICH GANZ AUTOMATISCH …
TUT MIR LEID, DASS ICH SO AUFDRINGLICH WAR …

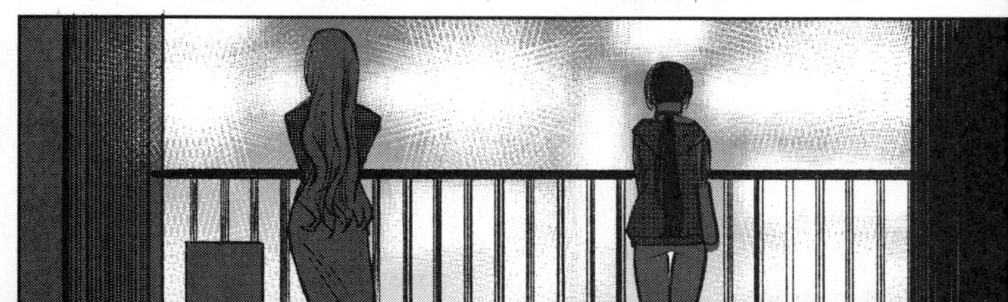

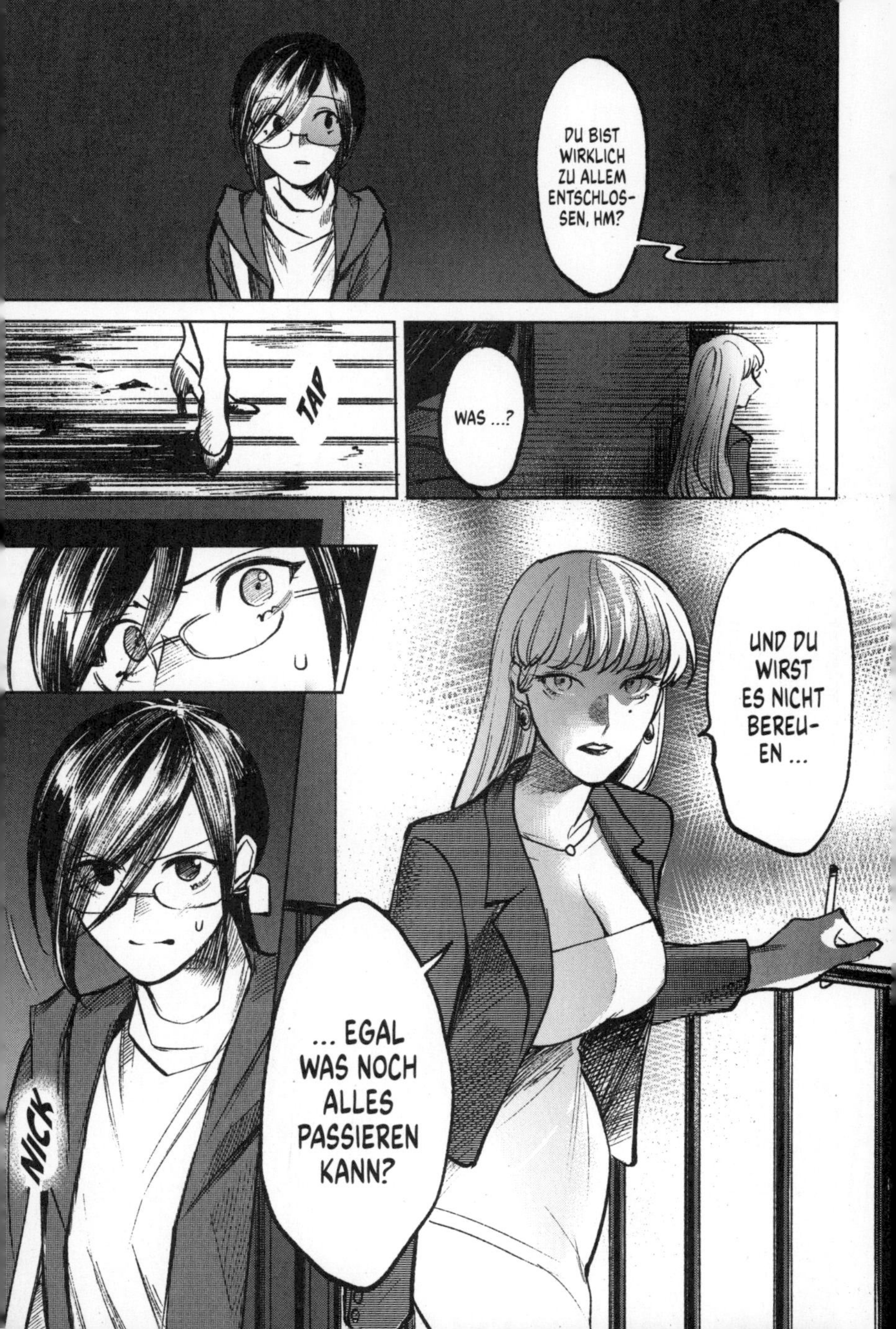
DU BIST WIRKLICH ZU ALLEM ENTSCHLOSSEN, HM?
WAS ...?
TAP
UND DU WIRST ES NICHT BEREUEN ...
... EGAL WAS NOCH ALLES PASSIEREN KANN?
NICK

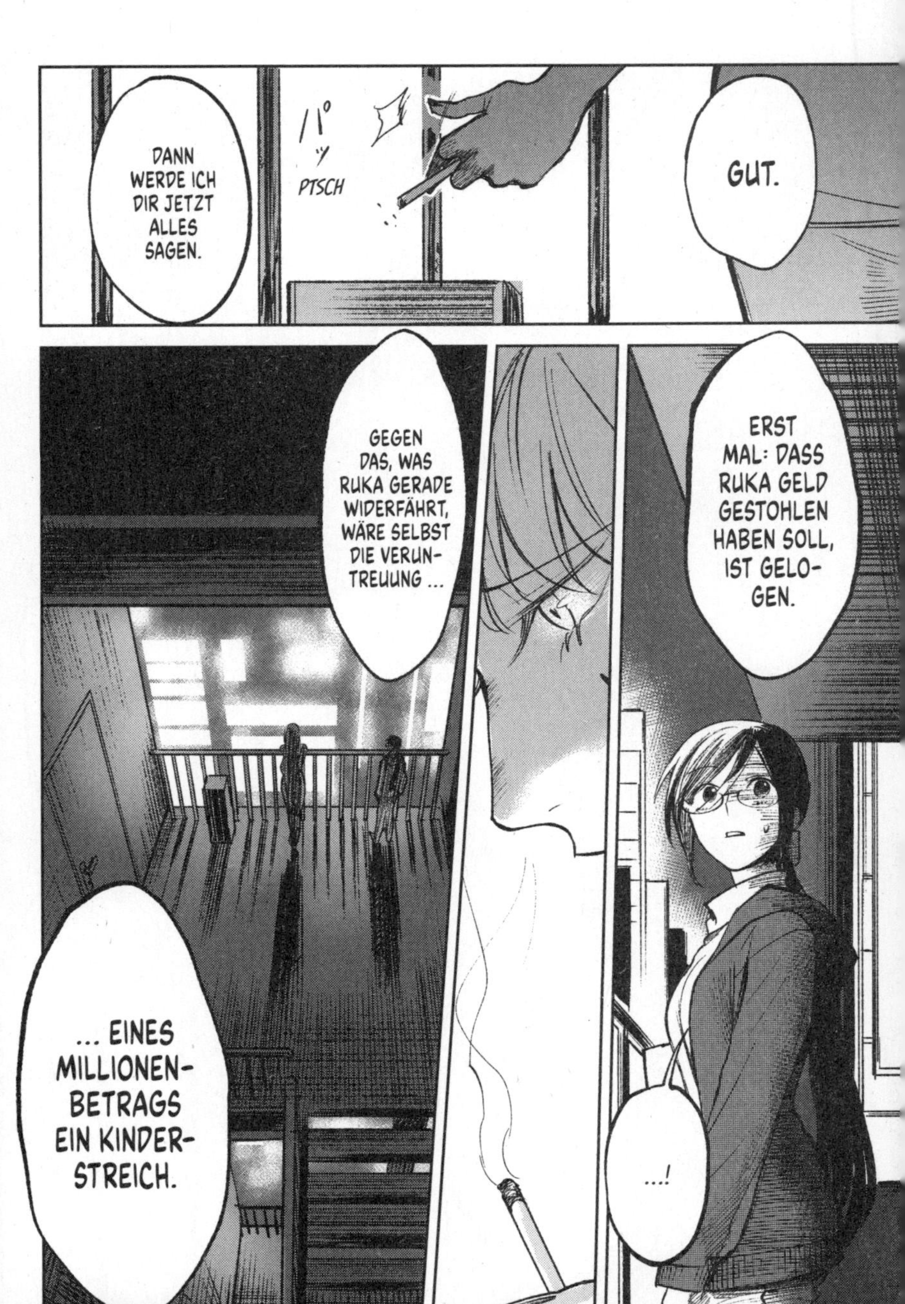
GUT.
パッ
PTSCH
DANN WERDE ICH DIR JETZT ALLES SAGEN.
ERST MAL: DASS RUKA GELD GESTOHLEN HABEN SOLL, IST GELOGEN.
...!
GEGEN DAS, WAS RUKA GERADE WIDERFÄHRT, WÄRE SELBST DIE VERUNTREUUNG ...
... EINES MILLIONENBETRAGS EIN KINDERSTREICH.

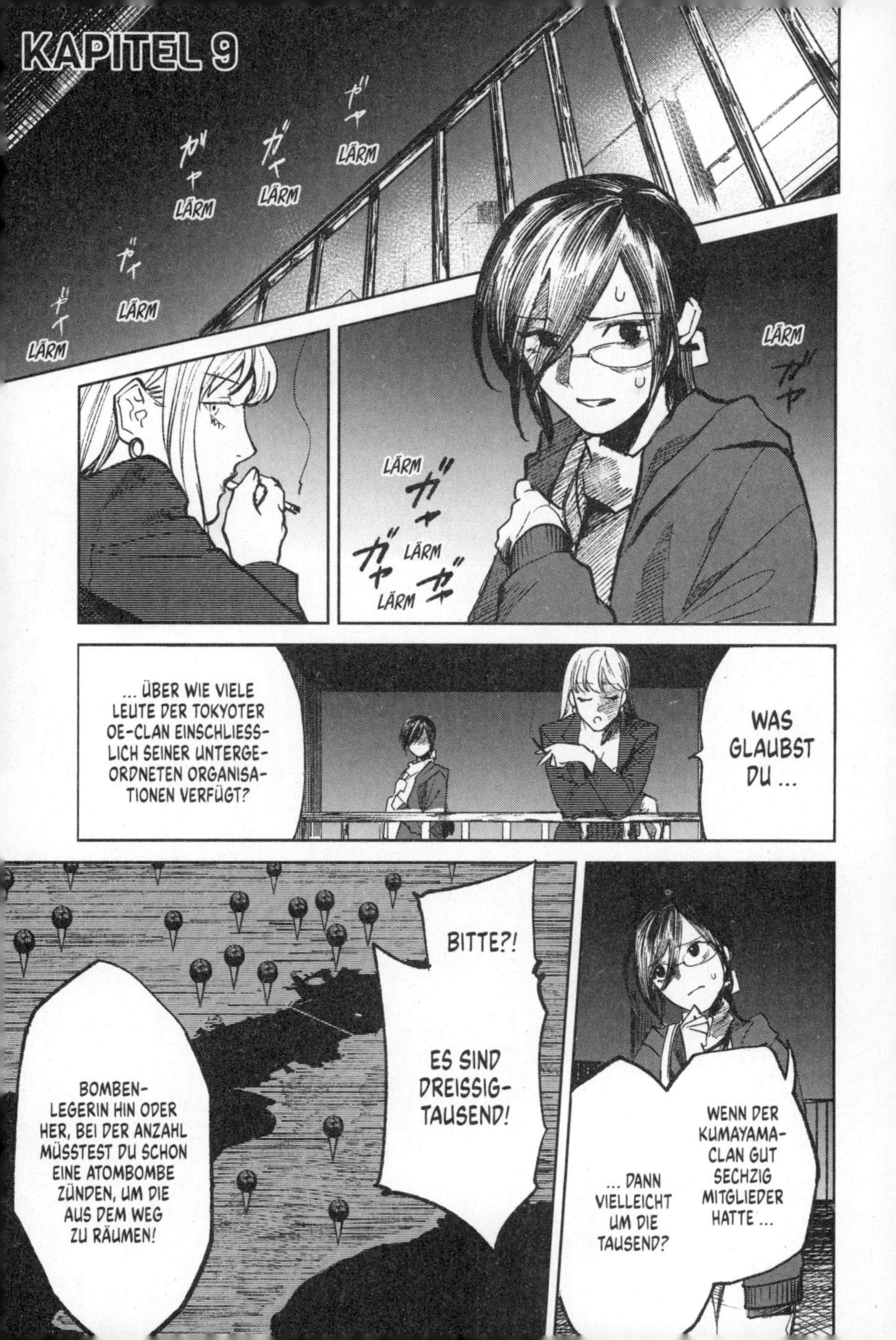

KAPITEL 9

LÄRM

LÄRM

LÄRM

LÄRM

LÄRM

LÄRM

LÄRM

LÄRM

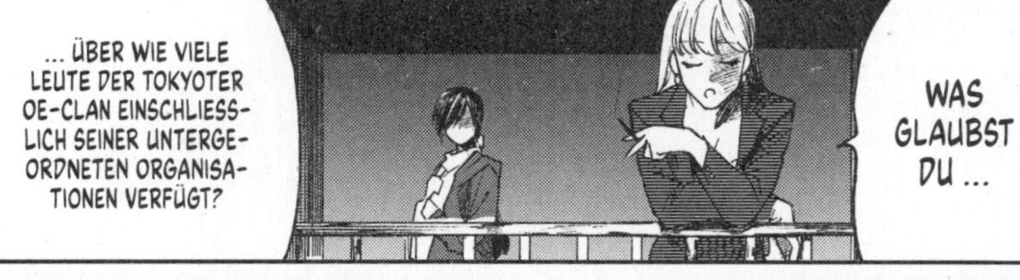

WENN DER KUMAYAMA-CLAN GUT SECHZIG MITGLIEDER HATTE ...

... DANN VIELLEICHT UM DIE TAUSEND?

BITTE?!

ES SIND DREISSIG-TAUSEND!

BOMBEN-LEGERIN HIN ODER HER, BEI DER ANZAHL MÜSSTEST DU SCHON EINE ATOMBOMBE ZÜNDEN, UM DIE AUS DEM WEG ZU RÄUMEN!

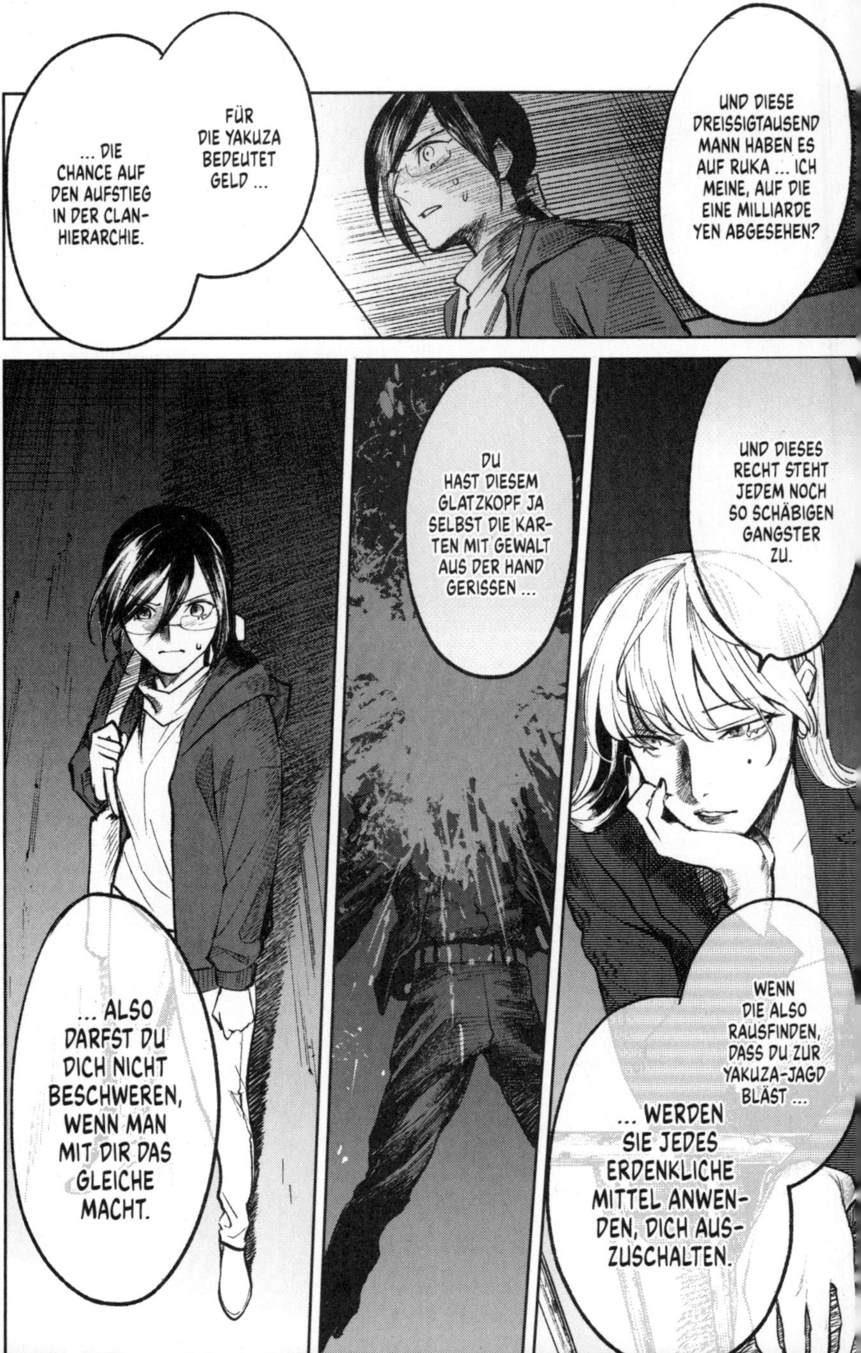

UND DIESE DREISSIGTAUSEND MANN HABEN ES AUF RUKA ... ICH MEINE, AUF DIE EINE MILLIARDE YEN ABGESEHEN?
FÜR DIE YAKUZA BEDEUTET GELD ...
... DIE CHANCE AUF DEN AUFSTIEG IN DER CLAN-HIERARCHIE.
UND DIESES RECHT STEHT JEDEM NOCH SO SCHÄBIGEN GANGSTER ZU.
WENN DIE ALSO RAUSFINDEN, DASS DU ZUR YAKUZA-JAGD BLÄST ...
... WERDEN SIE JEDES ERDENKLICHE MITTEL ANWENDEN, DICH AUSZUSCHALTEN.
DU HAST DIESEM GLATZKOPF JA SELBST DIE KARTEN MIT GEWALT AUS DER HAND GERISSEN ...
... ALSO DARFST DU DICH NICHT BESCHWEREN, WENN MAN MIT DIR DAS GLEICHE MACHT.

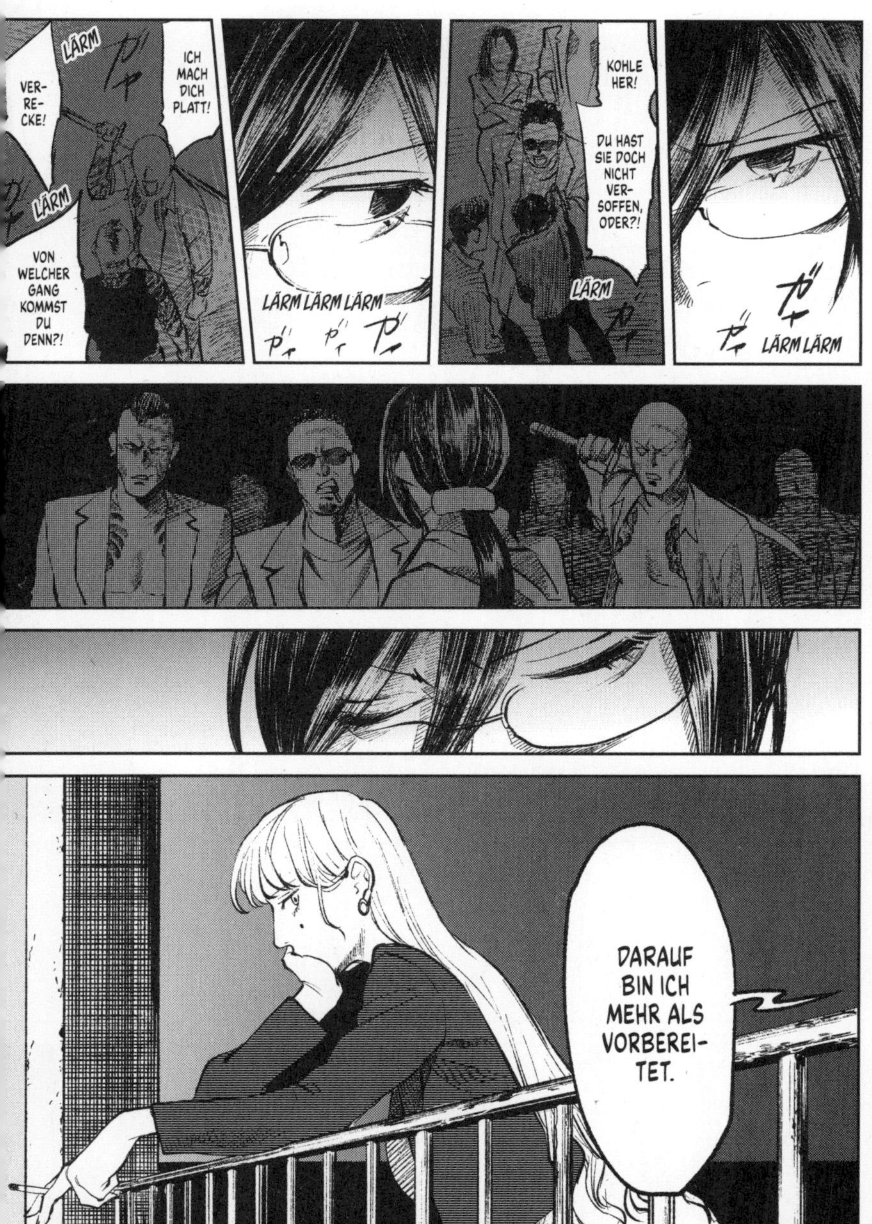
LÄRM LÄRM
KOHLE HER!
DU HAST SIE DOCH NICHT VER-SOFFEN, ODER?!
LÄRM
LÄRM LÄRM LÄRM
ICH MACH DICH PLATT!
LÄRM
VER-RE-CKE!
LÄRM
VON WELCHER GANG KOMMST DU DENN?!
DARAUF BIN ICH MEHR ALS VORBEREI-TET.

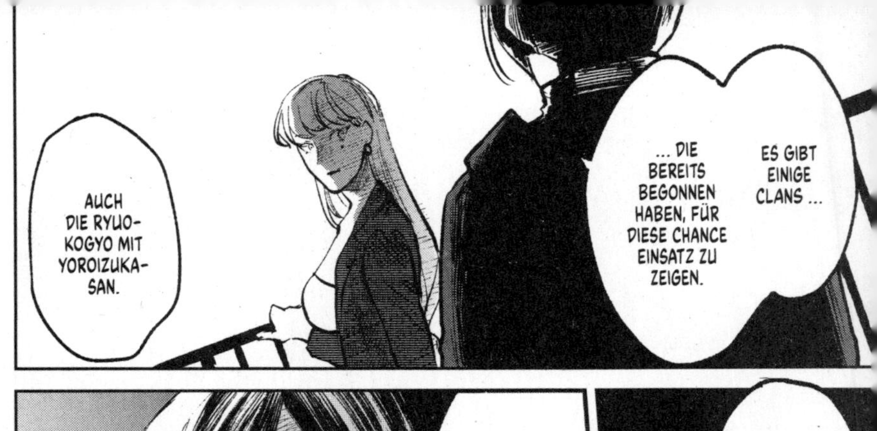

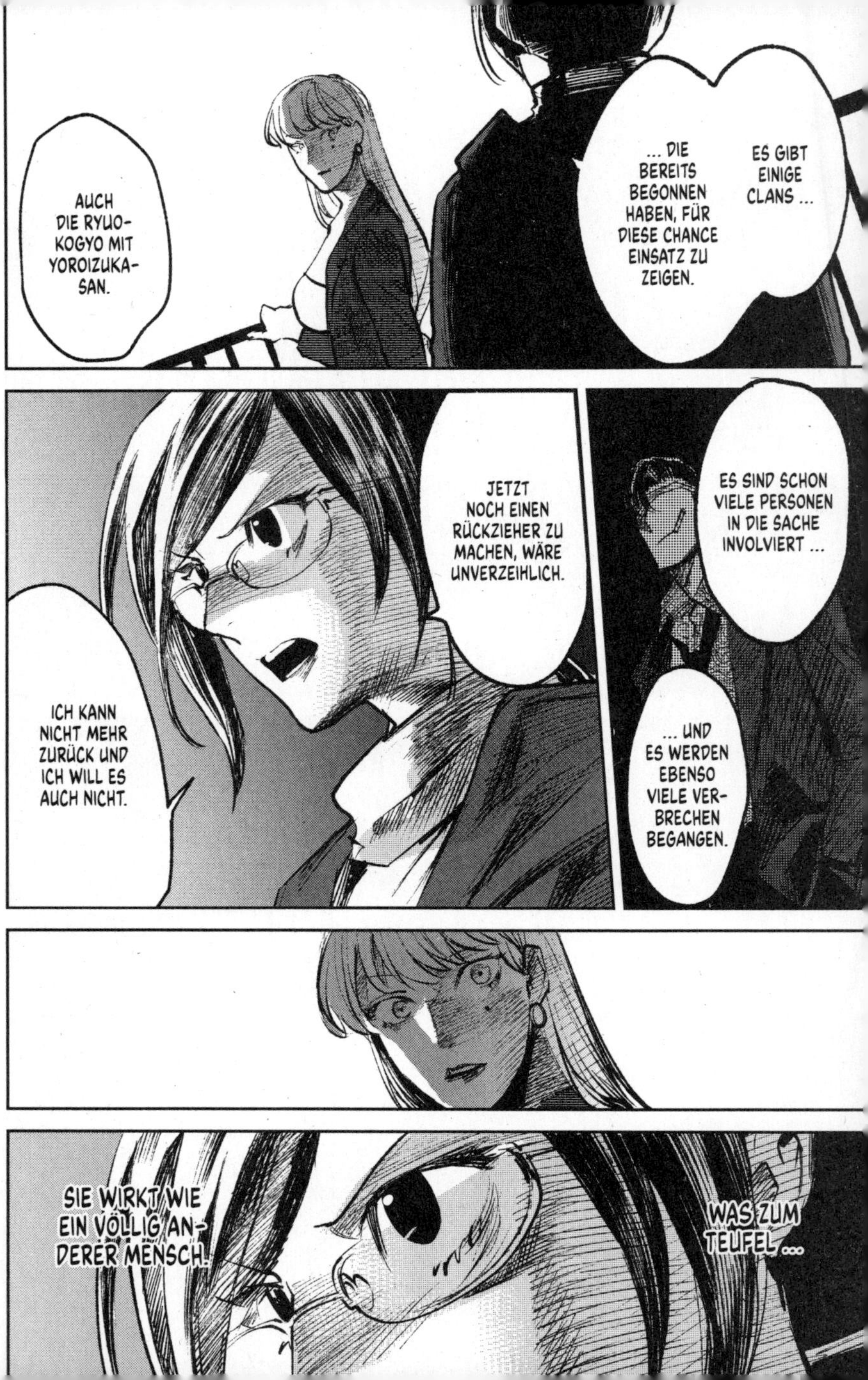

Es sind schon viele Personen in die Sache involviert ...

... und es werden ebenso viele Verbrechen begangen.

Jetzt noch einen Rückzieher zu machen, wäre unverzeihlich.

Ich kann nicht mehr zurück und ich will es auch nicht.

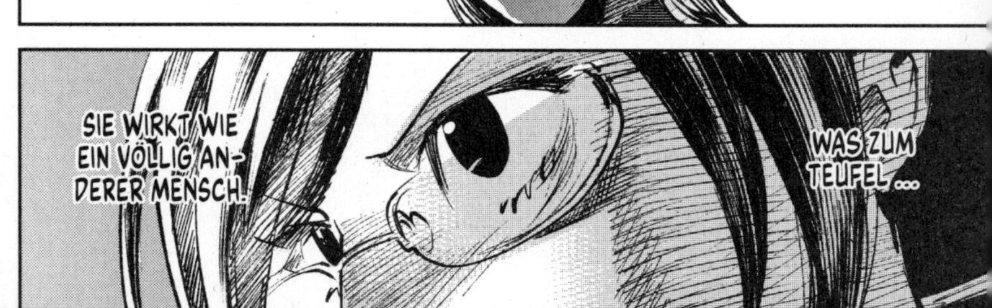

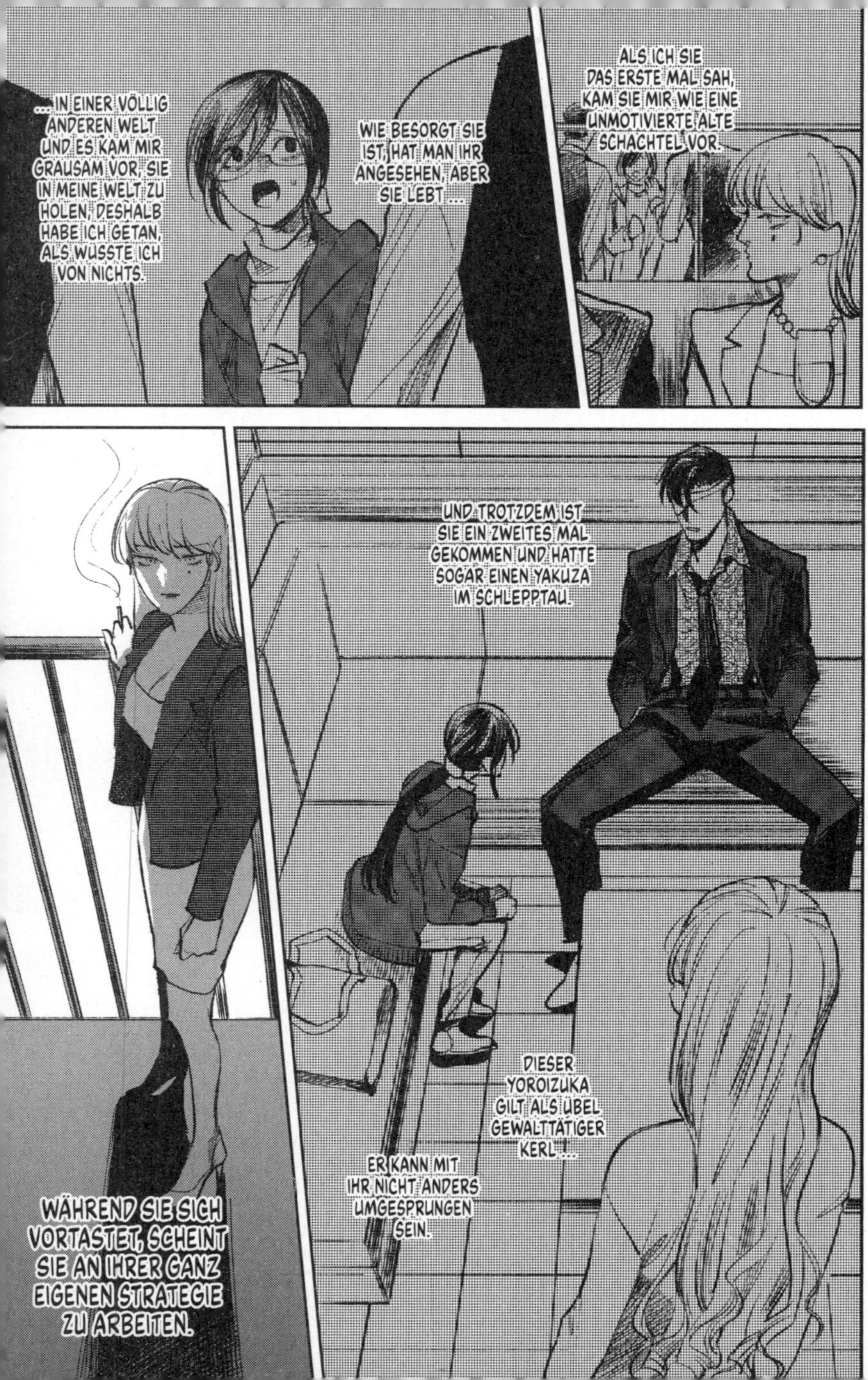

ALS ICH SIE DAS ERSTE MAL SAH, KAM SIE MIR WIE EINE UNMOTIVIERTE ALTE SCHACHTEL VOR.

WIE BESORGT SIE IST, HAT MAN IHR ANGESEHEN, ABER SIE LEBT …

… IN EINER VÖLLIG ANDEREN WELT UND ES KAM MIR GRAUSAM VOR, SIE IN MEINE WELT ZU HOLEN, DESHALB HABE ICH GETAN, ALS WUSSTE ICH VON NICHTS.

UND TROTZDEM IST SIE EIN ZWEITES MAL GEKOMMEN UND HATTE SOGAR EINEN YAKUZA IM SCHLEPPTAU.

DIESER YOROIZUKA GILT ALS ÜBEL GEWALTTÄTIGER KERL …

ER KANN MIT IHR NICHT ANDERS UMGESPRUNGEN SEIN.

WÄHREND SIE SICH VORTASTET, SCHEINT SIE AN IHRER GANZ EIGENEN STRATEGIE ZU ARBEITEN.

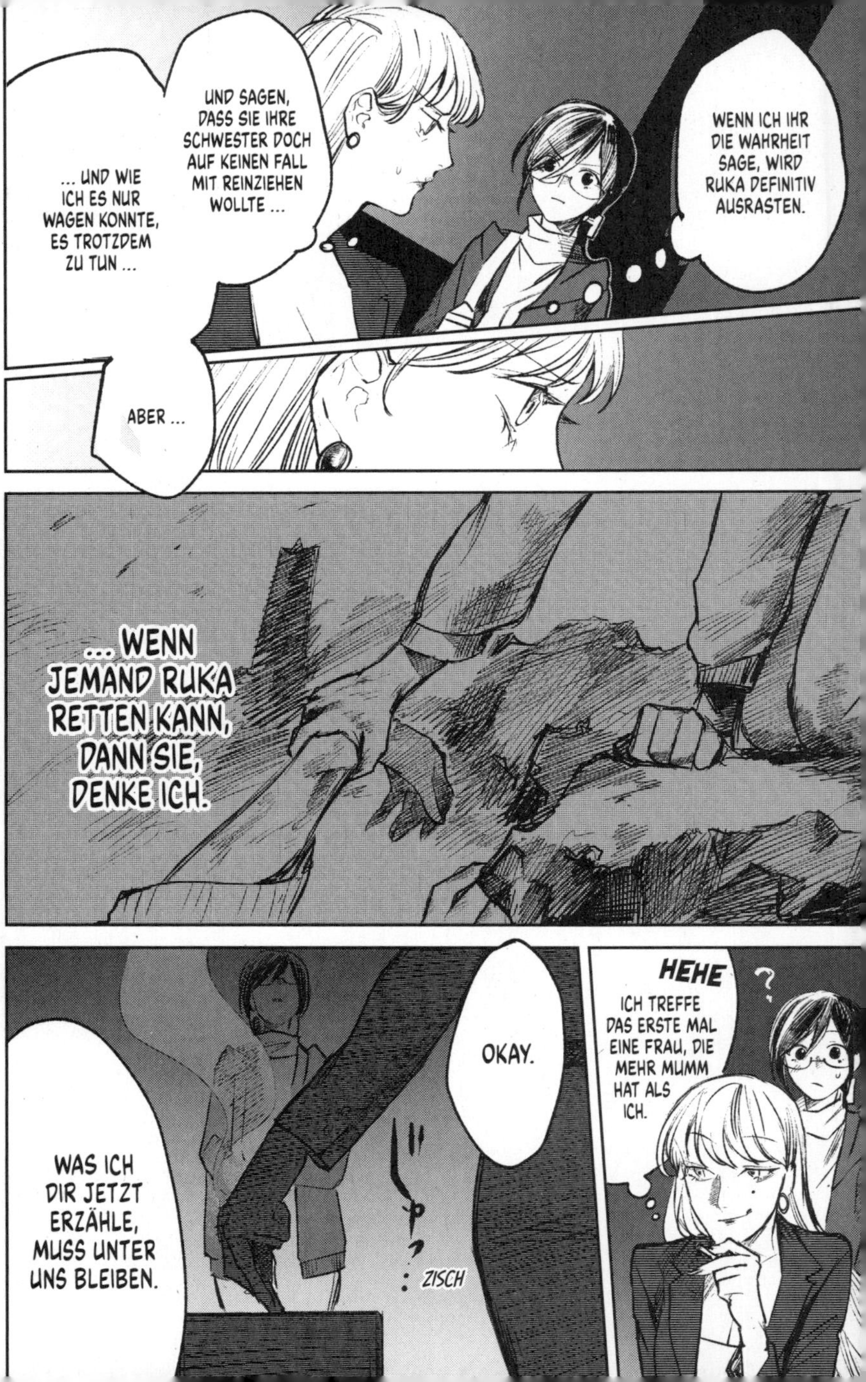

WENN ICH IHR DIE WAHRHEIT SAGE, WIRD RUKA DEFINITIV AUSRASTEN.

UND SAGEN, DASS SIE IHRE SCHWESTER DOCH AUF KEINEN FALL MIT REINZIEHEN WOLLTE ...

... UND WIE ICH ES NUR WAGEN KONNTE, ES TROTZDEM ZU TUN ...

ABER ...

... WENN JEMAND RUKA RETTEN KANN, DANN SIE, DENKE ICH.

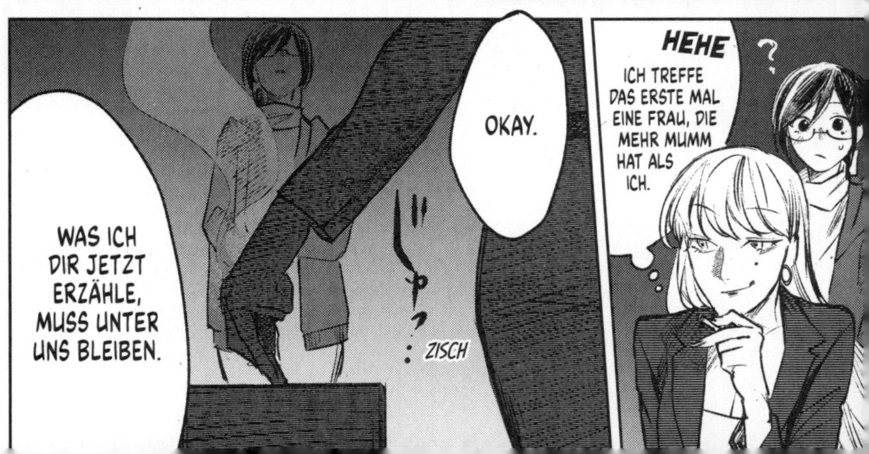

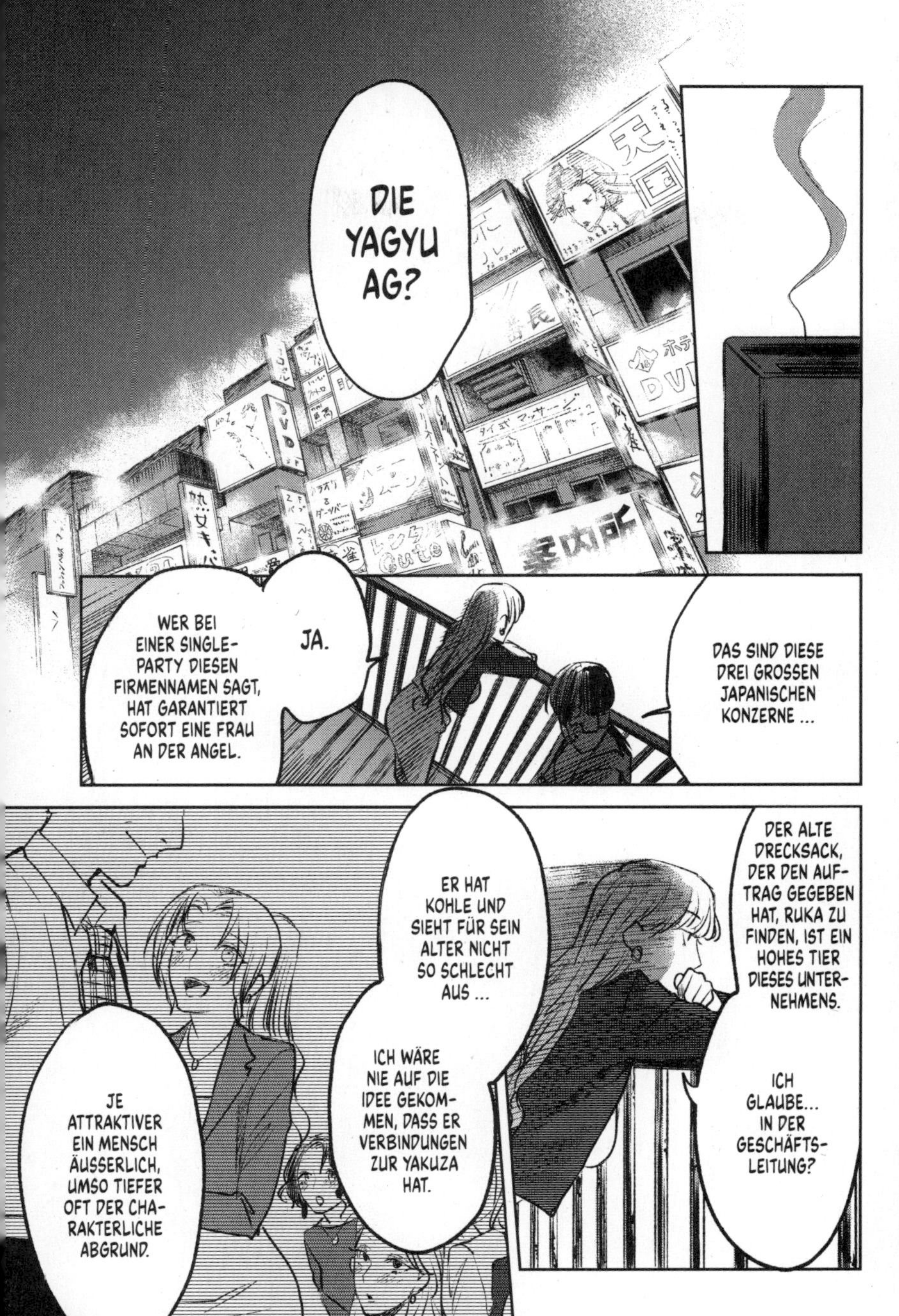
DIE YAGYU AG?
DAS SIND DIESE DREI GROSSEN JAPANISCHEN KONZERNE ...
JA.
WER BEI EINER SINGLE-PARTY DIESEN FIRMENNAMEN SAGT, HAT GARANTIERT SOFORT EINE FRAU AN DER ANGEL.
DER ALTE DRECKSACK, DER DEN AUFTRAG GEGEBEN HAT, RUKA ZU FINDEN, IST EIN HOHES TIER DIESES UNTERNEHMENS.
ICH GLAUBE... IN DER GESCHÄFTSLEITUNG?
ER HAT KOHLE UND SIEHT FÜR SEIN ALTER NICHT SO SCHLECHT AUS ...
ICH WÄRE NIE AUF DIE IDEE GEKOMMEN, DASS ER VERBINDUNGEN ZUR YAKUZA HAT.
JE ATTRAKTIVER EIN MENSCH ÄUSSERLICH, UMSO TIEFER OFT DER CHARAKTERLICHE ABGRUND.

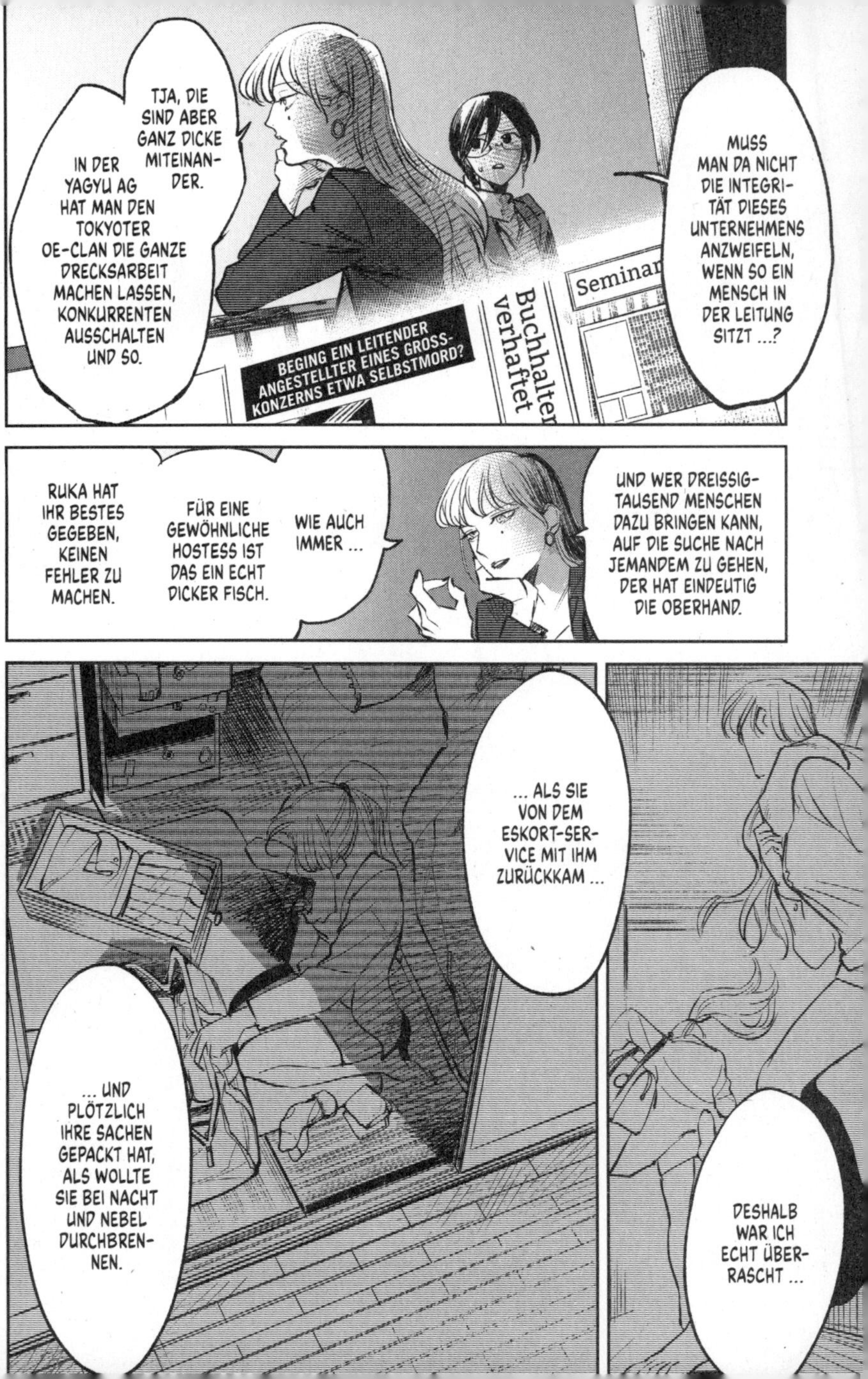

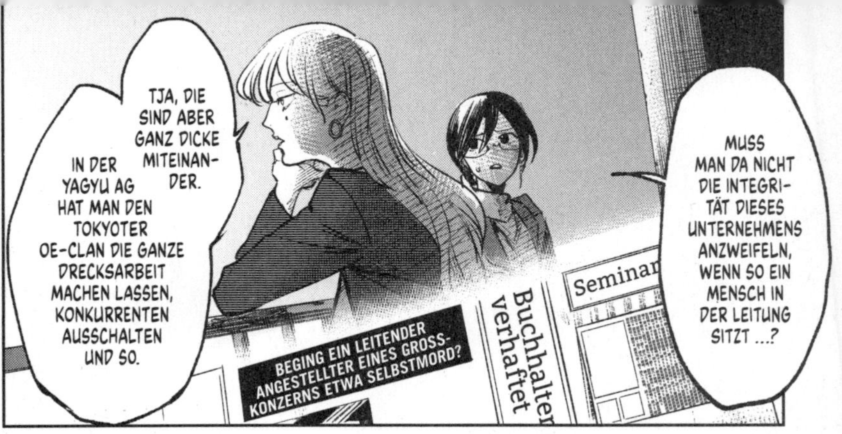

UND WER DREISSIGTAUSEND MENSCHEN DAZU BRINGEN KANN, AUF DIE SUCHE NACH JEMANDEM ZU GEHEN, DER HAT EINDEUTIG DIE OBERHAND.

WIE AUCH IMMER ...

FÜR EINE GEWÖHNLICHE HOSTESS IST DAS EIN ECHT DICKER FISCH.

RUKA HAT IHR BESTES GEGEBEN, KEINEN FEHLER ZU MACHEN.

DESHALB WAR ICH ECHT ÜBERRASCHT ...

... ALS SIE VON DEM ESKORT-SERVICE MIT IHM ZURÜCKKAM ...

... UND PLÖTZLICH IHRE SACHEN GEPACKT HAT, ALS WOLLTE SIE BEI NACHT UND NEBEL DURCHBRENNEN.

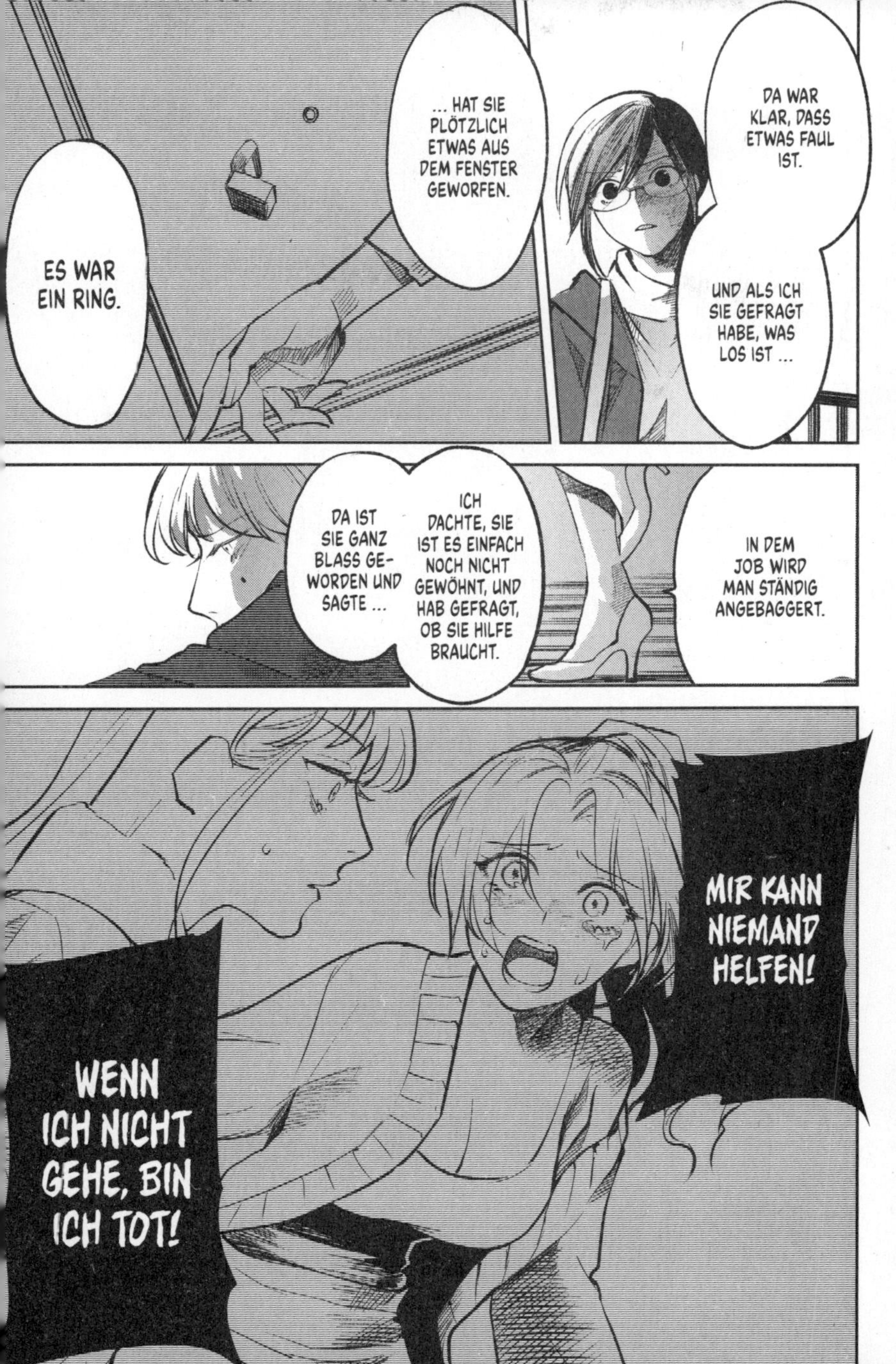
DA WAR KLAR, DASS ETWAS FAUL IST.
UND ALS ICH SIE GEFRAGT HABE, WAS LOS IST …
… HAT SIE PLÖTZLICH ETWAS AUS DEM FENSTER GEWORFEN.
ES WAR EIN RING.
IN DEM JOB WIRD MAN STÄNDIG ANGEBAGGERT.
ICH DACHTE, SIE IST ES EINFACH NOCH NICHT GEWÖHNT, UND HAB GEFRAGT, OB SIE HILFE BRAUCHT.
DA IST SIE GANZ BLASS GE-WORDEN UND SAGTE …
MIR KANN NIEMAND HELFEN!
WENN ICH NICHT GEHE, BIN ICH TOT!

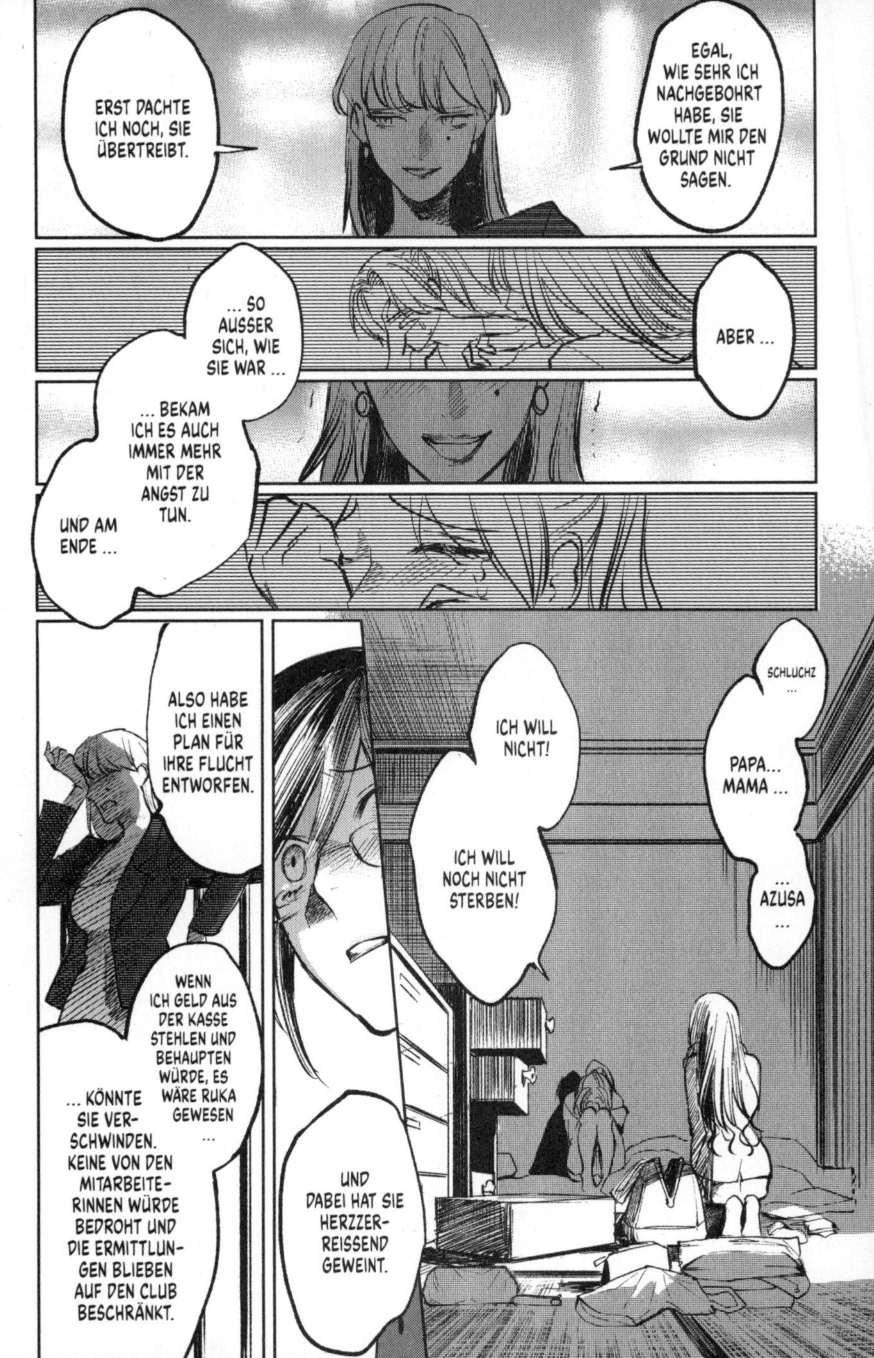
EGAL, WIE SEHR ICH NACHGEBOHRT HABE, SIE WOLLTE MIR DEN GRUND NICHT SAGEN.
ERST DACHTE ICH NOCH, SIE ÜBERTREIBT.
ABER ...
... SO AUSSER SICH, WIE SIE WAR ...
... BEKAM ICH ES AUCH IMMER MEHR MIT DER ANGST ZU TUN.
UND AM ENDE ...
SCHLUCHZ ...
PAPA... MAMA ...
... AZUSA ...
ICH WILL NICHT!
ICH WILL NOCH NICHT STERBEN!
UND DABEI HAT SIE HERZZER-REISSEND GEWEINT.
ALSO HABE ICH EINEN PLAN FÜR IHRE FLUCHT ENTWORFEN.
WENN ICH GELD AUS DER KASSE STEHLEN UND BEHAUPTEN WÜRDE, ES WÄRE RUKA GEWESEN ...
... KÖNNTE SIE VER-SCHWINDEN. KEINE VON DEN MITARBEITE-RINNEN WÜRDE BEDROHT UND DIE ERMITTLUN-GEN BLIEBEN AUF DEN CLUB BESCHRÄNKT.

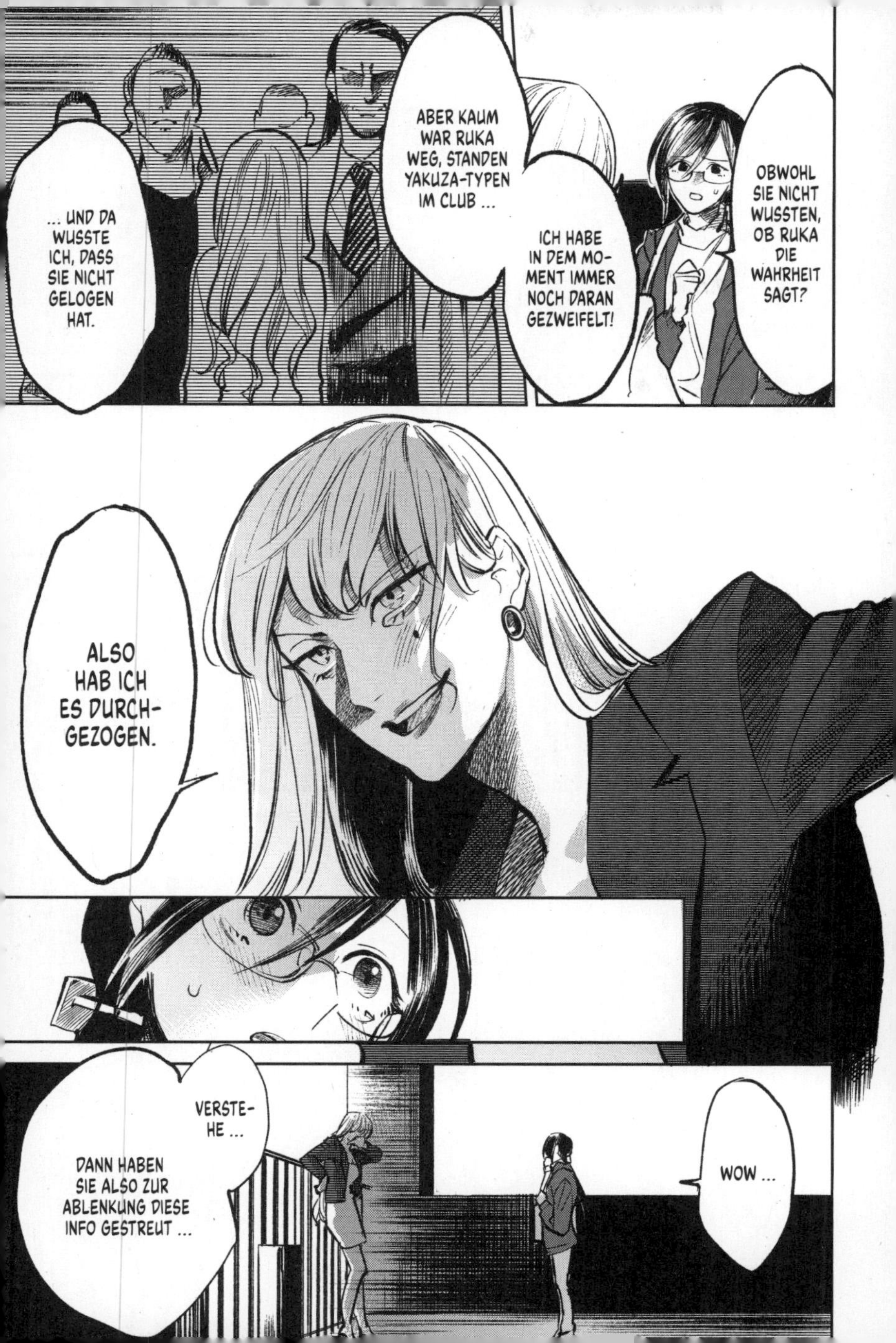
OBWOHL SIE NICHT WUSSTEN, OB RUKA DIE WAHRHEIT SAGT?
ICH HABE IN DEM MOMENT IMMER NOCH DARAN GEZWEIFELT!
ABER KAUM WAR RUKA WEG, STANDEN YAKUZA-TYPEN IM CLUB ...
... UND DA WUSSTE ICH, DASS SIE NICHT GELOGEN HAT.
ALSO HAB ICH ES DURCHGEZOGEN.
WOW ...
VERSTEHE ...
DANN HABEN SIE ALSO ZUR ABLENKUNG DIESE INFO GESTREUT ...

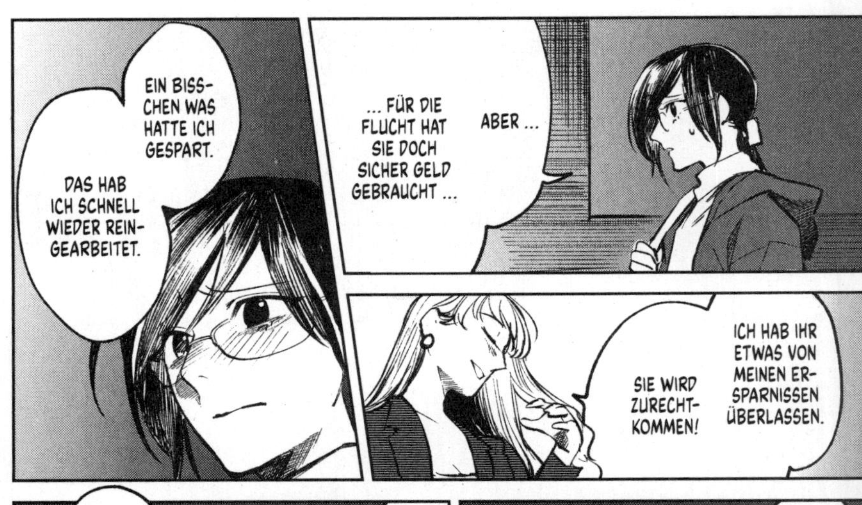
ABER …
… FÜR DIE FLUCHT HAT SIE DOCH SICHER GELD GEBRAUCHT …
ICH HAB IHR ETWAS VON MEINEN ERSPARNISSEN ÜBERLASSEN.
SIE WIRD ZURECHTKOMMEN!
EIN BISSCHEN WAS HATTE ICH GESPART.
DAS HAB ICH SCHNELL WIEDER REINGEARBEITET.

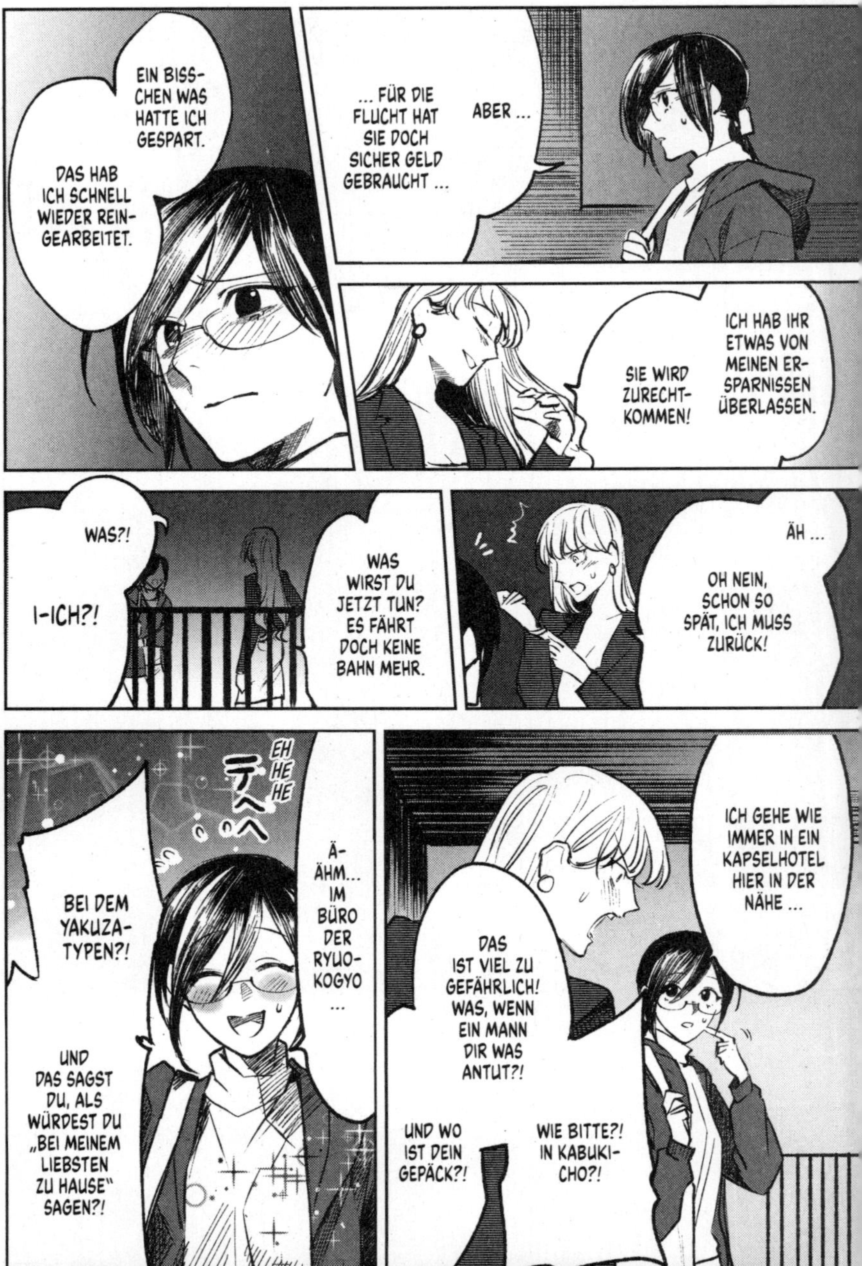

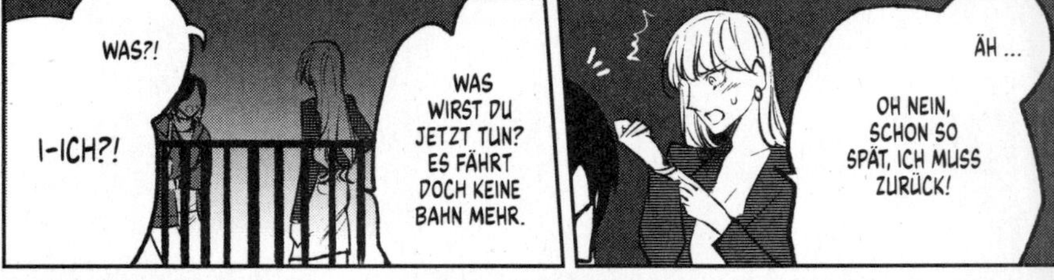
ÄH …
OH NEIN, SCHON SO SPÄT, ICH MUSS ZURÜCK!
WAS WIRST DU JETZT TUN? ES FÄHRT DOCH KEINE BAHN MEHR.
WAS?!
I-ICH?!

ICH GEHE WIE IMMER IN EIN KAPSELHOTEL HIER IN DER NÄHE …
DAS IST VIEL ZU GEFÄHRLICH! WAS, WENN EIN MANN DIR WAS ANTUT?!
WIE BITTE?! IN KABUKICHO?!
UND WO IST DEIN GEPÄCK?!
Ä-ÄHM… IM BÜRO DER RYUOKOGYO …
EH HE HE
テへへ
BEI DEM YAKUZA-TYPEN?!
UND DAS SAGST DU, ALS WÜRDEST DU „BEI MEINEM LIEBSTEN ZU HAUSE“ SAGEN?!

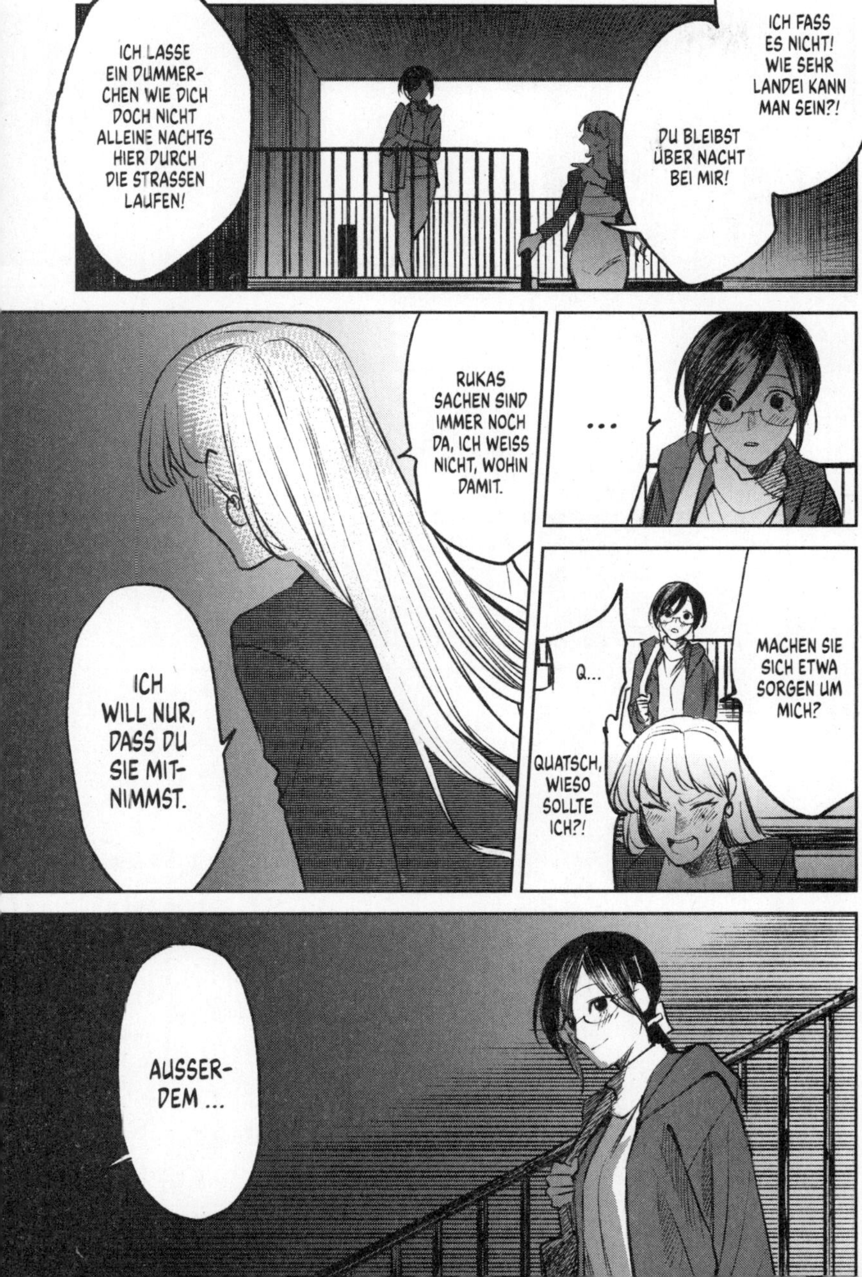

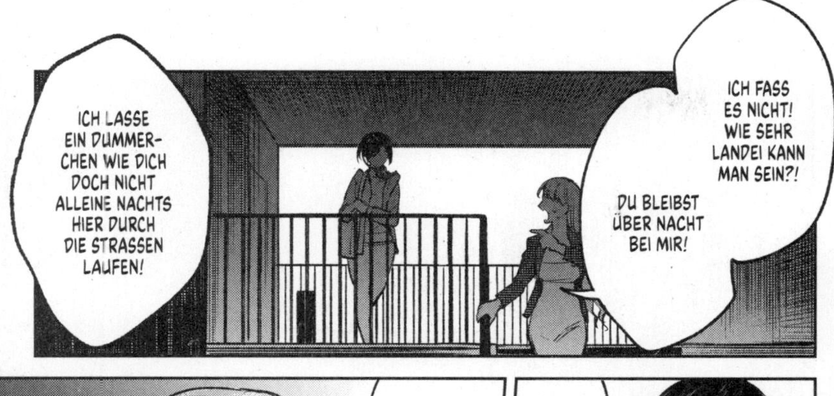

RUKAS SACHEN SIND IMMER NOCH DA, ICH WEISS NICHT, WOHIN DAMIT.

...

ICH WILL NUR, DASS DU SIE MITNIMMST.

MACHEN SIE SICH ETWA SORGEN UM MICH?

Q...

QUATSCH, WIESO SOLLTE ICH?!

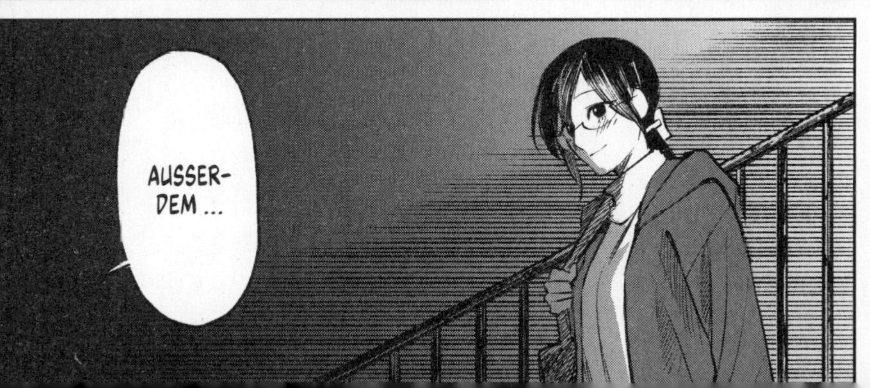

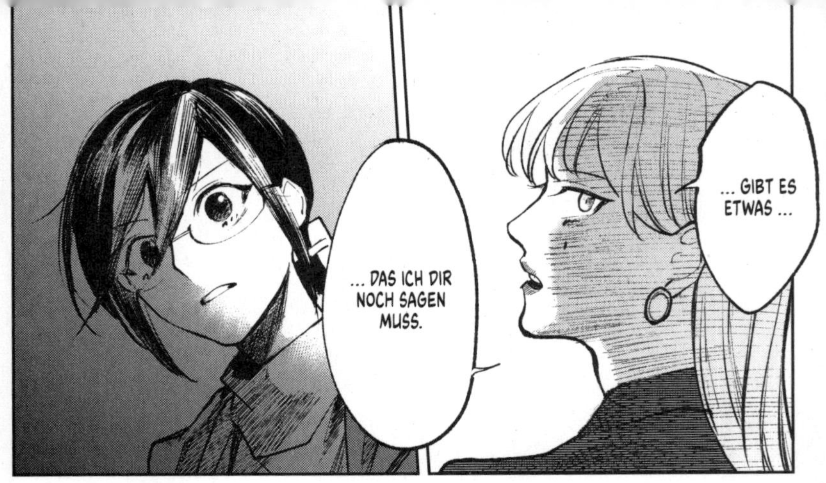

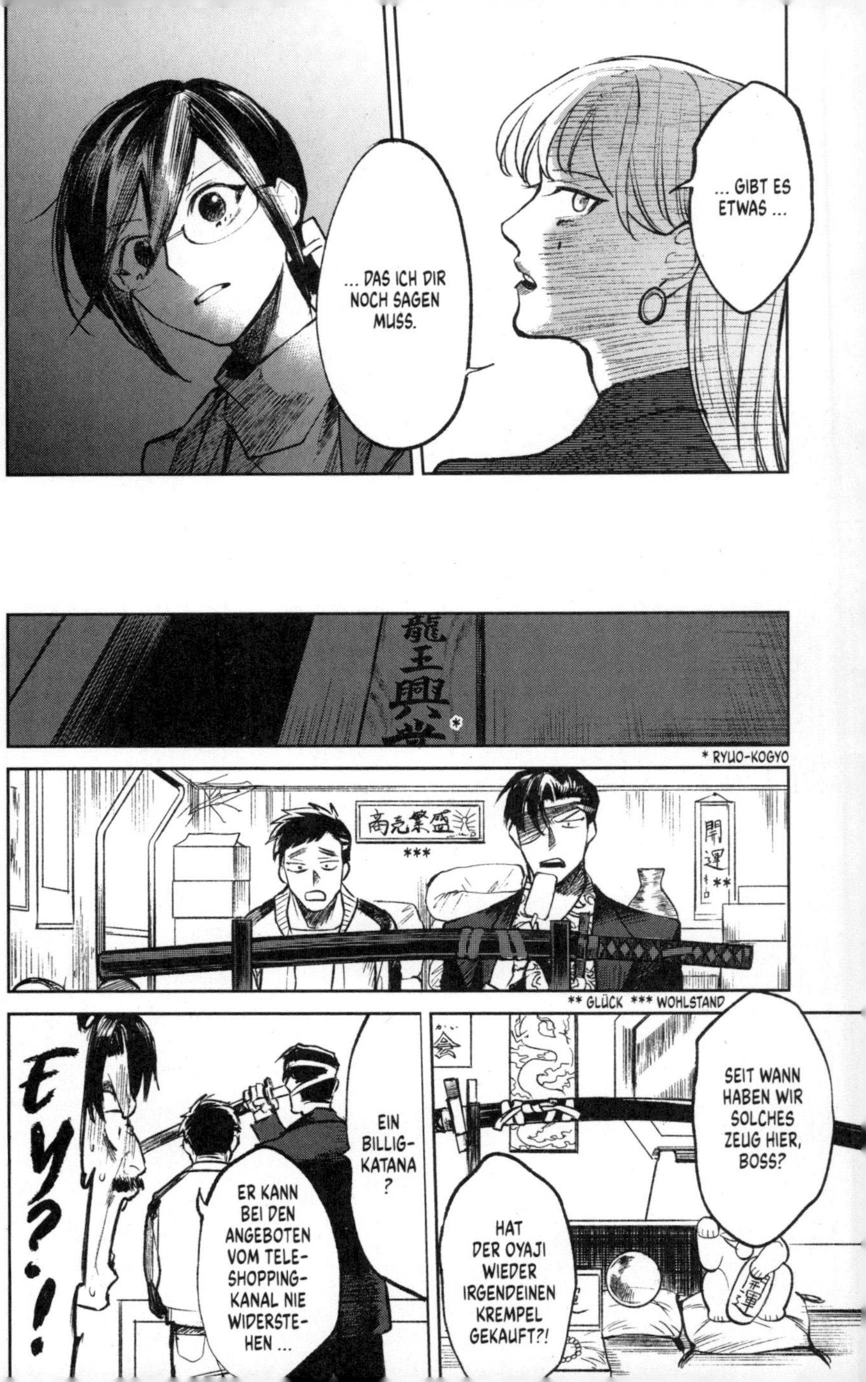

龍王興業*

* RYUO-KOGYO

商売繁盛***

開運**

** GLÜCK *** WOHLSTAND

SEIT WANN HABEN WIR SOLCHES ZEUG HIER, BOSS?

HAT DER OYAJI WIEDER IRGENDEINEN KREMPEL GEKAUFT?!

EIN BILLIG-KATANA?

ER KANN BEI DEN ANGEBOTEN VOM TELE-SHOPPING-KANAL NIE WIDERSTEHEN ...

EY?!

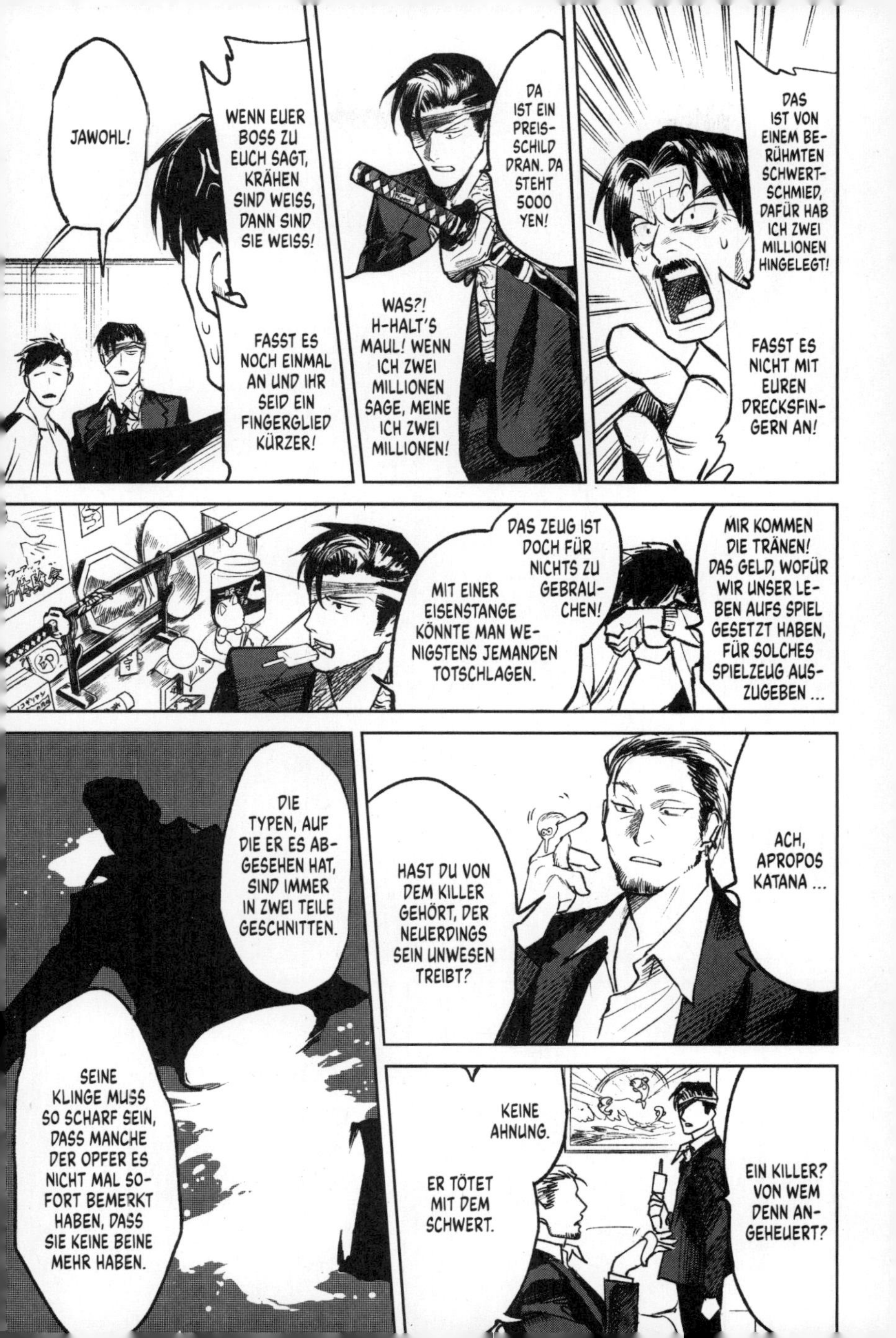

DAS IST VON EINEM BERÜHMTEN SCHWERTSCHMIED, DAFÜR HAB ICH ZWEI MILLIONEN HINGELEGT!
FASST ES NICHT MIT EUREN DRECKSFINGERN AN!
DA IST EIN PREISSCHILD DRAN. DA STEHT 5000 YEN!
WAS?! H-HALT'S MAUL! WENN ICH ZWEI MILLIONEN SAGE, MEINE ICH ZWEI MILLIONEN!
WENN EUER BOSS ZU EUCH SAGT, KRÄHEN SIND WEISS, DANN SIND SIE WEISS!
FASST ES NOCH EINMAL AN UND IHR SEID EIN FINGERGLIED KÜRZER!
JAWOHL!
MIR KOMMEN DIE TRÄNEN! DAS GELD, WOFÜR WIR UNSER LEBEN AUFS SPIEL GESETZT HABEN, FÜR SOLCHES SPIELZEUG AUSZUGEBEN ...
DAS ZEUG IST DOCH FÜR NICHTS ZU GEBRAUCHEN!
MIT EINER EISENSTANGE KÖNNTE MAN WENIGSTENS JEMANDEN TOTSCHLAGEN.
ACH, APROPOS KATANA ...
HAST DU VON DEM KILLER GEHÖRT, DER NEUERDINGS SEIN UNWESEN TREIBT?
EIN KILLER? VON WEM DENN ANGEHEUERT?
KEINE AHNUNG.
ER TÖTET MIT DEM SCHWERT.
DIE TYPEN, AUF DIE ER ES ABGESEHEN HAT, SIND IMMER IN ZWEI TEILE GESCHNITTEN.
SEINE KLINGE MUSS SO SCHARF SEIN, DASS MANCHE DER OPFER ES NICHT MAL SOFORT BEMERKT HABEN, DASS SIE KEINE BEINE MEHR HABEN.

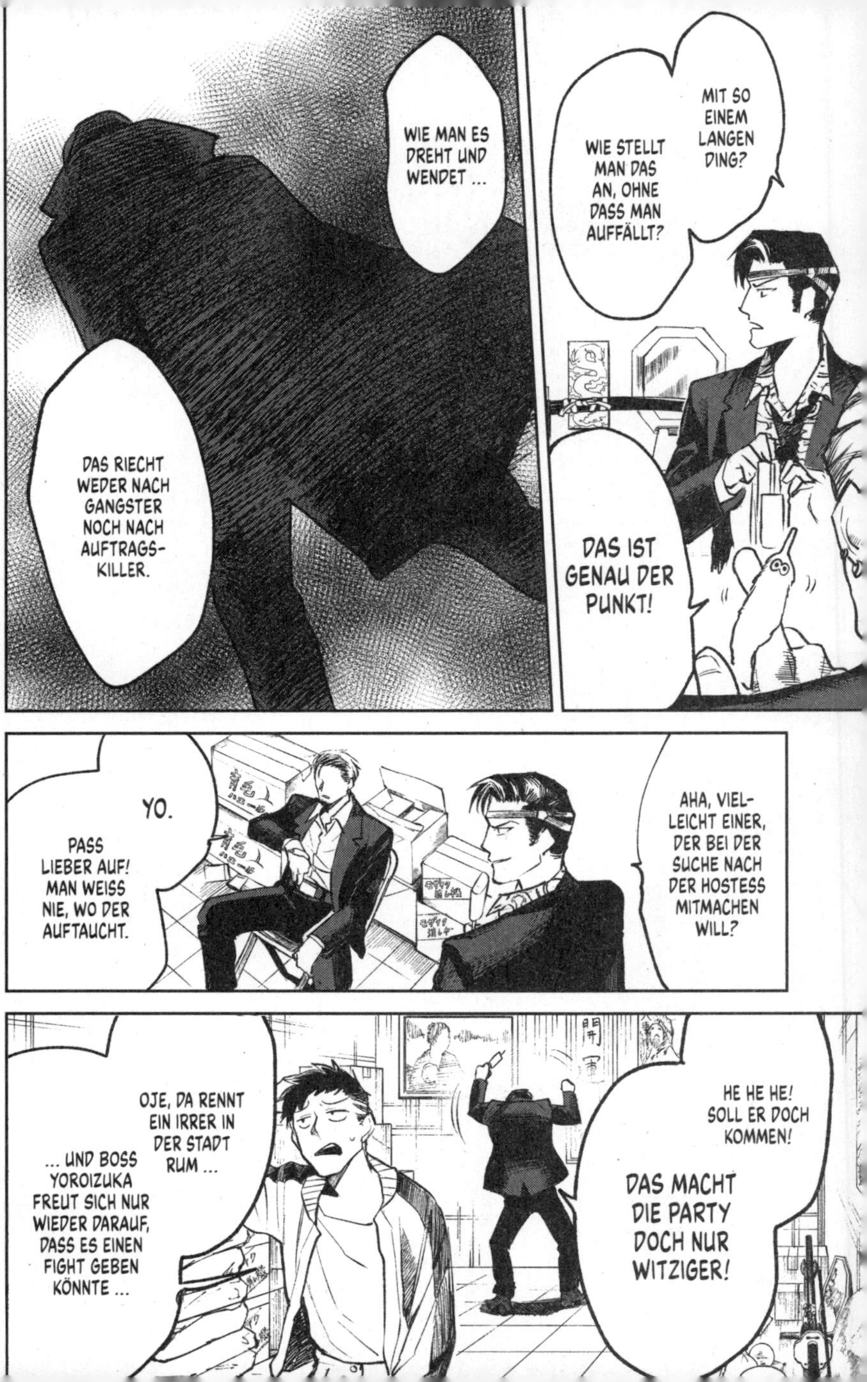

MIT SO EINEM LANGEN DING?
WIE STELLT MAN DAS AN, OHNE DASS MAN AUFFÄLLT?
DAS IST GENAU DER PUNKT!
WIE MAN ES DREHT UND WENDET ...
DAS RIECHT WEDER NACH GANGSTER NOCH NACH AUFTRAGS-KILLER.

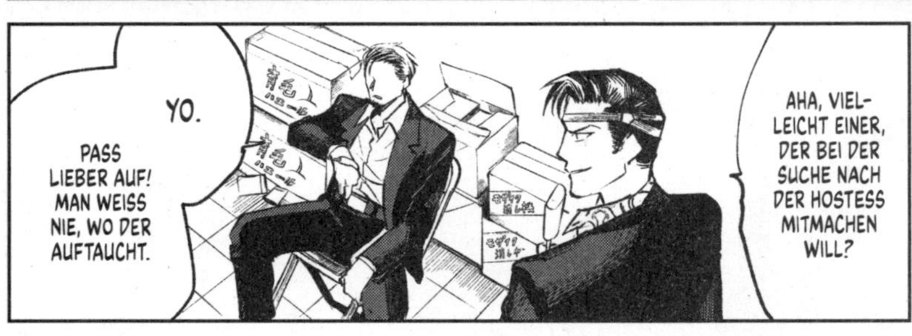

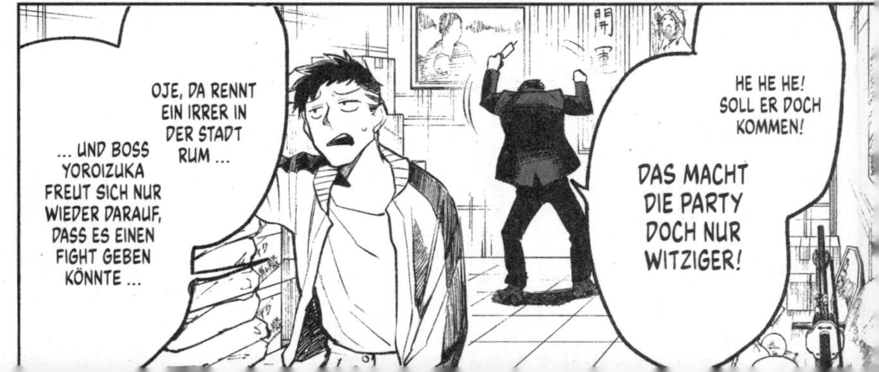

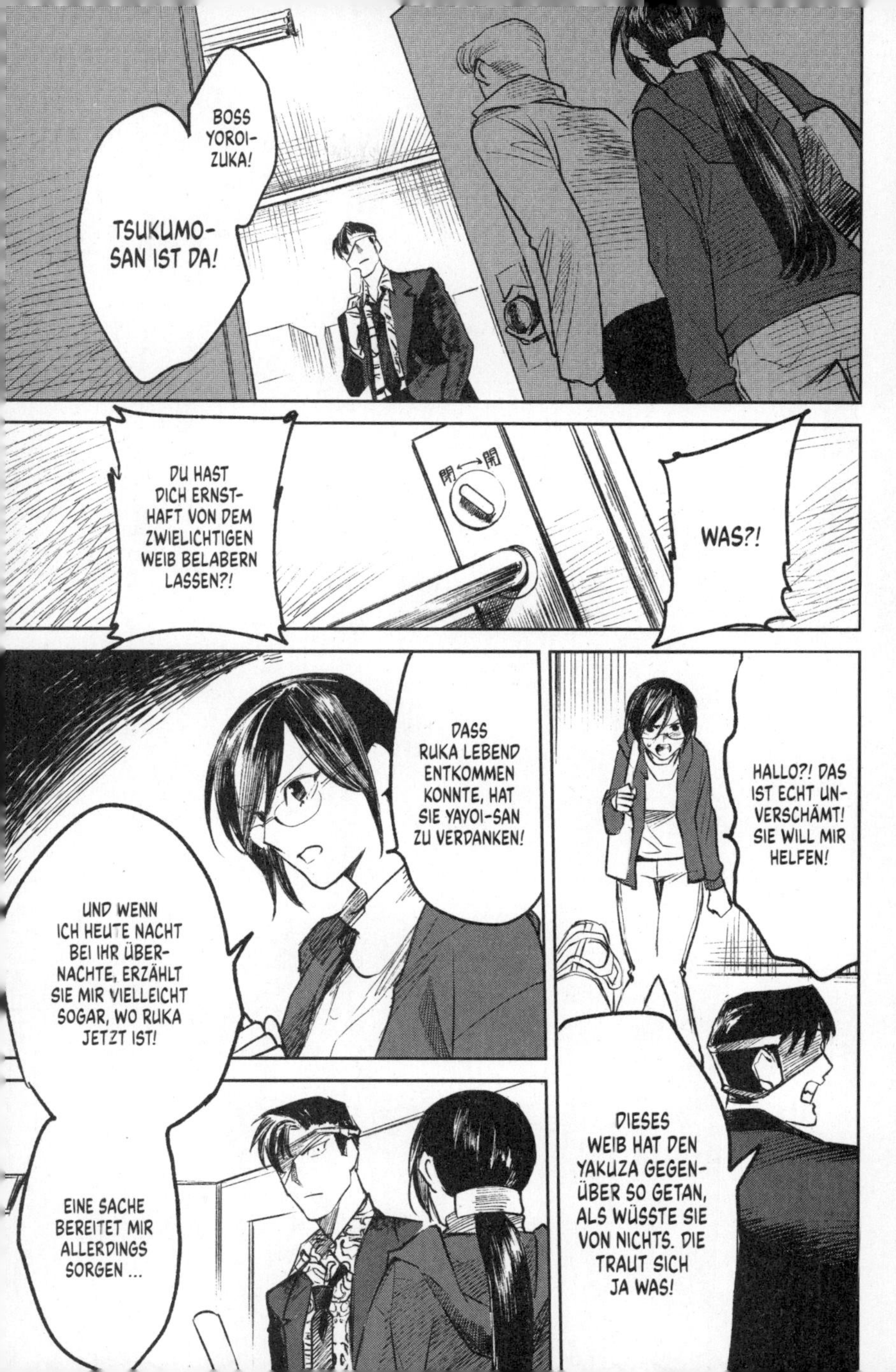
BOSS YOROI-ZUKA!
TSUKUMO-SAN IST DA!
WAS?!
DU HAST DICH ERNST-HAFT VON DEM ZWIELICHTIGEN WEIB BELABERN LASSEN?!
HALLO?! DAS IST ECHT UN-VERSCHÄMT! SIE WILL MIR HELFEN!
DASS RUKA LEBEND ENTKOMMEN KONNTE, HAT SIE YAYOI-SAN ZU VERDANKEN!
UND WENN ICH HEUTE NACHT BEI IHR ÜBER-NACHTE, ERZÄHLT SIE MIR VIELLEICHT SOGAR, WO RUKA JETZT IST!
DIESES WEIB HAT DEN YAKUZA GEGEN-ÜBER SO GETAN, ALS WÜSSTE SIE VON NICHTS. DIE TRAUT SICH JA WAS!
EINE SACHE BEREITET MIR ALLERDINGS SORGEN …

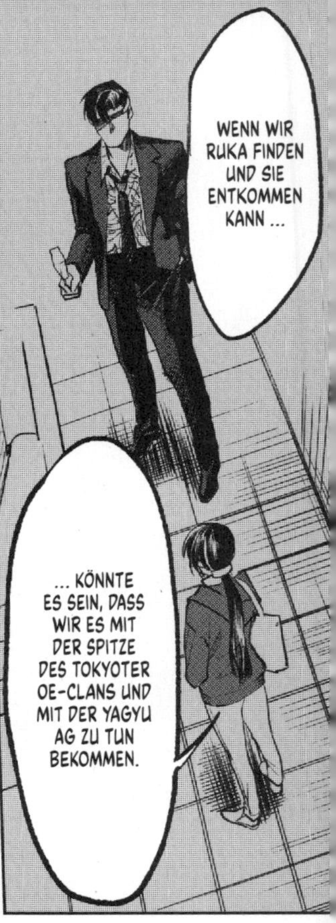
WENN WIR RUKA FINDEN UND SIE ENTKOMMEN KANN ...
... KÖNNTE ES SEIN, DASS WIR ES MIT DER SPITZE DES TOKYOTER OE-CLANS UND MIT DER YAGYU AG ZU TUN BEKOMMEN.

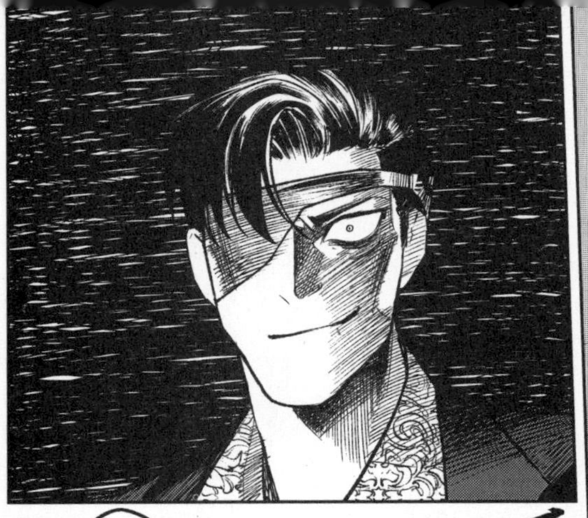

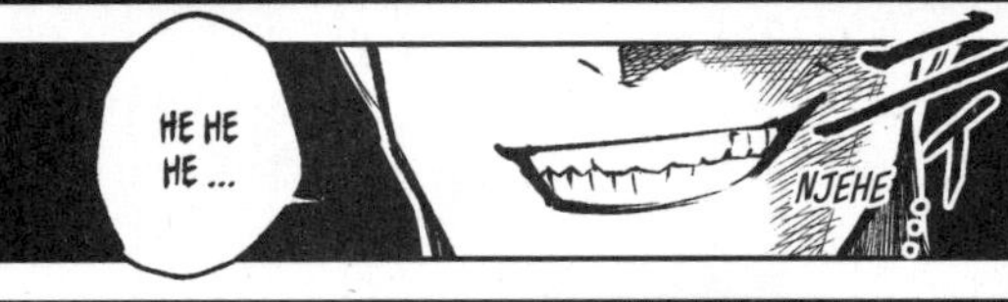
NJEHE
HE HE HE ...

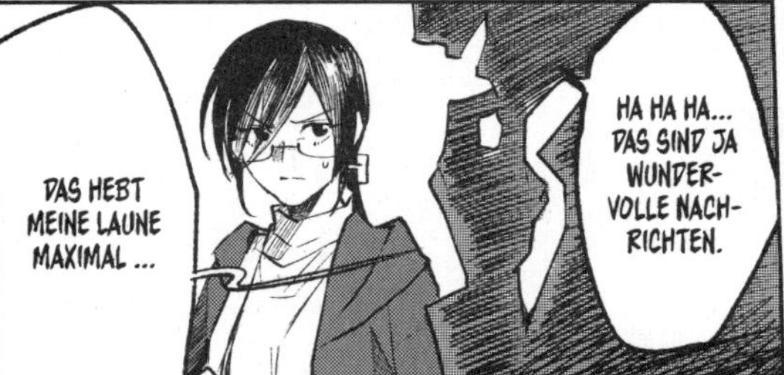
HA HA HA... DAS SIND JA WUNDERVOLLE NACHRICHTEN.
DAS HEBT MEINE LAUNE MAXIMAL ...

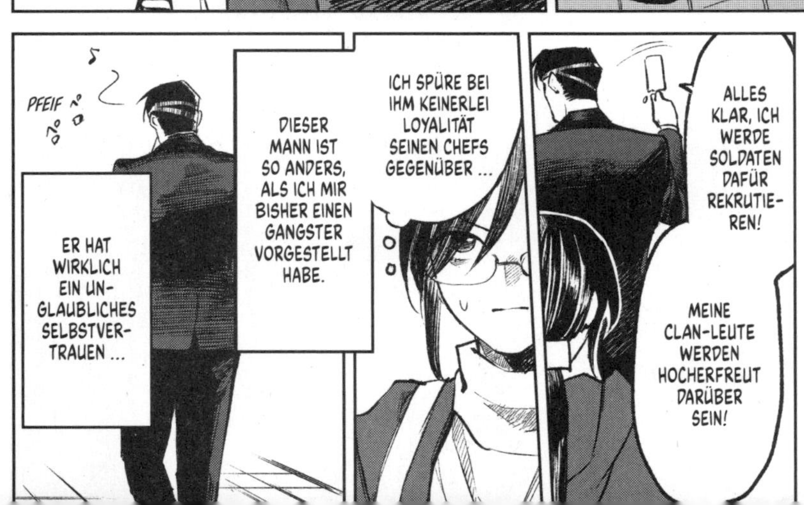
ALLES KLAR, ICH WERDE SOLDATEN DAFÜR REKRUTIEREN!
MEINE CLAN-LEUTE WERDEN HOCHERFREUT DARÜBER SEIN!
ICH SPÜRE BEI IHM KEINERLEI LOYALITÄT SEINEN CHEFS GEGENÜBER ...
DIESER MANN IST SO ANDERS, ALS ICH MIR BISHER EINEN GANGSTER VORGESTELLT HABE.
PFEIF
ER HAT WIRKLICH EIN UNGLAUBLICHES SELBSTVERTRAUEN ...

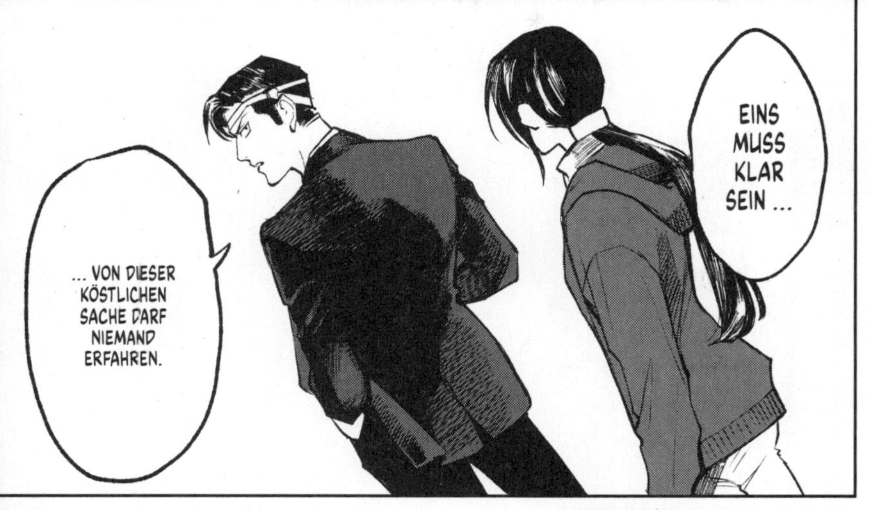
EINS MUSS KLAR SEIN ...
... VON DIESER KÖSTLICHEN SACHE DARF NIEMAND ERFAHREN.

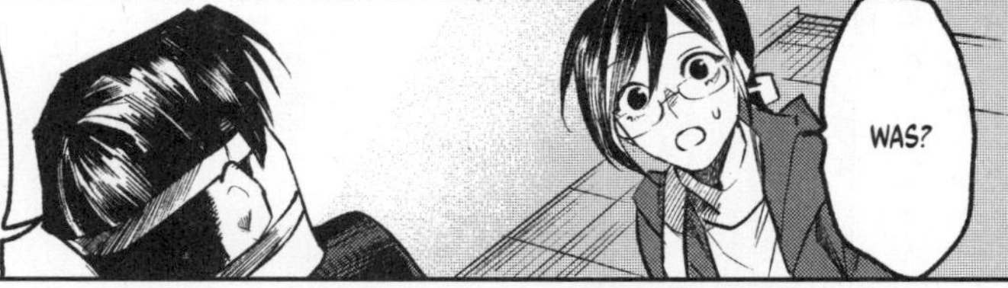
WAS?
HAB VON EINEM KILLER GEHÖRT, DER NEUERDINGS HIER UNTERWEGS IST.

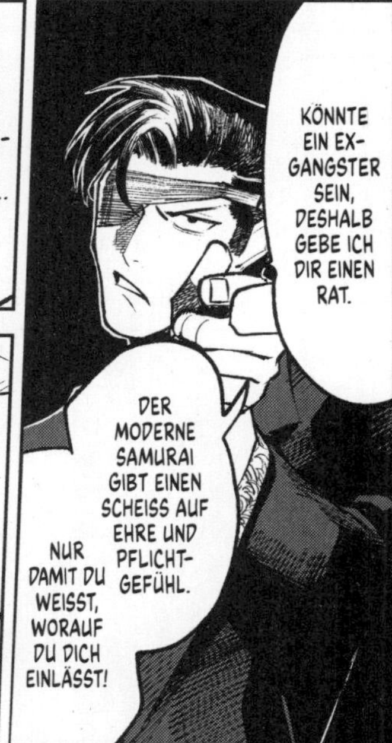
KÖNNTE EIN EX-GANGSTER SEIN, DESHALB GEBE ICH DIR EINEN RAT.
DER MODERNE SAMURAI GIBT EINEN SCHEISS AUF EHRE UND PFLICHT-GEFÜHL.
NUR DAMIT DU WEISST, WORAUF DU DICH EINLÄSST!

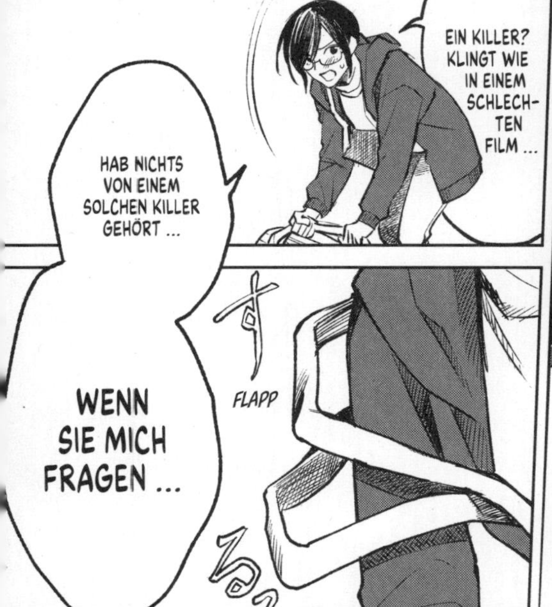
EIN KILLER? KLINGT WIE IN EINEM SCHLECH-TEN FILM ...
HAB NICHTS VON EINEM SOLCHEN KILLER GEHÖRT ...
FLAPP
WENN SIE MICH FRAGEN ...

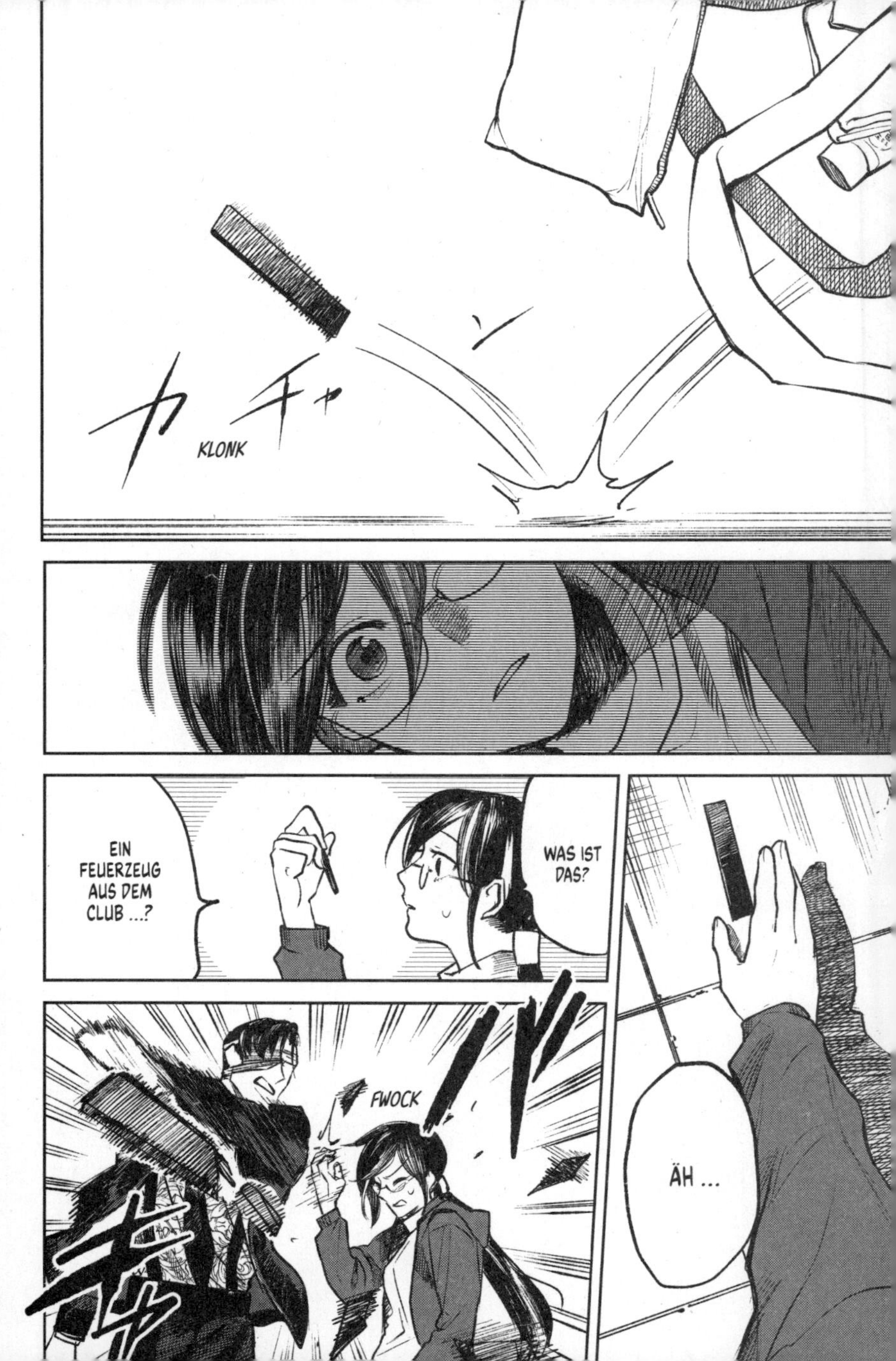
カチャン
KLONK
WAS IST DAS?
ÄH ...
EIN FEUERZEUG AUS DEM CLUB ...?
FWOCK

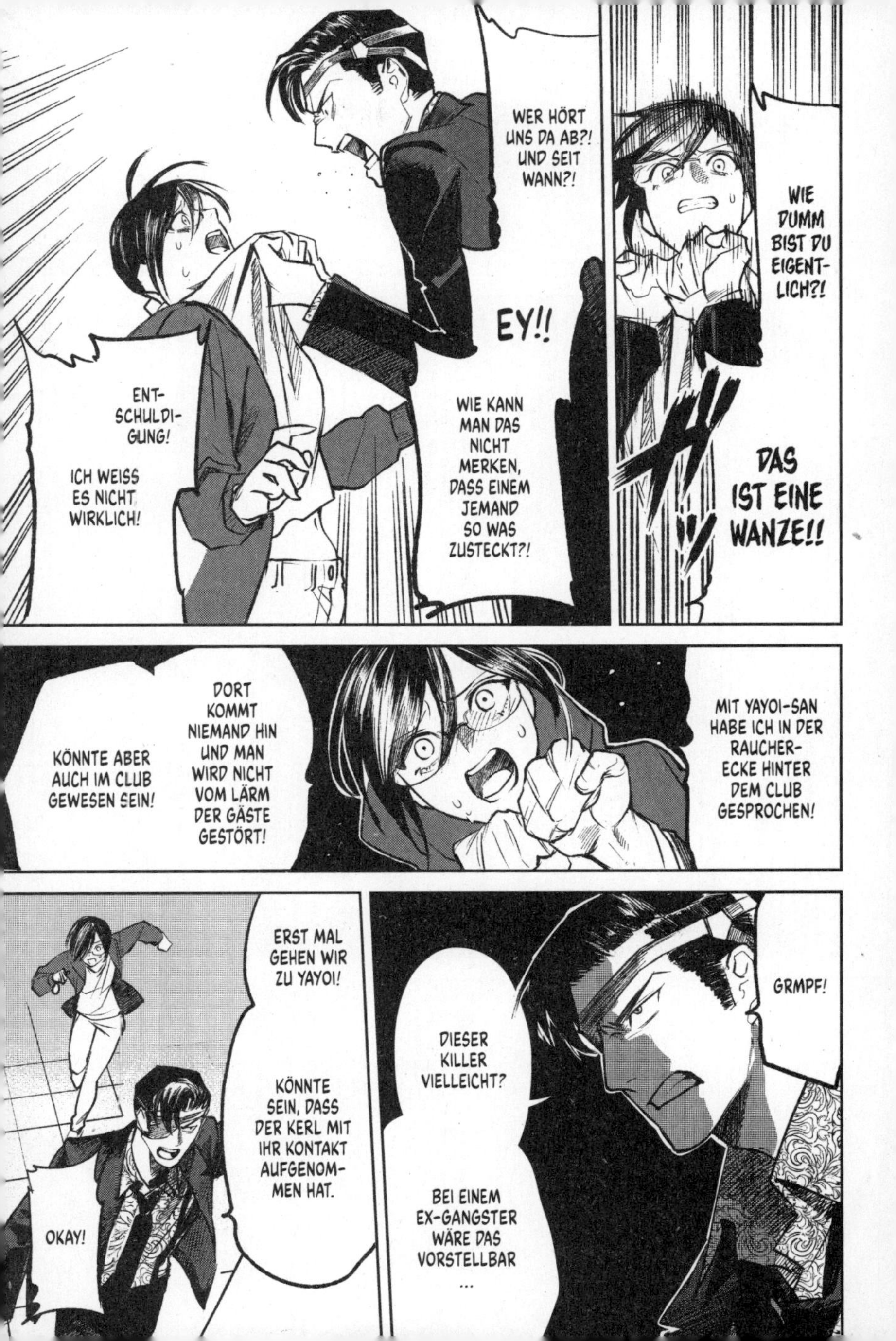

WIE DUMM BIST DU EIGENTLICH?!

DAS IST EINE WANZE!!

WER HÖRT UNS DA AB?! UND SEIT WANN?!

EY!!

WIE KANN MAN DAS NICHT MERKEN, DASS EINEM JEMAND SO WAS ZUSTECKT?!

ENTSCHULDIGUNG!

ICH WEISS ES NICHT WIRKLICH!

MIT YAYOI-SAN HABE ICH IN DER RAUCHERECKE HINTER DEM CLUB GESPROCHEN!

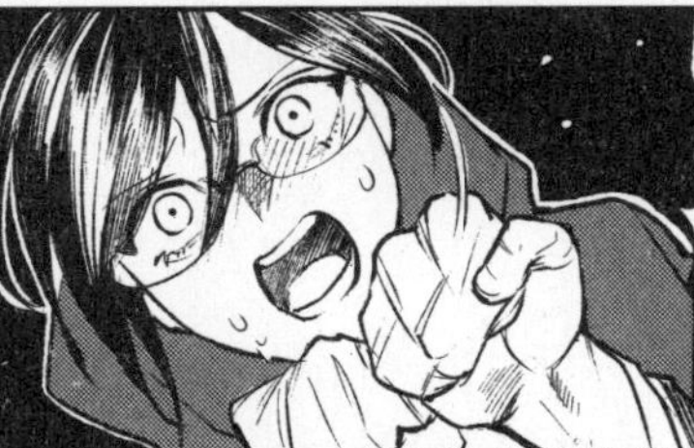

DORT KOMMT NIEMAND HIN UND MAN WIRD NICHT VOM LÄRM DER GÄSTE GESTÖRT!

KÖNNTE ABER AUCH IM CLUB GEWESEN SEIN!

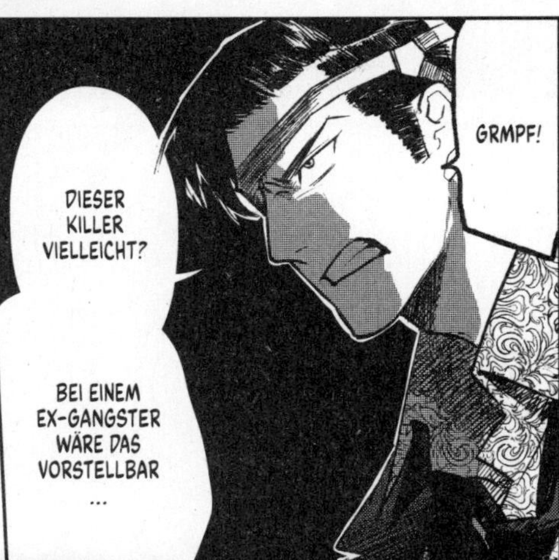

ERST MAL GEHEN WIR ZU YAYOI!

KÖNNTE SEIN, DASS DER KERL MIT IHR KONTAKT AUFGENOMMEN HAT.

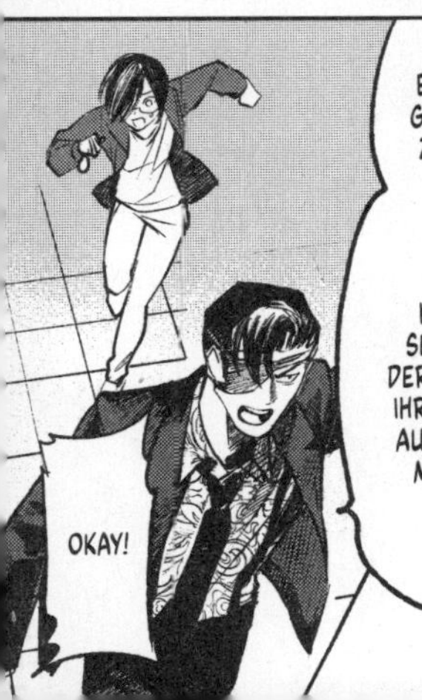

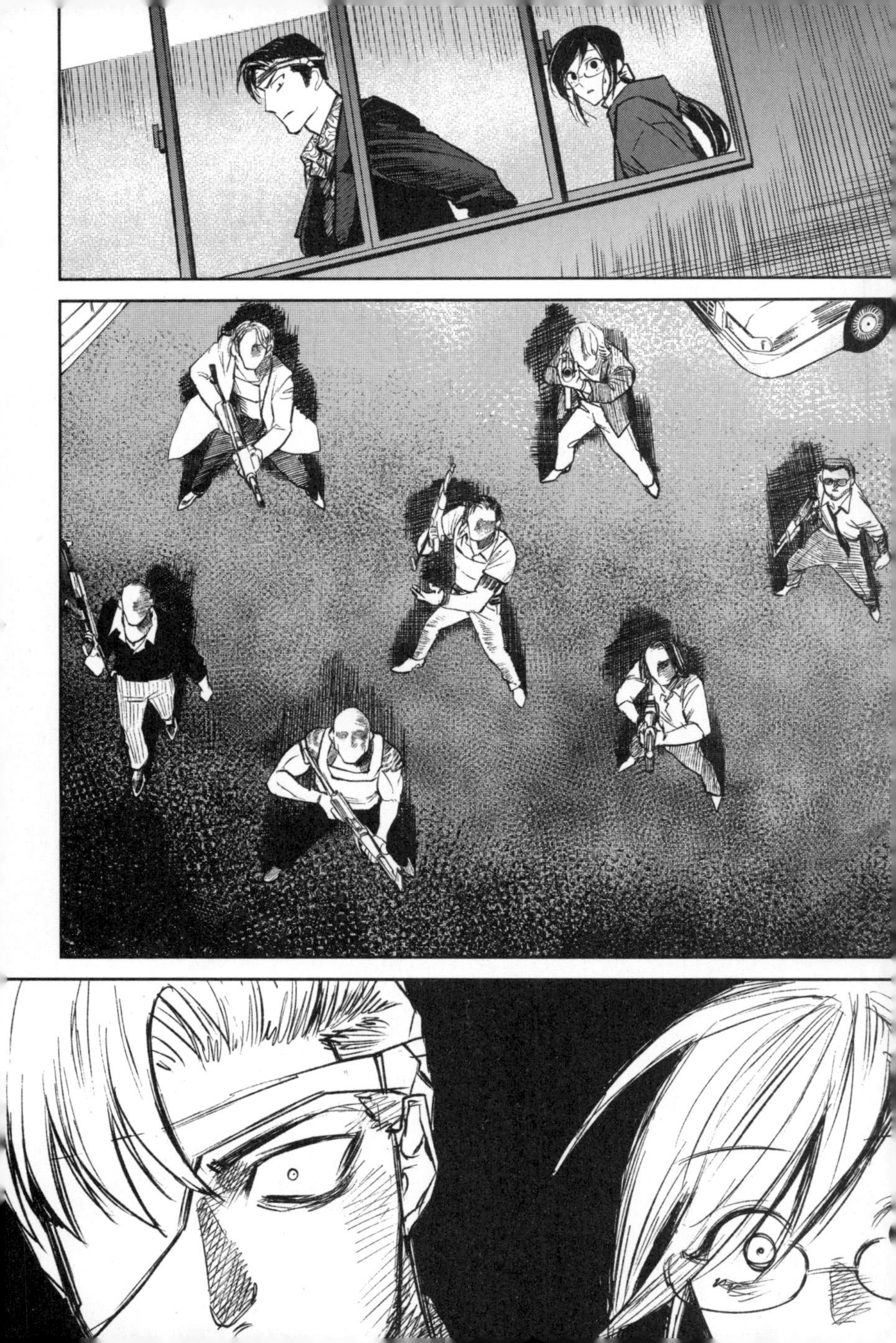

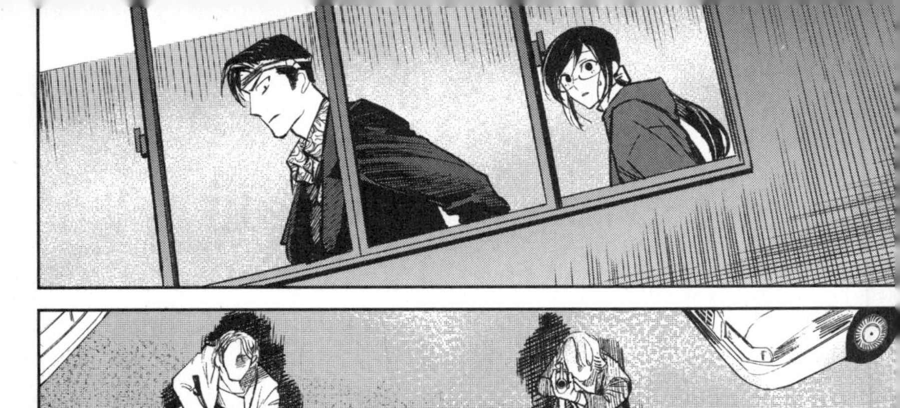

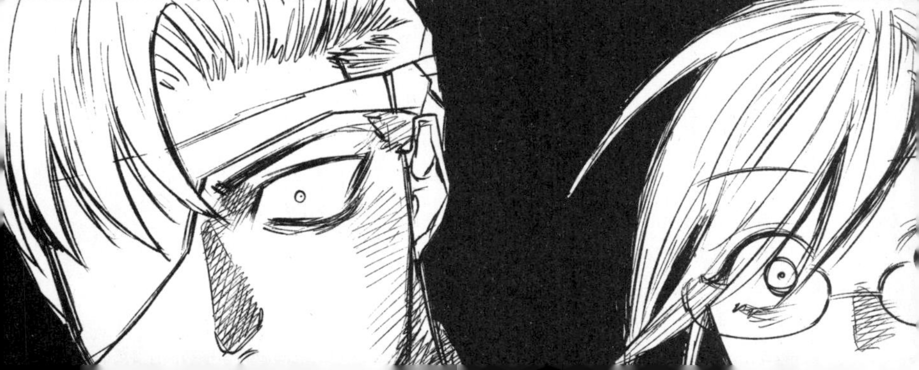

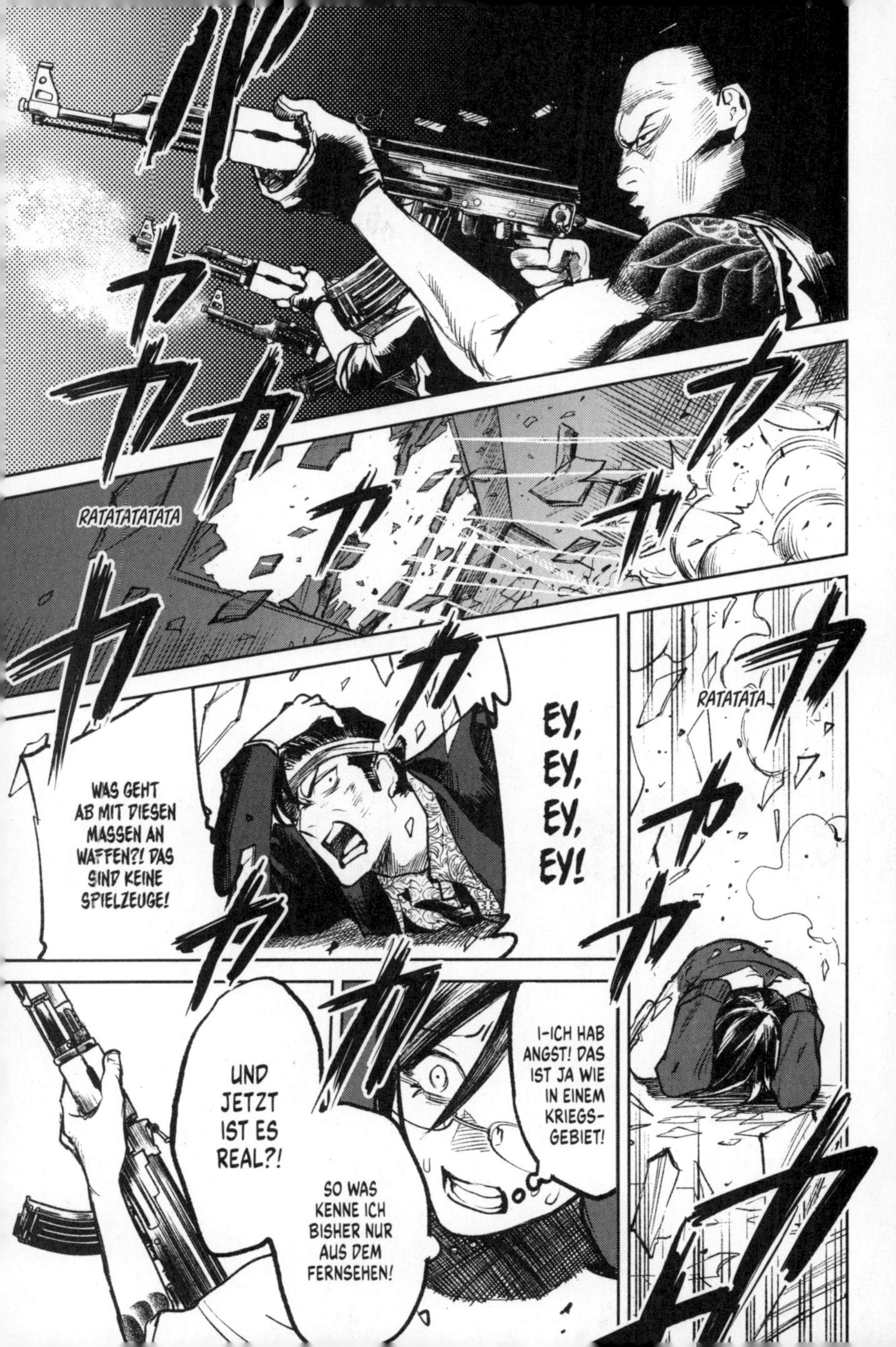
RATATATATATA
RATATATA
EY, EY, EY, EY!
WAS GEHT AB MIT DIESEN MASSEN AN WAFFEN?! DAS SIND KEINE SPIELZEUGE!
I-ICH HAB ANGST! DAS IST JA WIE IN EINEM KRIEGS-GEBIET!
UND JETZT IST ES REAL?!
SO WAS KENNE ICH BISHER NUR AUS DEM FERNSEHEN!

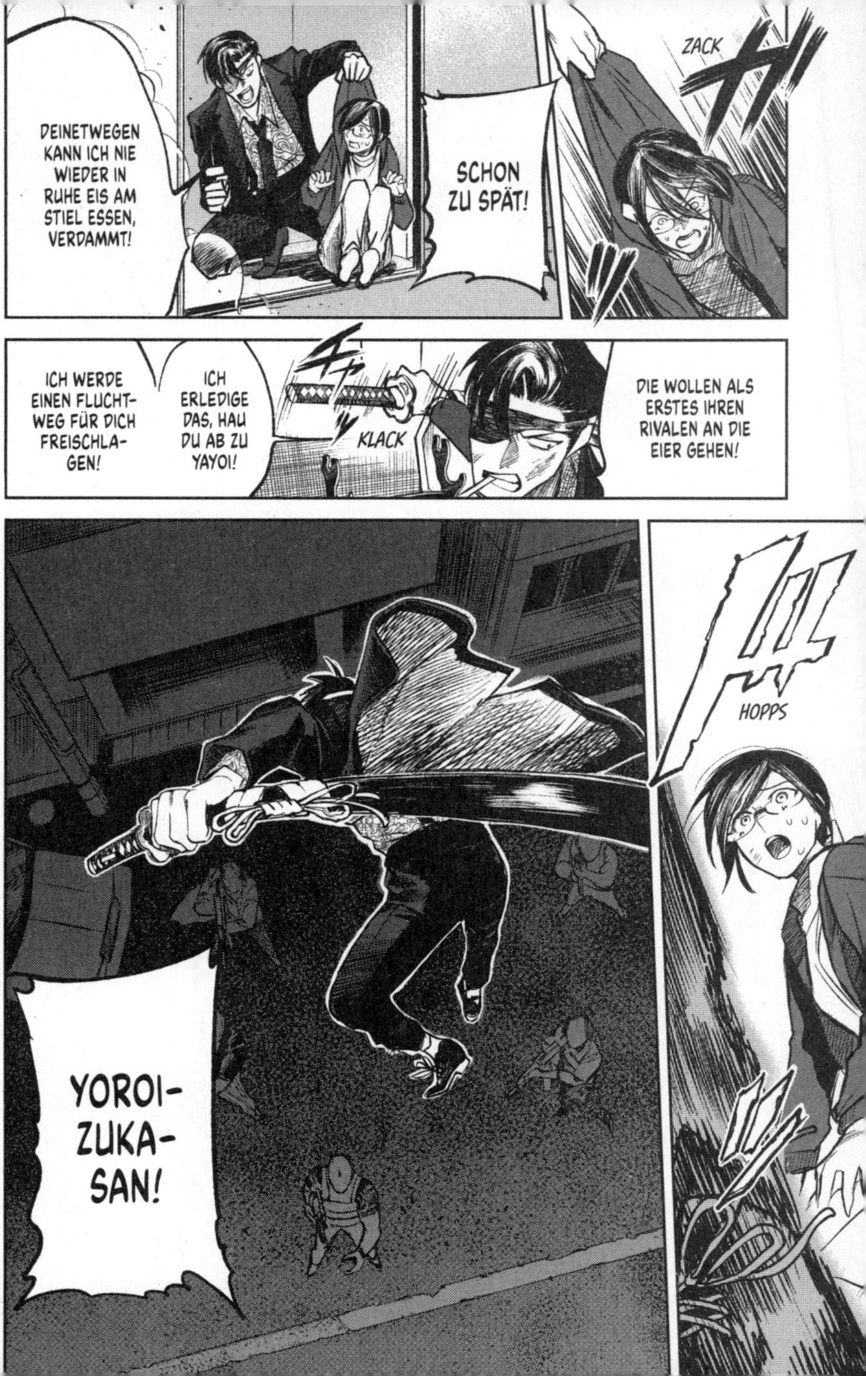

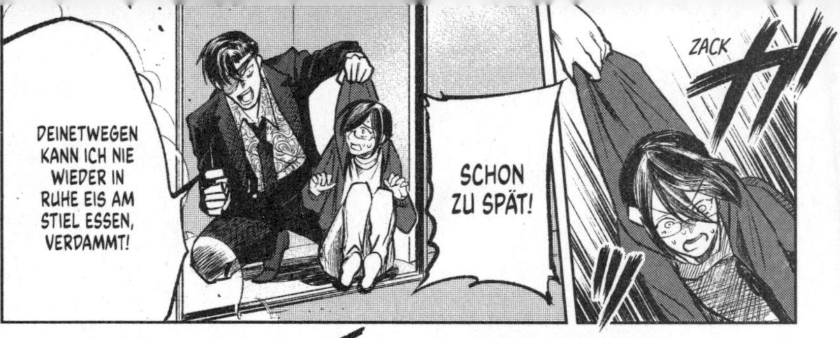

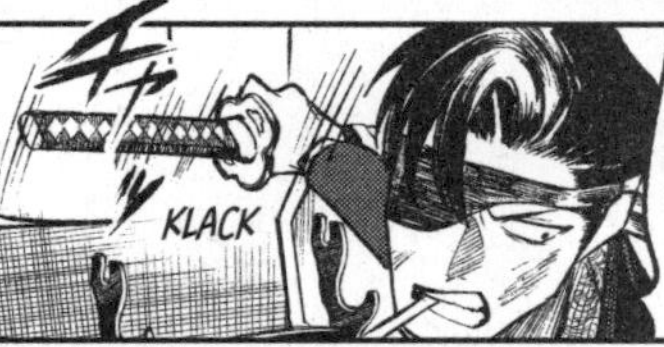

HOPPS

YOROI-ZUKA-SAN!

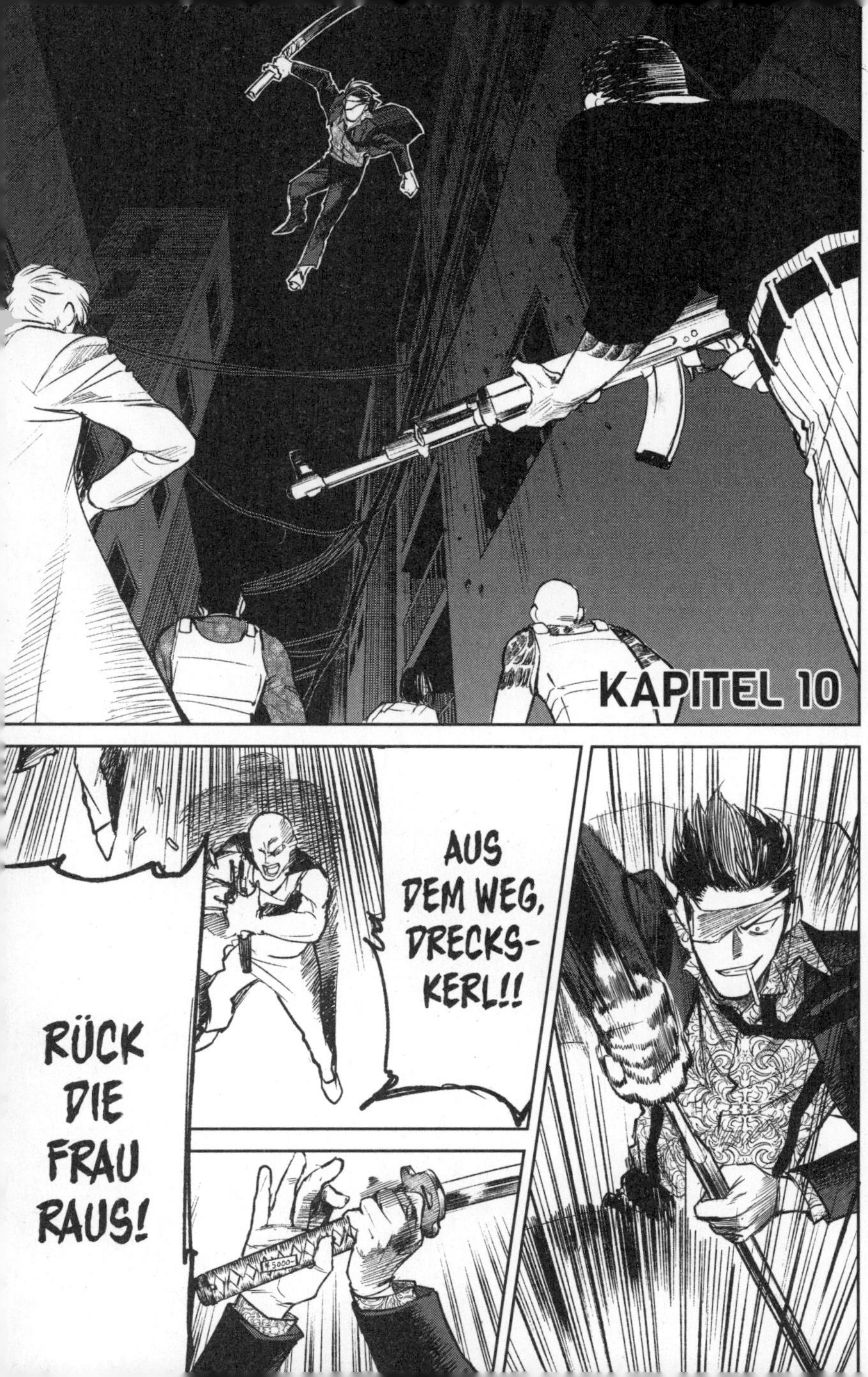

KAPITEL 10

AUS DEM WEG, DRECKS-KERL!!

RÜCK DIE FRAU RAUS!

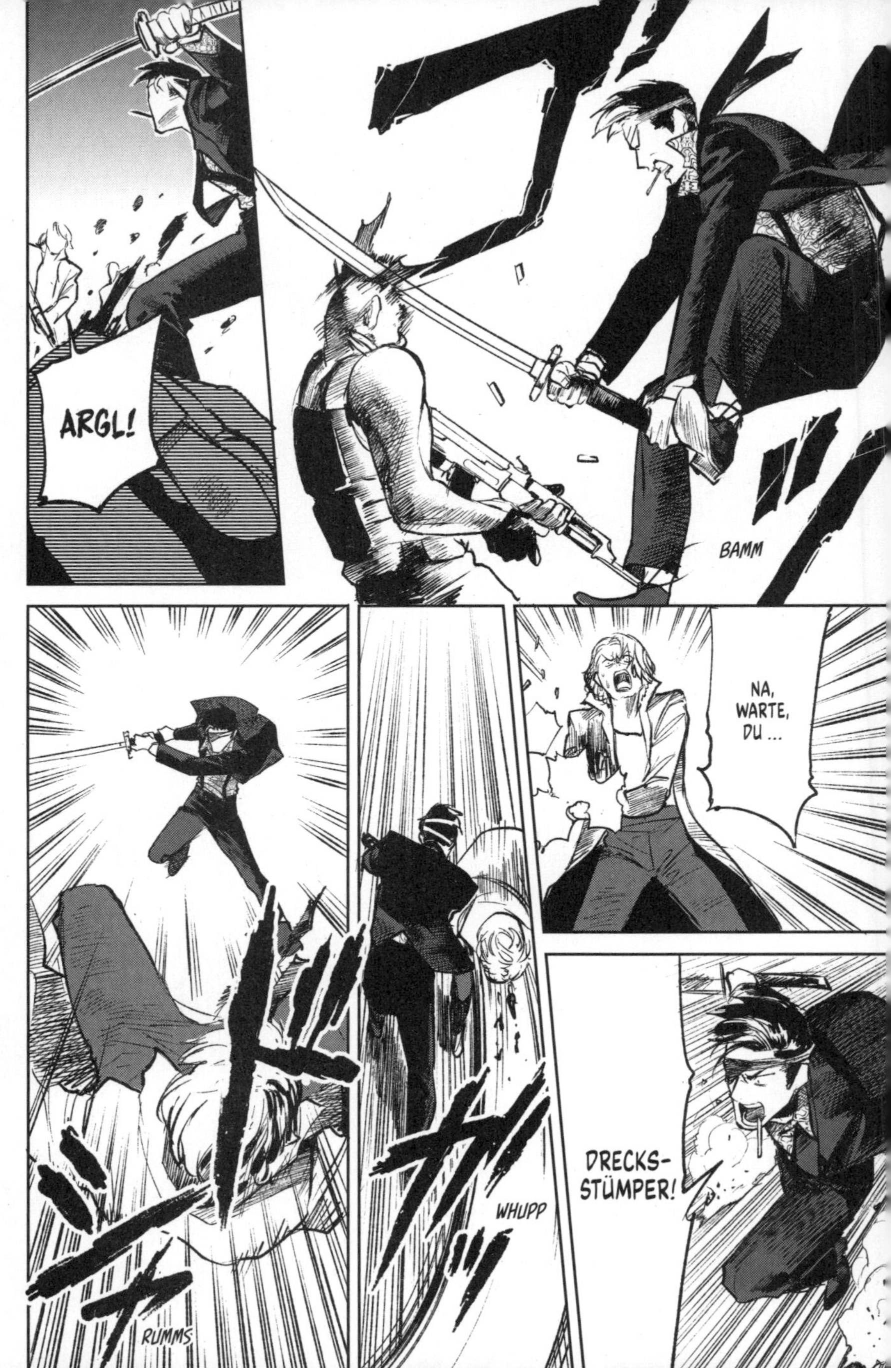
BAMM
ARGL!
NA, WARTE, DU ...
DRECKS-STÜMPER!
WHUPP
RUMMS

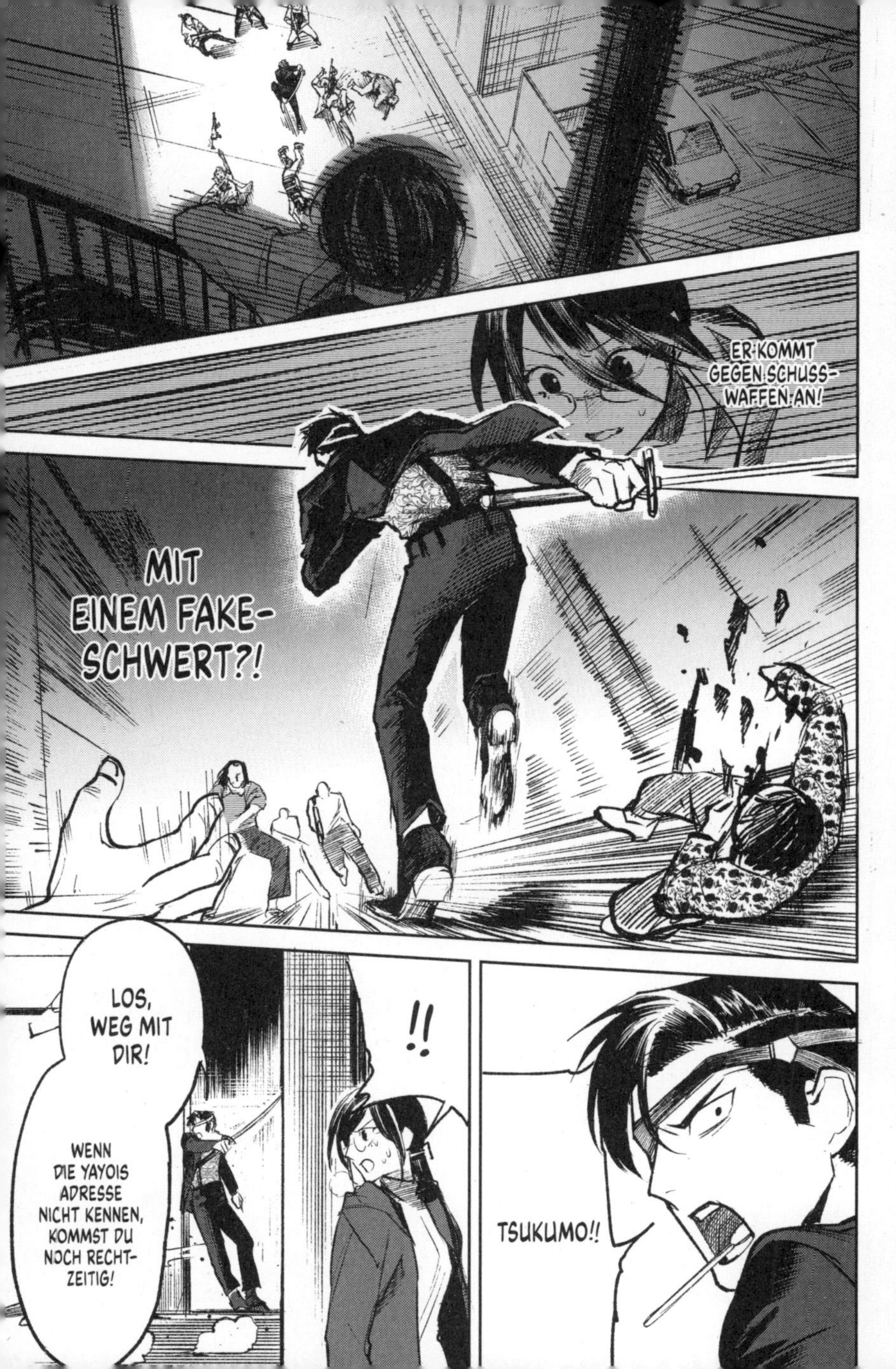
ER KOMMT GEGEN SCHUSS-WAFFEN AN!
MIT EINEM FAKE-SCHWERT?!
TSUKUMO!!
!!
LOS, WEG MIT DIR!
WENN DIE YAYOIS ADRESSE NICHT KENNEN, KOMMST DU NOCH RECHT-ZEITIG!

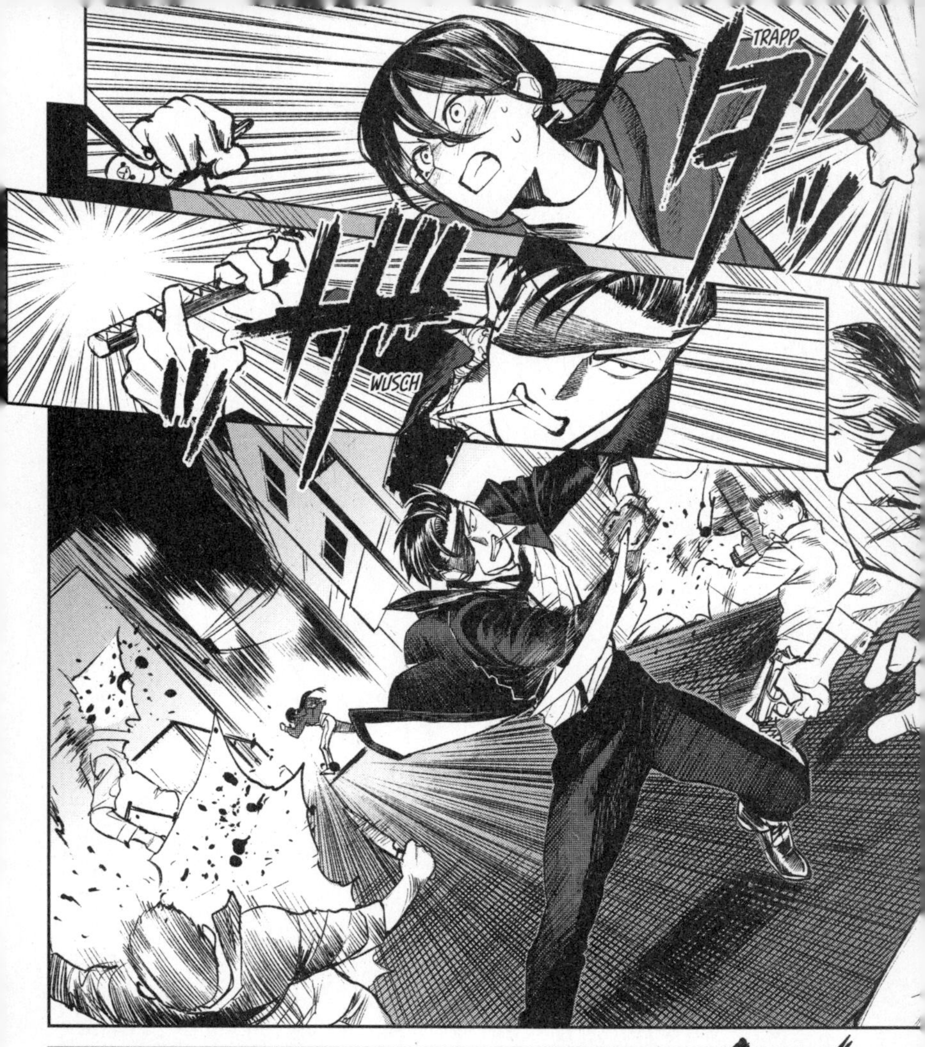

TRAPP

WUSCH

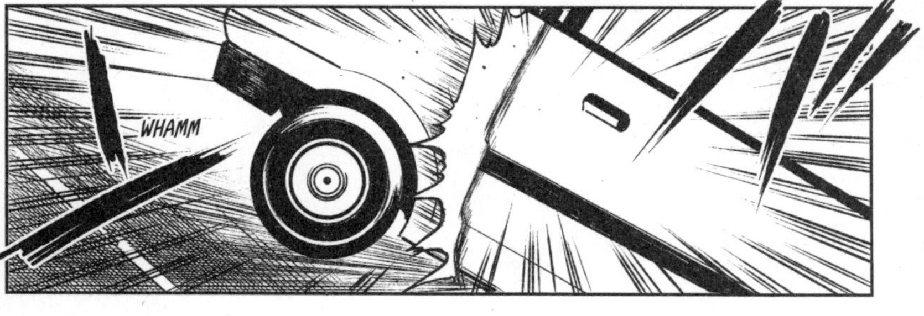

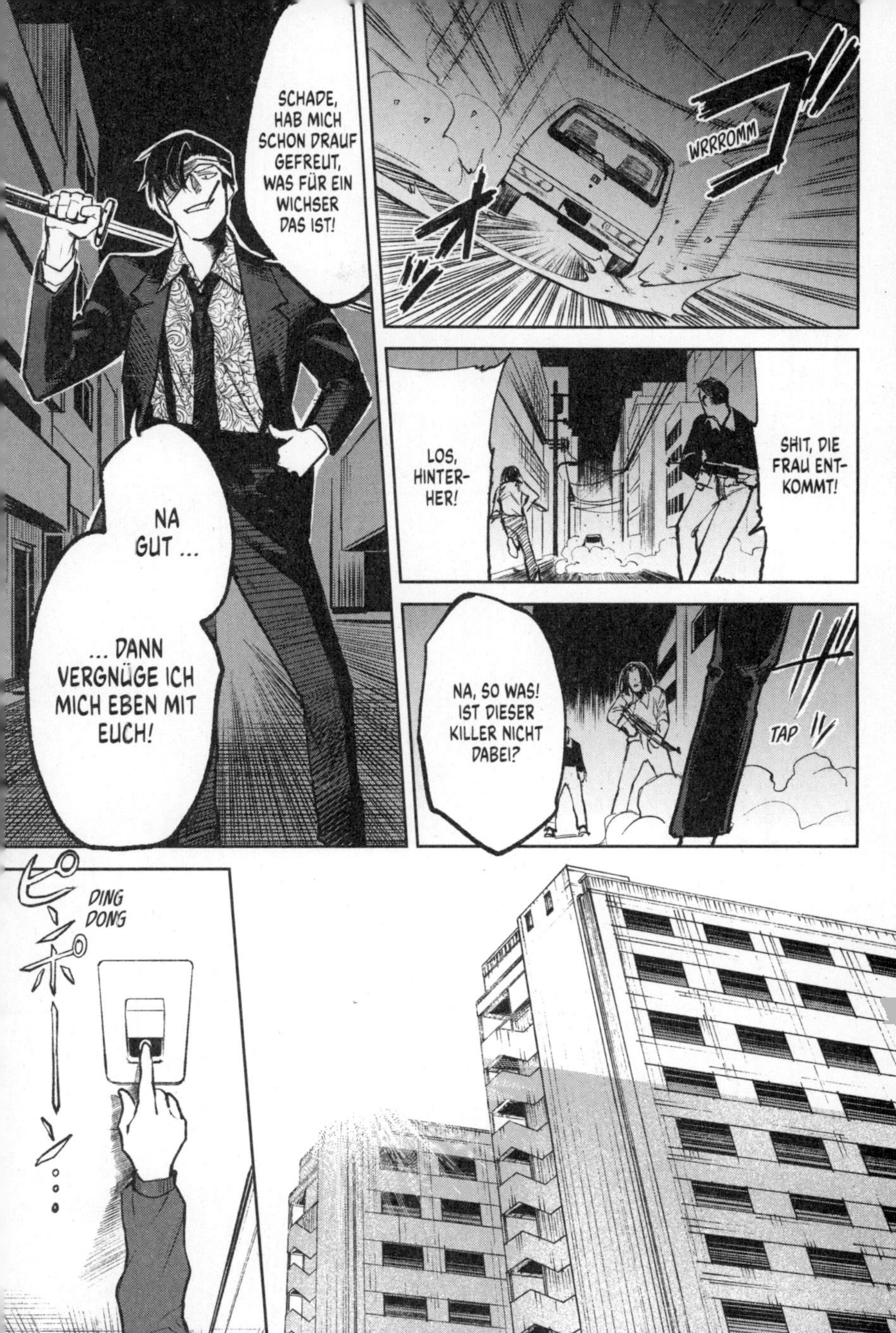
WRRROMM
SCHADE, HAB MICH SCHON DRAUF GEFREUT, WAS FÜR EIN WICHSER DAS IST!
SHIT, DIE FRAU ENT-KOMMT!
LOS, HINTER-HER!
TAP
NA, SO WAS! IST DIESER KILLER NICHT DABEI?
NA GUT ...
... DANN VERGNÜGE ICH MICH EBEN MIT EUCH!
DING DONG

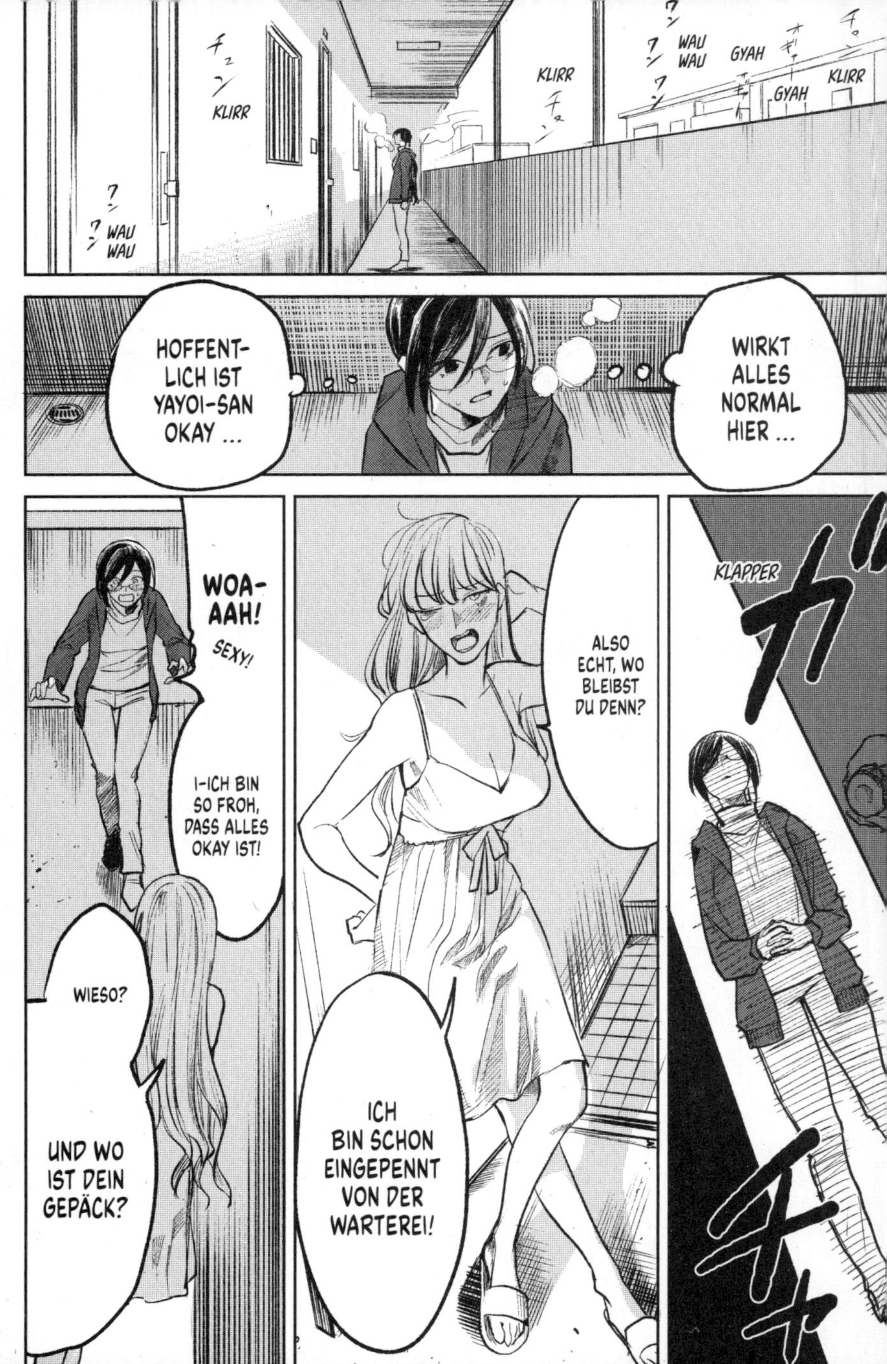

KLIRR
GYAH
GYAH
KLIRR
WAU WAU
KLIRR
KLIRR
WAU WAU
WIRKT ALLES NORMAL HIER ...
HOFFENT-LICH IST YAYOI-SAN OKAY ...
KLAPPER
ALSO ECHT, WO BLEIBST DU DENN?
ICH BIN SCHON EINGEPENNT VON DER WARTEREI!
WOA-AAH!
SEXY!
I-ICH BIN SO FROH, DASS ALLES OKAY IST!
WIESO?
UND WO IST DEIN GEPÄCK?

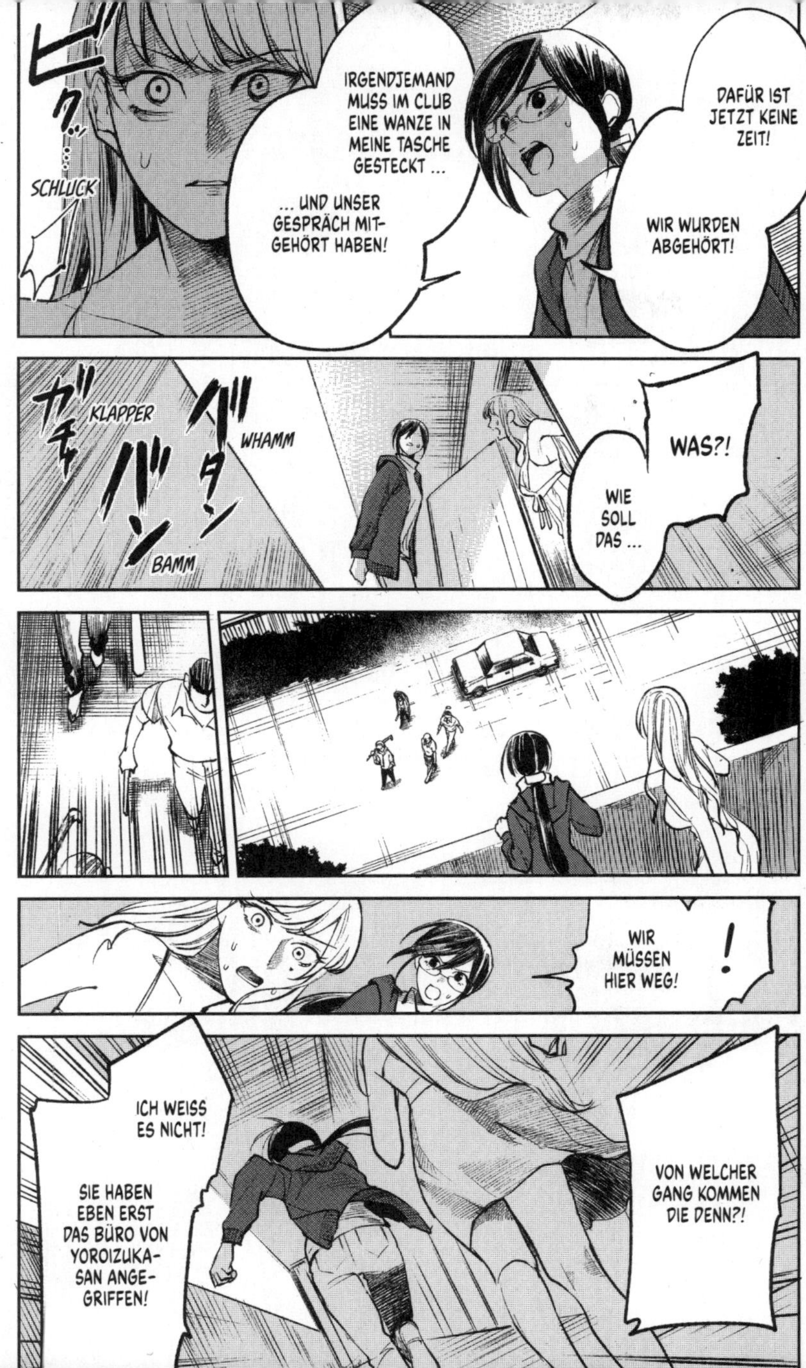
DAFÜR IST JETZT KEINE ZEIT!
WIR WURDEN ABGEHÖRT!
IRGENDJEMAND MUSS IM CLUB EINE WANZE IN MEINE TASCHE GESTECKT ...
... UND UNSER GESPRÄCH MITGEHÖRT HABEN!
SCHLUCK
WAS?!
WIE SOLL DAS ...
WHAMM
BAMM
KLAPPER
!
WIR MÜSSEN HIER WEG!
VON WELCHER GANG KOMMEN DIE DENN?!
ICH WEISS ES NICHT!
SIE HABEN EBEN ERST DAS BÜRO VON YOROIZUKA-SAN ANGEGRIFFEN!

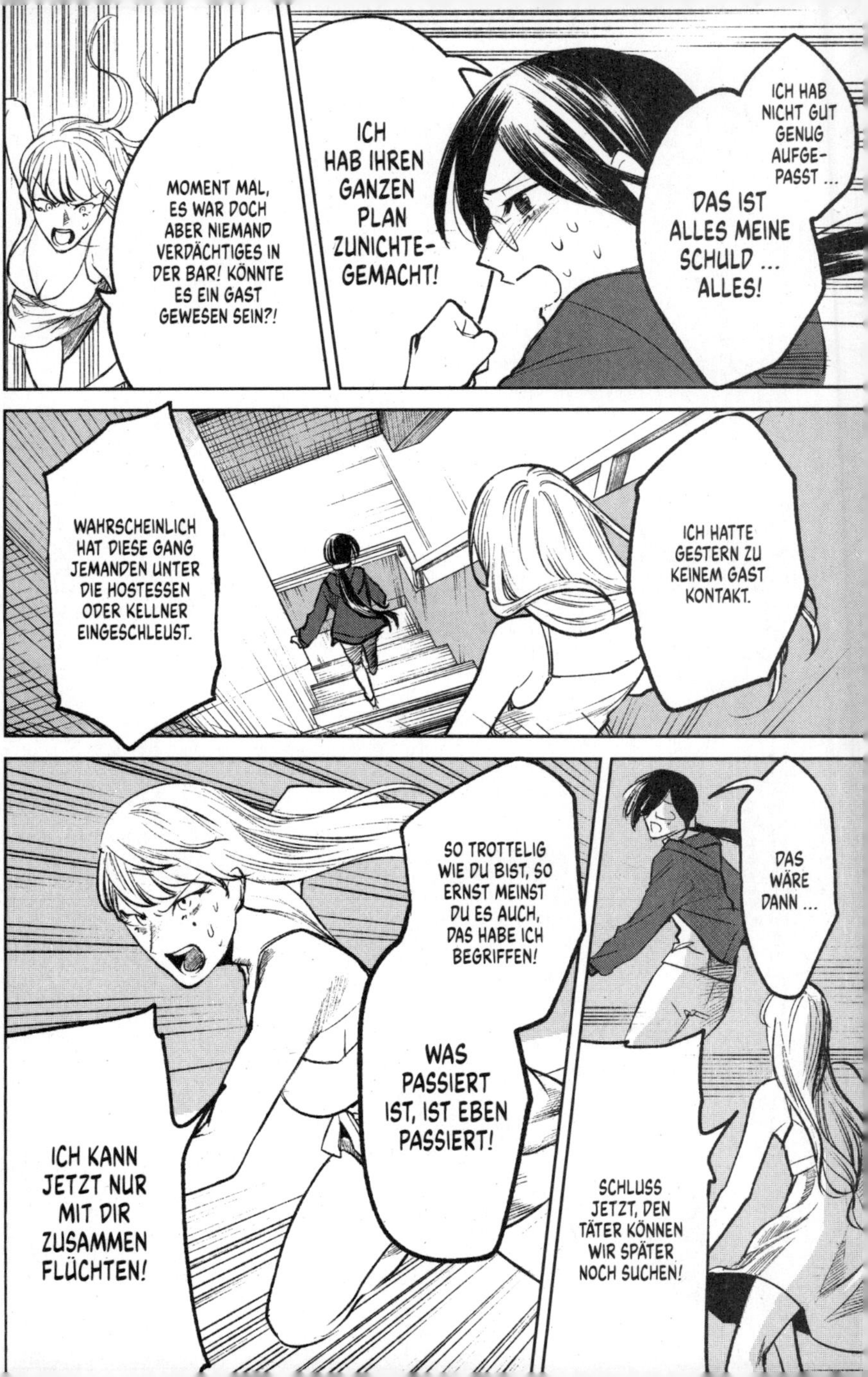

ICH HAB NICHT GUT GENUG AUFGEPASST …

DAS IST ALLES MEINE SCHULD … ALLES!

ICH HAB IHREN GANZEN PLAN ZUNICHTEGEMACHT!

MOMENT MAL, ES WAR DOCH ABER NIEMAND VERDÄCHTIGES IN DER BAR! KÖNNTE ES EIN GAST GEWESEN SEIN?!

ICH HATTE GESTERN ZU KEINEM GAST KONTAKT.

WAHRSCHEINLICH HAT DIESE GANG JEMANDEN UNTER DIE HOSTESSEN ODER KELLNER EINGESCHLEUST.

DAS WÄRE DANN …

SCHLUSS JETZT, DEN TÄTER KÖNNEN WIR SPÄTER NOCH SUCHEN!

SO TROTTELIG WIE DU BIST, SO ERNST MEINST DU ES AUCH, DAS HABE ICH BEGRIFFEN!

WAS PASSIERT IST, IST EBEN PASSIERT!

ICH KANN JETZT NUR MIT DIR ZUSAMMEN FLÜCHTEN!

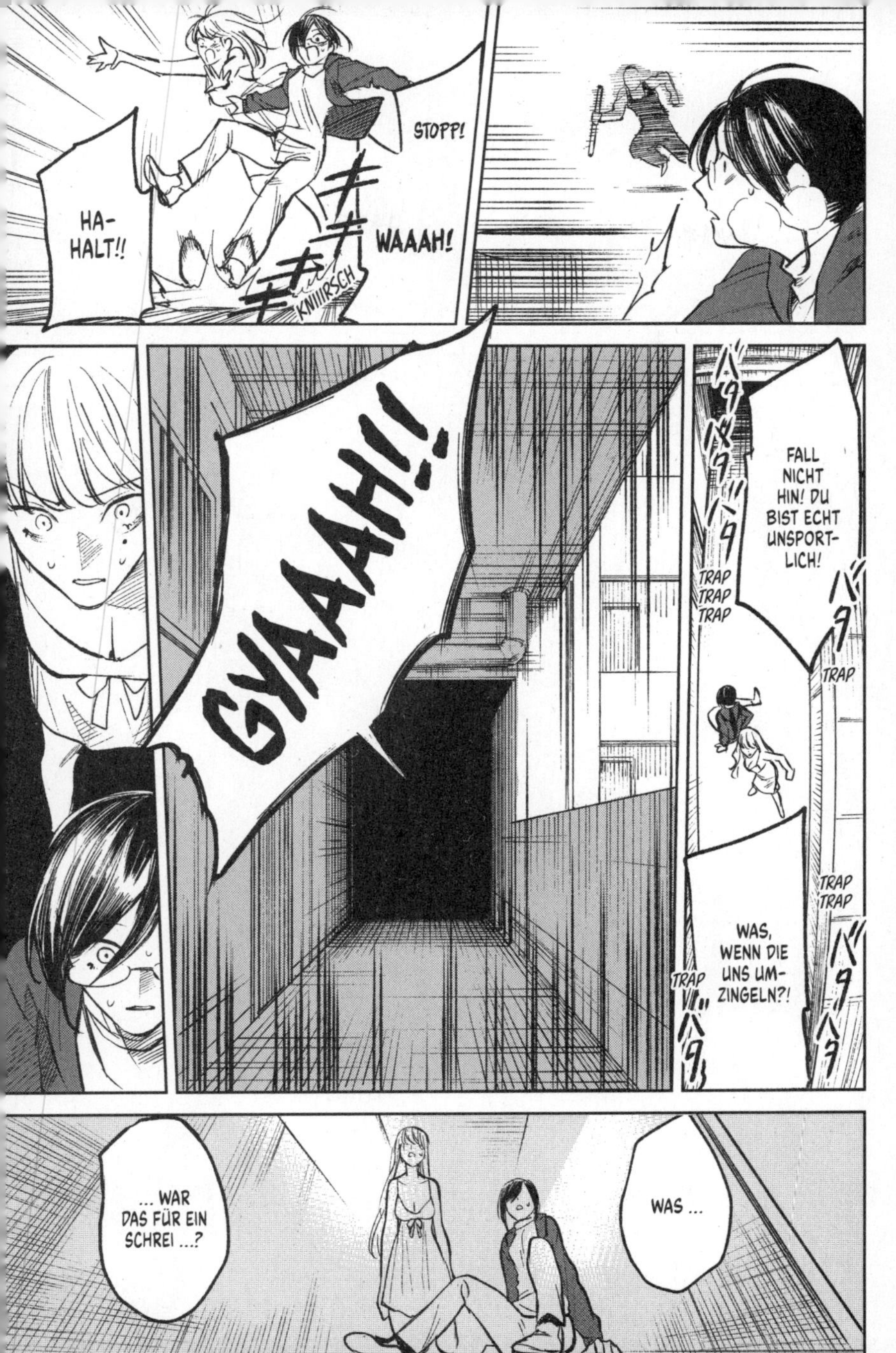
STOPP!
WAAAH!
HA-HALT!!
KNIIIRSCH
FALL NICHT HIN! DU BIST ECHT UNSPORTLICH!
TRAP TRAP TRAP
TRAP
TRAP TRAP
WAS, WENN DIE UNS UMZINGELN?!
TRAP
GYAAAH!!
WAS …
… WAR DAS FÜR EIN SCHREI …?

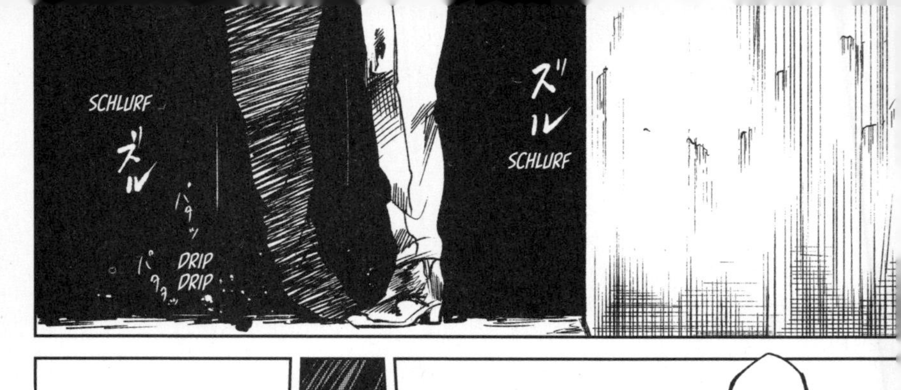
ズル
SCHLURF
SCHLURF
ズル
パタッ
パタタッ
DRIP
DRIP

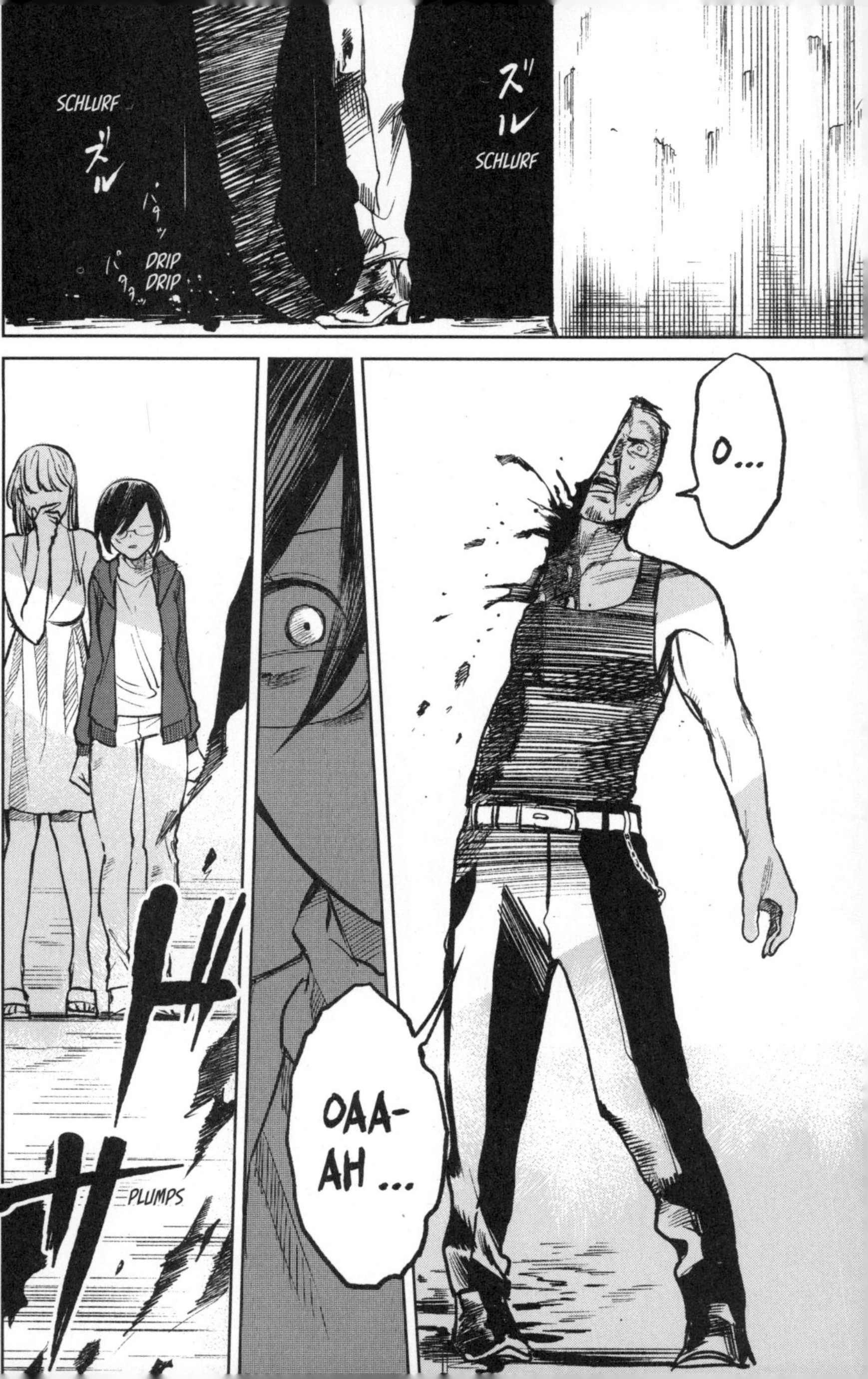

O...
OAA-
AH ...
ドサッ
PLUMPS

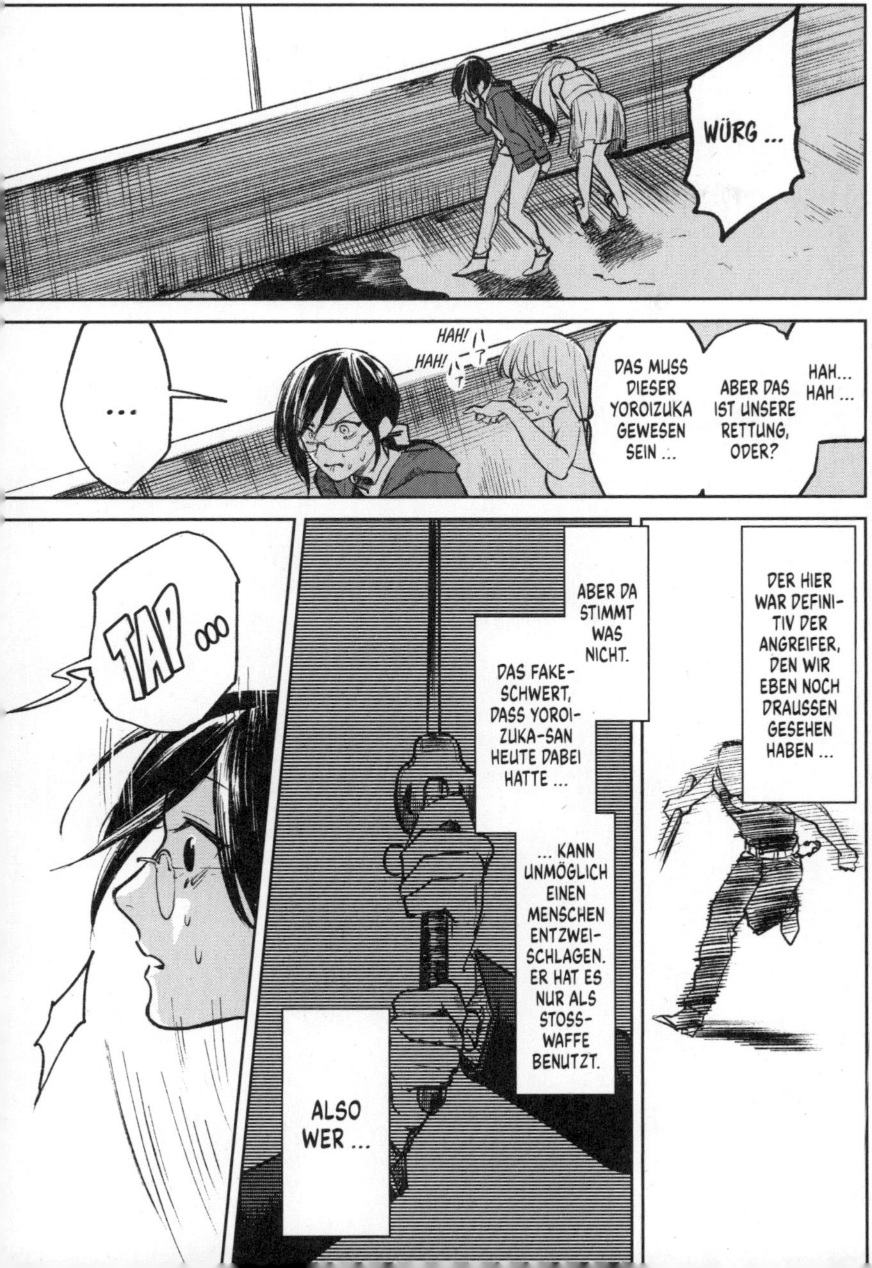

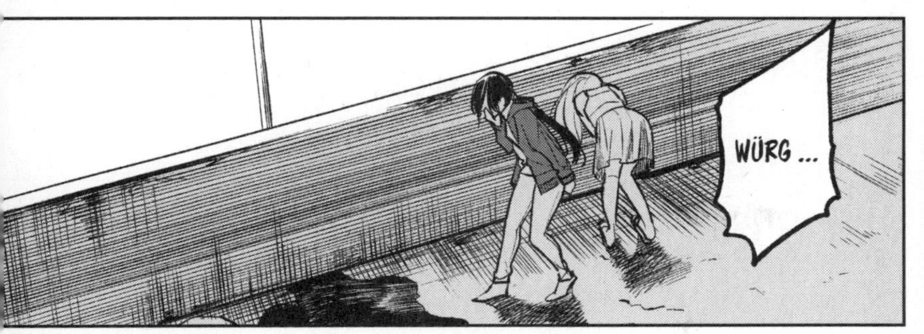

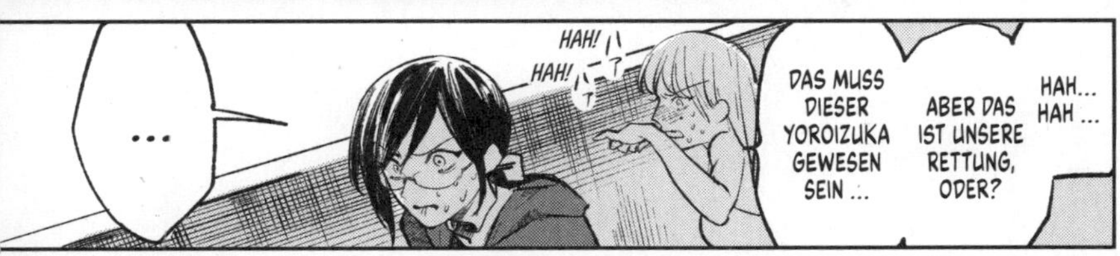

DER HIER WAR DEFINITIV DER ANGREIFER, DEN WIR EBEN NOCH DRAUSSEN GESEHEN HABEN ...

ABER DA STIMMT WAS NICHT.

DAS FAKE-SCHWERT, DASS YOROIZUKA-SAN HEUTE DABEI HATTE ...

... KANN UNMÖGLICH EINEN MENSCHEN ENTZWEISCHLAGEN. ER HAT ES NUR ALS STOSSWAFFE BENUTZT.

ALSO WER ...

TAP ...

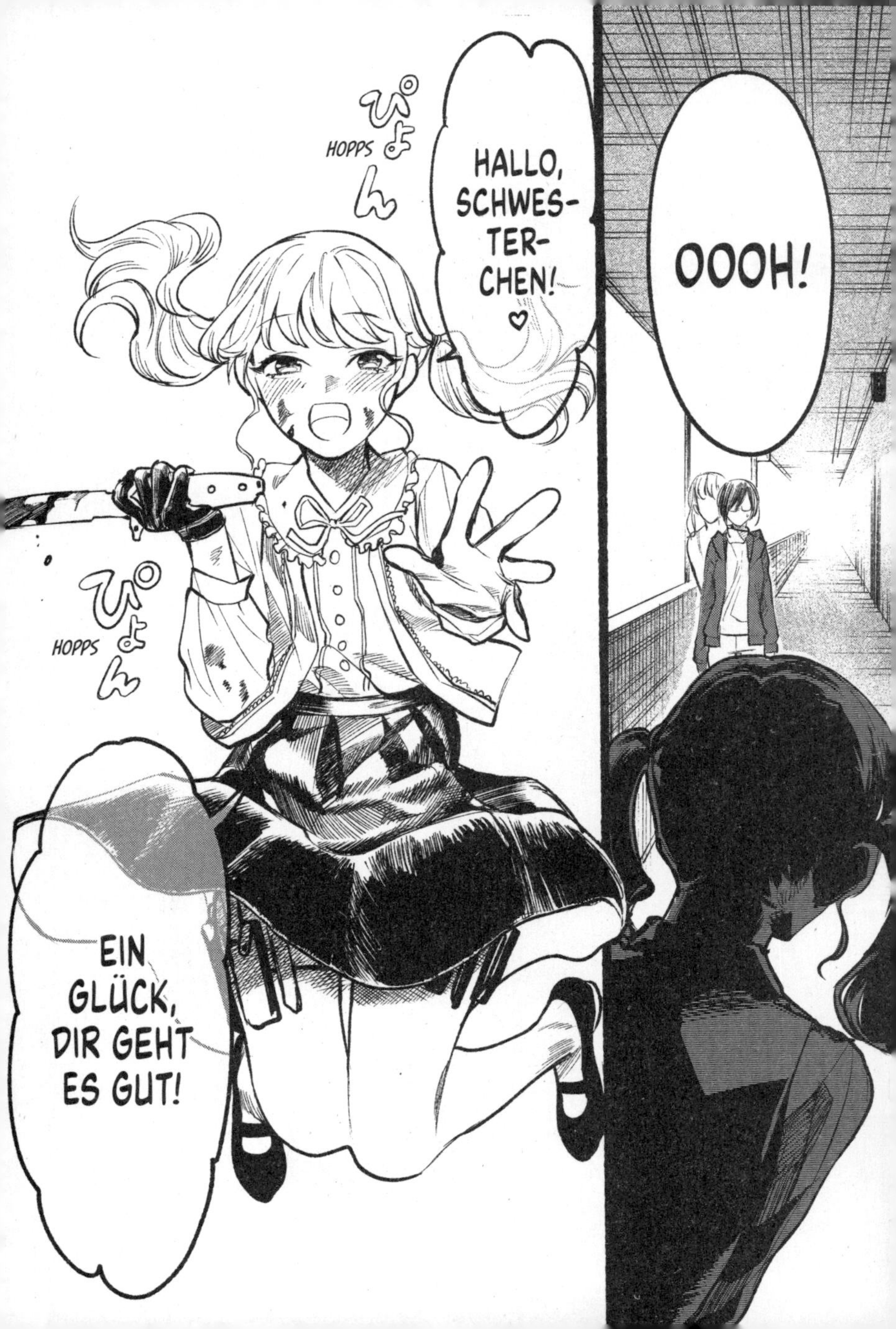
OOOH!
HALLO, SCHWESTERCHEN! ♥
ぴょん
HOPPS
ぴょん
HOPPS
EIN GLÜCK, DIR GEHT ES GUT!

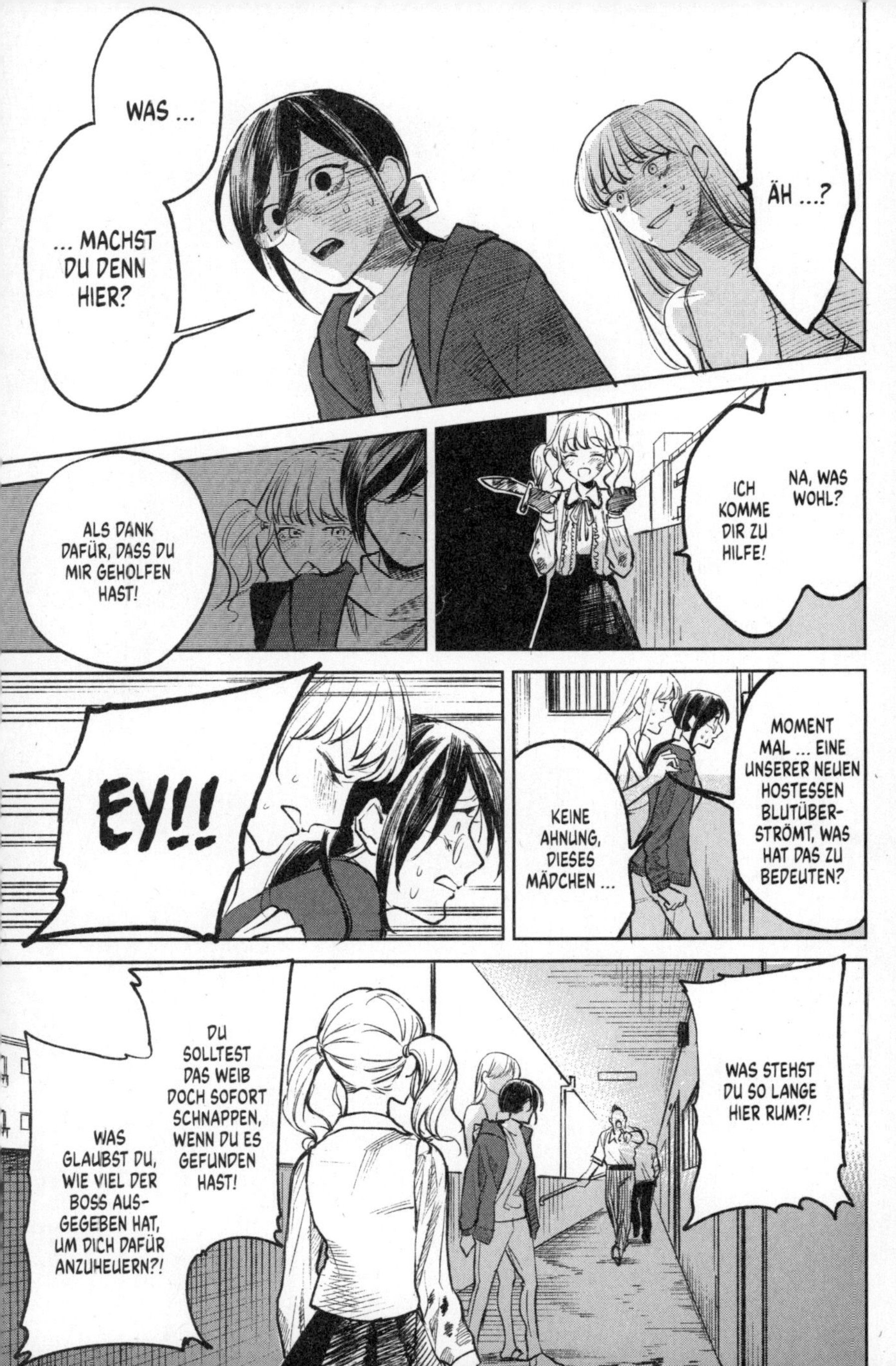
ÄH ...?
WAS ...
... MACHST DU DENN HIER?
NA, WAS WOHL?
ICH KOMME DIR ZU HILFE!
ALS DANK DAFÜR, DASS DU MIR GEHOLFEN HAST!
MOMENT MAL ... EINE UNSERER NEUEN HOSTESSEN BLUTÜBERSTRÖMT, WAS HAT DAS ZU BEDEUTEN?
KEINE AHNUNG, DIESES MÄDCHEN ...
EY!!
WAS STEHST DU SO LANGE HIER RUM?!
DU SOLLTEST DAS WEIB DOCH SOFORT SCHNAPPEN, WENN DU ES GEFUNDEN HAST!
WAS GLAUBST DU, WIE VIEL DER BOSS AUSGEGEBEN HAT, UM DICH DAFÜR ANZUHEUERN?!

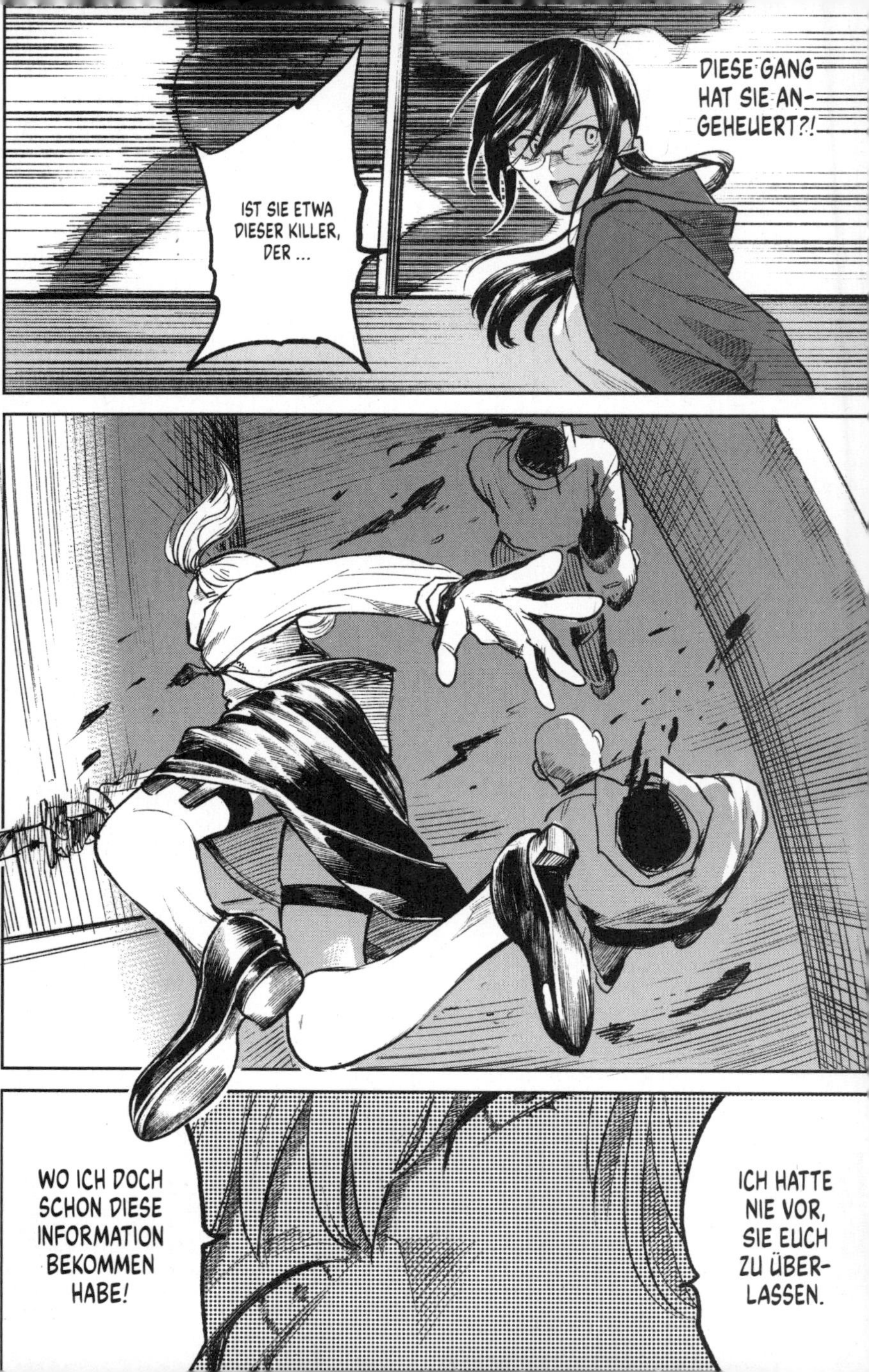

DIESE GANG HAT SIE ANGEHEUERT?!

IST SIE ETWA DIESER KILLER, DER …

ICH HATTE NIE VOR, SIE EUCH ZU ÜBERLASSEN.

WO ICH DOCH SCHON DIESE INFORMATION BEKOMMEN HABE!

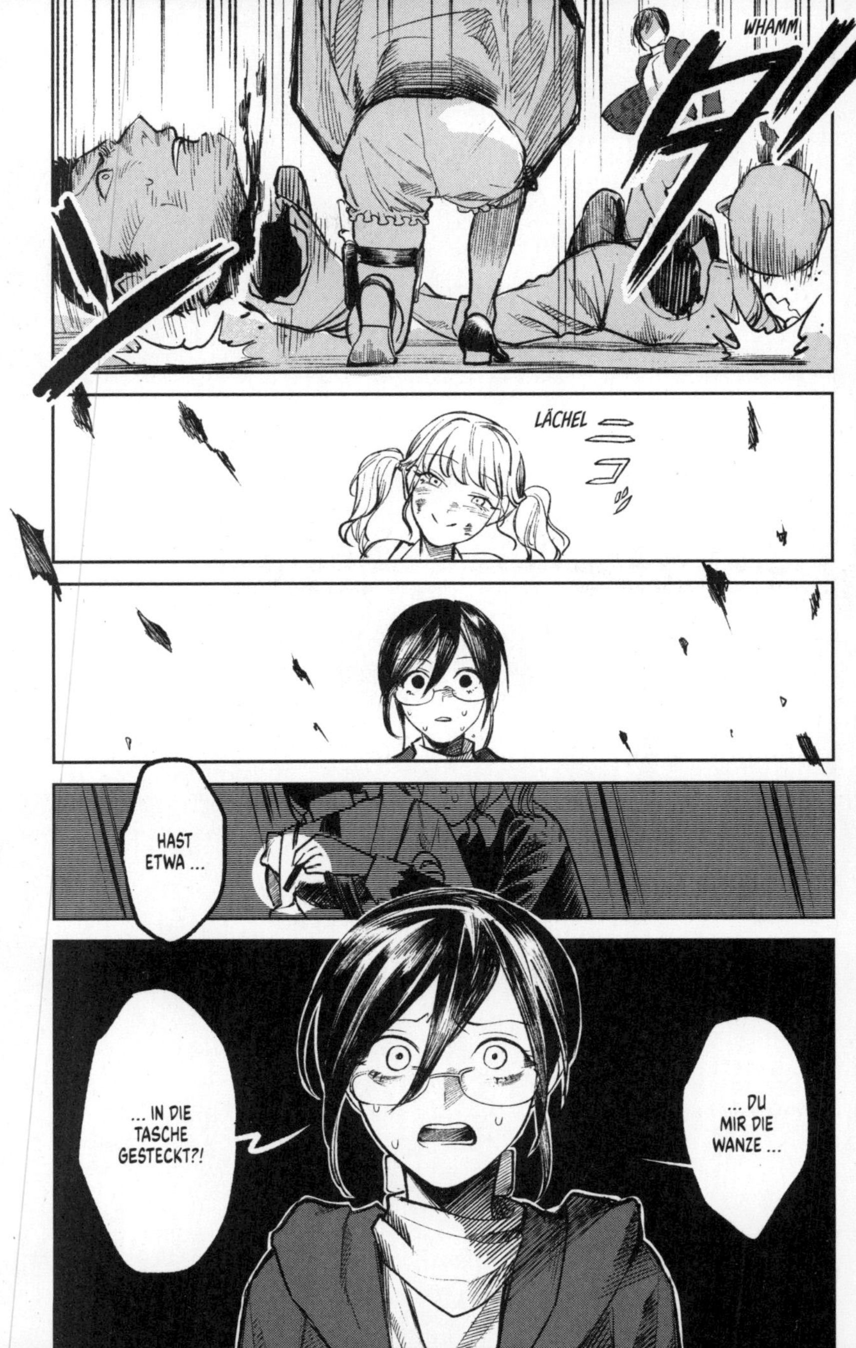
WHAMM
LÄCHEL
HAST ETWA ...
... DU MIR DIE WANZE ...
... IN DIE TASCHE GESTECKT?!

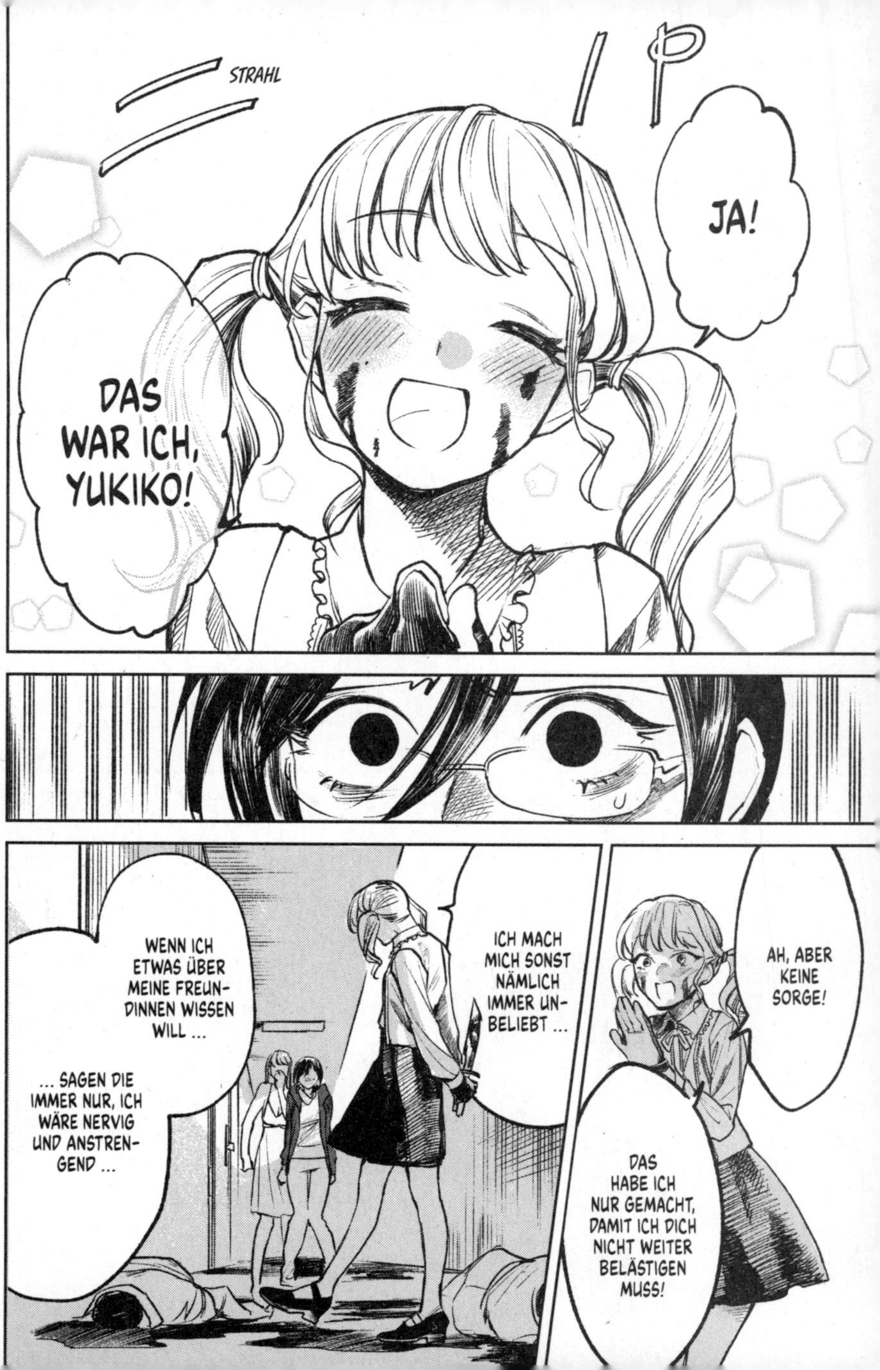

STRAHL

JA!

DAS WAR ICH, YUKIKO!

AH, ABER KEINE SORGE!

DAS HABE ICH NUR GEMACHT, DAMIT ICH DICH NICHT WEITER BELÄSTIGEN MUSS!

ICH MACH MICH SONST NÄMLICH IMMER UNBELIEBT ...

WENN ICH ETWAS ÜBER MEINE FREUNDINNEN WISSEN WILL ...

... SAGEN DIE IMMER NUR, ICH WÄRE NERVIG UND ANSTRENGEND ...

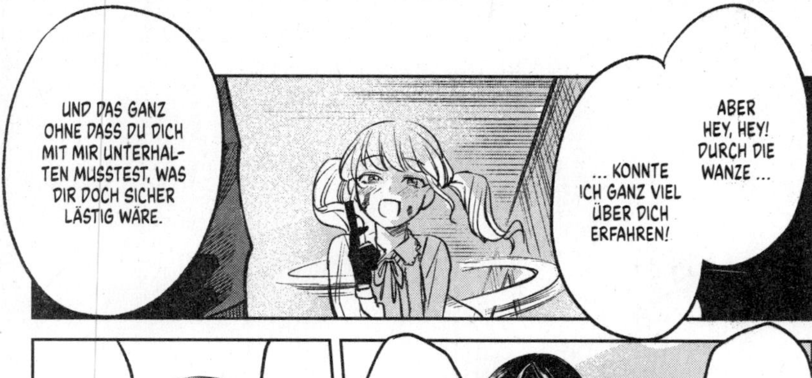
ABER HEY, HEY! DURCH DIE WANZE …
… KONNTE ICH GANZ VIEL ÜBER DICH ERFAHREN!
UND DAS GANZ OHNE DASS DU DICH MIT MIR UNTERHALTEN MUSSTEST, WAS DIR DOCH SICHER LÄSTIG WÄRE.

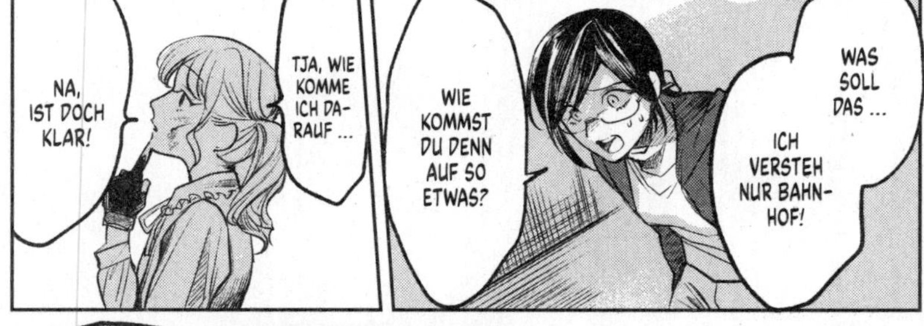
WAS SOLL DAS …
ICH VERSTEH NUR BAHNHOF!
WIE KOMMST DU DENN AUF SO ETWAS?
TJA, WIE KOMME ICH DARAUF …
NA, IST DOCH KLAR!

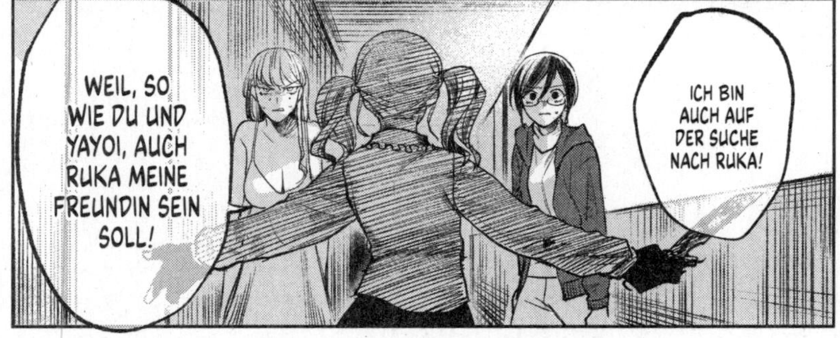
ICH BIN AUCH AUF DER SUCHE NACH RUKA!
WEIL, SO WIE DU UND YAYOI, AUCH RUKA MEINE FREUNDIN SEIN SOLL!

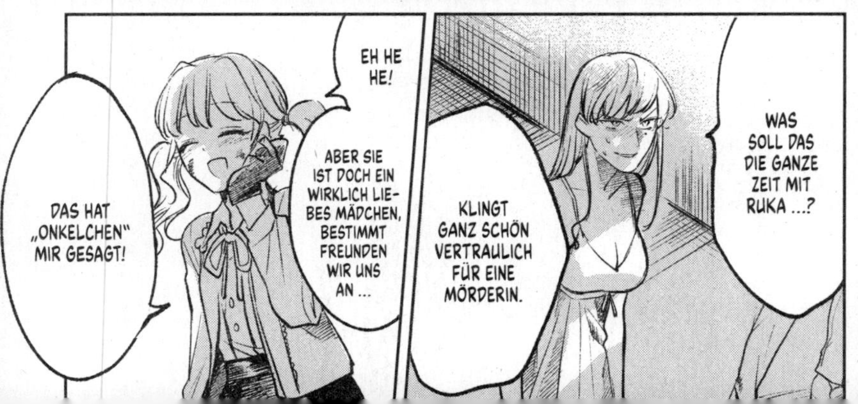
WAS SOLL DAS DIE GANZE ZEIT MIT RUKA …?
KLINGT GANZ SCHÖN VERTRAULICH FÜR EINE MÖRDERIN.
EH HE HE!
ABER SIE IST DOCH EIN WIRKLICH LIEBES MÄDCHEN, BESTIMMT FREUNDEN WIR UNS AN …
DAS HAT „ONKELCHEN“ MIR GESAGT!

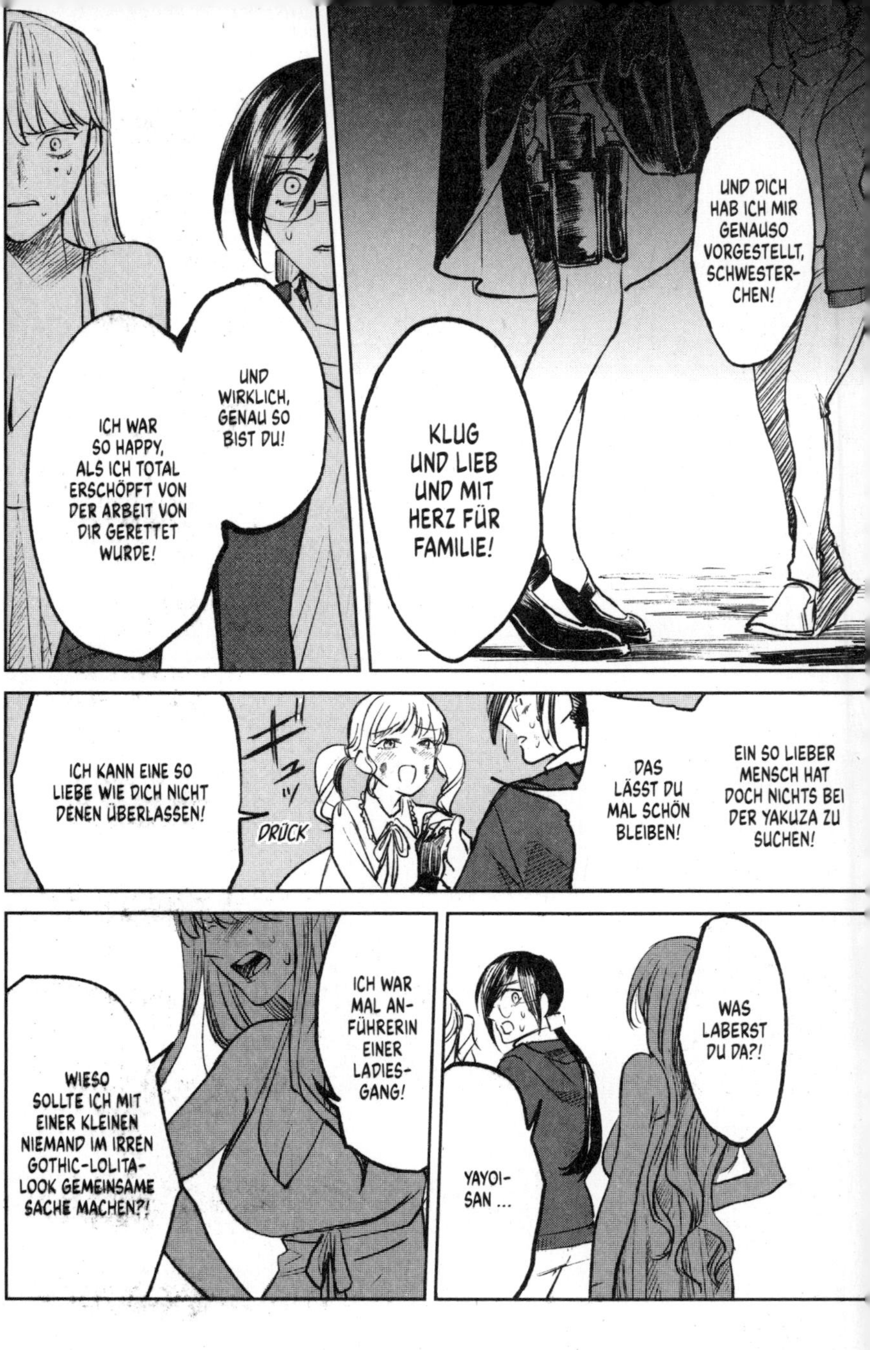

UND DICH HAB ICH MIR GENAUSO VORGESTELLT, SCHWESTERCHEN!
KLUG UND LIEB UND MIT HERZ FÜR FAMILIE!
UND WIRKLICH, GENAU SO BIST DU!
ICH WAR SO HAPPY, ALS ICH TOTAL ERSCHÖPFT VON DER ARBEIT VON DIR GERETTET WURDE!

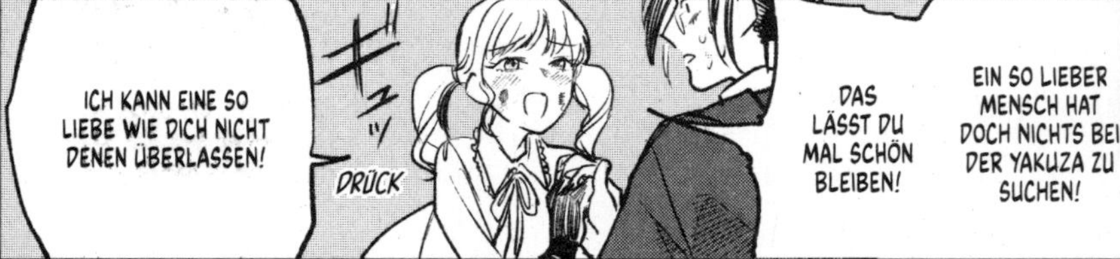

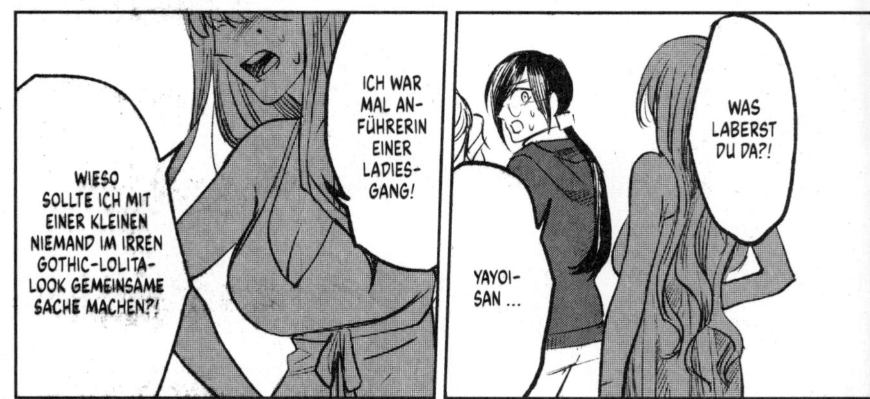

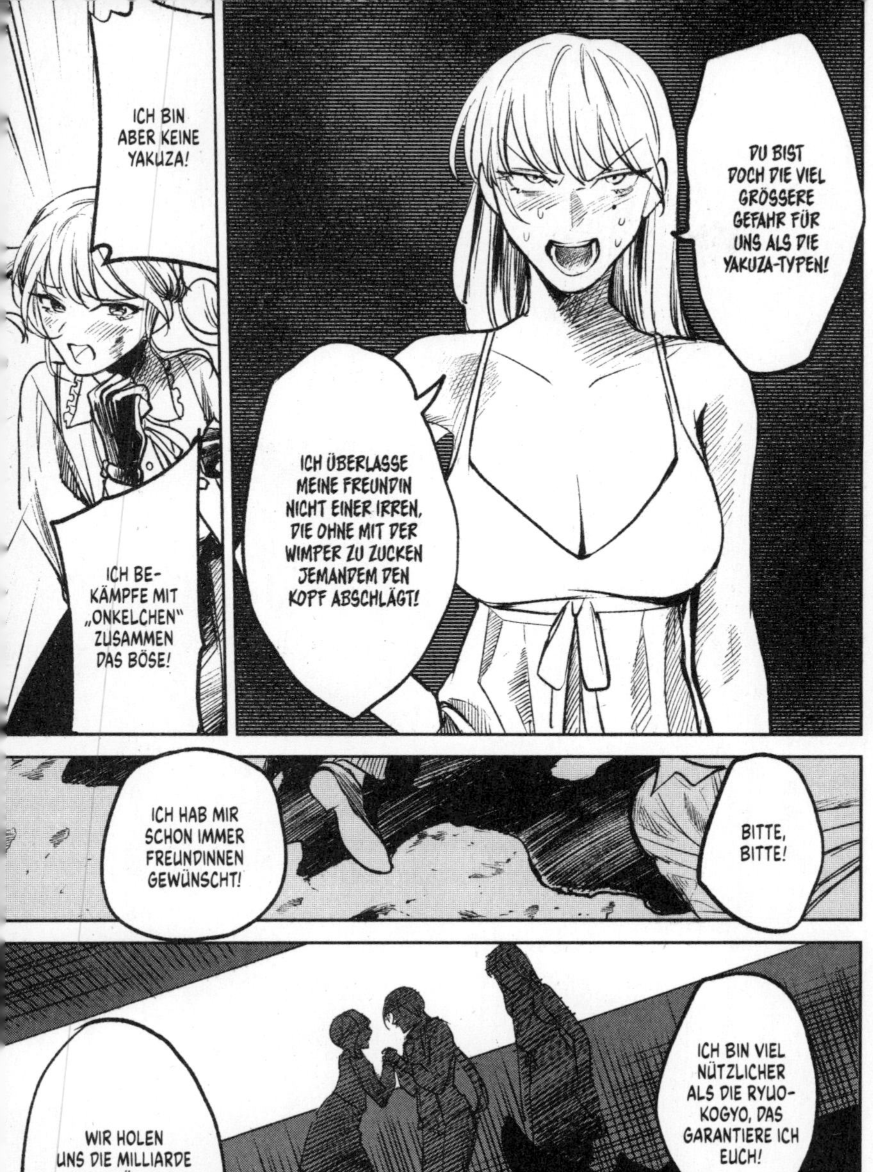
DU BIST DOCH DIE VIEL GRÖSSERE GEFAHR FÜR UNS ALS DIE YAKUZA-TYPEN!
ICH ÜBERLASSE MEINE FREUNDIN NICHT EINER IRREN, DIE OHNE MIT DER WIMPER ZU ZUCKEN JEMANDEM DEN KOPF ABSCHLÄGT!
ICH BIN ABER KEINE YAKUZA!
ICH BE-KÄMPFE MIT „ONKELCHEN“ ZUSAMMEN DAS BÖSE!
BITTE, BITTE!
ICH HAB MIR SCHON IMMER FREUNDINNEN GEWÜNSCHT!
ICH BIN VIEL NÜTZLICHER ALS DIE RYUO-KOGYO, DAS GARANTIERE ICH EUCH!
WIR HOLEN UNS DIE MILLIARDE UND AMÜSIEREN UNS DAMIT ZU VIERT NACH HERZENSLUST!

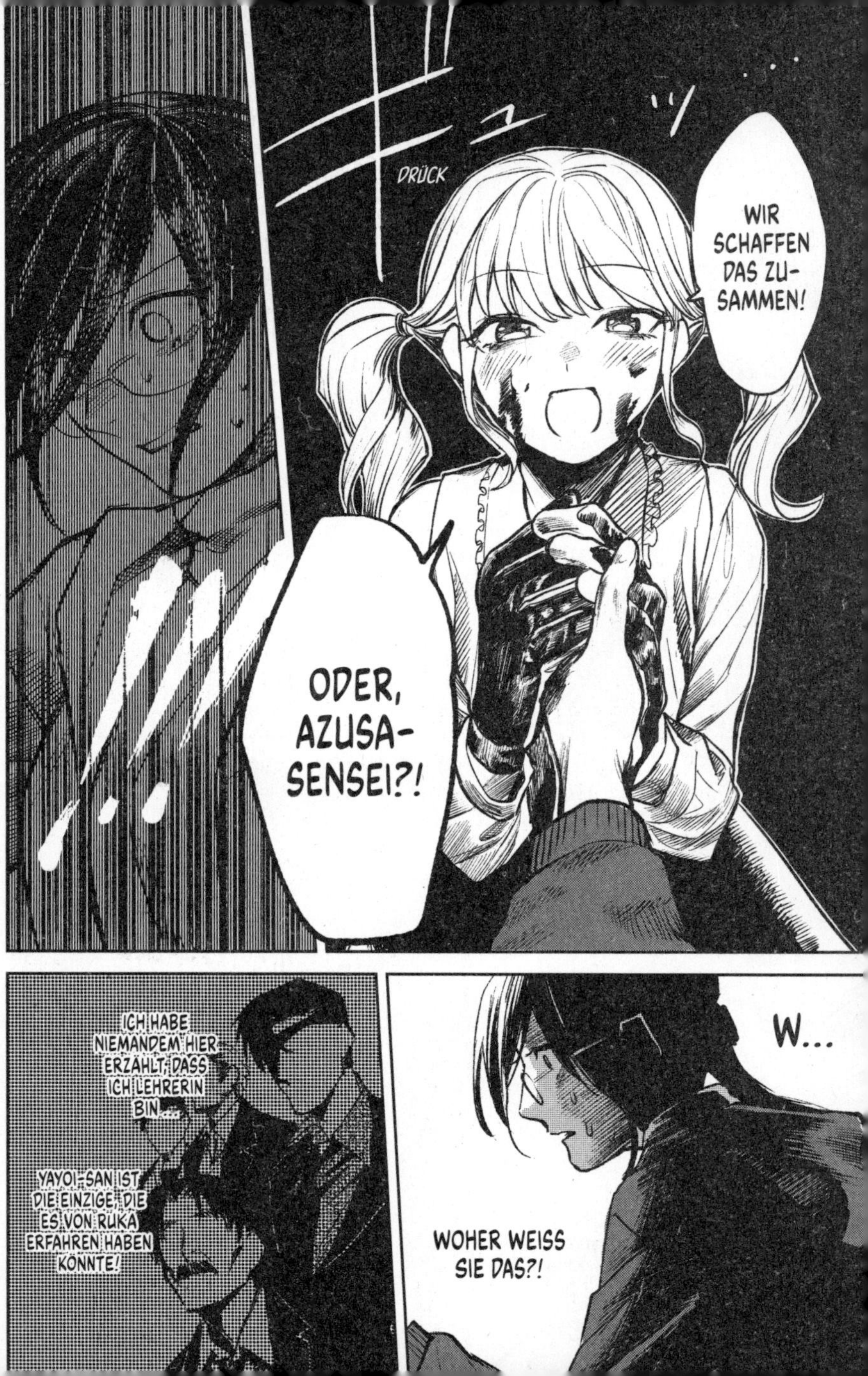

DRÜCK

WIR SCHAFFEN DAS ZU-SAMMEN!

ODER, AZUSA-SENSEI?!

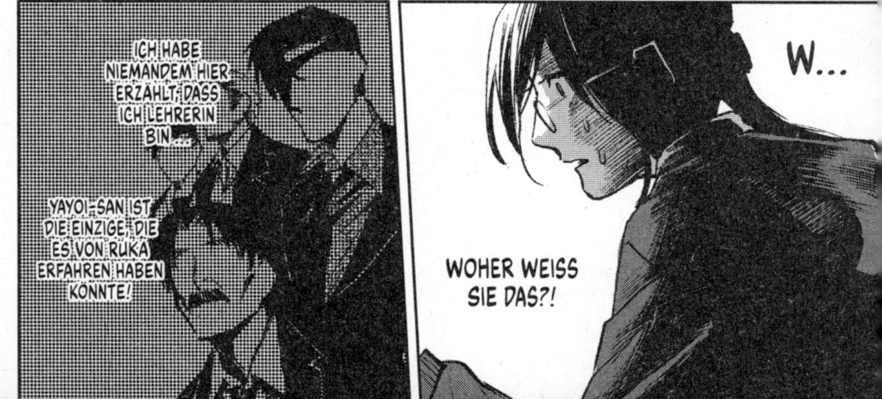

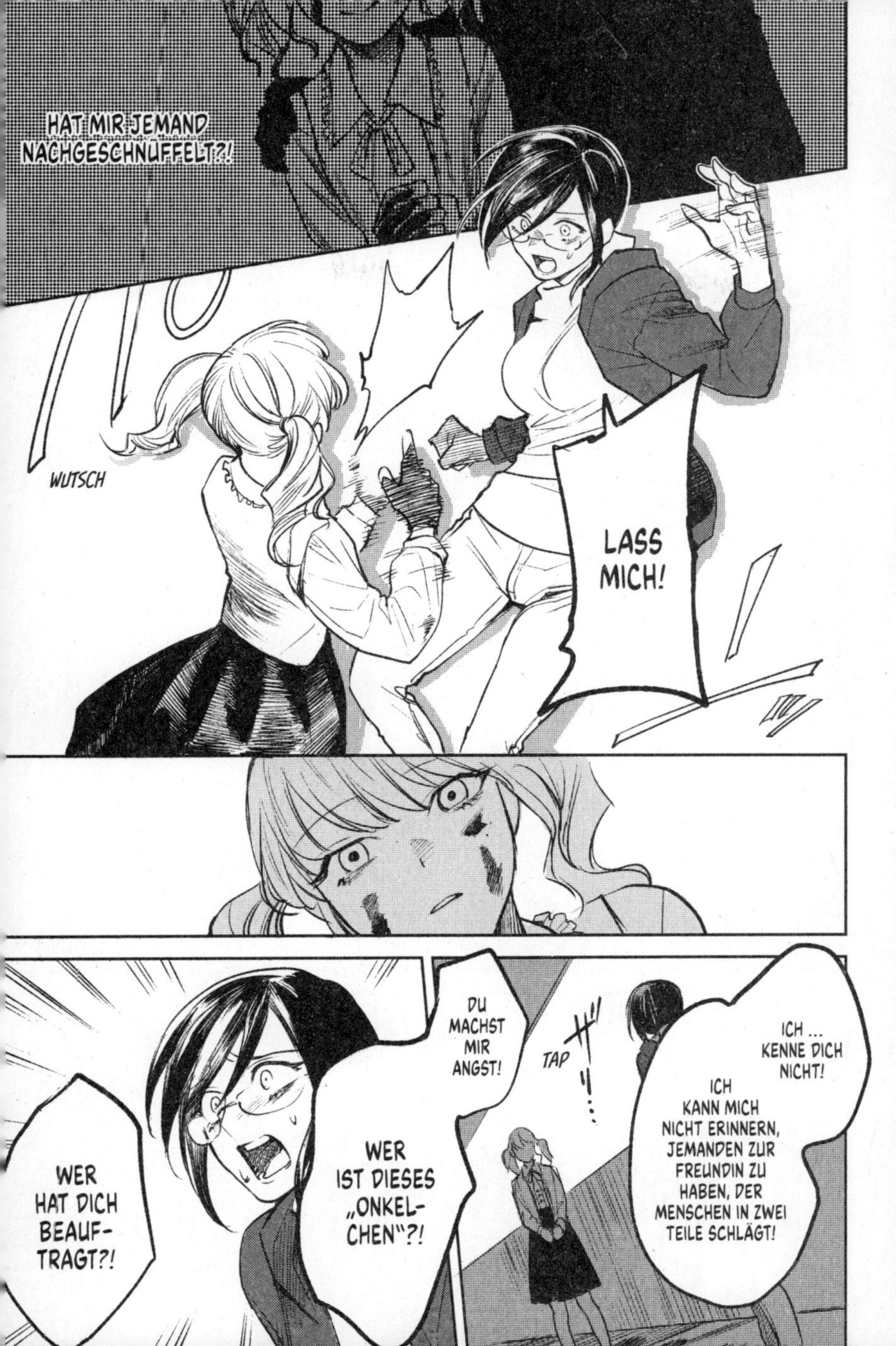
HAT MIR JEMAND NACHGESCHNÜFFELT?!
WUTSCH
LASS MICH!
ICH ... KENNE DICH NICHT!
ICH KANN MICH NICHT ERINNERN, JEMANDEN ZUR FREUNDIN ZU HABEN, DER MENSCHEN IN ZWEI TEILE SCHLÄGT!
TAP
DU MACHST MIR ANGST!
WER IST DIESES „ONKEL-CHEN"?!
WER HAT DICH BEAUF-TRAGT?!

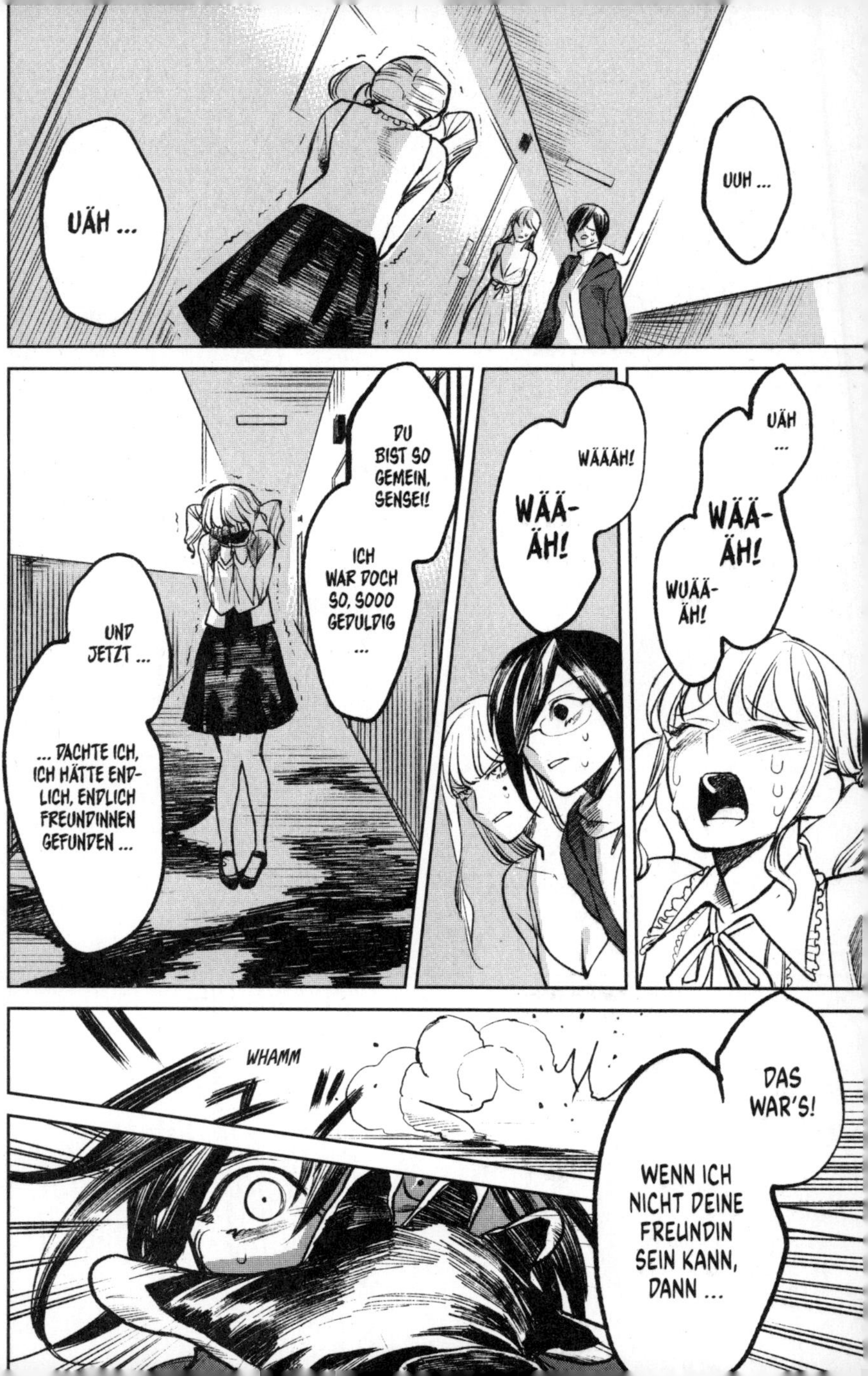

UUH ...

UÄH ...

UÄH ...

WÄÄ-ÄH!

WUÄÄ-ÄH!

WÄÄÄH!

WÄÄ-ÄH!

DU BIST SO GEMEIN, SENSEI!

ICH WAR DOCH SO, SOOO GEDULDIG ...

UND JETZT ...

... DACHTE ICH, ICH HÄTTE END-LICH, ENDLICH FREUNDINNEN GEFUNDEN ...

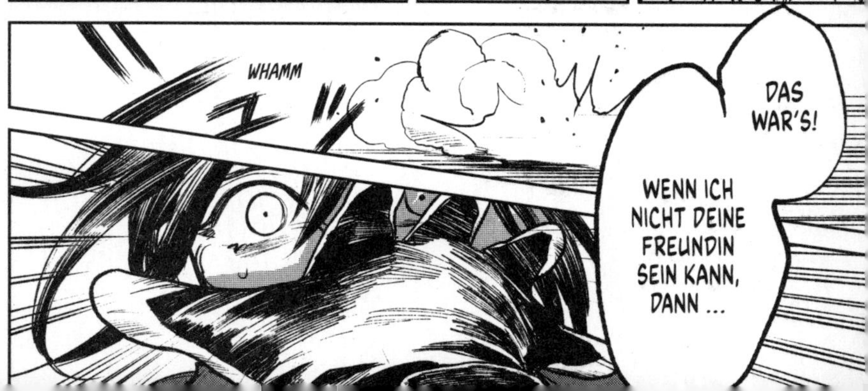

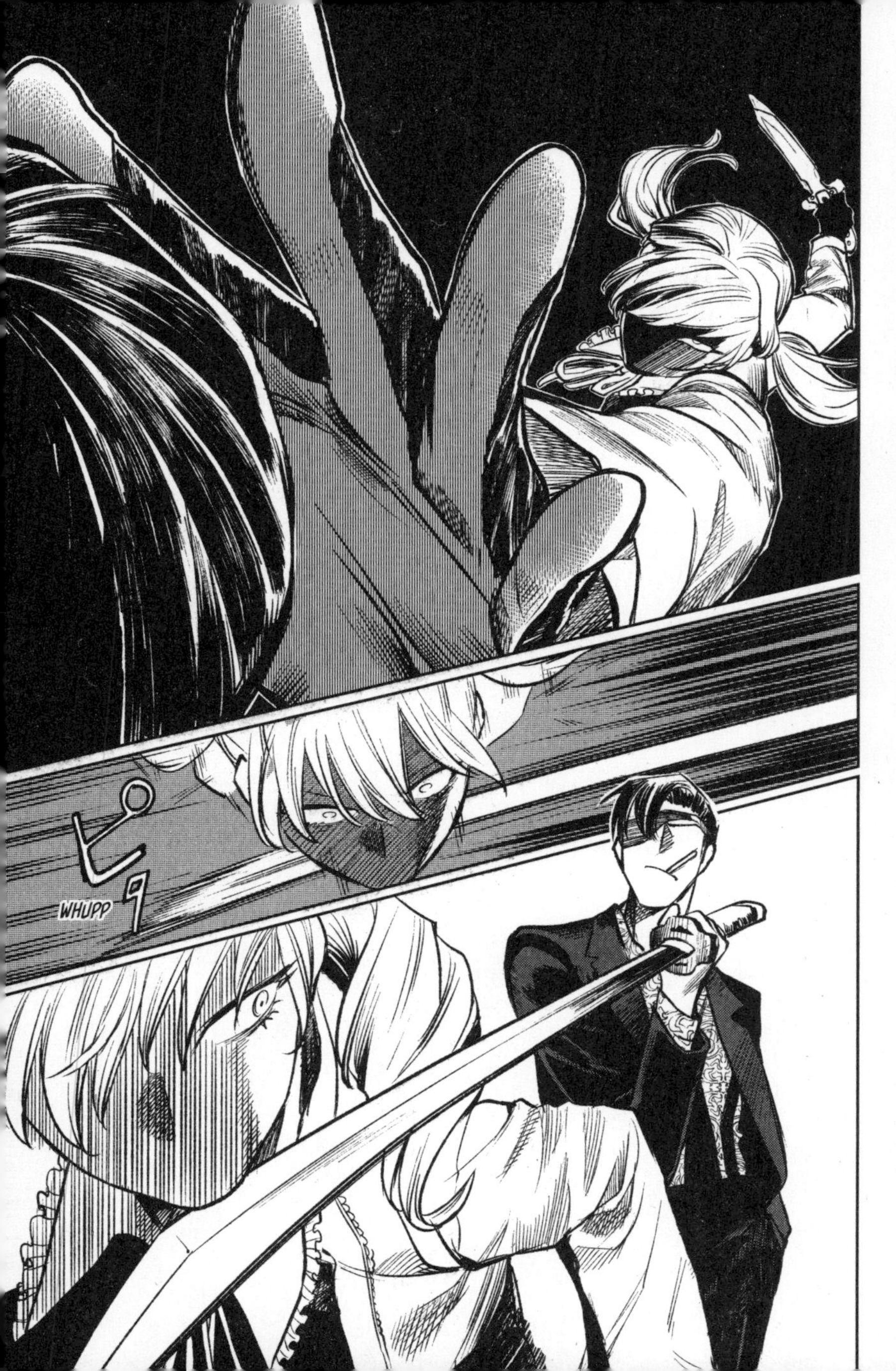
ピタ
WHUPP

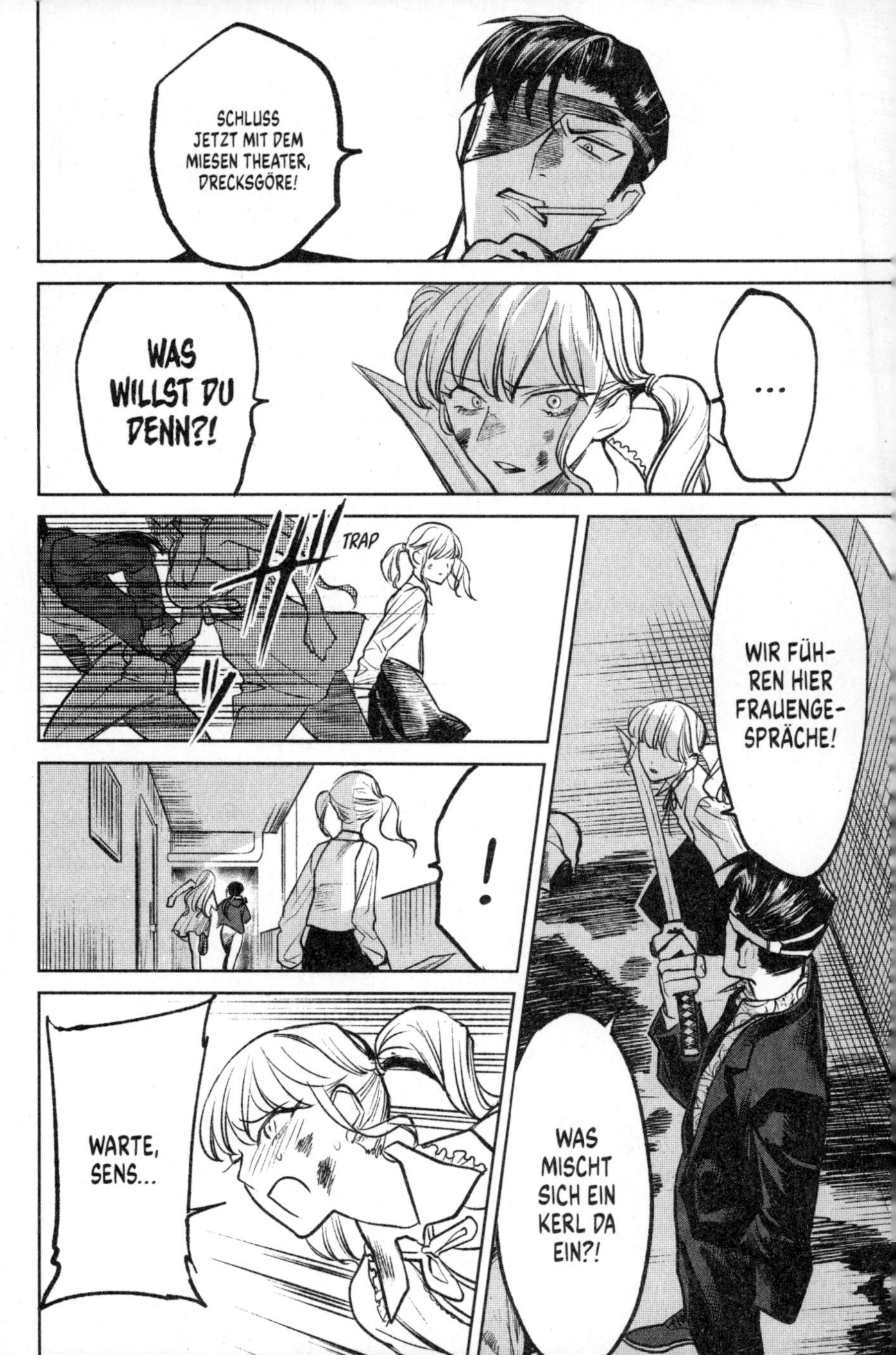
SCHLUSS JETZT MIT DEM MIESEN THEATER, DRECKSGÖRE!
...
WAS WILLST DU DENN?!
TRAP
WIR FÜHREN HIER FRAUENGESPRÄCHE!
!
WAS MISCHT SICH EIN KERL DA EIN?!
WARTE, SENS...

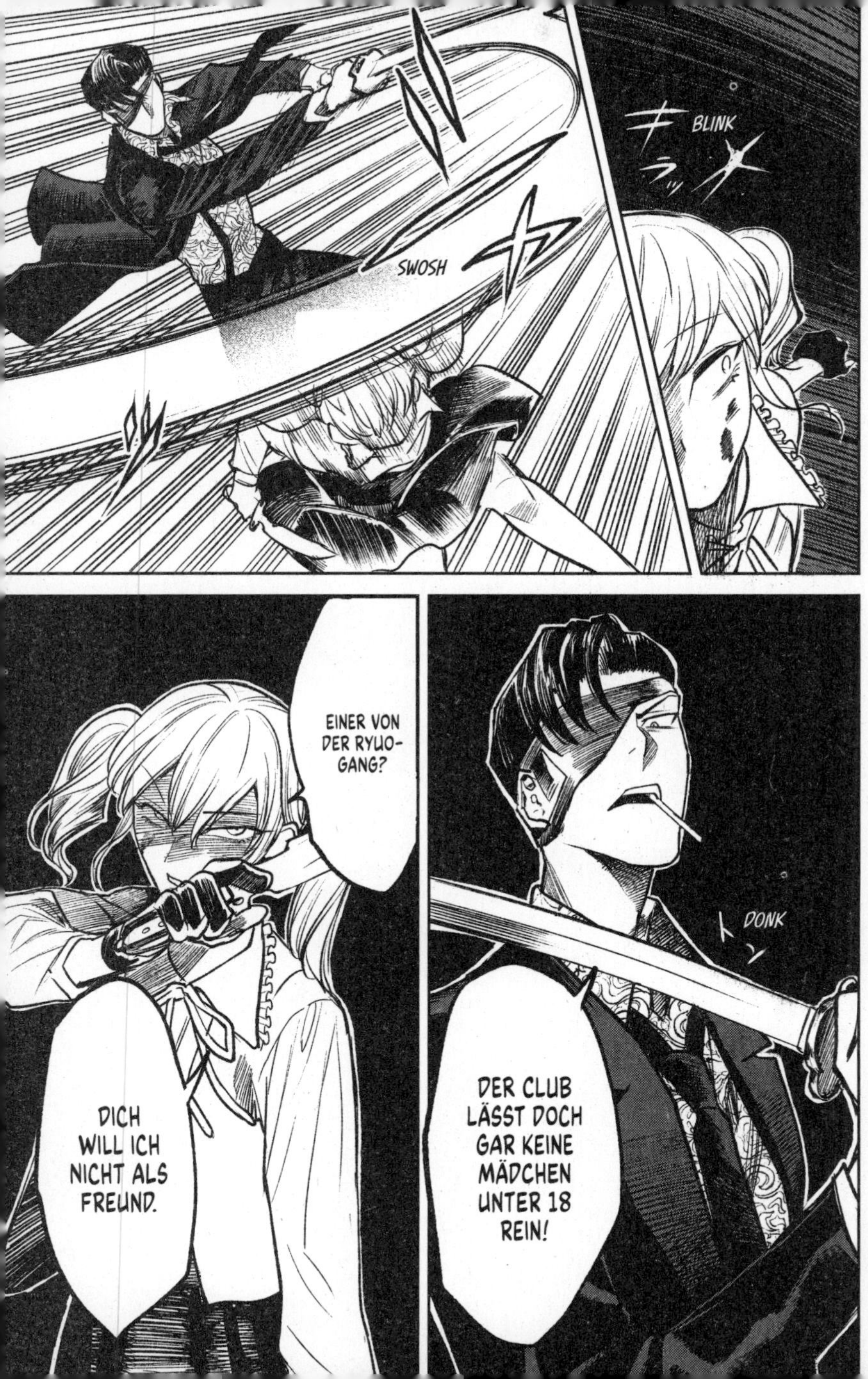

キラッ
BLINK
SWOSH

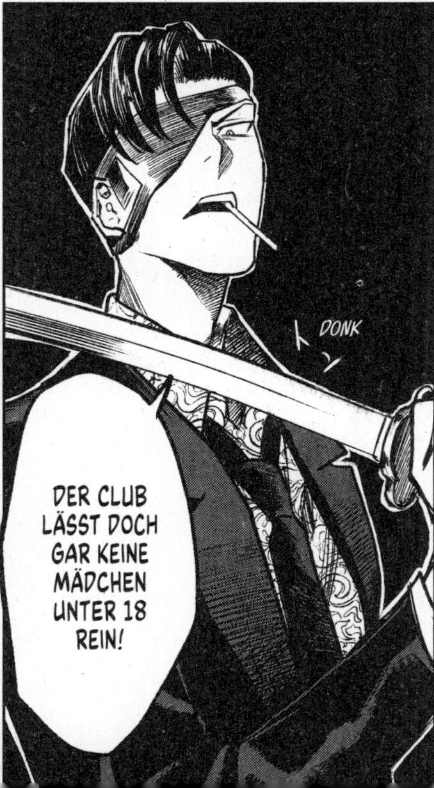

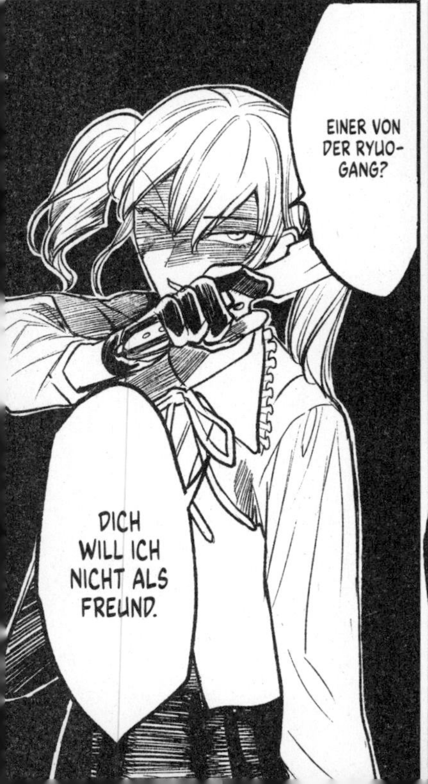

YUKIKO

- MÄDCHEN IM ALTER VON 12-13 JAHREN
- DIE MARKE PINK HOUSE IST IHR LEBENSINHALT.

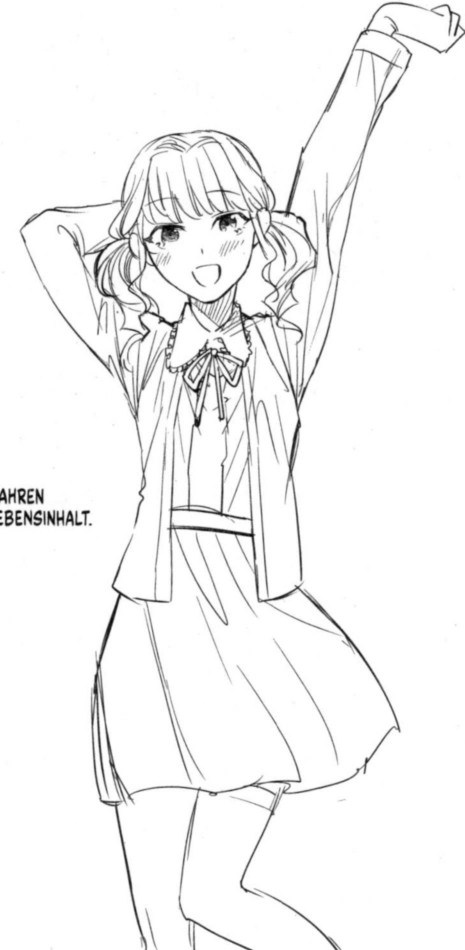

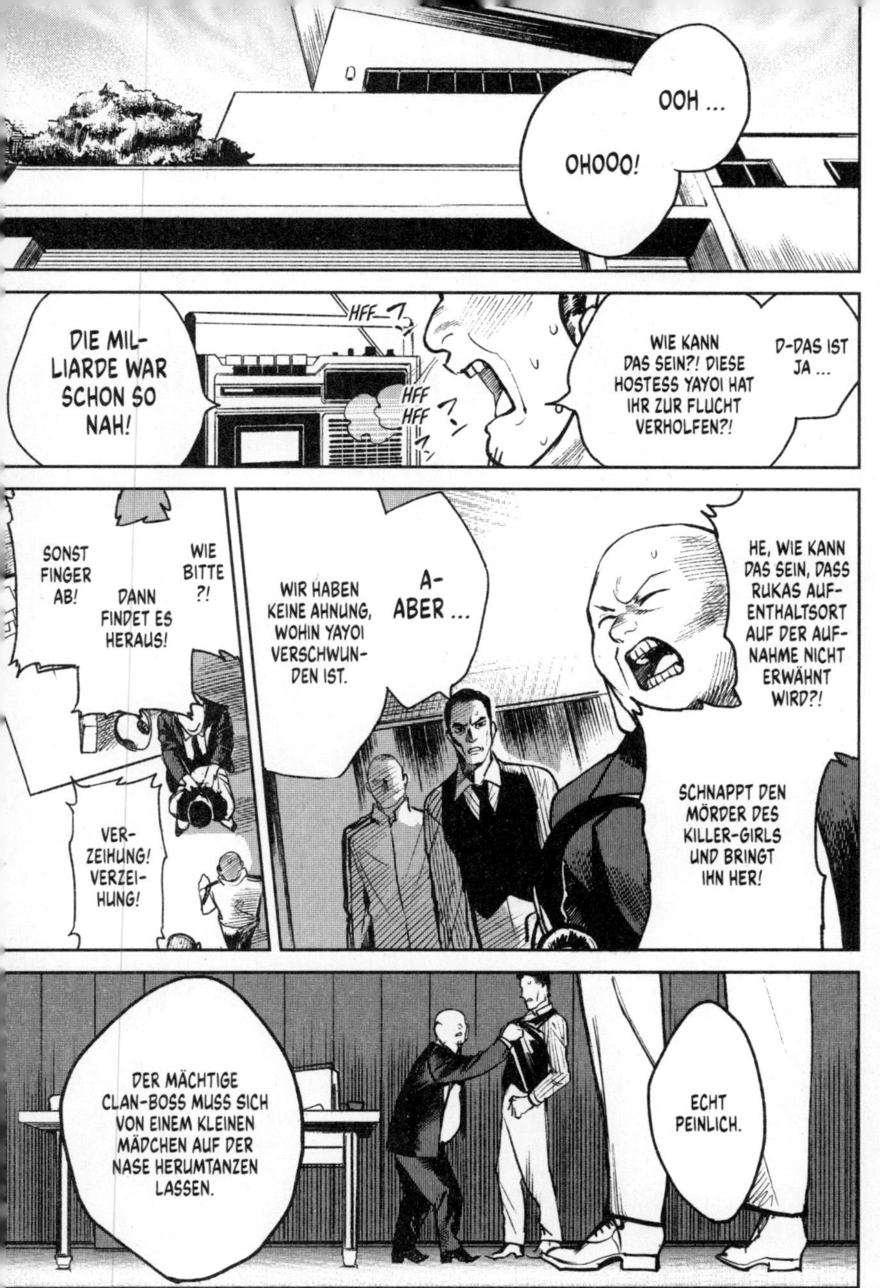
OOH ...
OHOOO!
D-DAS IST JA ...
WIE KANN DAS SEIN?! DIESE HOSTESS YAYOI HAT IHR ZUR FLUCHT VERHOLFEN?!
HFF
HFF HFF
DIE MILLIARDE WAR SCHON SO NAH!
HE, WIE KANN DAS SEIN, DASS RUKAS AUFENTHALTSORT AUF DER AUFNAHME NICHT ERWÄHNT WIRD?!
SCHNAPPT DEN MÖRDER DES KILLER-GIRLS UND BRINGT IHN HER!
A-ABER ...
WIR HABEN KEINE AHNUNG, WOHIN YAYOI VERSCHWUNDEN IST.
WIE BITTE?!
SONST FINGER AB!
DANN FINDET ES HERAUS!
VERZEIHUNG! VERZEIHUNG!
ECHT PEINLICH.
DER MÄCHTIGE CLAN-BOSS MUSS SICH VON EINEM KLEINEN MÄDCHEN AUF DER NASE HERUMTANZEN LASSEN.

KAPITEL 11

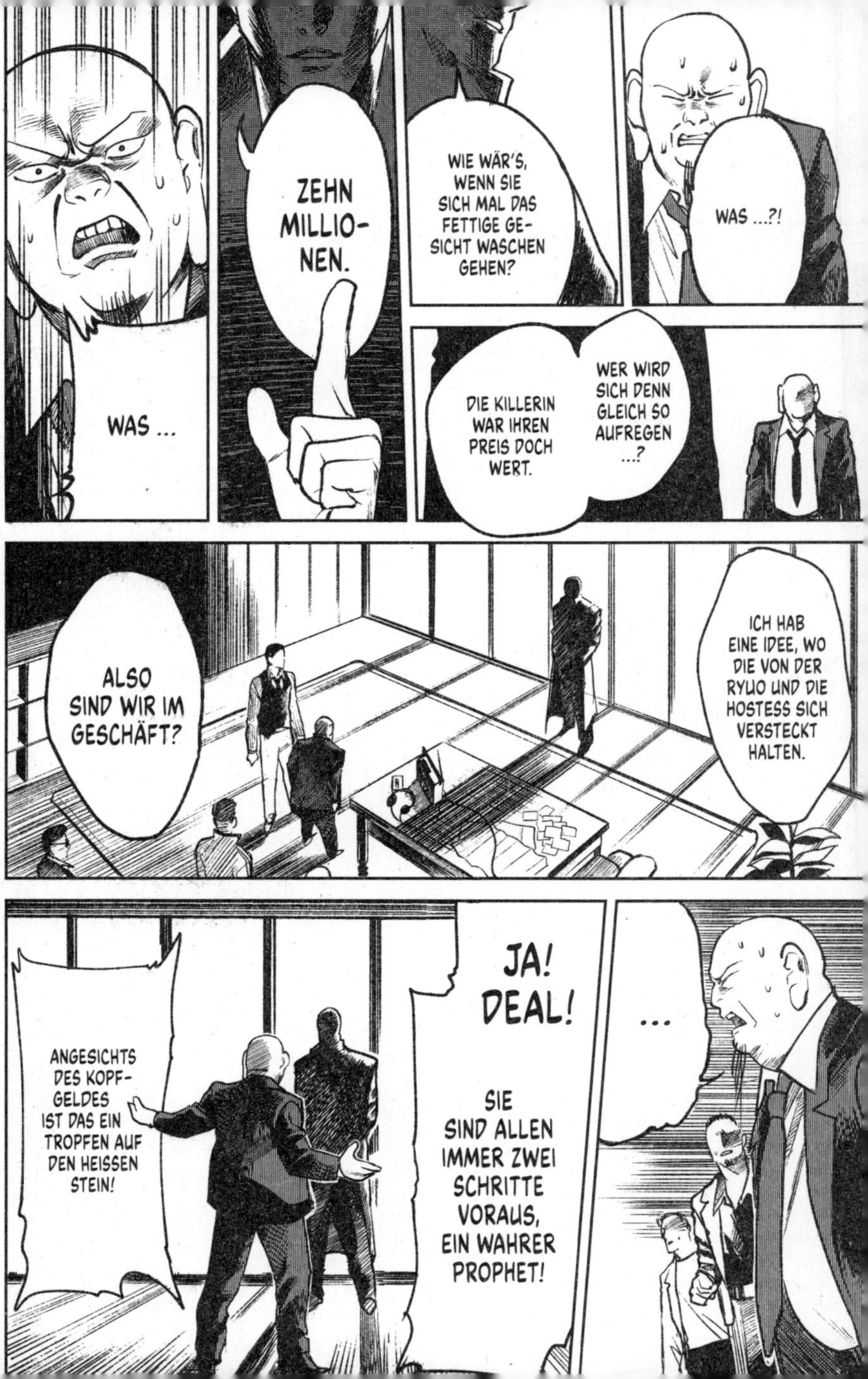

WAS ...?!
WIE WÄR'S, WENN SIE SICH MAL DAS FETTIGE GESICHT WASCHEN GEHEN?
WER WIRD SICH DENN GLEICH SO AUFREGEN ...?
DIE KILLERIN WAR IHREN PREIS DOCH WERT.
ZEHN MILLIONEN.
WAS ...
ICH HAB EINE IDEE, WO DIE VON DER RYUO UND DIE HOSTESS SICH VERSTECKT HALTEN.
ALSO SIND WIR IM GESCHÄFT?

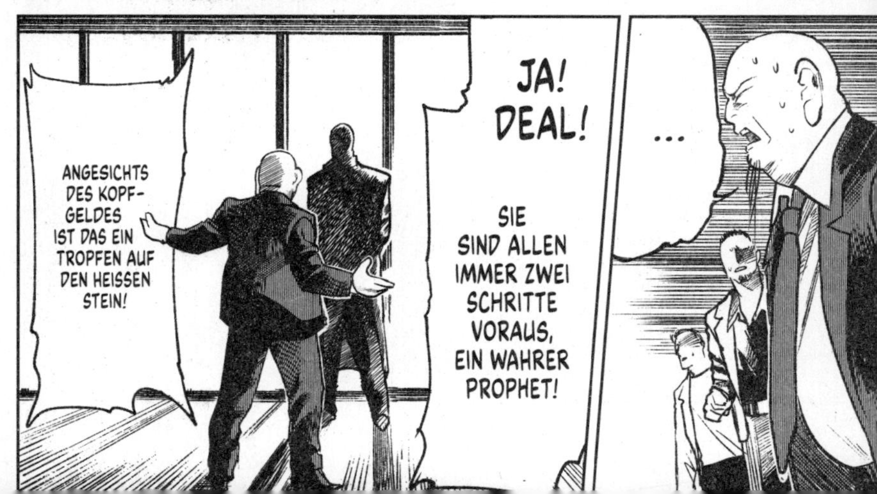

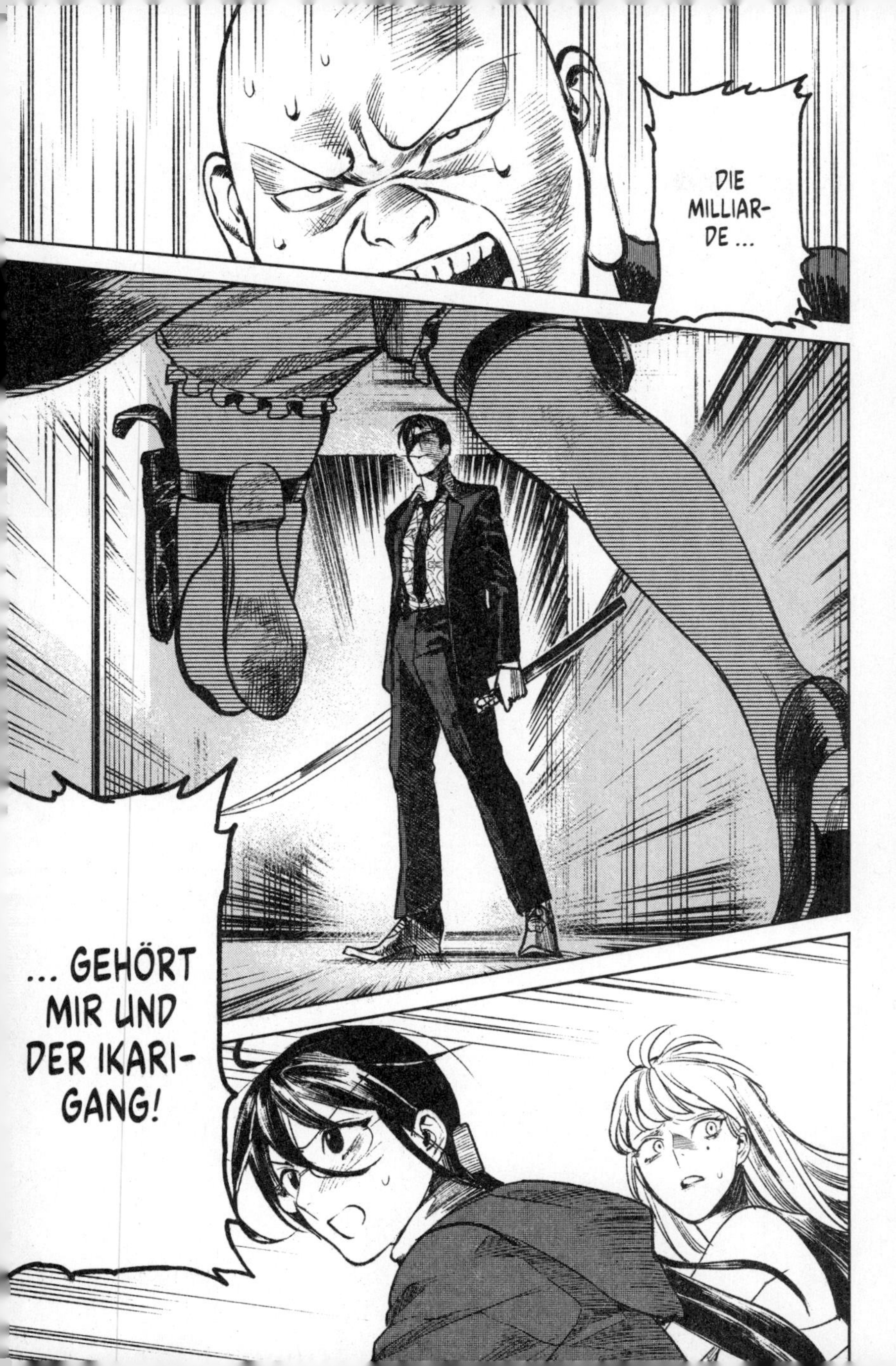
DIE MILLIAR-DE ...
... GEHÖRT MIR UND DER IKARI-GANG!

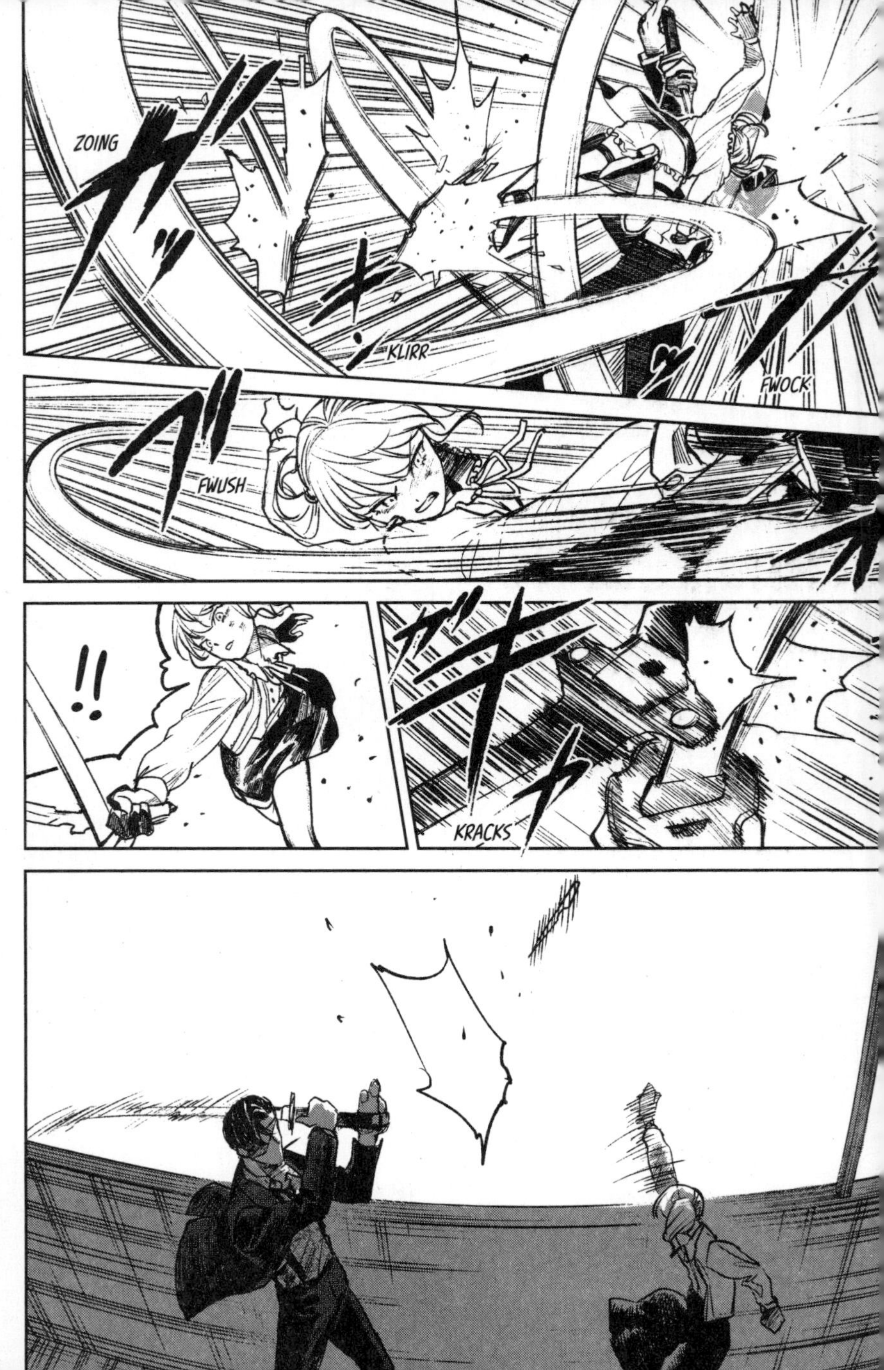
ZOING
KLIRR
FWOCK
FWUSH
KRACKS
!!

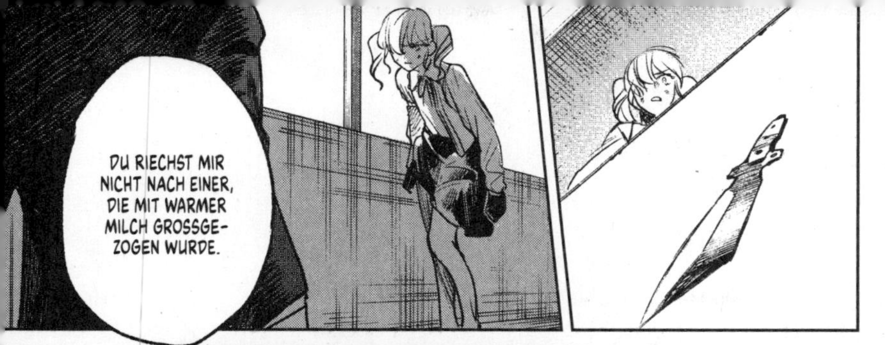

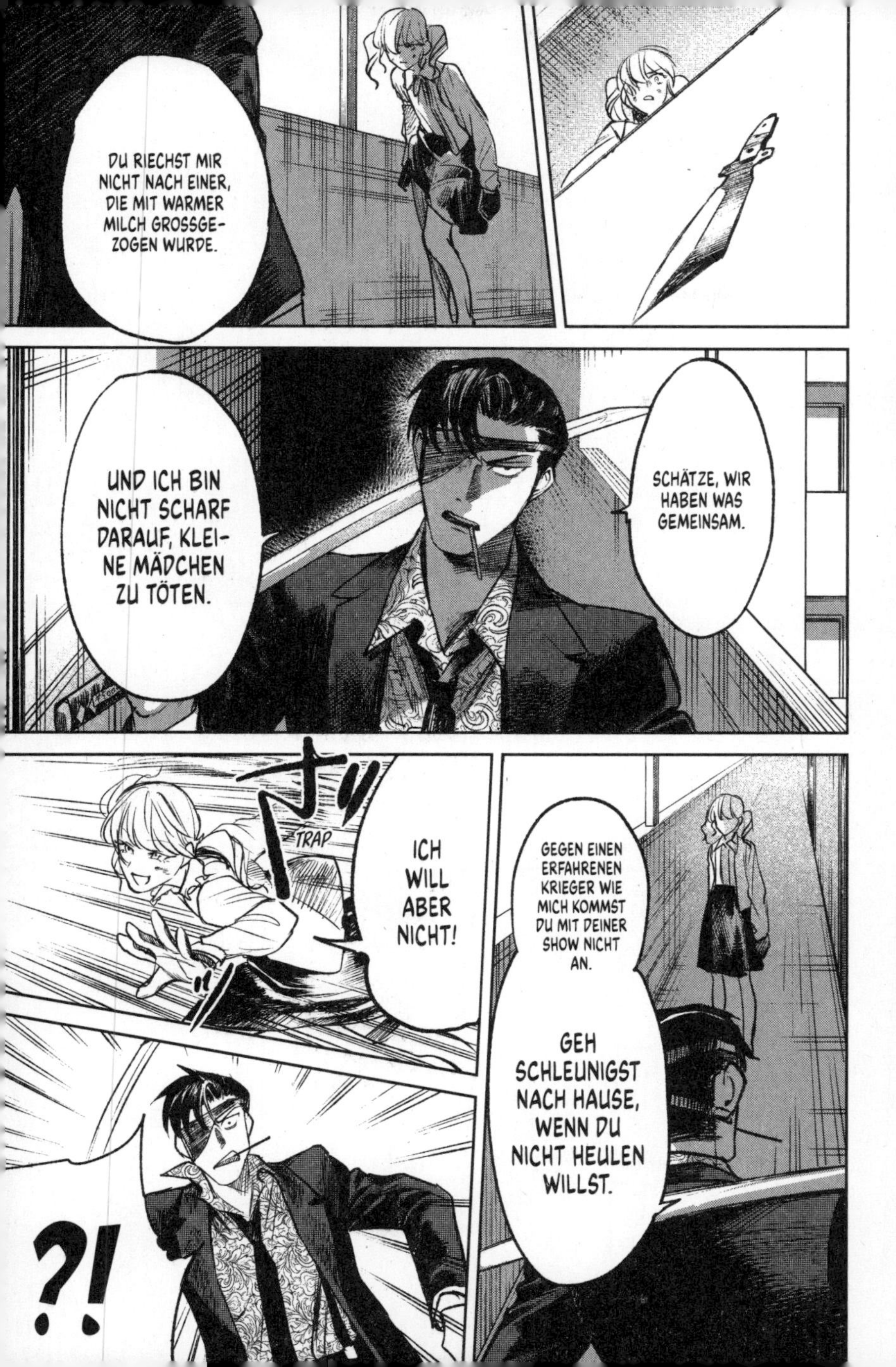

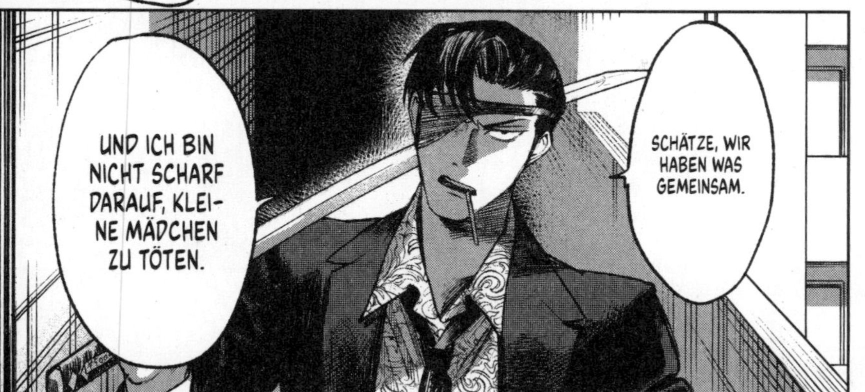

GEGEN EINEN ERFAHRENEN KRIEGER WIE MICH KOMMST DU MIT DEINER SHOW NICHT AN.

GEH SCHLEUNIGST NACH HAUSE, WENN DU NICHT HEULEN WILLST.

TRAP

ICH WILL ABER NICHT!

?!

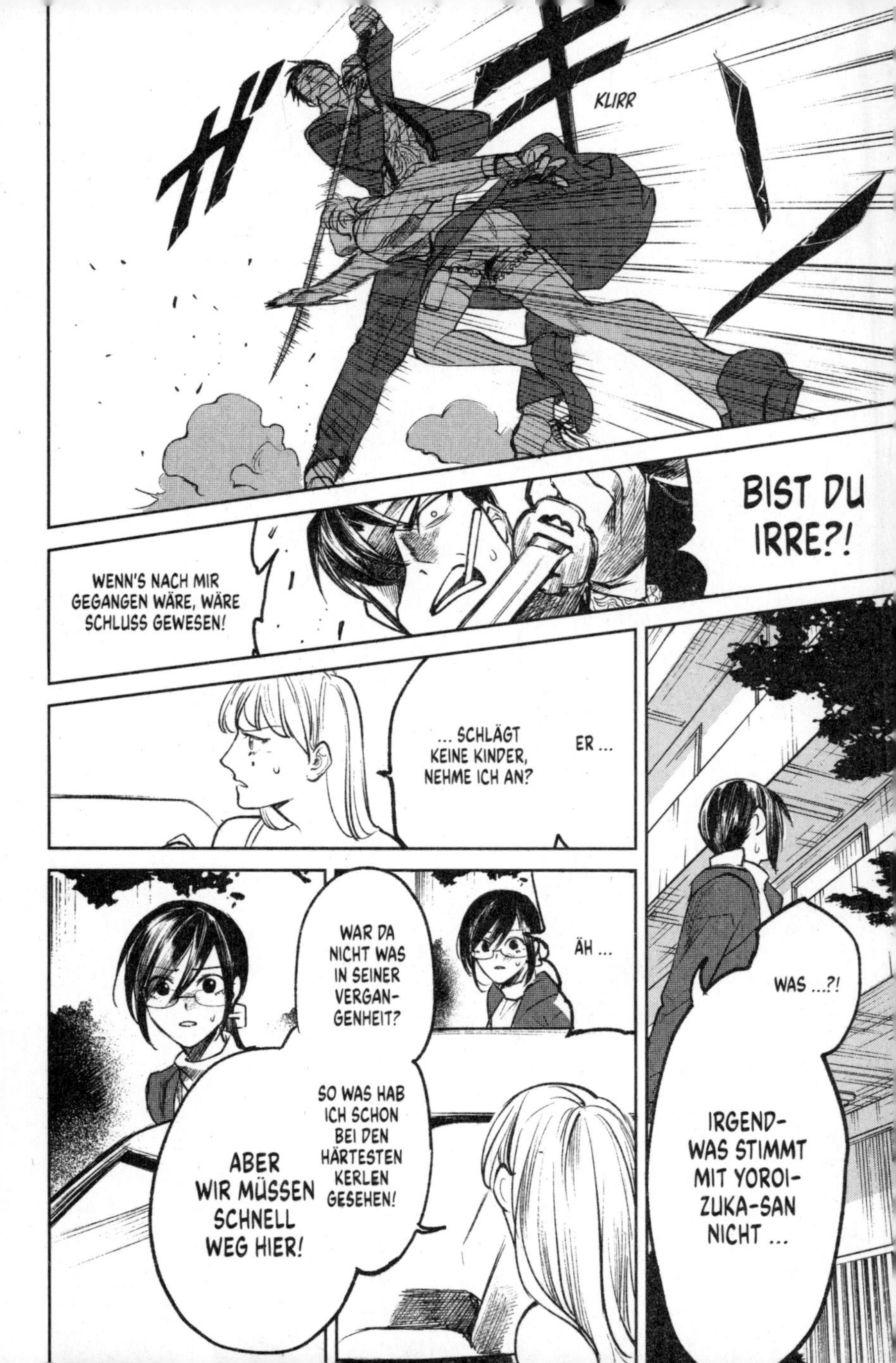
KLIRR
BIST DU IRRE?!
WENN'S NACH MIR GEGANGEN WÄRE, WÄRE SCHLUSS GEWESEN!
ER …
… SCHLÄGT KEINE KINDER, NEHME ICH AN?
WAS …?!
IRGEND-WAS STIMMT MIT YOROI-ZUKA-SAN NICHT …
ÄH …
WAR DA NICHT WAS IN SEINER VERGAN-GENHEIT?
SO WAS HAB ICH SCHON BEI DEN HÄRTESTEN KERLEN GESEHEN!
ABER WIR MÜSSEN SCHNELL WEG HIER!

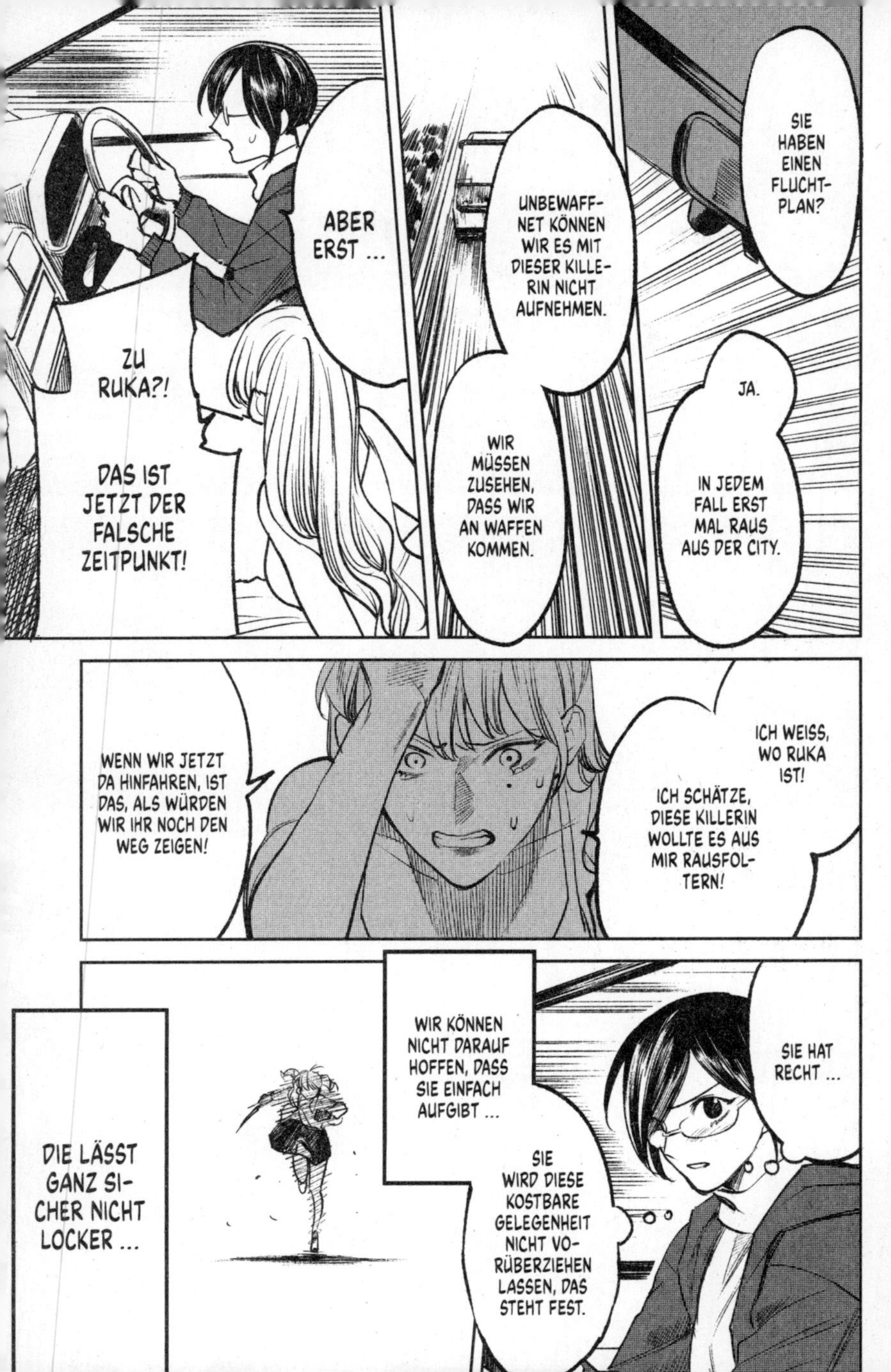
SIE HABEN EINEN FLUCHT-PLAN?
JA.
IN JEDEM FALL ERST MAL RAUS AUS DER CITY.
UNBEWAFF-NET KÖNNEN WIR ES MIT DIESER KILLE-RIN NICHT AUFNEHMEN.
WIR MÜSSEN ZUSEHEN, DASS WIR AN WAFFEN KOMMEN.
ABER ERST ...
ZU RUKA?!
DAS IST JETZT DER FALSCHE ZEITPUNKT!
ICH WEISS, WO RUKA IST!
ICH SCHÄTZE, DIESE KILLERIN WOLLTE ES AUS MIR RAUSFOL-TERN!
WENN WIR JETZT DA HINFAHREN, IST DAS, ALS WÜRDEN WIR IHR NOCH DEN WEG ZEIGEN!
SIE HAT RECHT ...
WIR KÖNNEN NICHT DARAUF HOFFEN, DASS SIE EINFACH AUFGIBT ...
SIE WIRD DIESE KOSTBARE GELEGENHEIT NICHT VO-RÜBERZIEHEN LASSEN, DAS STEHT FEST.
DIE LÄSST GANZ SI-CHER NICHT LOCKER ...

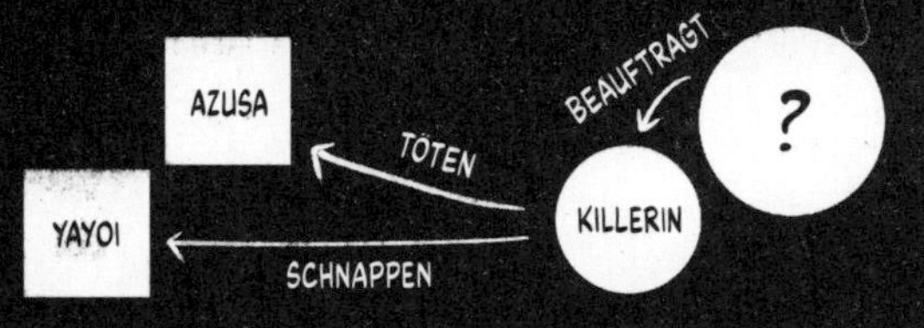
WEDER MIT IHRER STÄRKE NOCH MIT IHRER SCHNELLIGKEIT UND IHRER COURAGE KÖNNEN WIR ES AUFNEHMEN.
?
BEAUFTRAGT
KILLERIN
TÖTEN
AZUSA
SCHNAPPEN
YAYOI
ANGESICHTS DES RISIKOS IST DIE EINZIGE MÖGLICHKEIT, YAYOI-SAN ZU SCHÜTZEN, DIE FLUCHT.

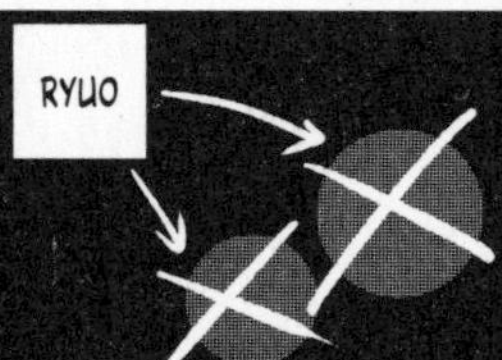
ABER SOLANGE DIE RYUO-KOGYO DIE GANG NICHT AUS DEM WEG RÄUMT, DIE DIE KILLERIN ANGEHEUERT HAT …
RYUO
AZUSA
YAYOI
… ZÖGERT DAS DIE SACHE NUR HINAUS …
WIE KÖNNTE DIE FLUCHT GELINGEN?
HAAAH!
ALLES ZWECKLOS, DIESE GANGSTER-KILLERIN WERDEN WIR NICHT LOS!

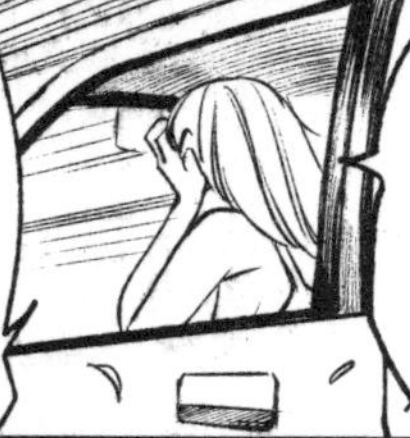
WENN DIE YAKUZA MICH KRIEGT, WERDEN SIE MICH FOLTERN …

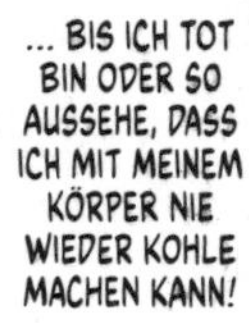
… BIS ICH TOT BIN ODER SO AUSSEHE, DASS ICH MIT MEINEM KÖRPER NIE WIEDER KOHLE MACHEN KANN!

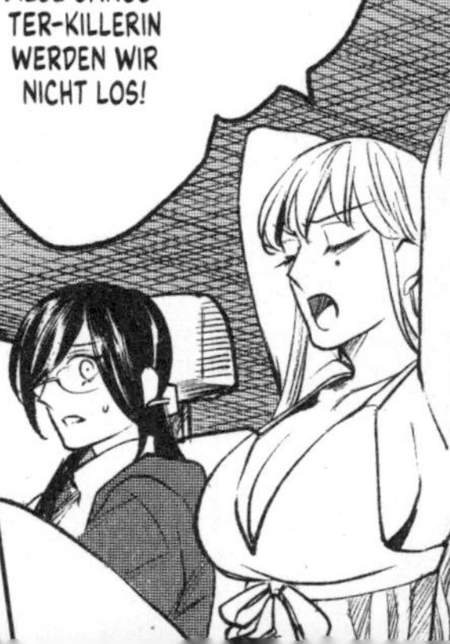
ABER …
… WIE HEISST ES SO SCHÖN: „DAS PARADIES FÜR MÄNNER IST DIE HÖLLE FÜR FRAUEN."
ES GIBT VIEL GRAUSAMERE ARTEN ZU STERBEN IN DER ROTLICHT-WELT!

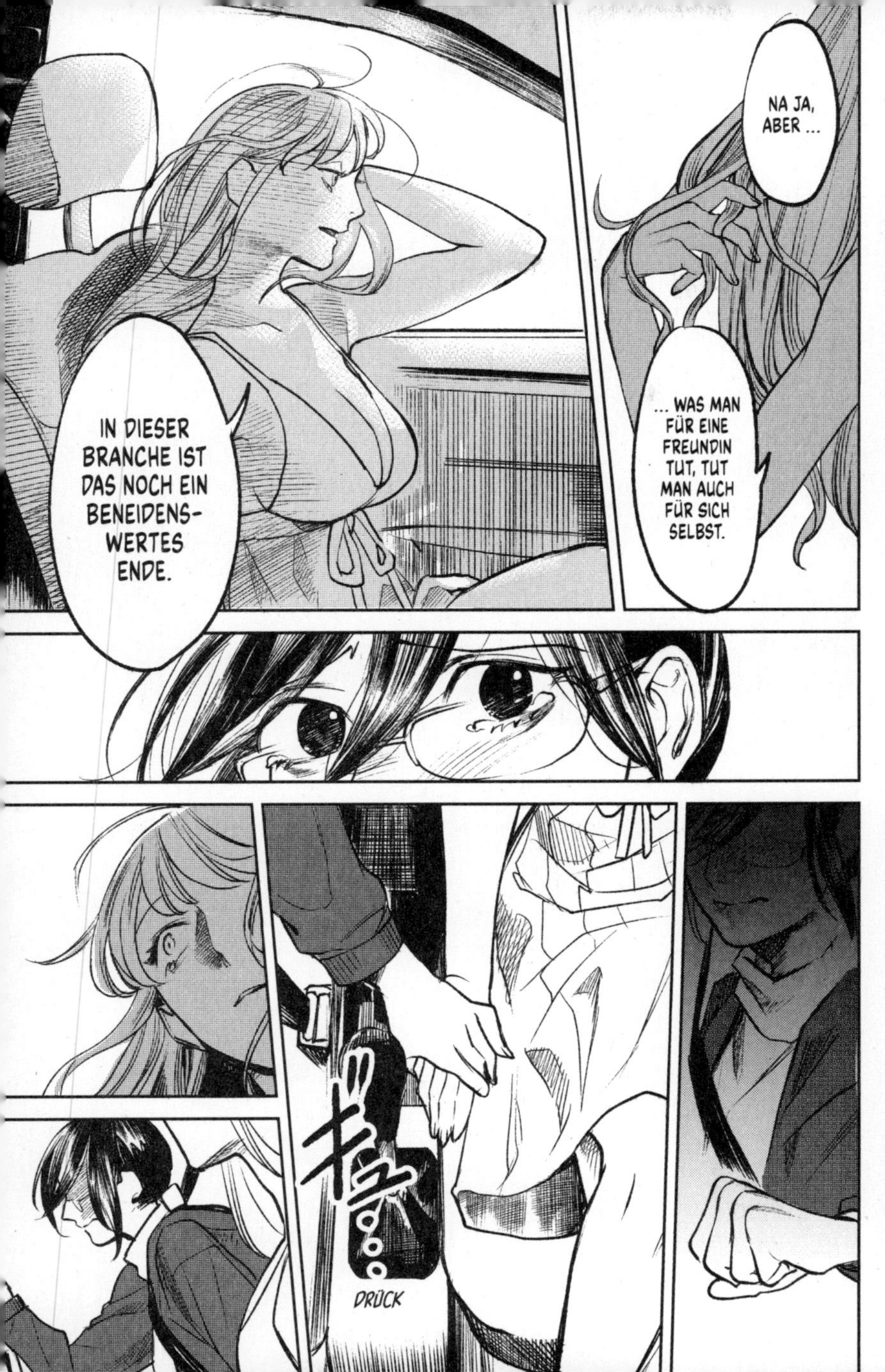
NA JA, ABER ...
... WAS MAN FÜR EINE FREUNDIN TUT, TUT MAN AUCH FÜR SICH SELBST.
IN DIESER BRANCHE IST DAS NOCH EIN BENEIDENS-WERTES ENDE.
DRÜCK

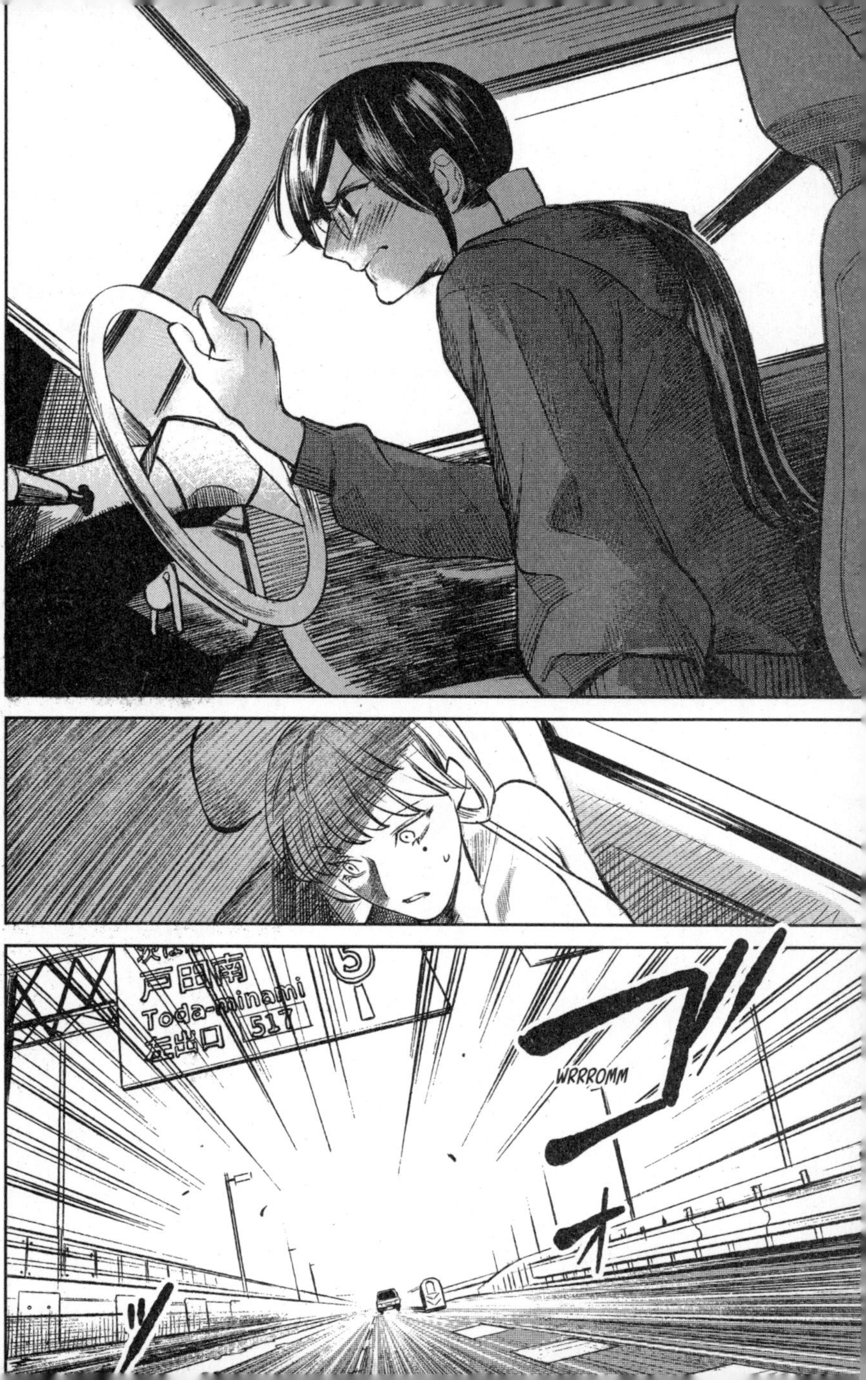

戸田南
Toda-minami
517
左出口
WRRROMM

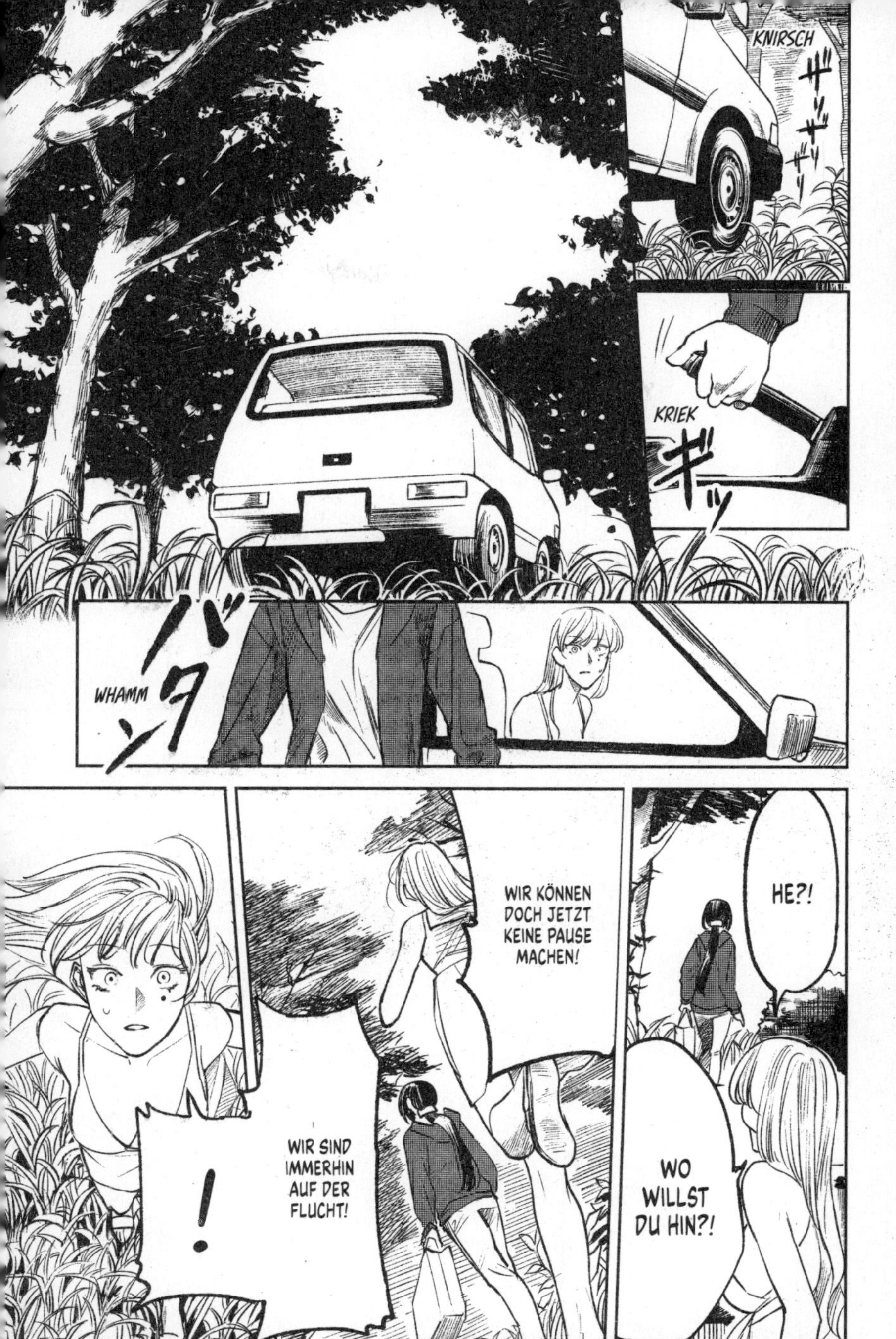
KNIRSCH
KRIEK
ギッ
WHAMM
バタン
HE?!
WO WILLST DU HIN?!
WIR KÖNNEN DOCH JETZT KEINE PAUSE MACHEN!
WIR SIND IMMERHIN AUF DER FLUCHT!
!

* HOTEL LIEBESNEST
** WOCHENTAGS 24 STUNDEN 3000 YEN / FEIERTAGS 1 STUNDE 1500 YEN

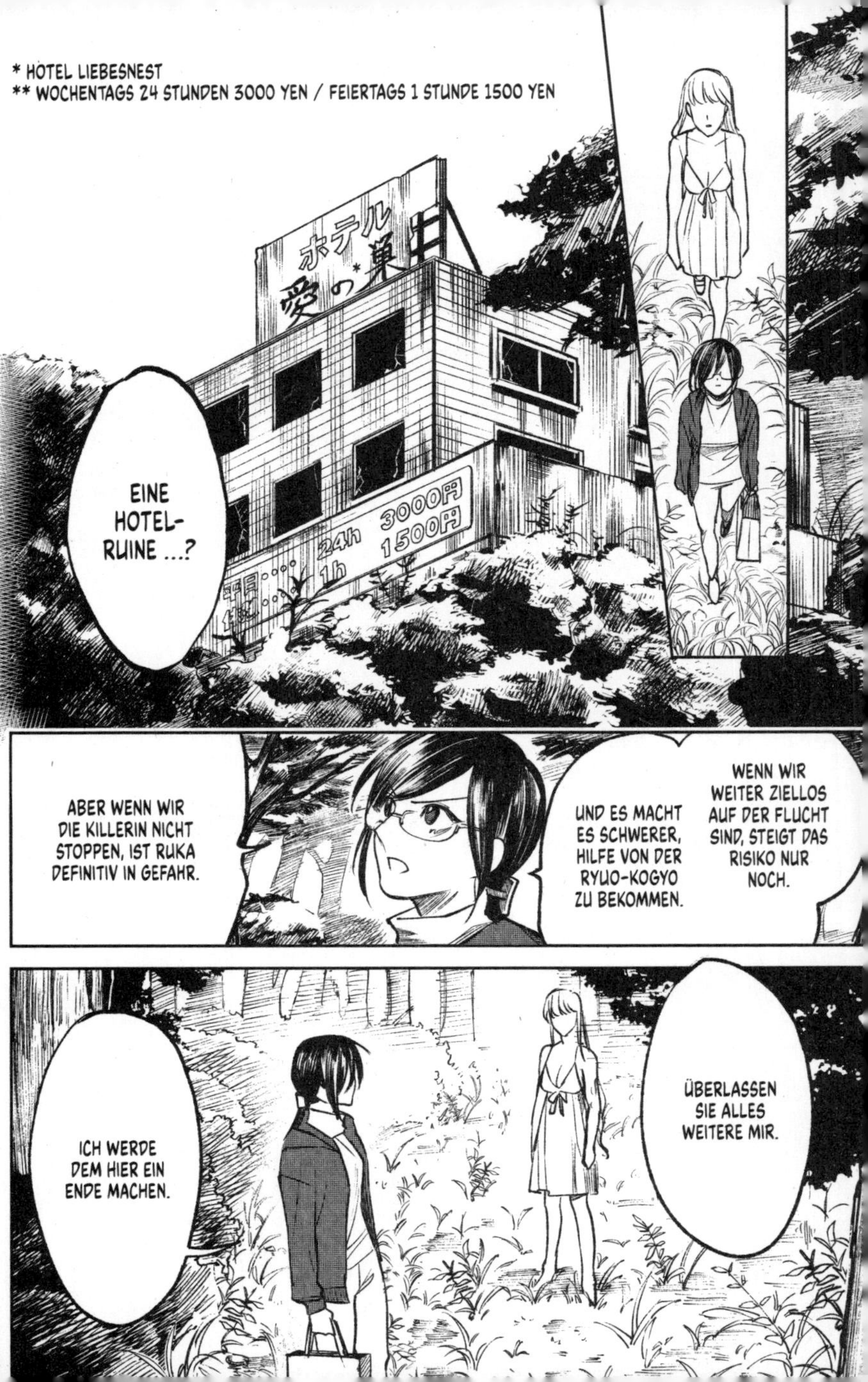

EINE HOTEL-RUINE ...?

WENN WIR WEITER ZIELLOS AUF DER FLUCHT SIND, STEIGT DAS RISIKO NUR NOCH.

UND ES MACHT ES SCHWERER, HILFE VON DER RYUO-KOGYO ZU BEKOMMEN.

ABER WENN WIR DIE KILLERIN NICHT STOPPEN, IST RUKA DEFINITIV IN GEFAHR.

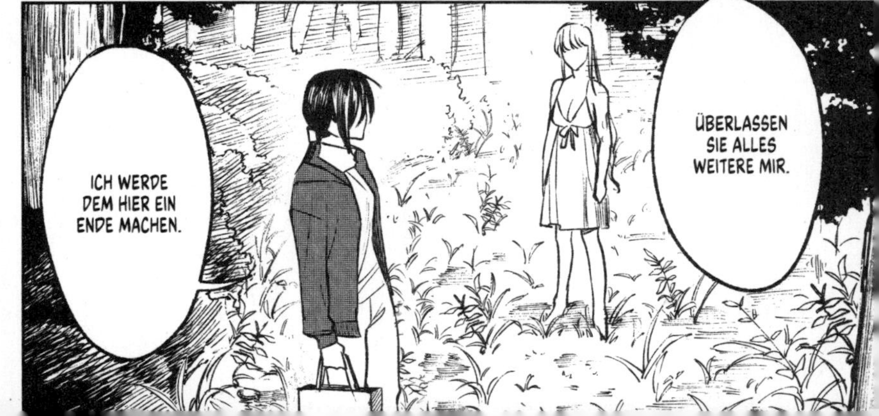

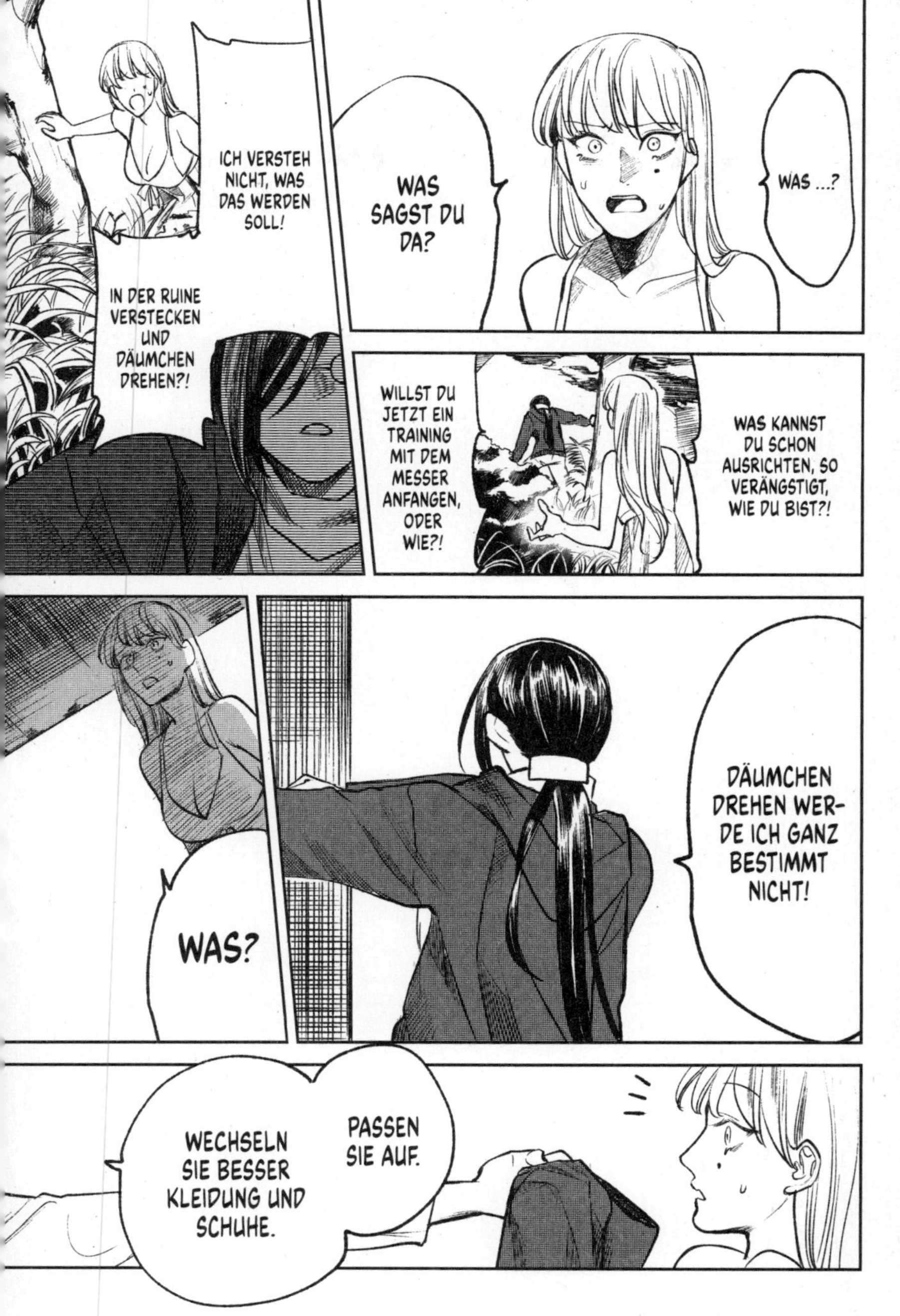

WAS ...?
WAS SAGST DU DA?
WAS KANNST DU SCHON AUSRICHTEN, SO VERÄNGSTIGT, WIE DU BIST?!
WILLST DU JETZT EIN TRAINING MIT DEM MESSER ANFANGEN, ODER WIE?!
ICH VERSTEH NICHT, WAS DAS WERDEN SOLL!
IN DER RUINE VERSTECKEN UND DÄUMCHEN DREHEN?!
DÄUMCHEN DREHEN WERDE ICH GANZ BESTIMMT NICHT!
WAS?
PASSEN SIE AUF.
WECHSELN SIE BESSER KLEIDUNG UND SCHUHE.

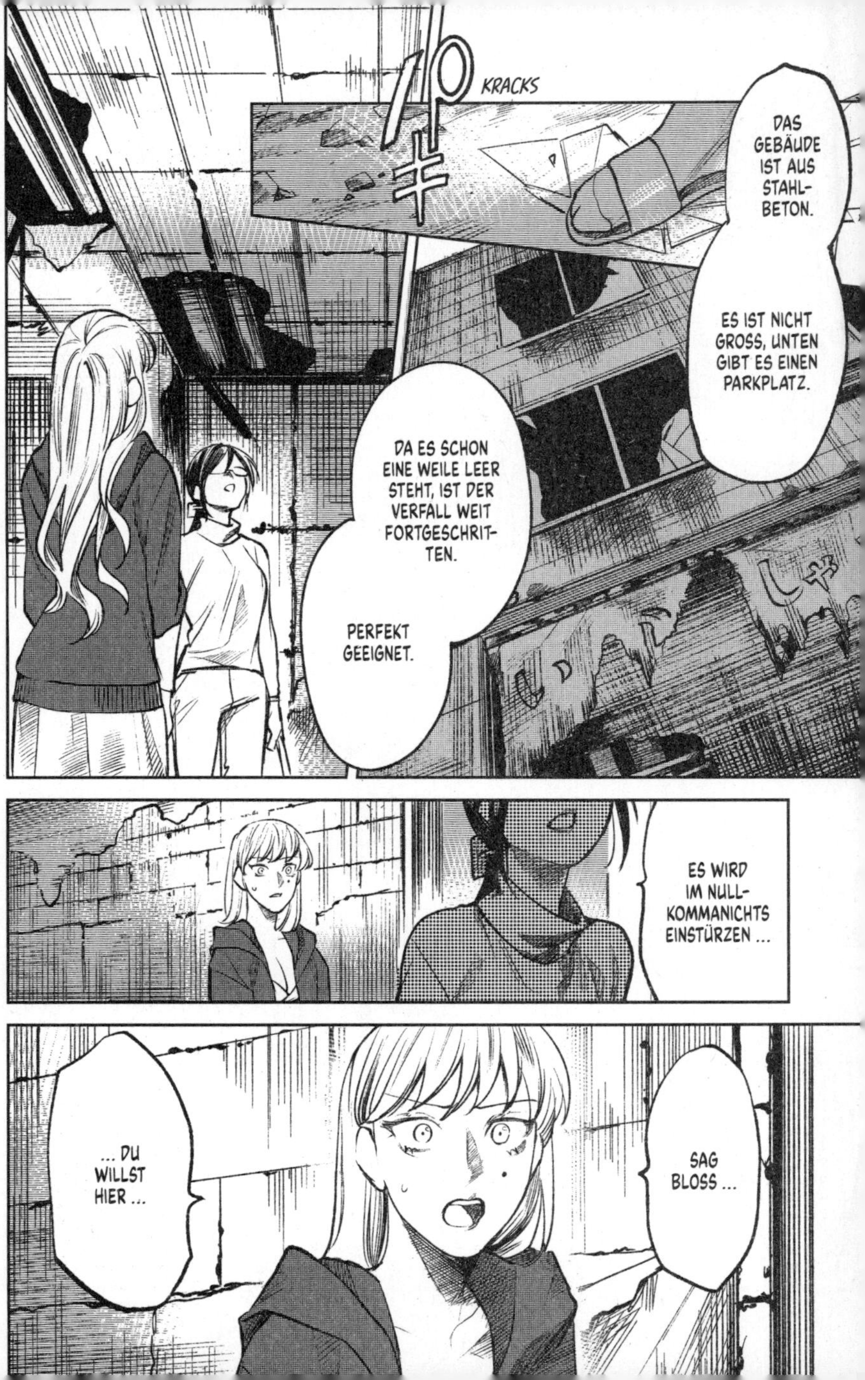

KRACKS

DAS GEBÄUDE IST AUS STAHLBETON.

ES IST NICHT GROSS, UNTEN GIBT ES EINEN PARKPLATZ.

DA ES SCHON EINE WEILE LEER STEHT, IST DER VERFALL WEIT FORTGESCHRITTEN.

PERFEKT GEEIGNET.

ES WIRD IM NULLKOMMANICHTS EINSTÜRZEN …

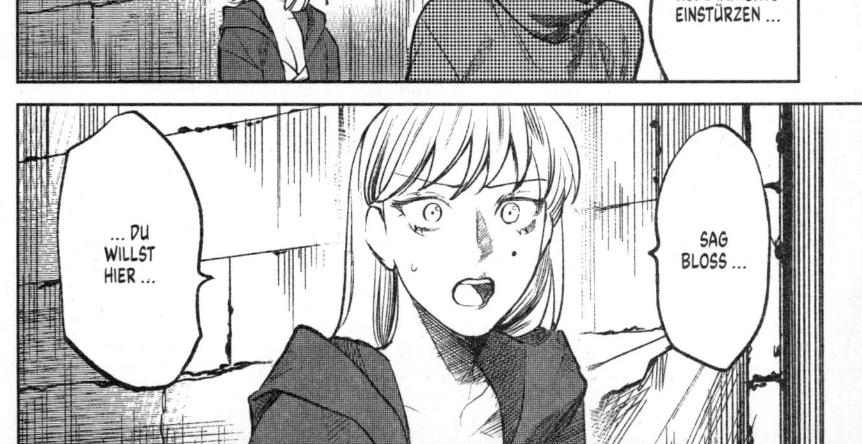

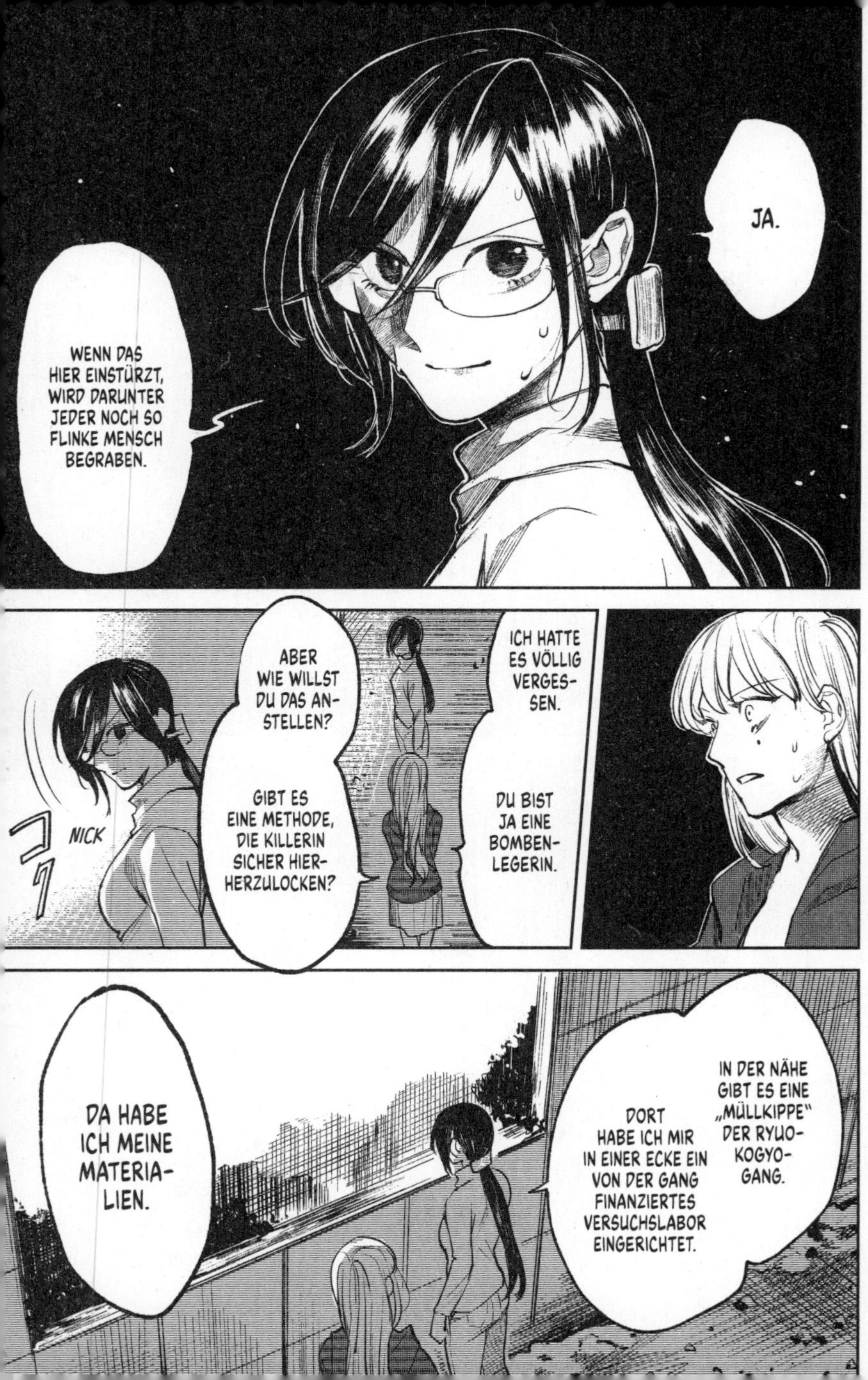

JA.

WENN DAS HIER EINSTÜRZT, WIRD DARUNTER JEDER NOCH SO FLINKE MENSCH BEGRABEN.

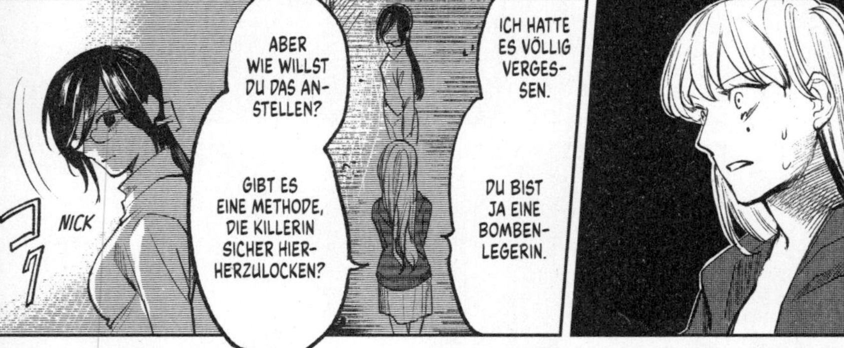

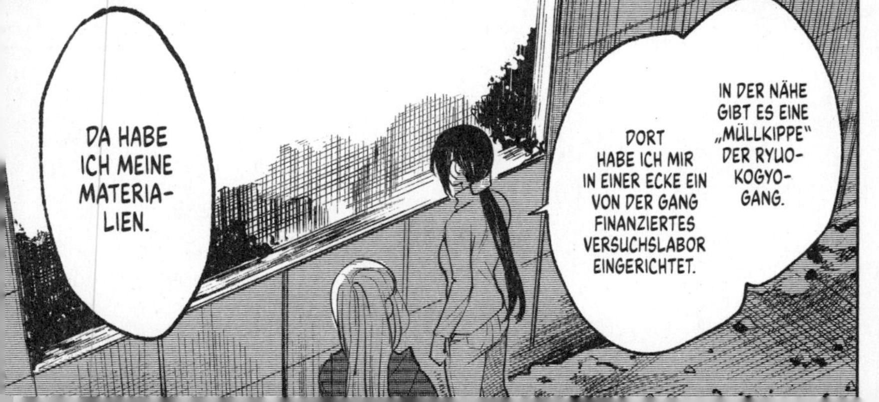

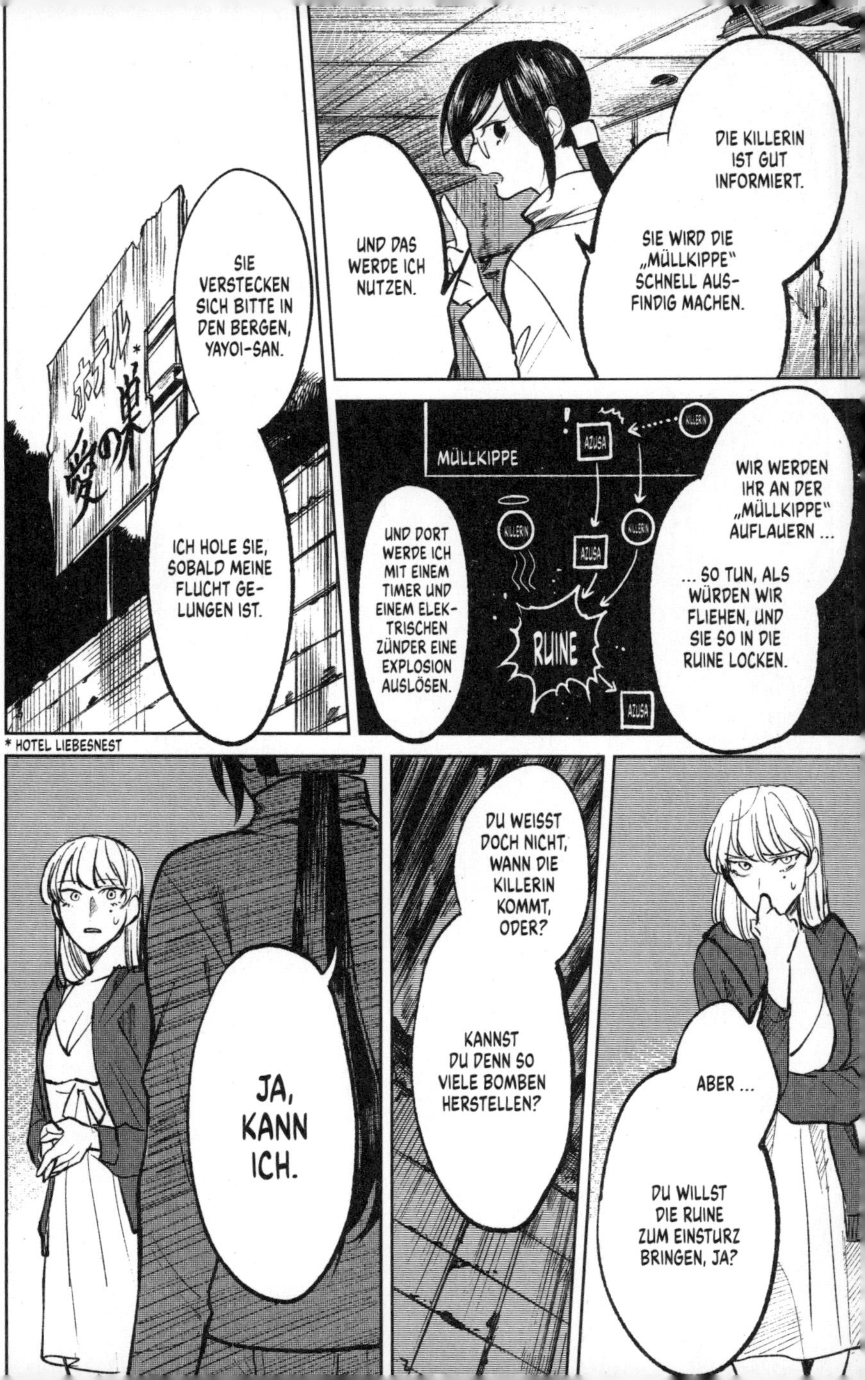

DIE KILLERIN IST GUT INFORMIERT.

SIE WIRD DIE „MÜLLKIPPE" SCHNELL AUSFINDIG MACHEN.

UND DAS WERDE ICH NUTZEN.

WIR WERDEN IHR AN DER „MÜLLKIPPE" AUFLAUERN ...

... SO TUN, ALS WÜRDEN WIR FLIEHEN, UND SIE SO IN DIE RUINE LOCKEN.

UND DORT WERDE ICH MIT EINEM TIMER UND EINEM ELEKTRISCHEN ZÜNDER EINE EXPLOSION AUSLÖSEN.

MÜLLKIPPE

KILLERIN

AZUSA

KILLERIN

KILLERIN

AZUSA

RUINE

AZUSA

SIE VERSTECKEN SICH BITTE IN DEN BERGEN, YAYOI-SAN.

ICH HOLE SIE, SOBALD MEINE FLUCHT GELUNGEN IST.

ホテル愛の巣*

* HOTEL LIEBESNEST

ABER ...

DU WILLST DIE RUINE ZUM EINSTURZ BRINGEN, JA?

DU WEISST DOCH NICHT, WANN DIE KILLERIN KOMMT, ODER?

KANNST DU DENN SO VIELE BOMBEN HERSTELLEN?

JA, KANN ICH.

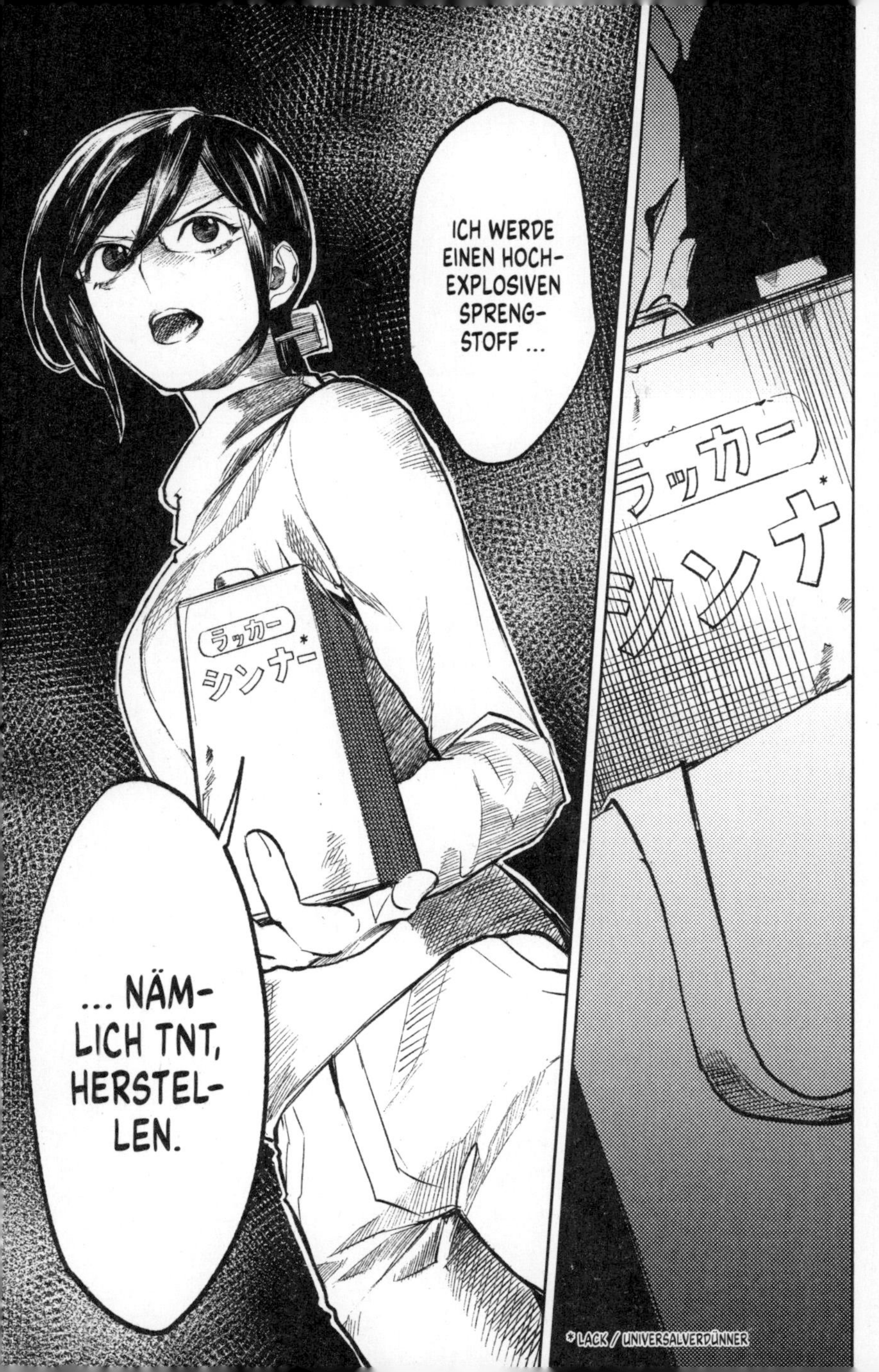
ラッカー シンナ
ICH WERDE EINEN HOCH-EXPLOSIVEN SPRENG-STOFF …
ラッカー シンナー
… NÄM-LICH TNT, HERSTEL-LEN.
* LACK / UNIVERSALVERDÜNNER

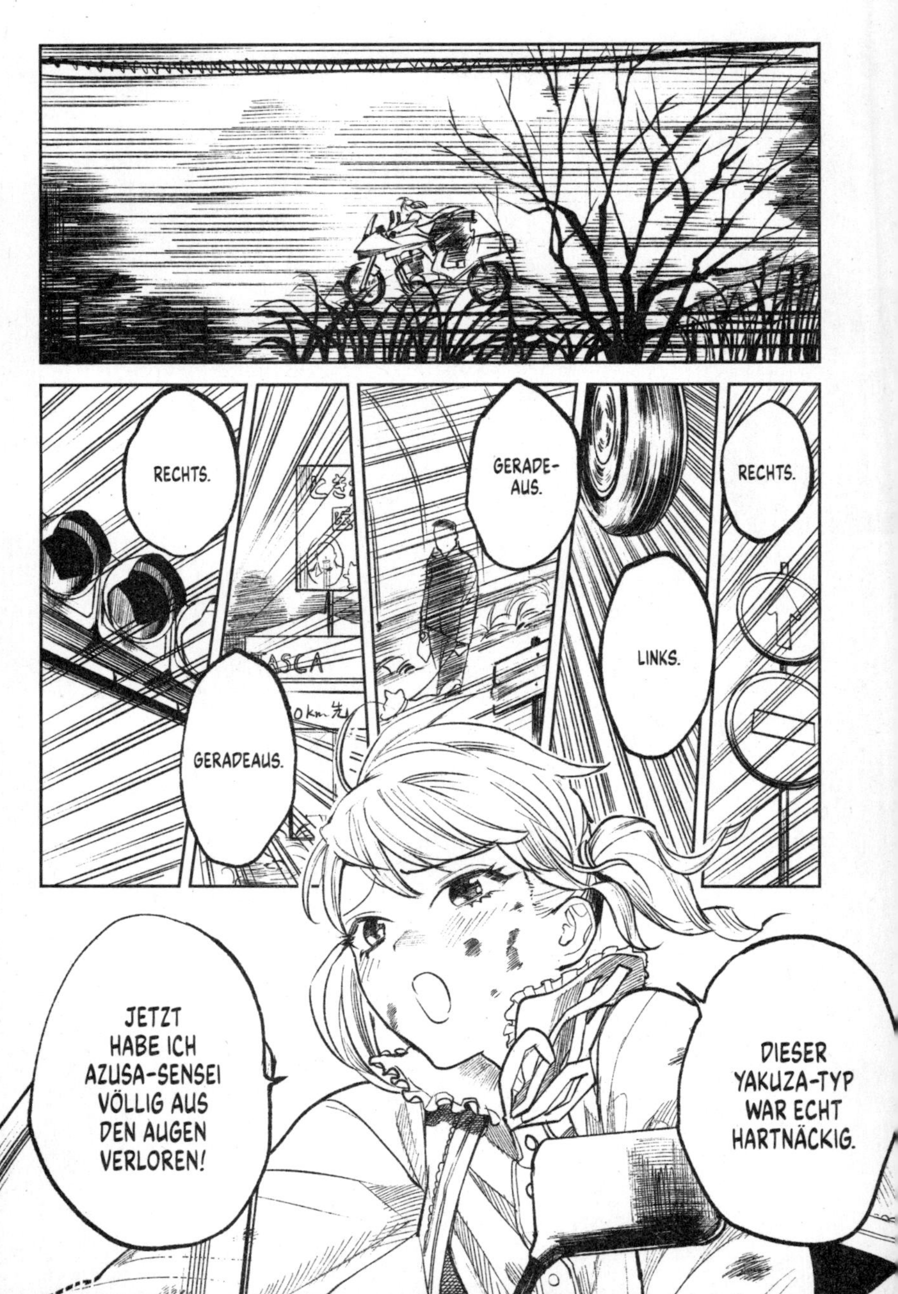
RECHTS.
LINKS.
GERADE-AUS.
GERADEAUS.
RECHTS.
DIESER YAKUZA-TYP WAR ECHT HARTNÄCKIG.
JETZT HABE ICH AZUSA-SENSEI VÖLLIG AUS DEN AUGEN VERLOREN!

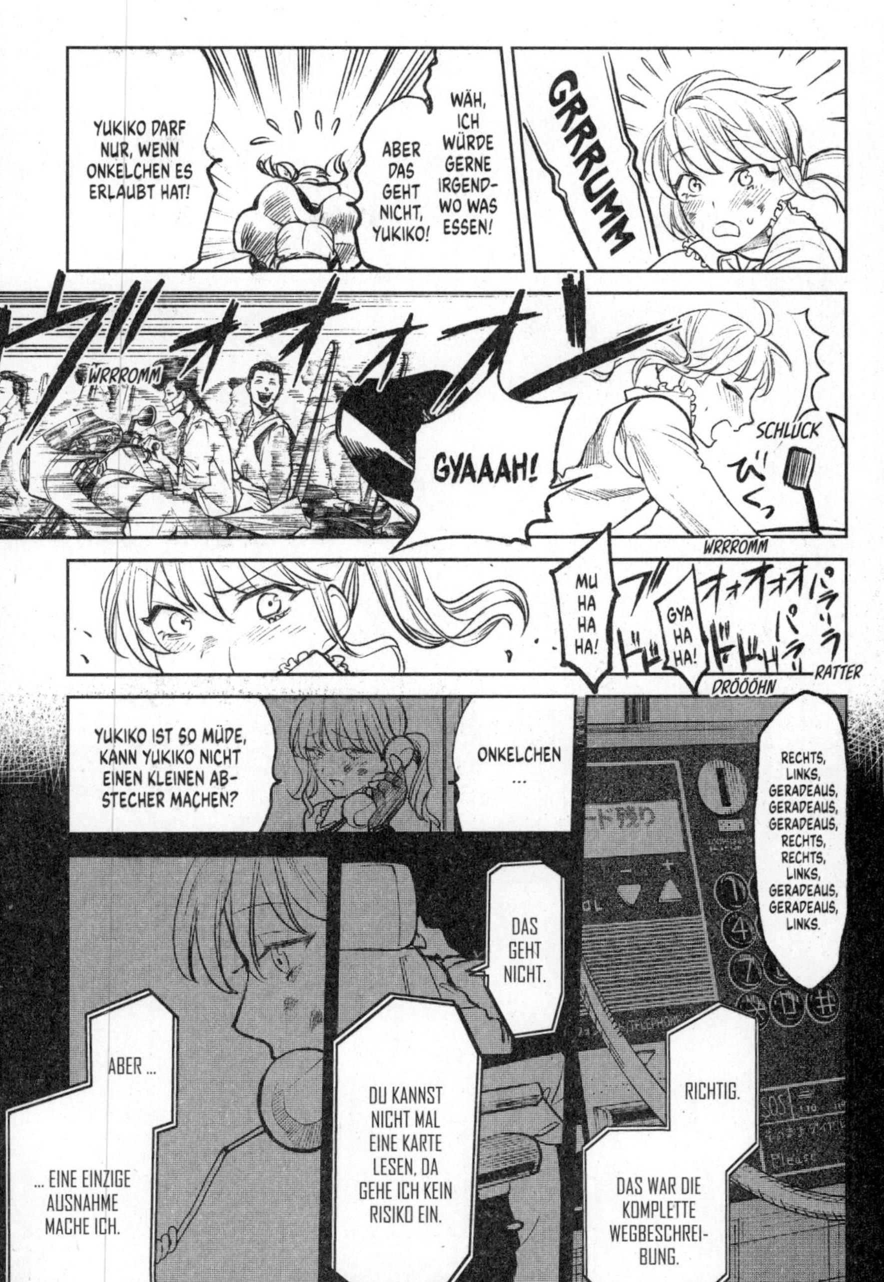
GRRRUMM
WÄH, ICH WÜRDE GERNE IRGEND-WO WAS ESSEN!
ABER DAS GEHT NICHT, YUKIKO!
YUKIKO DARF NUR, WENN ONKELCHEN ES ERLAUBT HAT!
SCHLUCK
びくっ
GYAAAH!
WRRROMM
WRRROMM
MU HA HA HA HA!
GYA HA HA HA!
RATTER
DRÖÖÖHN
RECHTS, LINKS, GERADEAUS, GERADEAUS, GERADEAUS, RECHTS, RECHTS, LINKS, GERADEAUS, GERADEAUS, LINKS.
ONKELCHEN …
YUKIKO IST SO MÜDE, KANN YUKIKO NICHT EINEN KLEINEN AB-STECHER MACHEN?
RICHTIG.
DAS WAR DIE KOMPLETTE WEGBESCHREI-BUNG.
DAS GEHT NICHT.
DU KANNST NICHT MAL EINE KARTE LESEN, DA GEHE ICH KEIN RISIKO EIN.
ABER …
… EINE EINZIGE AUSNAHME MACHE ICH.

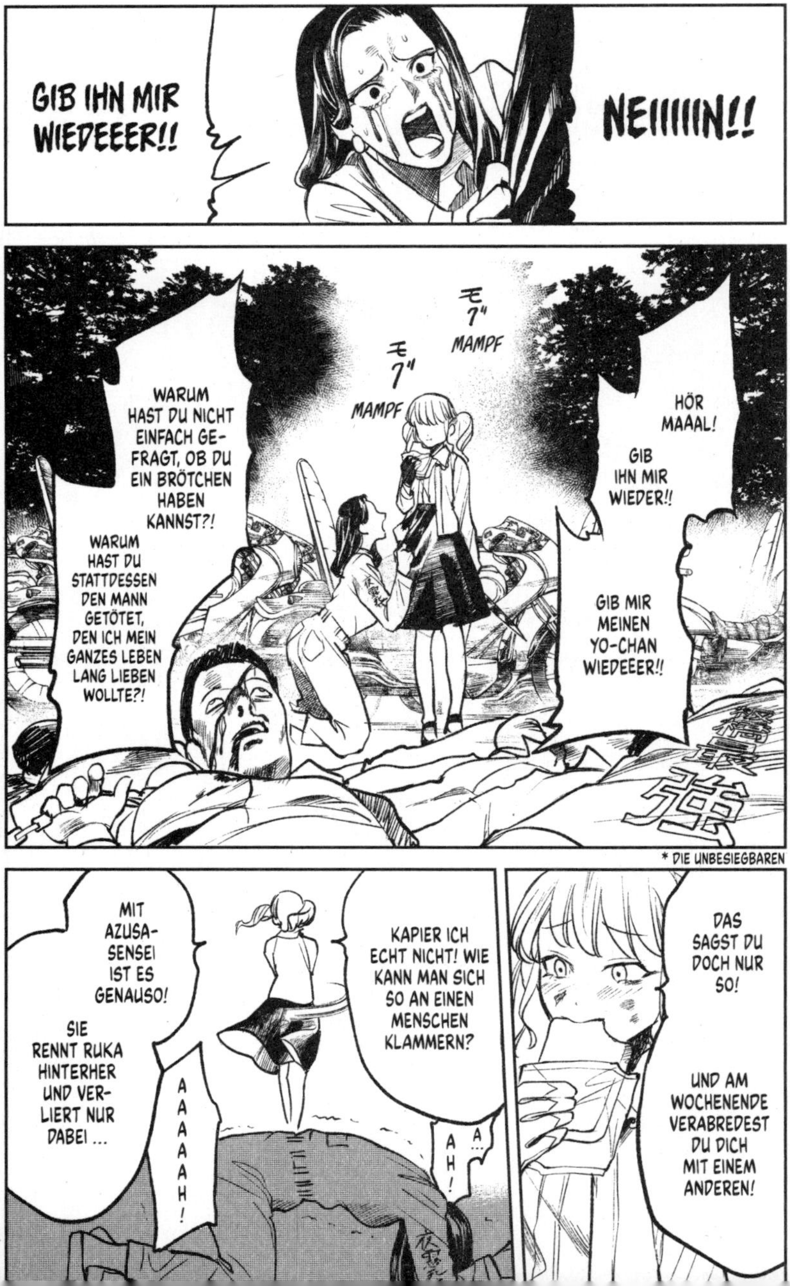

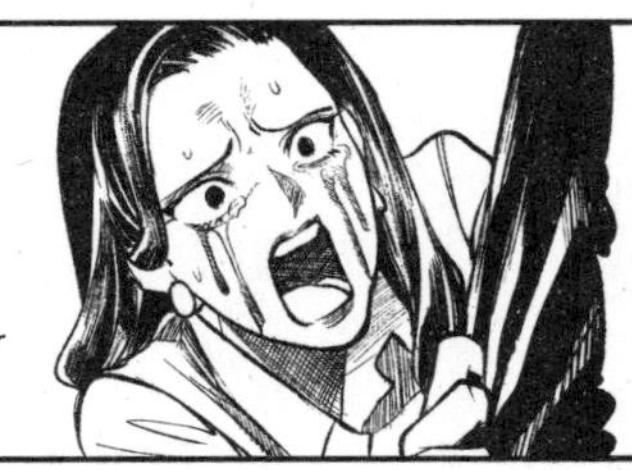

* DIE UNBESIEGBAREN

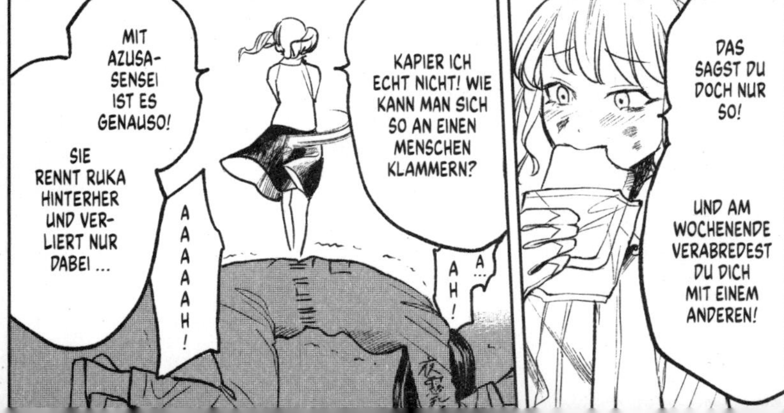

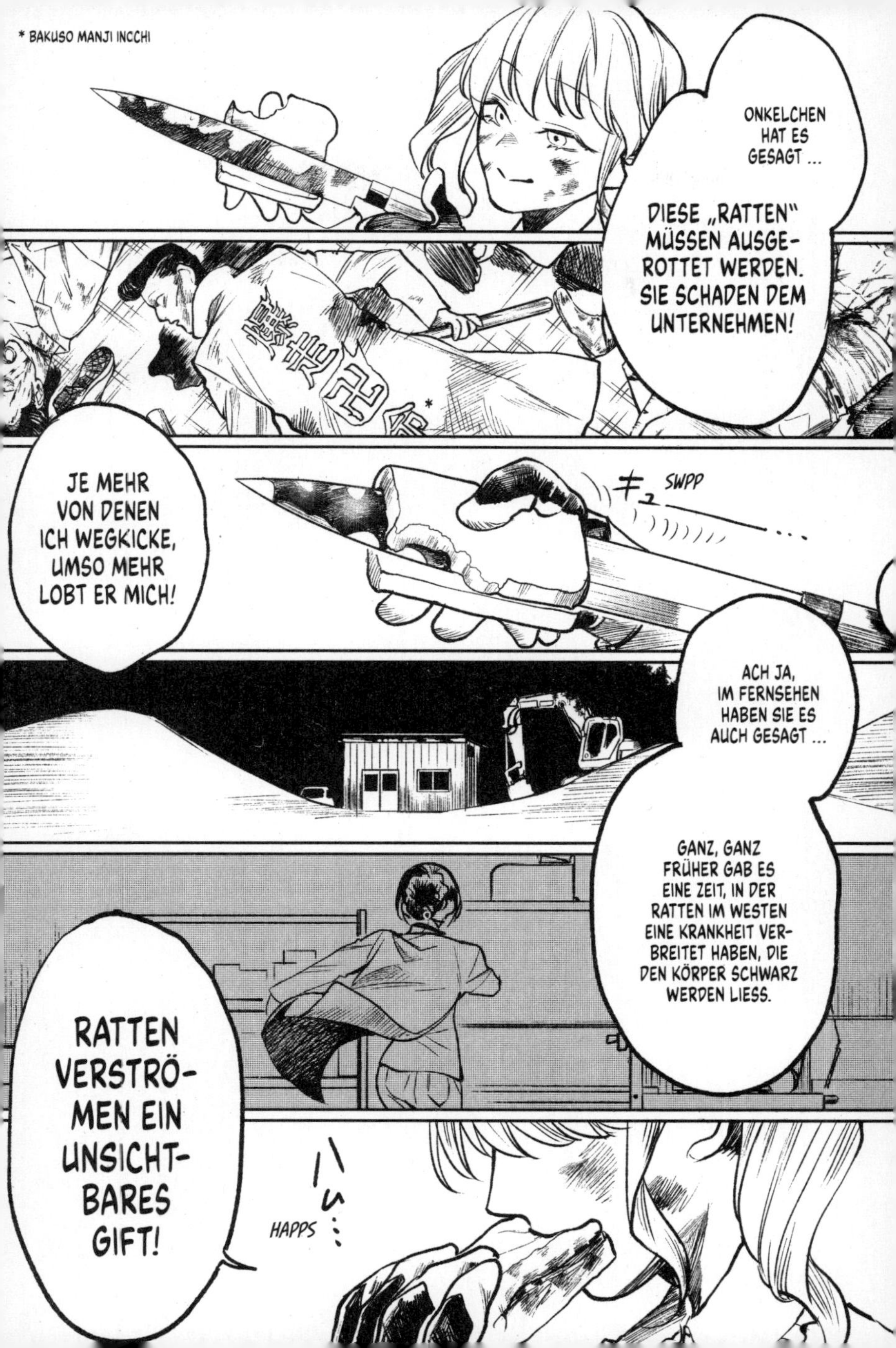
* BAKUSO MANJI INCCHI
ONKELCHEN HAT ES GESAGT …
DIESE „RATTEN“ MÜSSEN AUSGE-ROTTET WERDEN. SIE SCHADEN DEM UNTERNEHMEN!
JE MEHR VON DENEN ICH WEGKICKE, UMSO MEHR LOBT ER MICH!
SWPP
ACH JA, IM FERNSEHEN HABEN SIE ES AUCH GESAGT …
GANZ, GANZ FRÜHER GAB ES EINE ZEIT, IN DER RATTEN IM WESTEN EINE KRANKHEIT VER-BREITET HABEN, DIE DEN KÖRPER SCHWARZ WERDEN LIESS.
RATTEN VERSTRÖ-MEN EIN UNSICHT-BARES GIFT!
HAPPS

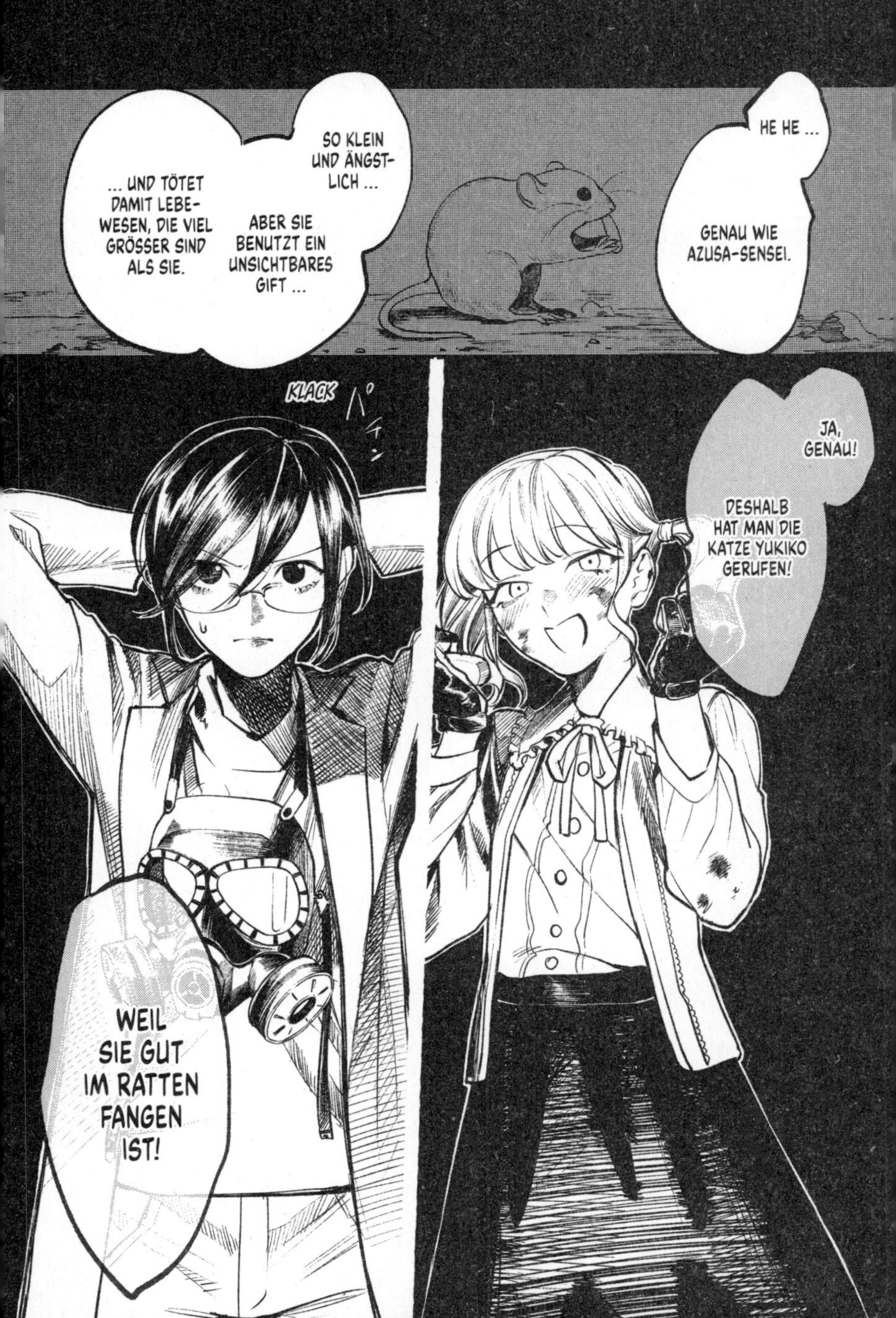
HE HE …
GENAU WIE AZUSA-SENSEI.
SO KLEIN UND ÄNGSTLICH …
ABER SIE BENUTZT EIN UNSICHTBARES GIFT …
… UND TÖTET DAMIT LEBEWESEN, DIE VIEL GRÖSSER SIND ALS SIE.
KLACK
JA, GENAU!
DESHALB HAT MAN DIE KATZE YUKIKO GERUFEN!
WEIL SIE GUT IM RATTEN FANGEN IST!

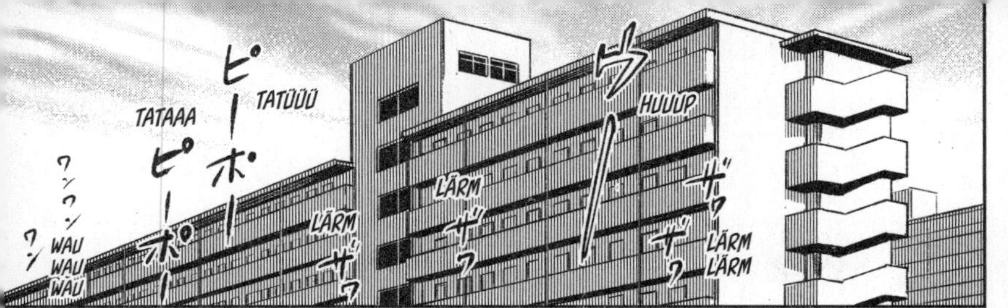

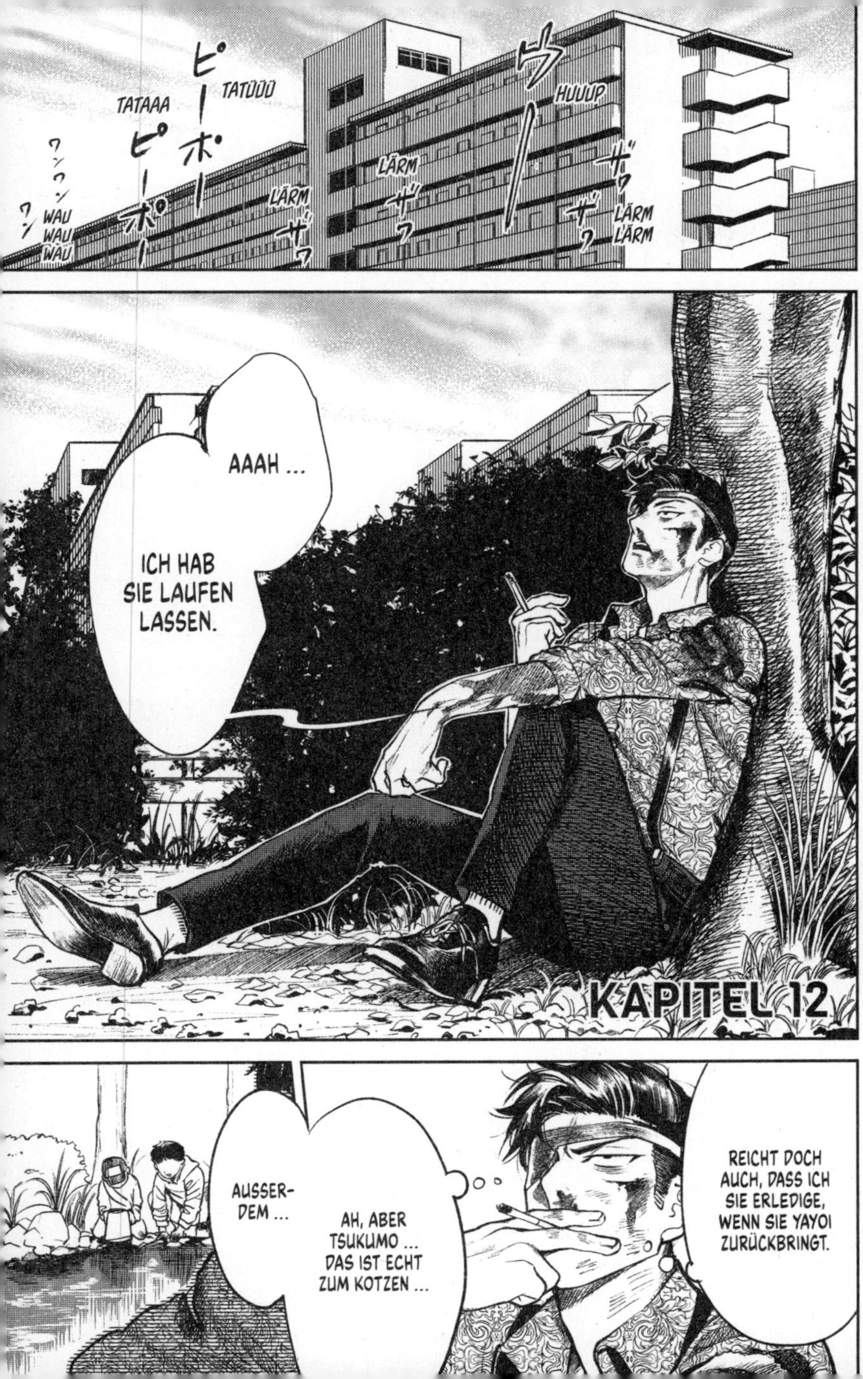

AAAH ...

ICH HAB SIE LAUFEN LASSEN.

KAPITEL 12

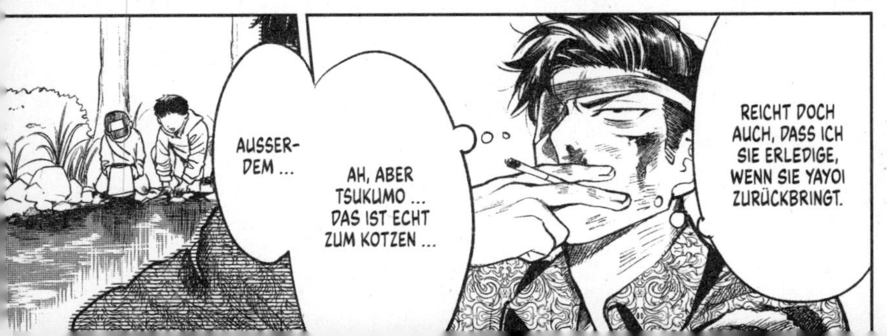

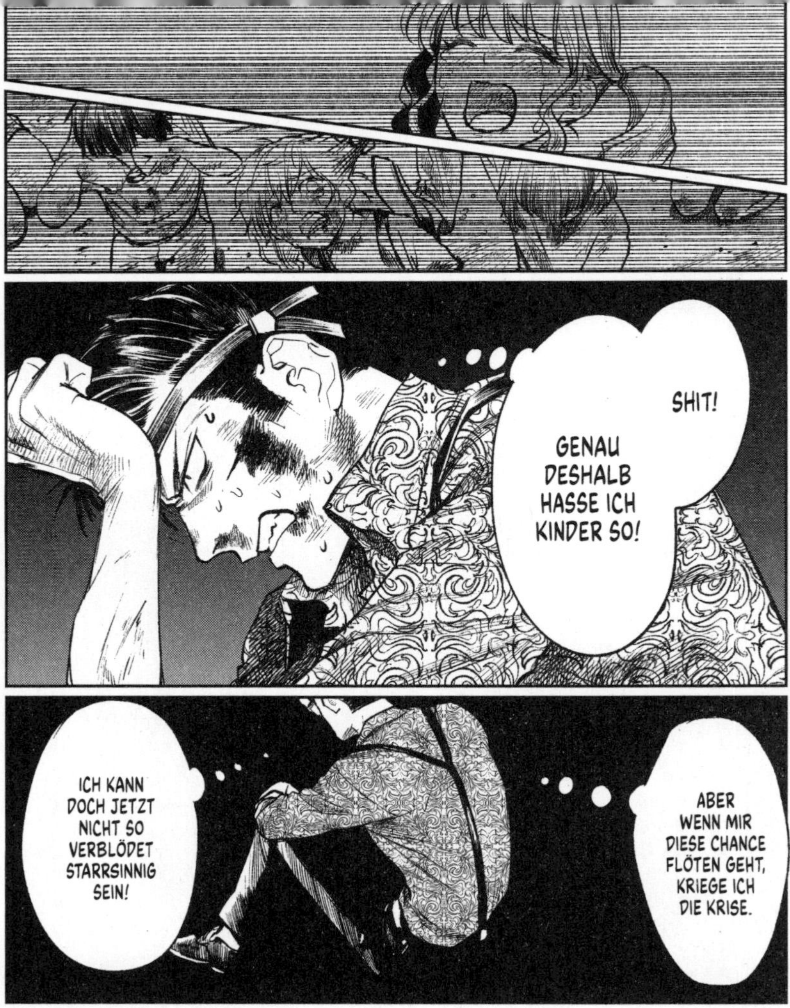

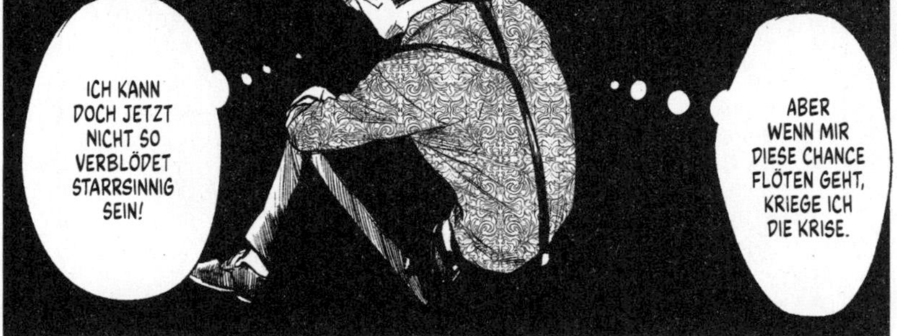

WIE KRIEGE ICH EINEN KLAREN KOPF?

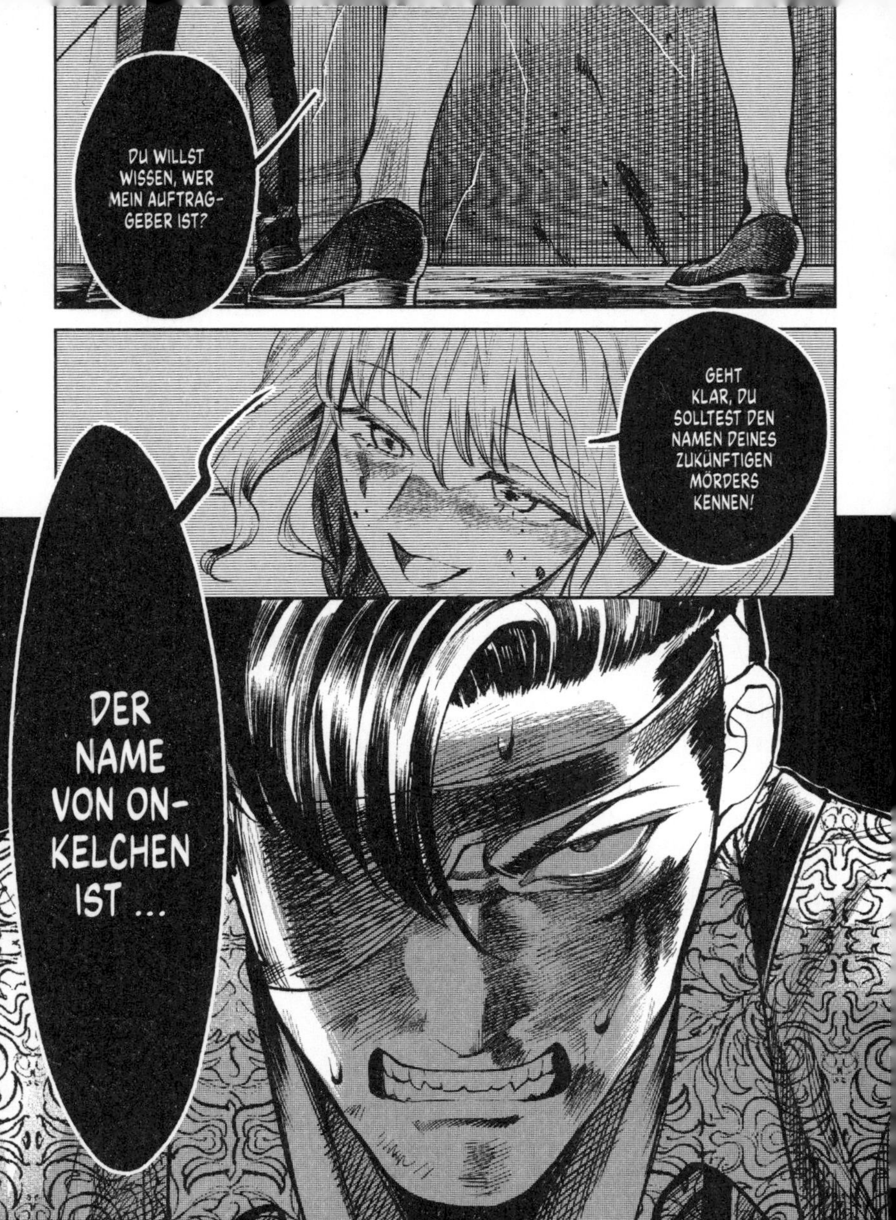
DU WILLST WISSEN, WER MEIN AUFTRAG-GEBER IST?
GEHT KLAR, DU SOLLTEST DEN NAMEN DEINES ZUKÜNFTIGEN MÖRDERS KENNEN!
DER NAME VON ON-KELCHEN IST ...

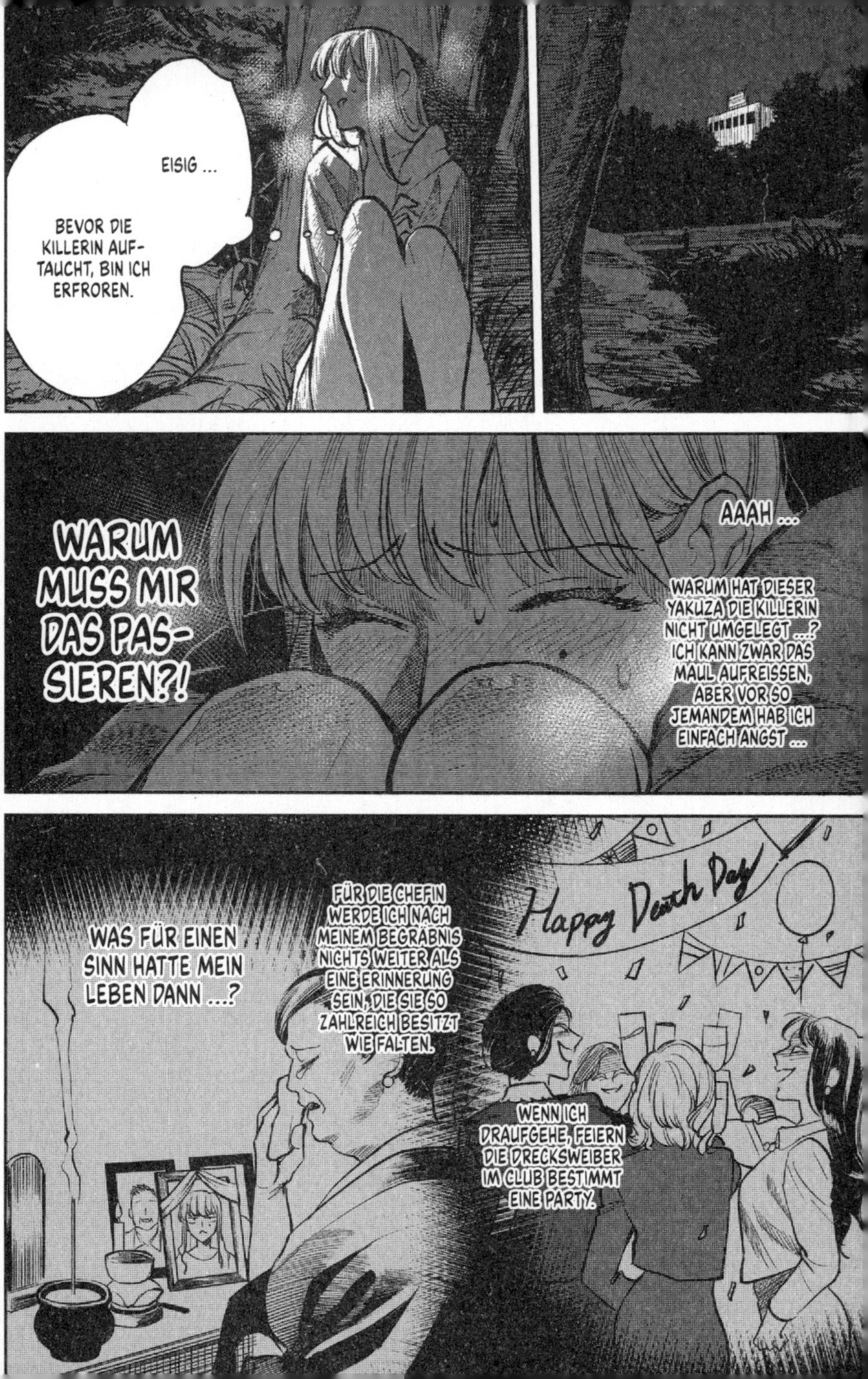

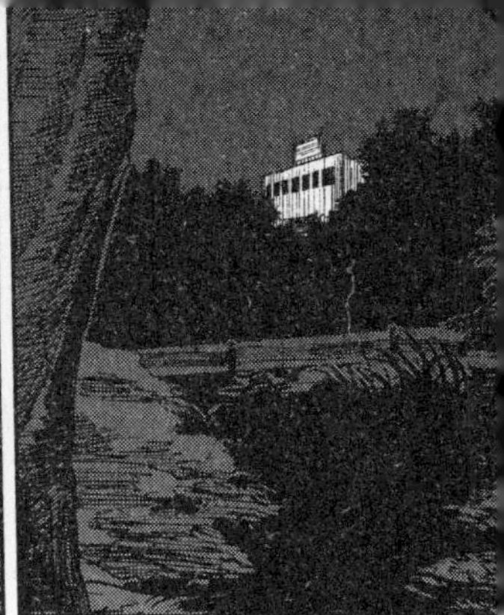

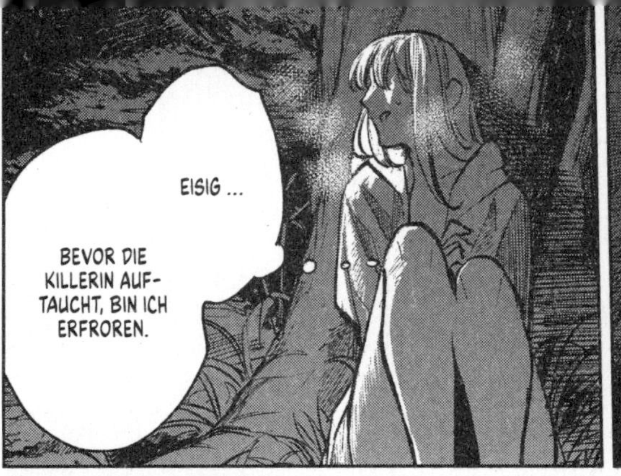
EISIG ...
BEVOR DIE KILLERIN AUF-TAUCHT, BIN ICH ERFROREN.

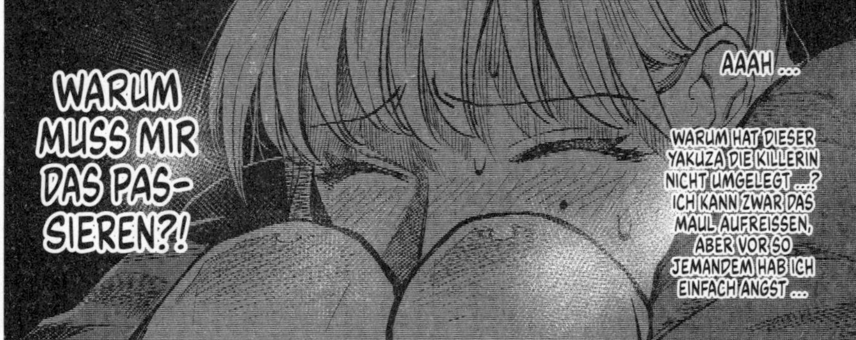
AAAH ...
WARUM HAT DIESER YAKUZA DIE KILLERIN NICHT UMGELEGT ...? ICH KANN ZWAR DAS MAUL AUFREISSEN, ABER VOR SO JEMANDEM HAB ICH EINFACH ANGST ...
WARUM MUSS MIR DAS PAS-SIEREN?!

Happy Death Day
WENN ICH DRAUFGEHE, FEIERN DIE DRECKSWEIBER IM CLUB BESTIMMT EINE PARTY.
FÜR DIE CHEFIN WERDE ICH NACH MEINEM BEGRÄBNIS NICHTS WEITER ALS EINE ERINNERUNG SEIN, DIE SIE SO ZAHLREICH BESITZT WIE FALTEN.
WAS FÜR EINEN SINN HATTE MEIN LEBEN DANN ...?

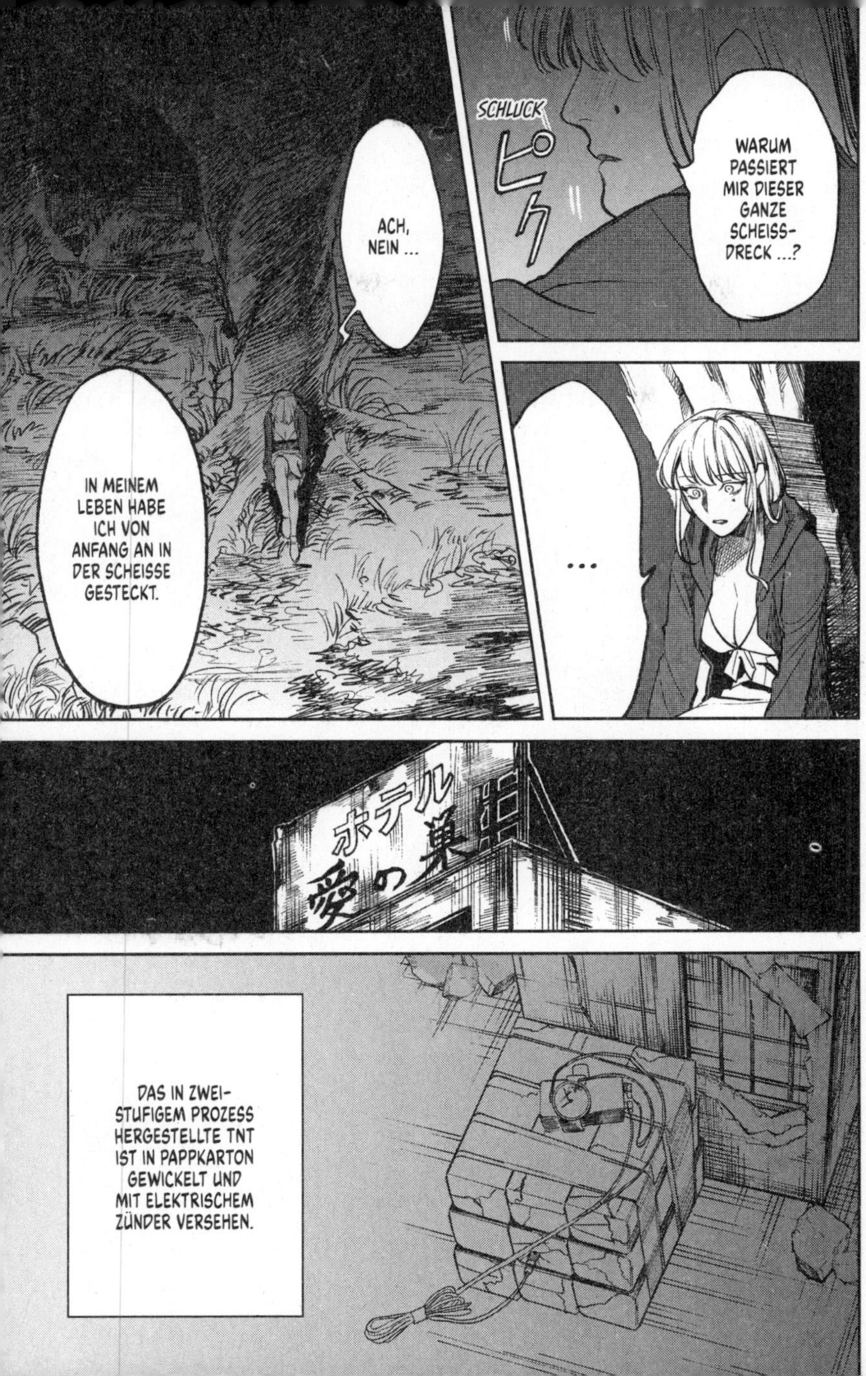

SCHLUCK

ピク

WARUM PASSIERT MIR DIESER GANZE SCHEISS-DRECK ...?

ACH, NEIN ...

IN MEINEM LEBEN HABE ICH VON ANFANG AN IN DER SCHEISSE GESTECKT.

...

ホテル
愛の巣

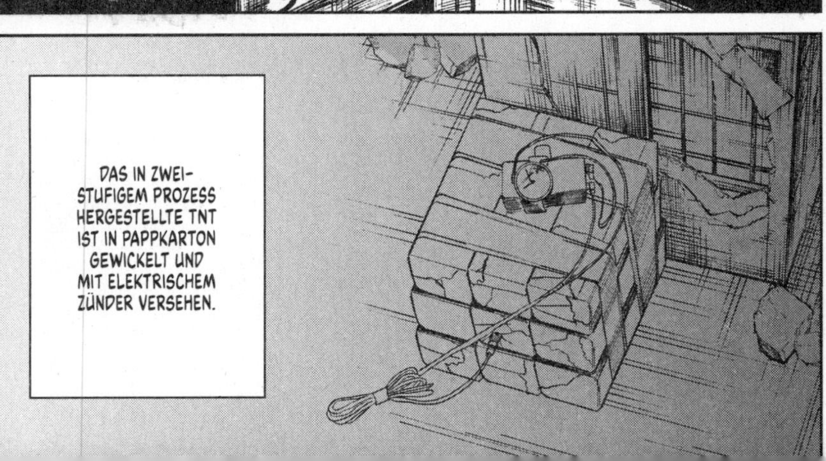

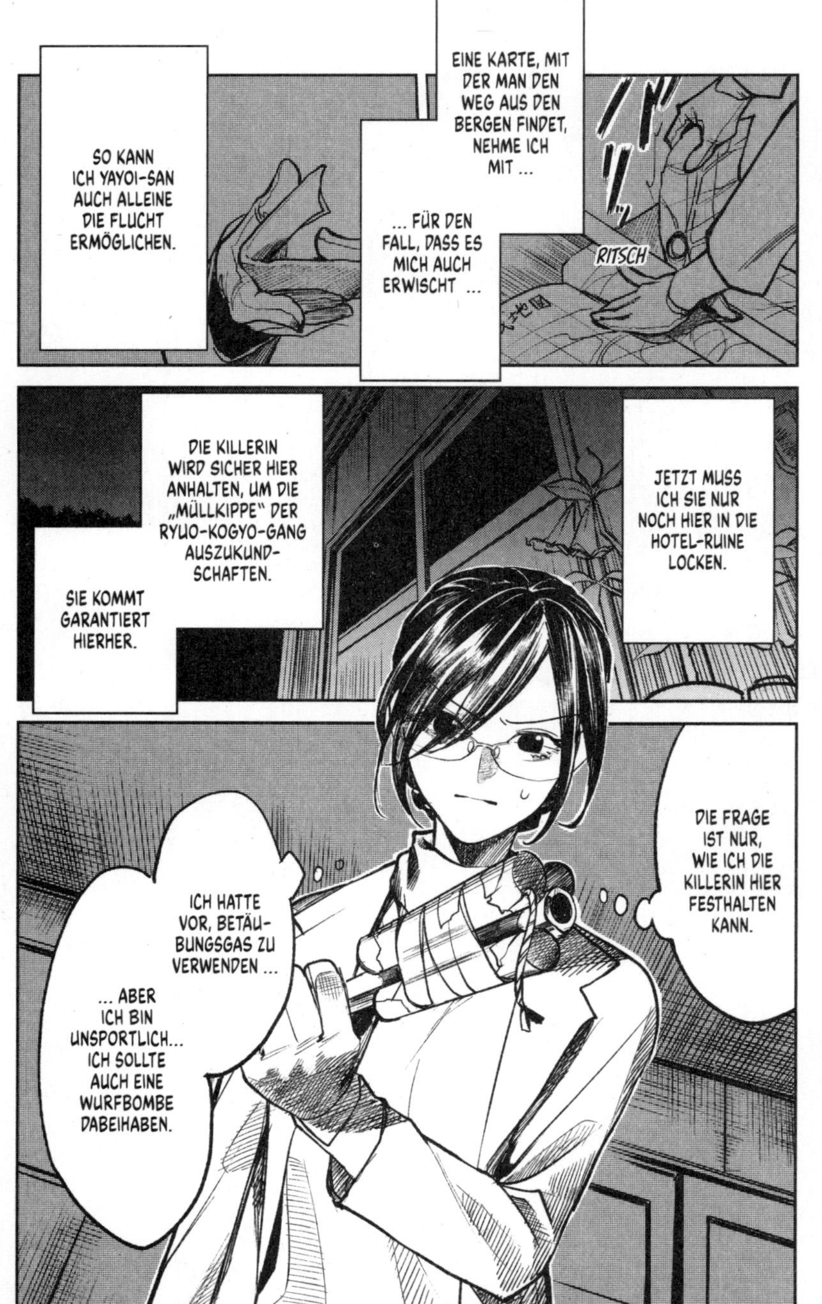
EINE KARTE, MIT DER MAN DEN WEG AUS DEN BERGEN FINDET, NEHME ICH MIT ...
... FÜR DEN FALL, DASS ES MICH AUCH ERWISCHT ...
RITSCH
SO KANN ICH YAYOI-SAN AUCH ALLEINE DIE FLUCHT ERMÖGLICHEN.
JETZT MUSS ICH SIE NUR NOCH HIER IN DIE HOTEL-RUINE LOCKEN.
DIE KILLERIN WIRD SICHER HIER ANHALTEN, UM DIE „MÜLLKIPPE" DER RYUO-KOGYO-GANG AUSZUKUND-SCHAFTEN.
SIE KOMMT GARANTIERT HIERHER.
DIE FRAGE IST NUR, WIE ICH DIE KILLERIN HIER FESTHALTEN KANN.
ICH HATTE VOR, BETÄUBUNGSGAS ZU VERWENDEN ...
... ABER ICH BIN UNSPORTLICH... ICH SOLLTE AUCH EINE WURFBOMBE DABEIHABEN.

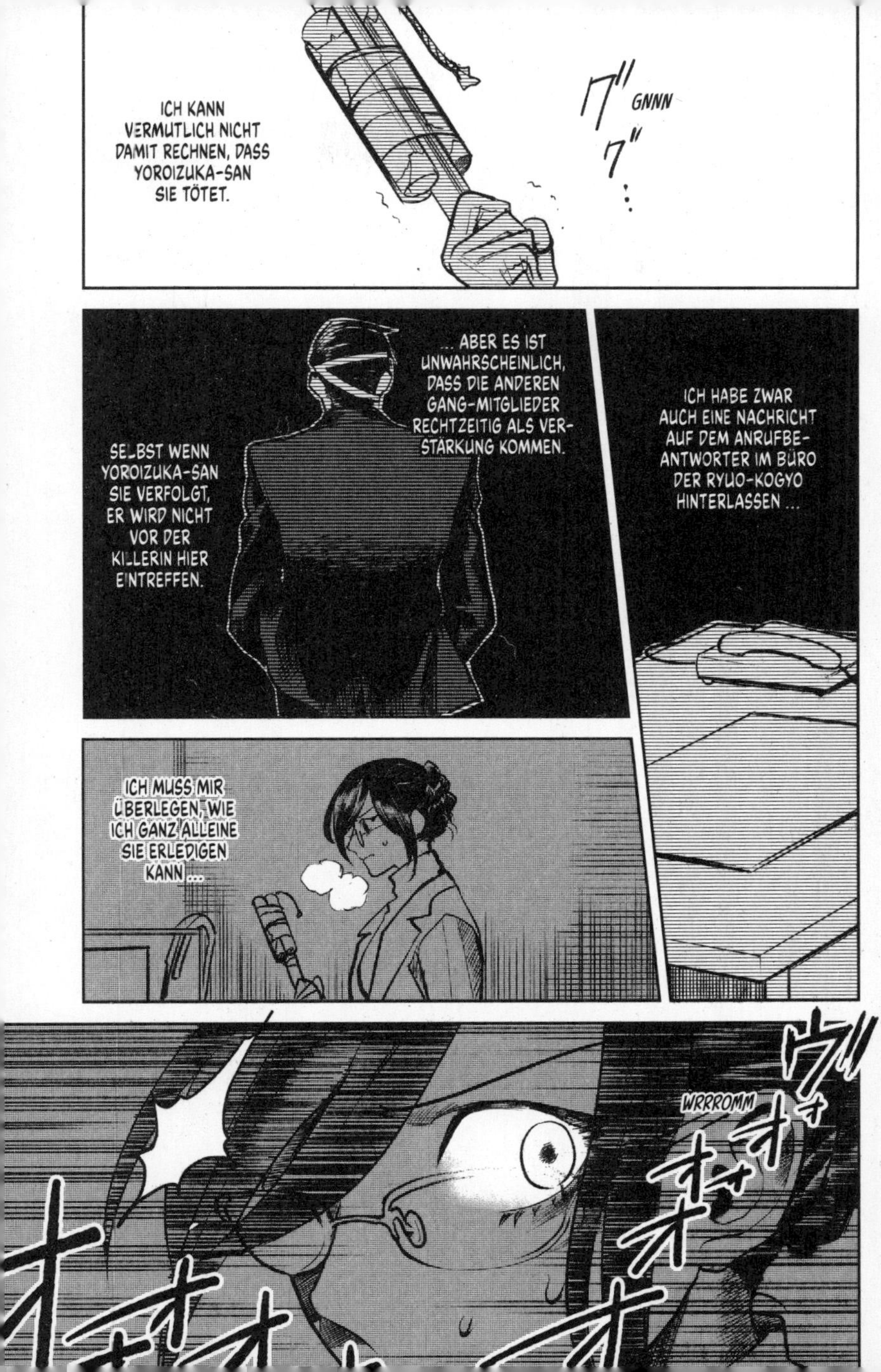

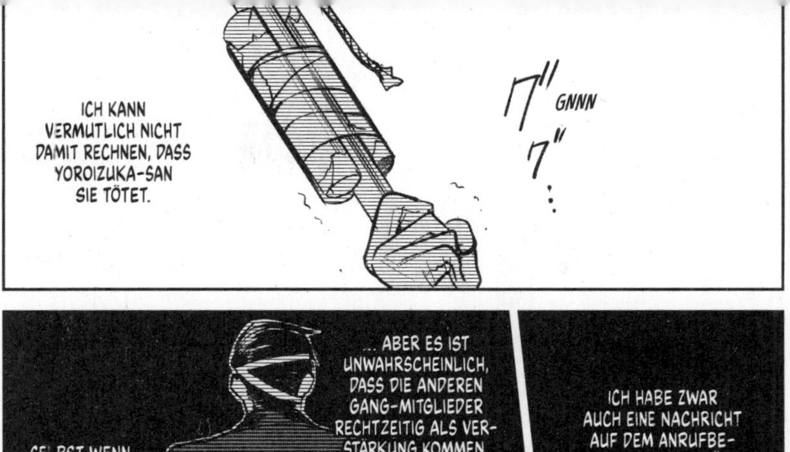

ICH HABE ZWAR AUCH EINE NACHRICHT AUF DEM ANRUFBEANTWORTER IM BÜRO DER RYUO-KOGYO HINTERLASSEN …

… ABER ES IST UNWAHRSCHEINLICH, DASS DIE ANDEREN GANG-MITGLIEDER RECHTZEITIG ALS VERSTÄRKUNG KOMMEN.

SELBST WENN YOROIZUKA-SAN SIE VERFOLGT, ER WIRD NICHT VOR DER KILLERIN HIER EINTREFFEN.

ICH MUSS MIR ÜBERLEGEN, WIE ICH GANZ ALLEINE SIE ERLEDIGEN KANN …

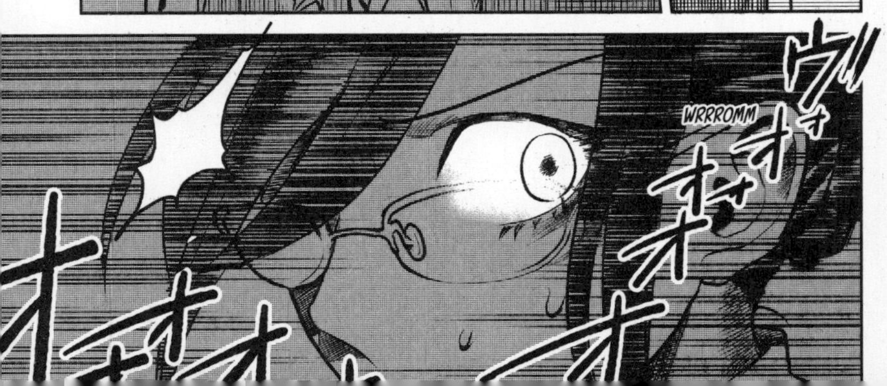

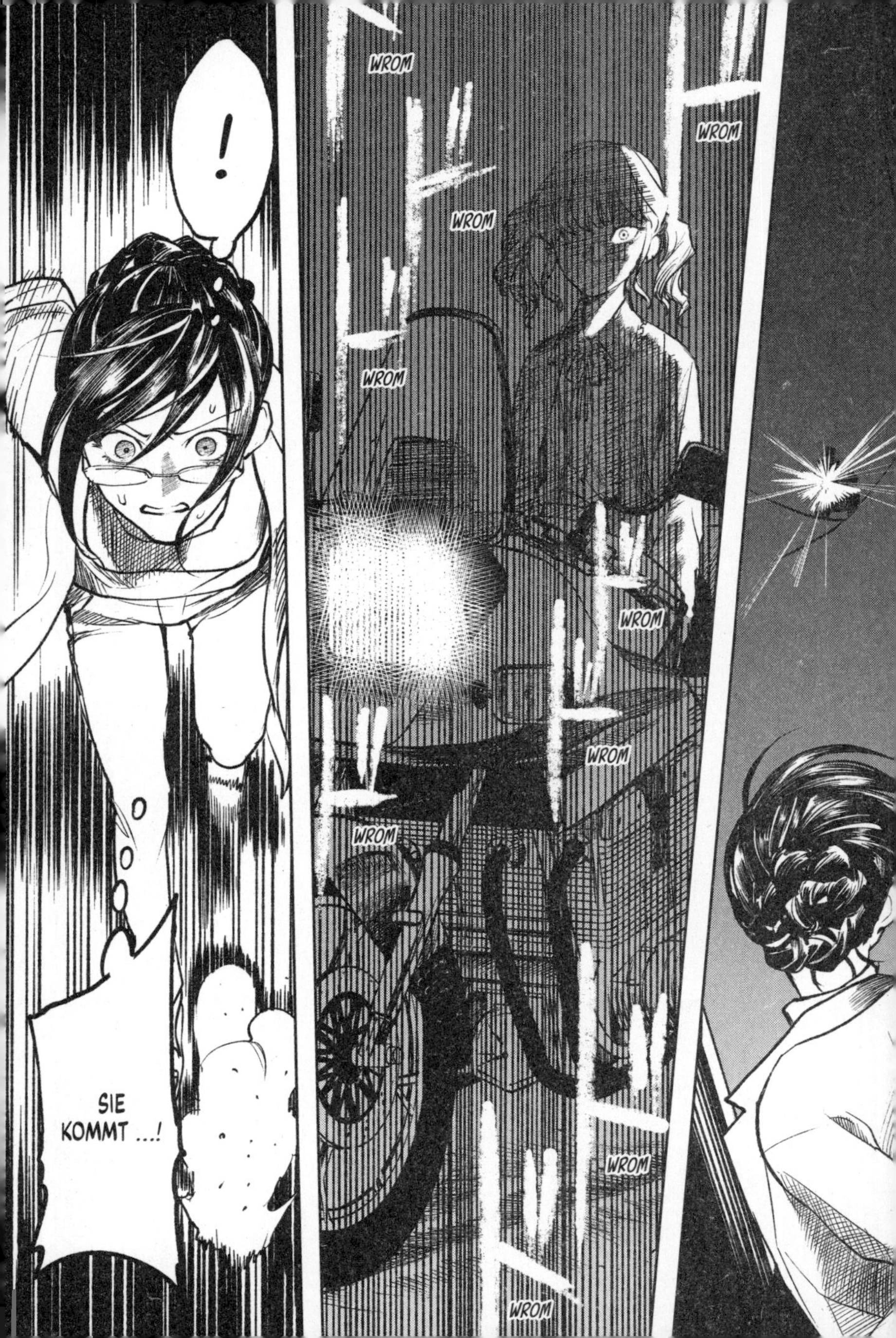
WROM
WROM
WROM
WROM
WROM
WROM
WROM
WROM
WROM
!
SIE KOMMT ...!

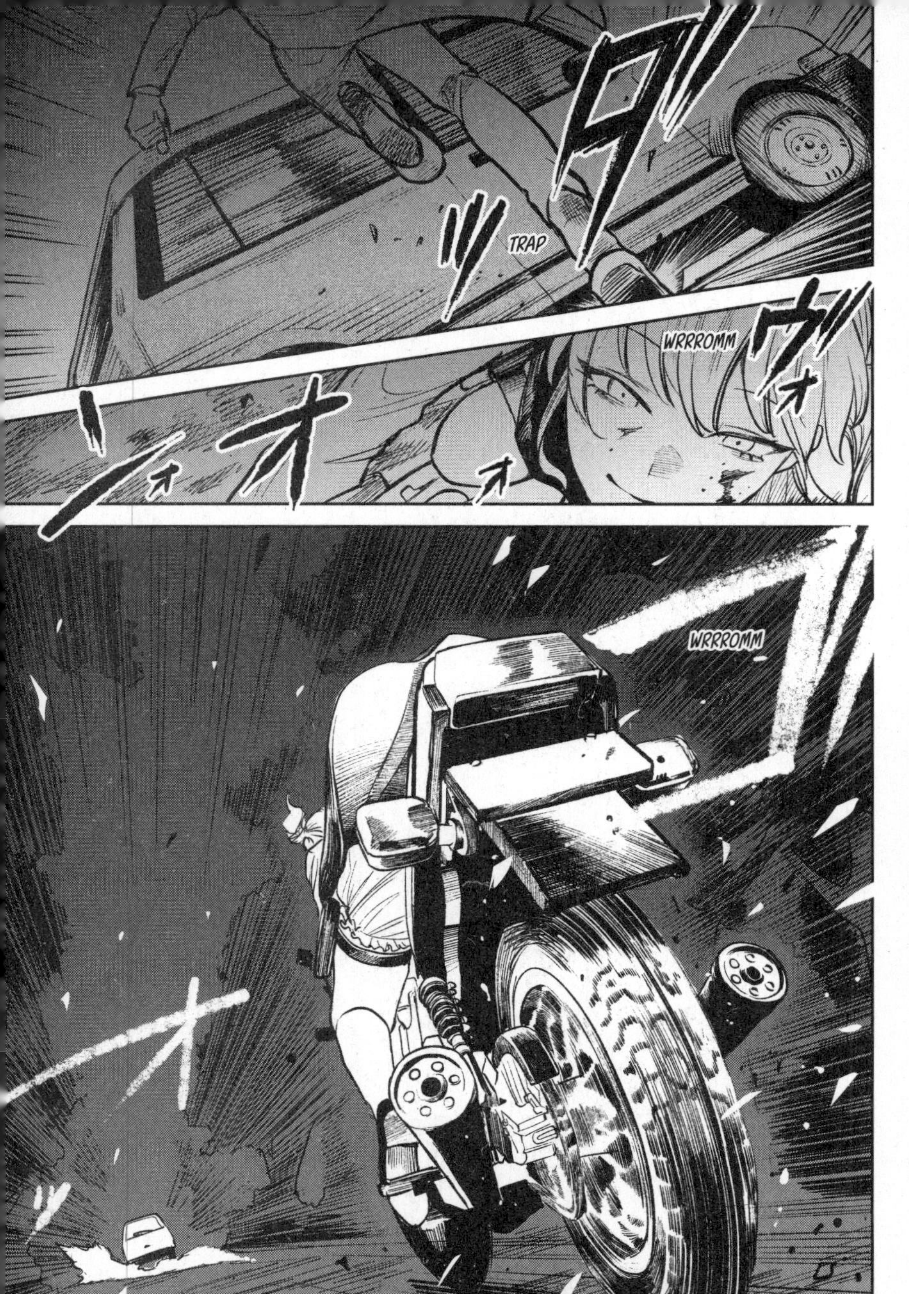

ダ
ッ
TRAP
ヴォ
WRRROMM
ォオオ
WRRROMM
オ
ッ

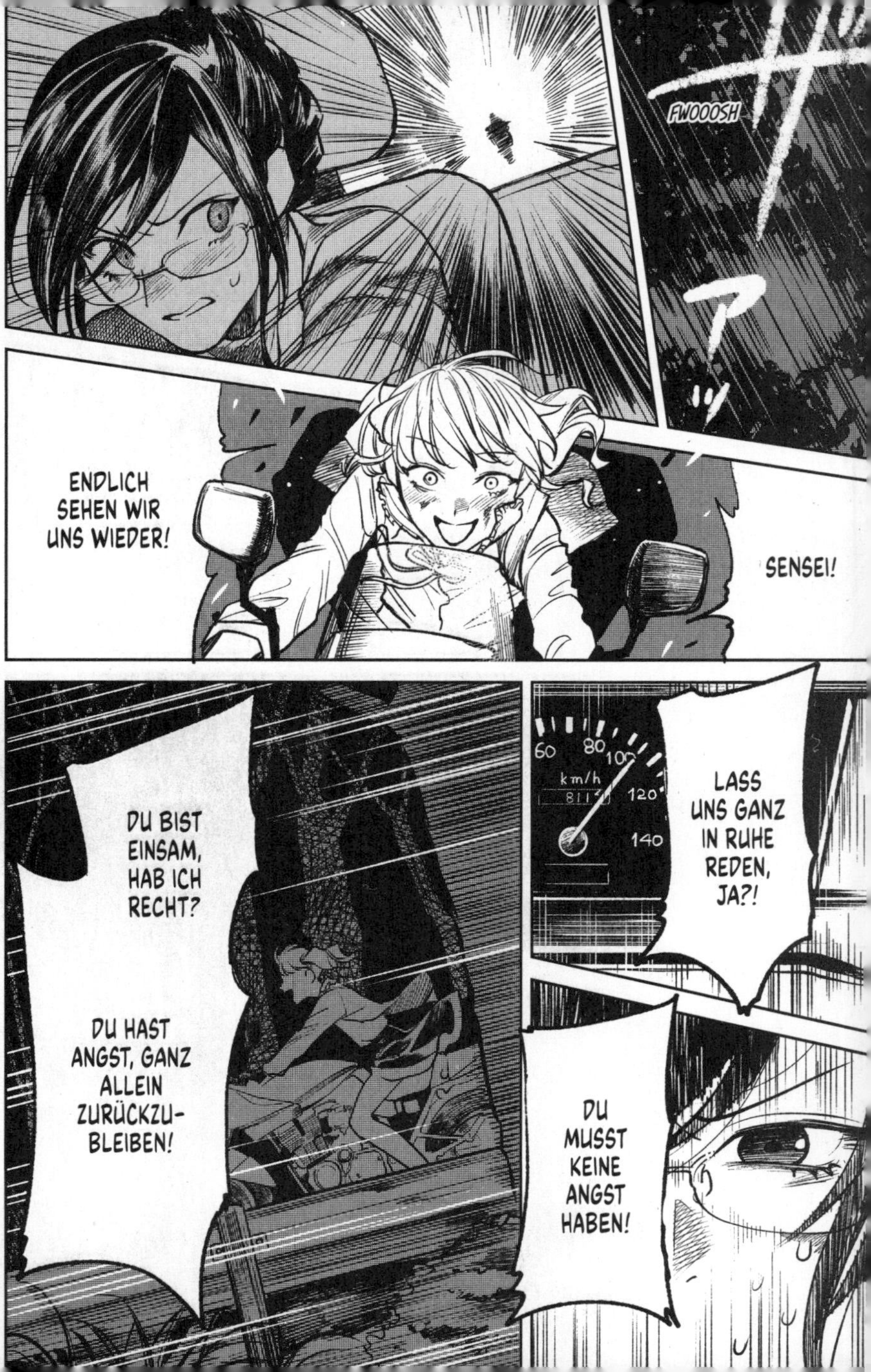

FWOOOSH

SENSEI!

ENDLICH SEHEN WIR UNS WIEDER!

LASS UNS GANZ IN RUHE REDEN, JA?!

DU MUSST KEINE ANGST HABEN!

DU BIST EINSAM, HAB ICH RECHT?

DU HAST ANGST, GANZ ALLEIN ZURÜCKZUBLEIBEN!

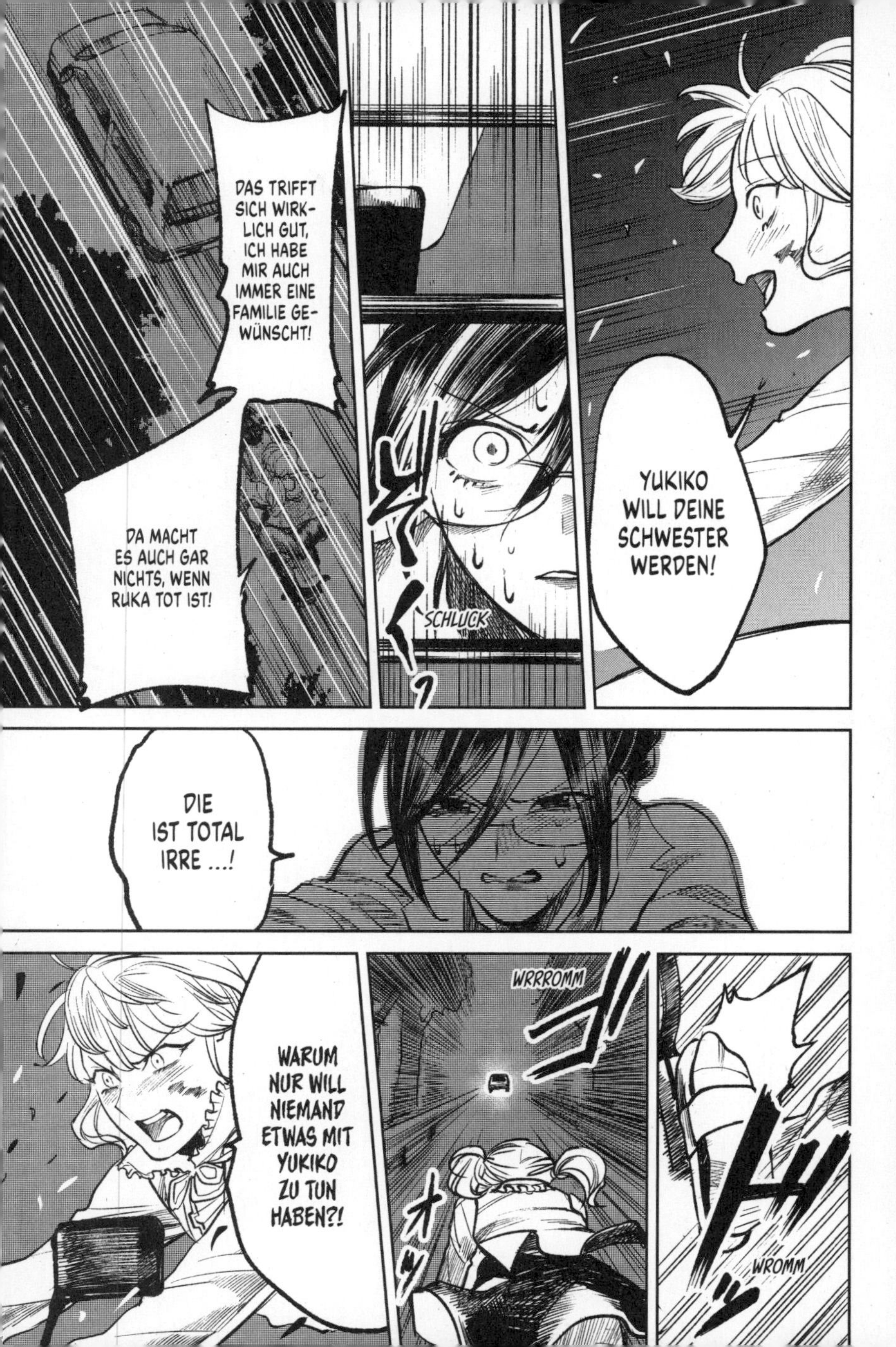

YUKIKO WILL DEINE SCHWESTER WERDEN!

SCHLUCK

DAS TRIFFT SICH WIRKLICH GUT, ICH HABE MIR AUCH IMMER EINE FAMILIE GEWÜNSCHT!

DA MACHT ES AUCH GAR NICHTS, WENN RUKA TOT IST!

DIE IST TOTAL IRRE ...!

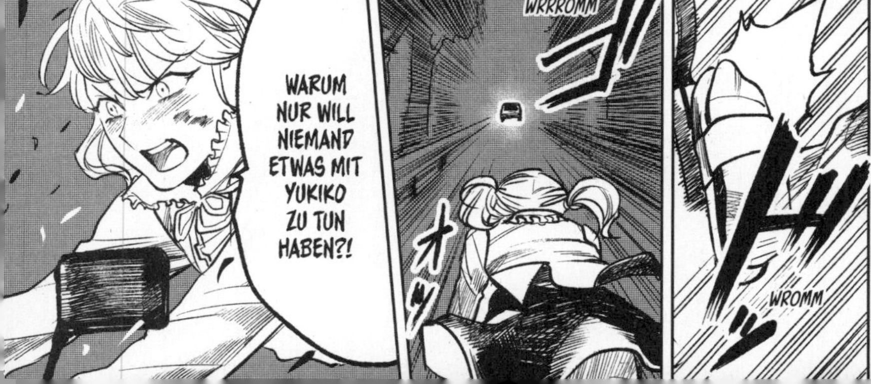

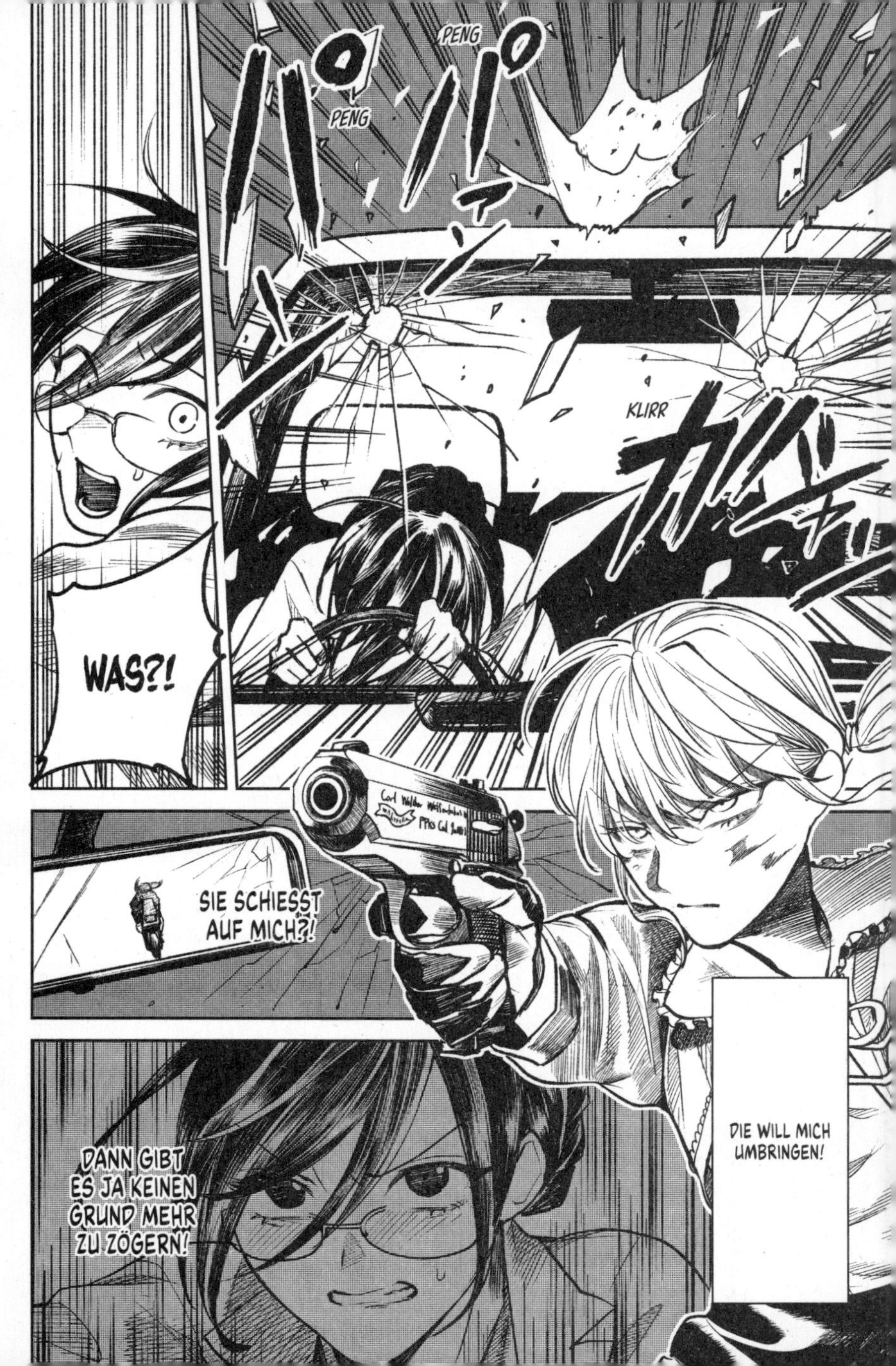
PENG
PENG
KLIRR
WAS?!
SIE SCHIESST AUF MICH?!
DIE WILL MICH UMBRINGEN!
DANN GIBT ES JA KEINEN GRUND MEHR ZU ZÖGERN!

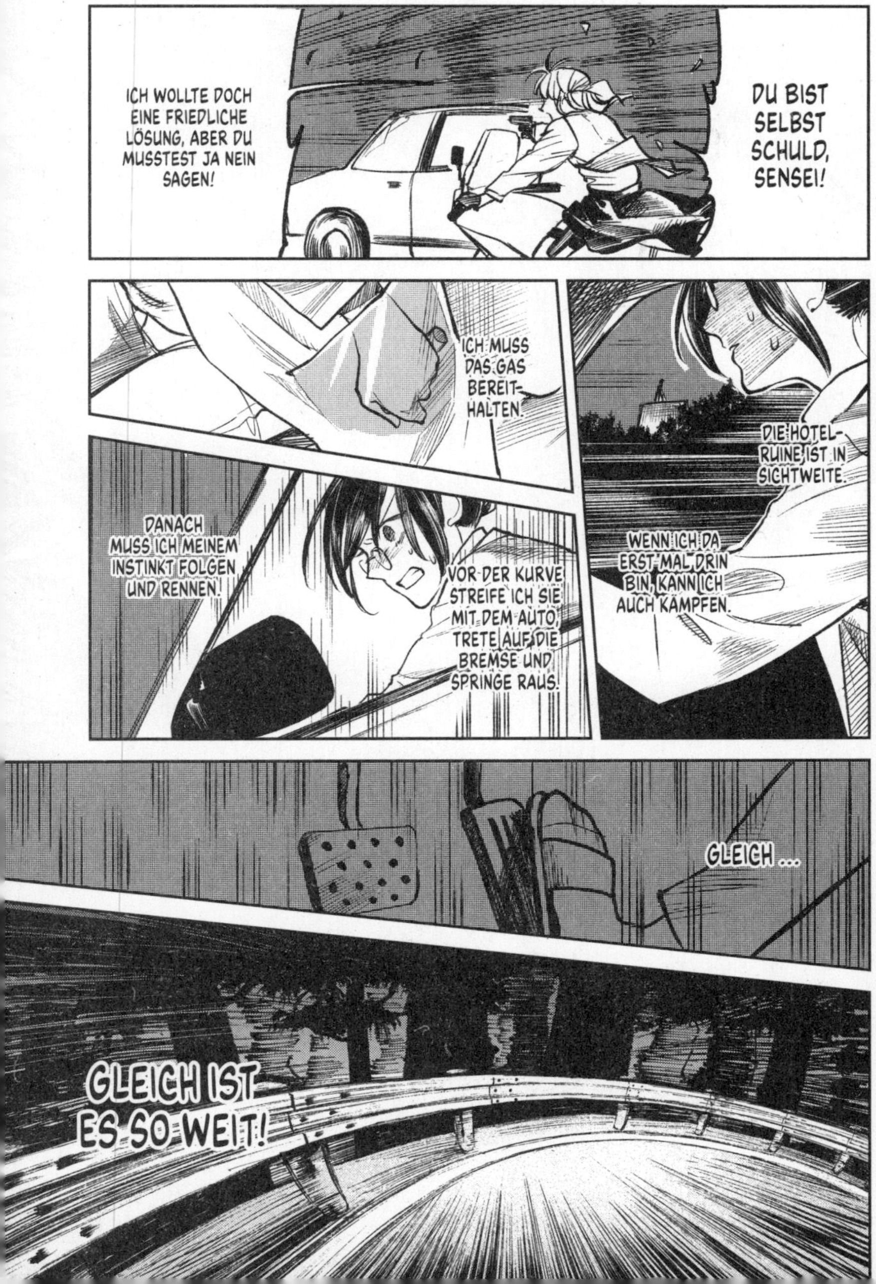

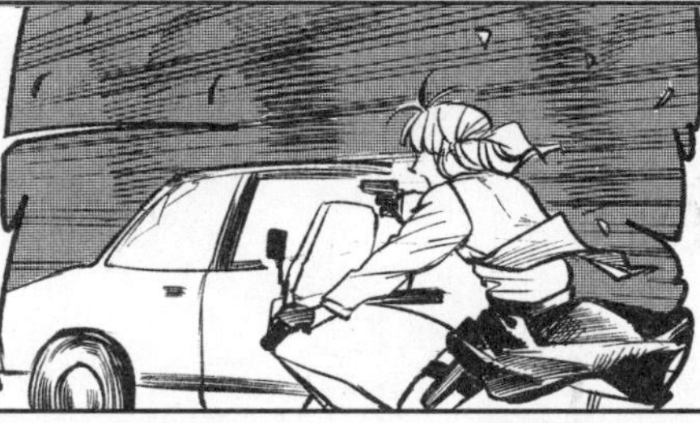

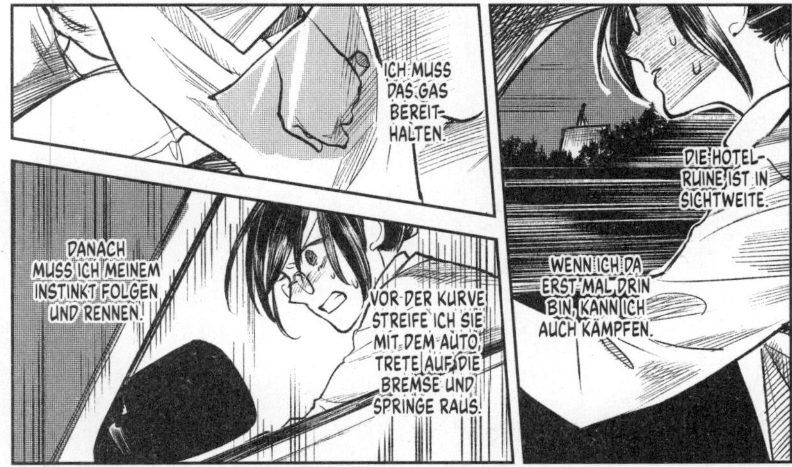

GLEICH …

GLEICH IST ES SO WEIT!

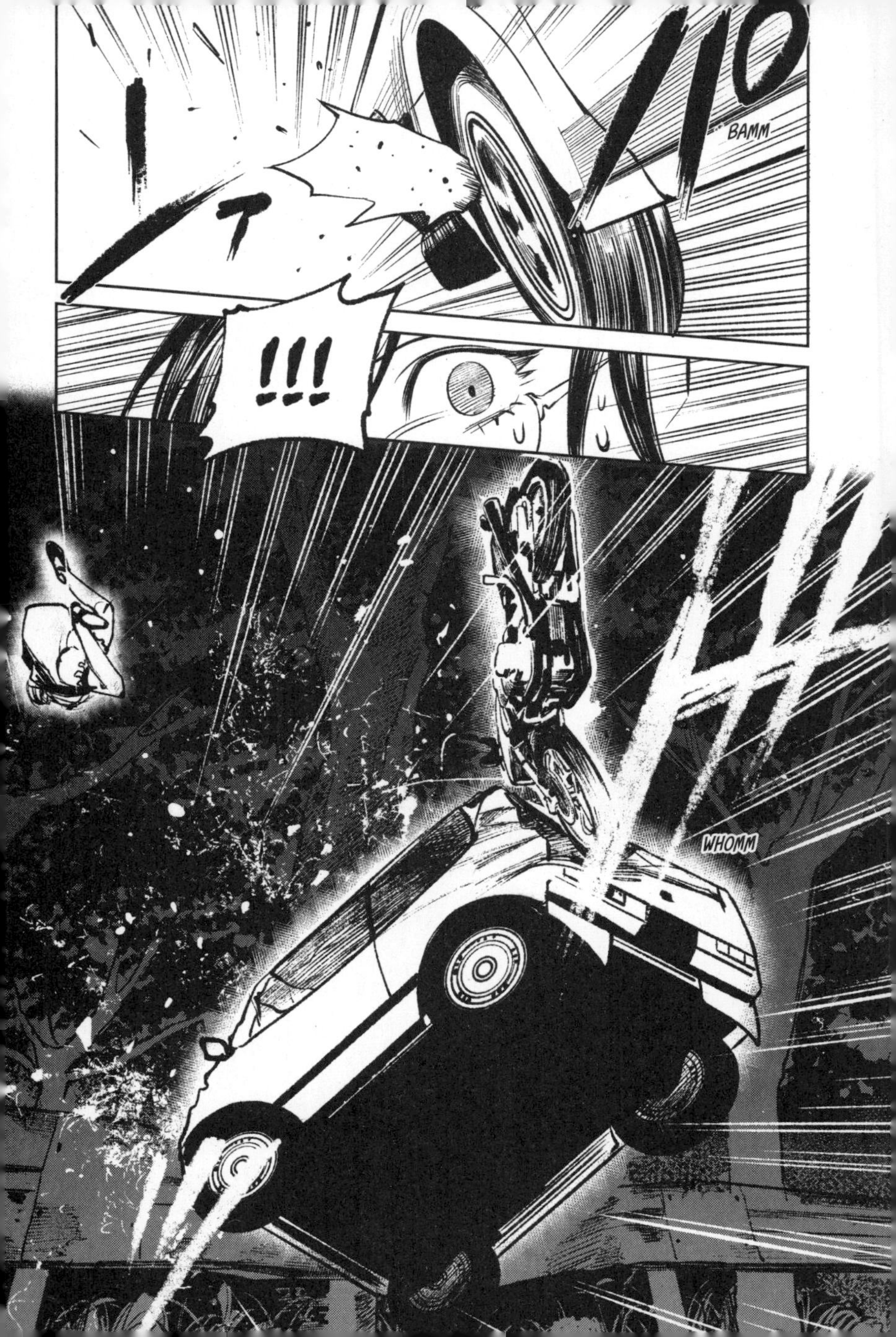
BAMM
!!!
WHOMM

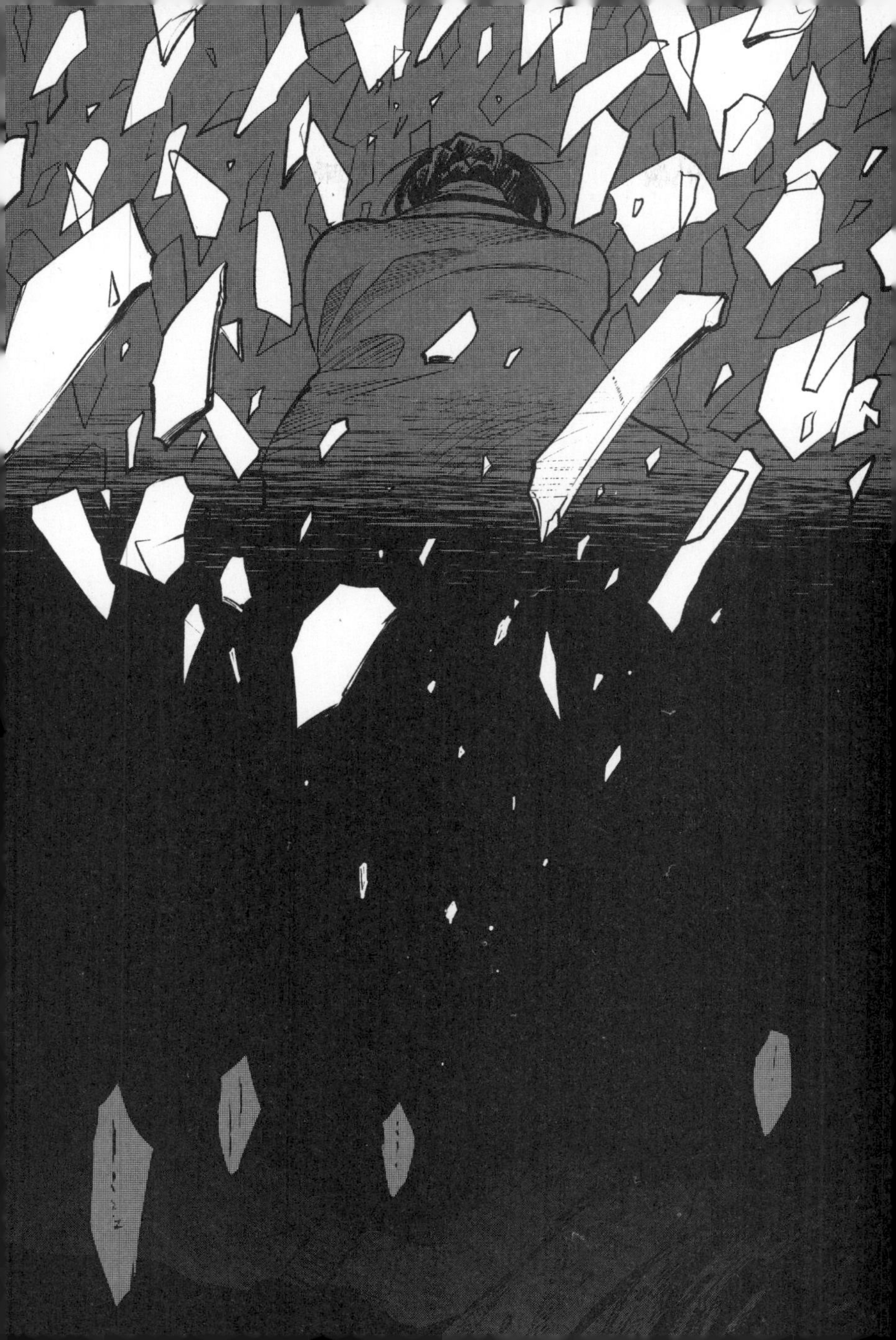

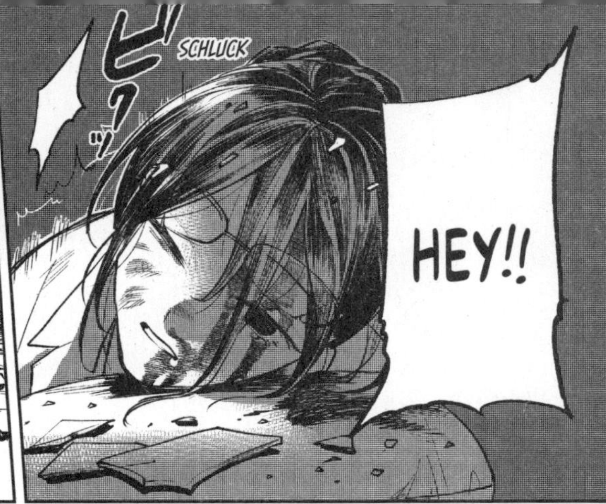
SCHLUCK
HEY!!
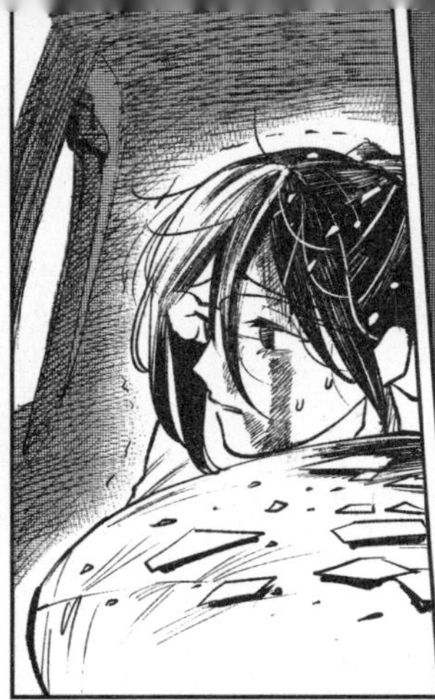
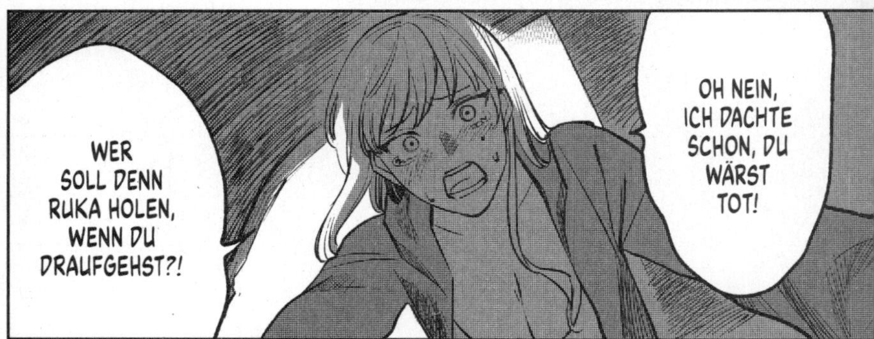
OH NEIN, ICH DACHTE SCHON, DU WÄRST TOT!
WER SOLL DENN RUKA HOLEN, WENN DU DRAUFGEHST?!
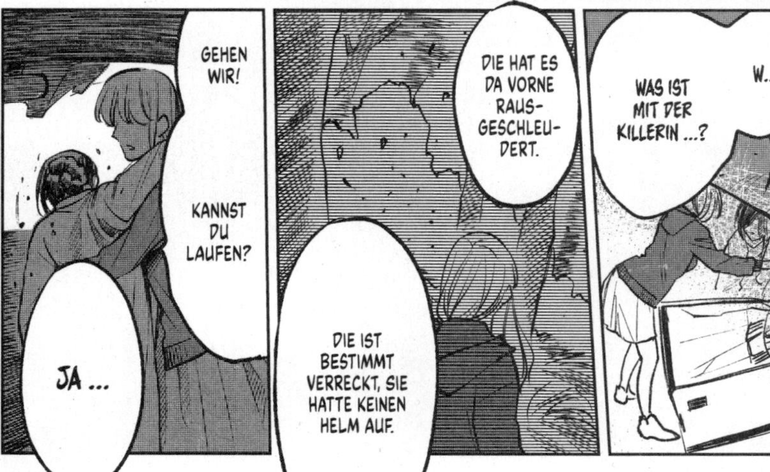
W...
WAS IST MIT DER KILLERIN ...?
DIE HAT ES DA VORNE RAUS-GESCHLEU-DERT.
DIE IST BESTIMMT VERRECKT, SIE HATTE KEINEN HELM AUF.
GEHEN WIR!
KANNST DU LAUFEN?
JA ...

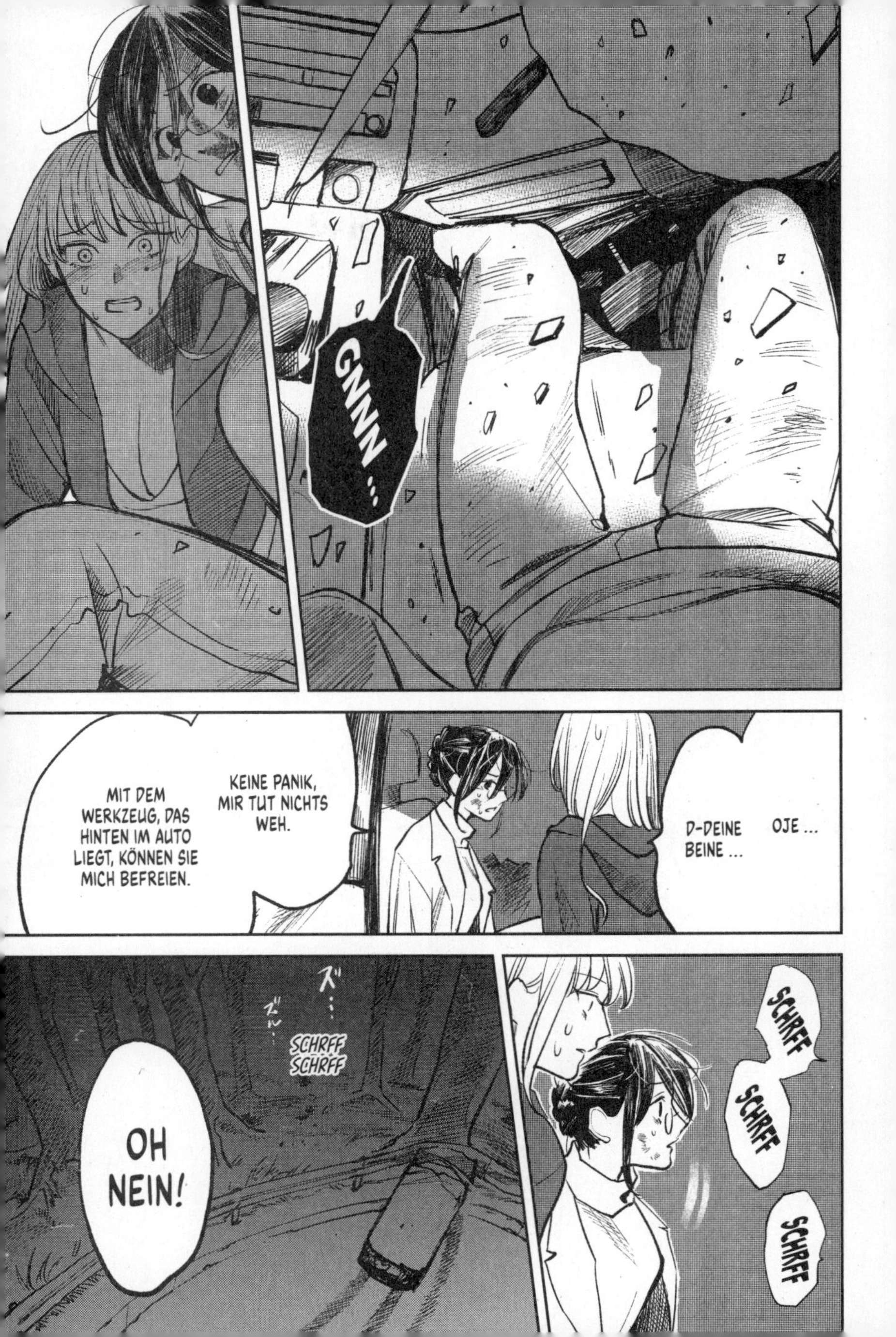

GNNN ...

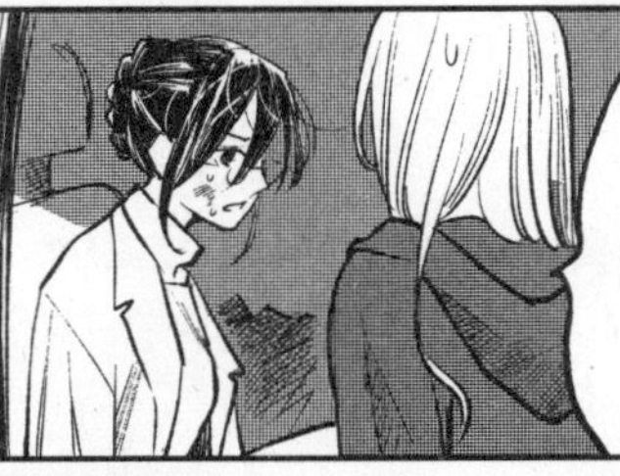
OJE ...
D-DEINE BEINE ...
KEINE PANIK, MIR TUT NICHTS WEH.
MIT DEM WERKZEUG, DAS HINTEN IM AUTO LIEGT, KÖNNEN SIE MICH BEFREIEN.

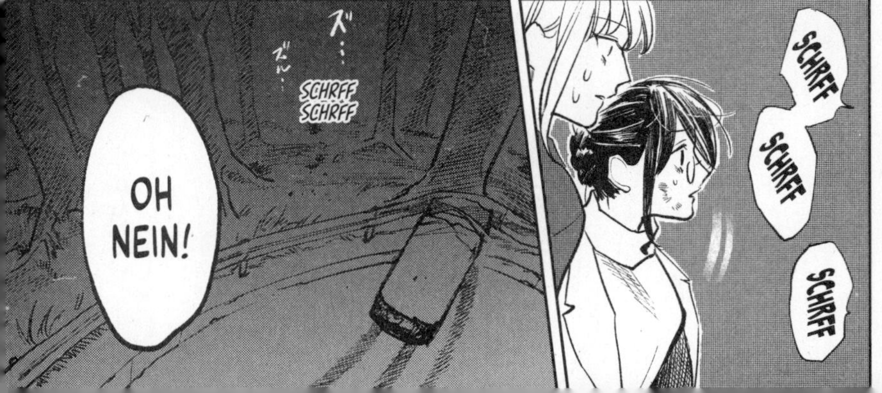
SCHRFF
SCHRFF
SCHRFF
ズ…
ズル…
SCHRFF SCHRFF
OH NEIN!

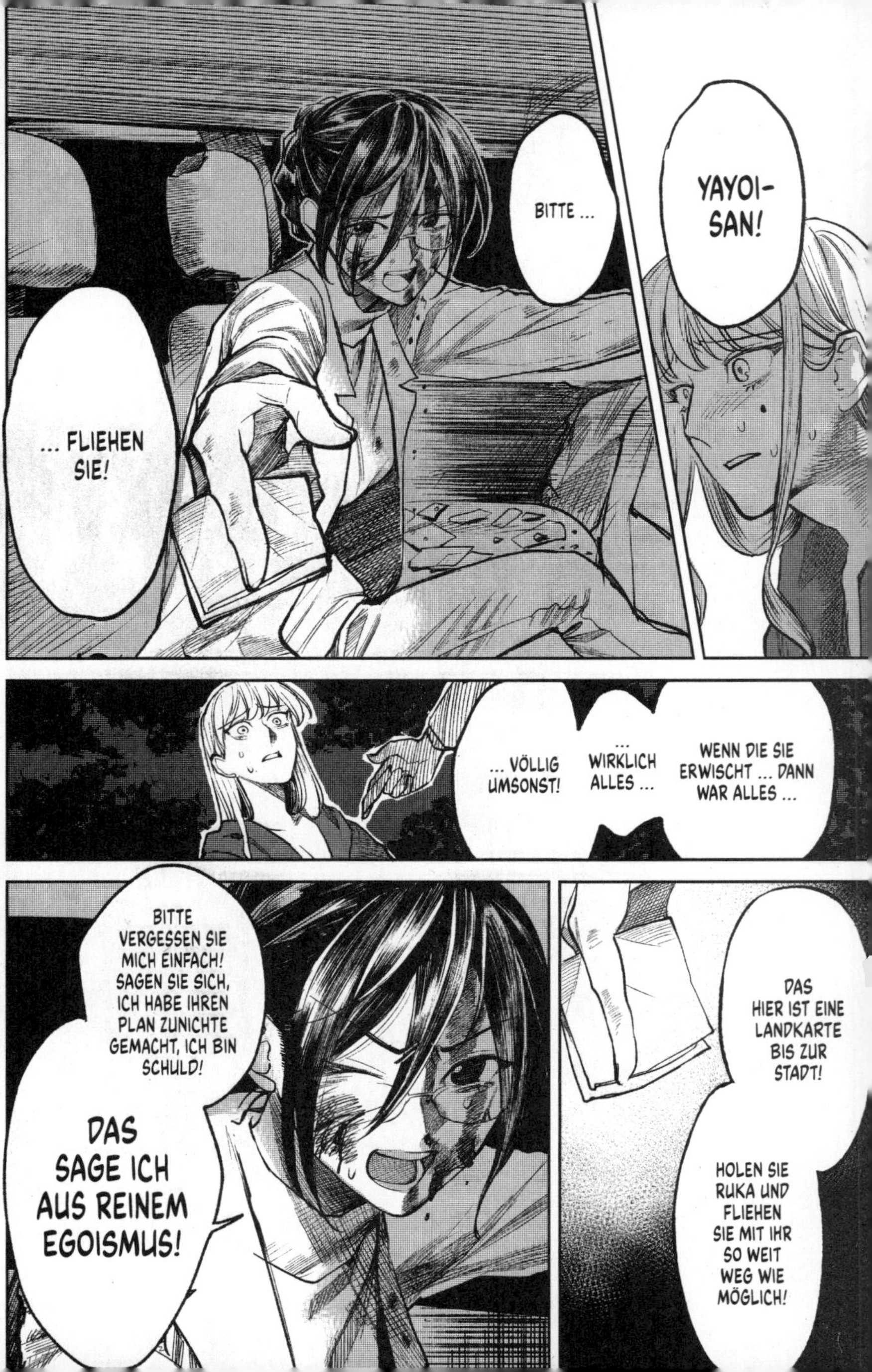

YAYOI-SAN!
BITTE ...
... FLIEHEN SIE!

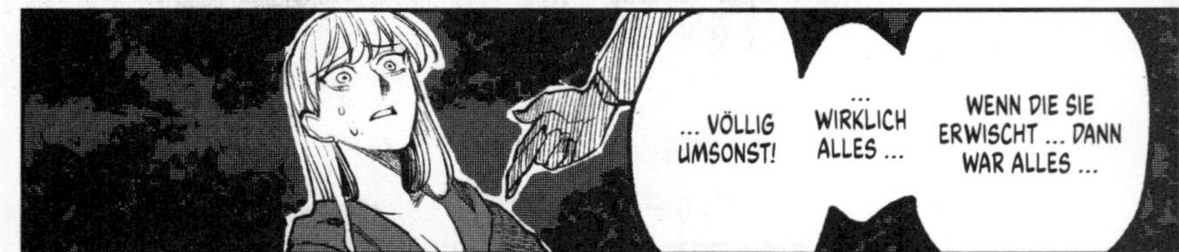

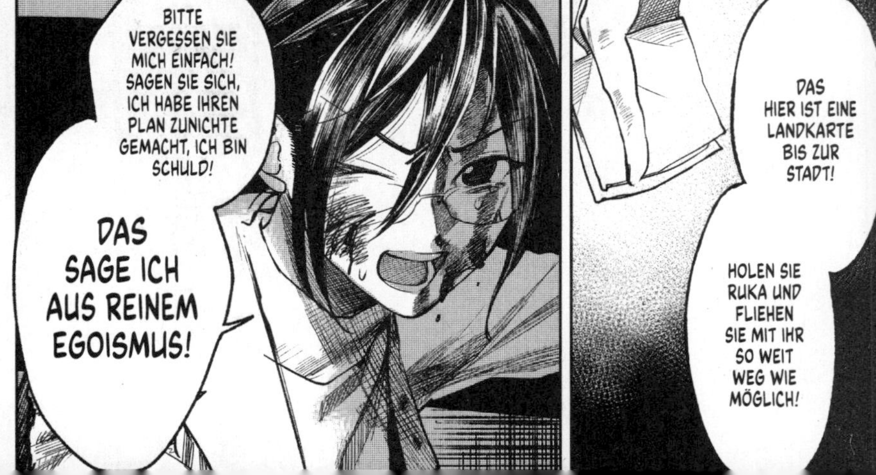

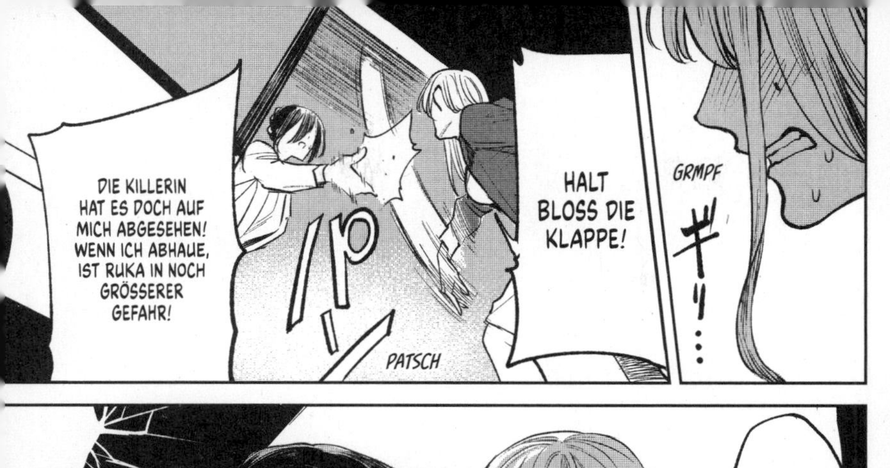

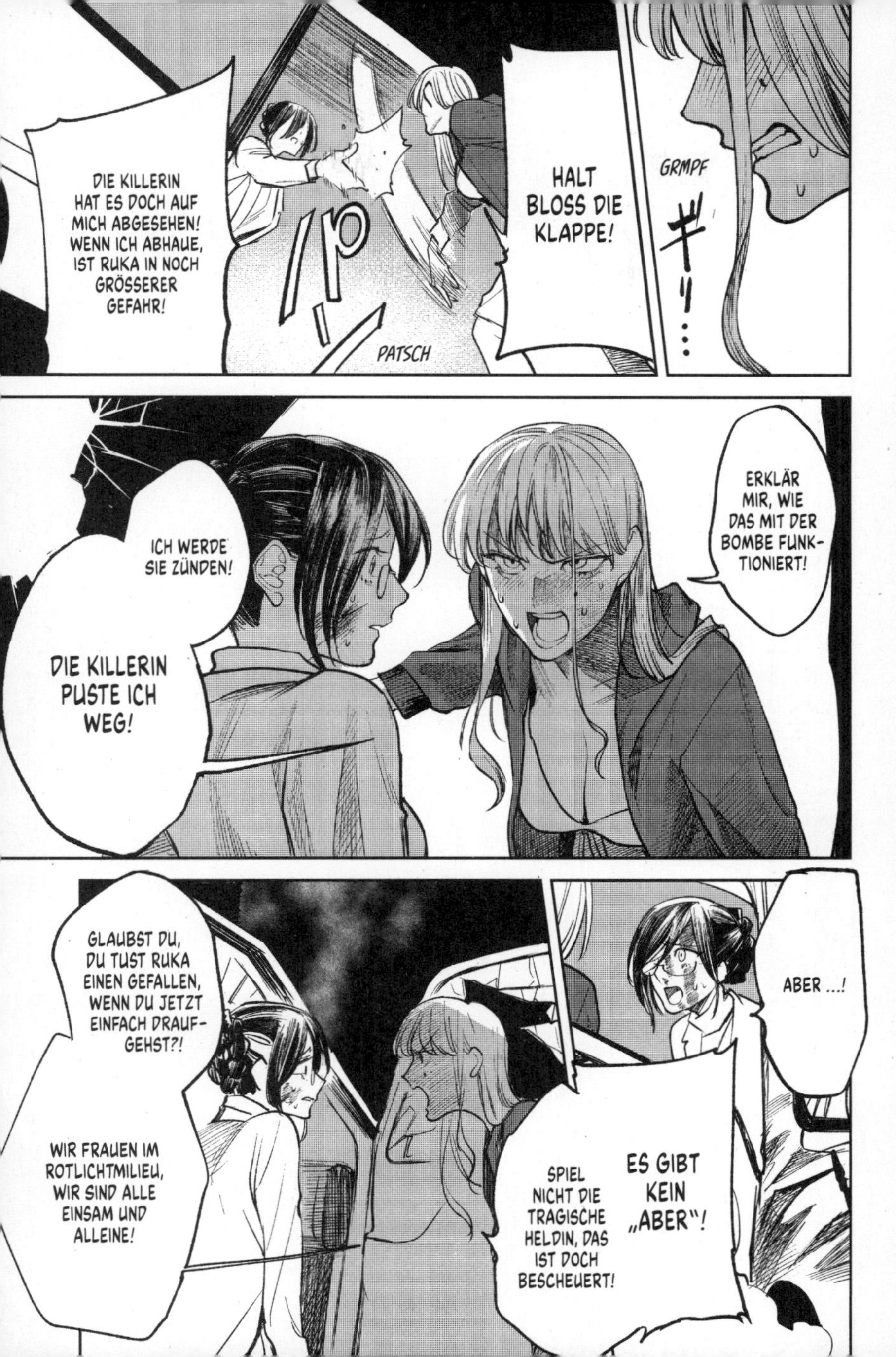

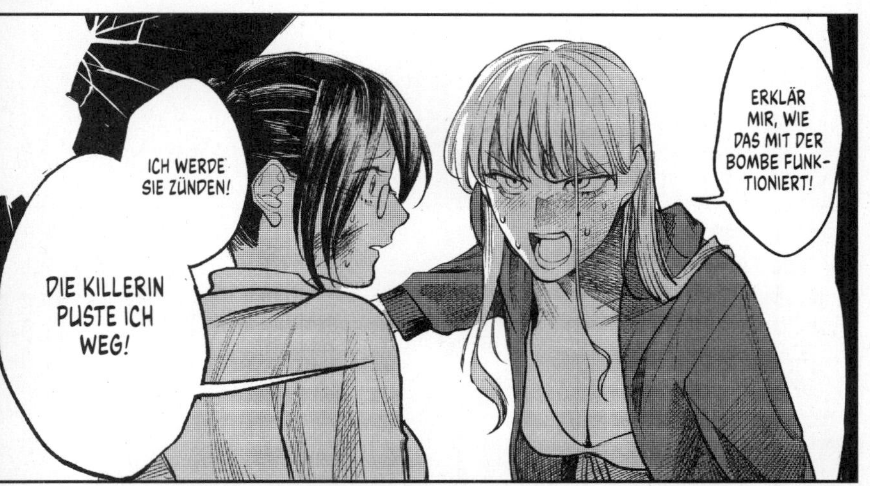

ABER ...!

ES GIBT KEIN „ABER“!

SPIEL NICHT DIE TRAGISCHE HELDIN, DAS IST DOCH BESCHEUERT!

GLAUBST DU, DU TUST RUKA EINEN GEFALLEN, WENN DU JETZT EINFACH DRAUFGEHST?!

WIR FRAUEN IM ROTLICHTMILIEU, WIR SIND ALLE EINSAM UND ALLEINE!

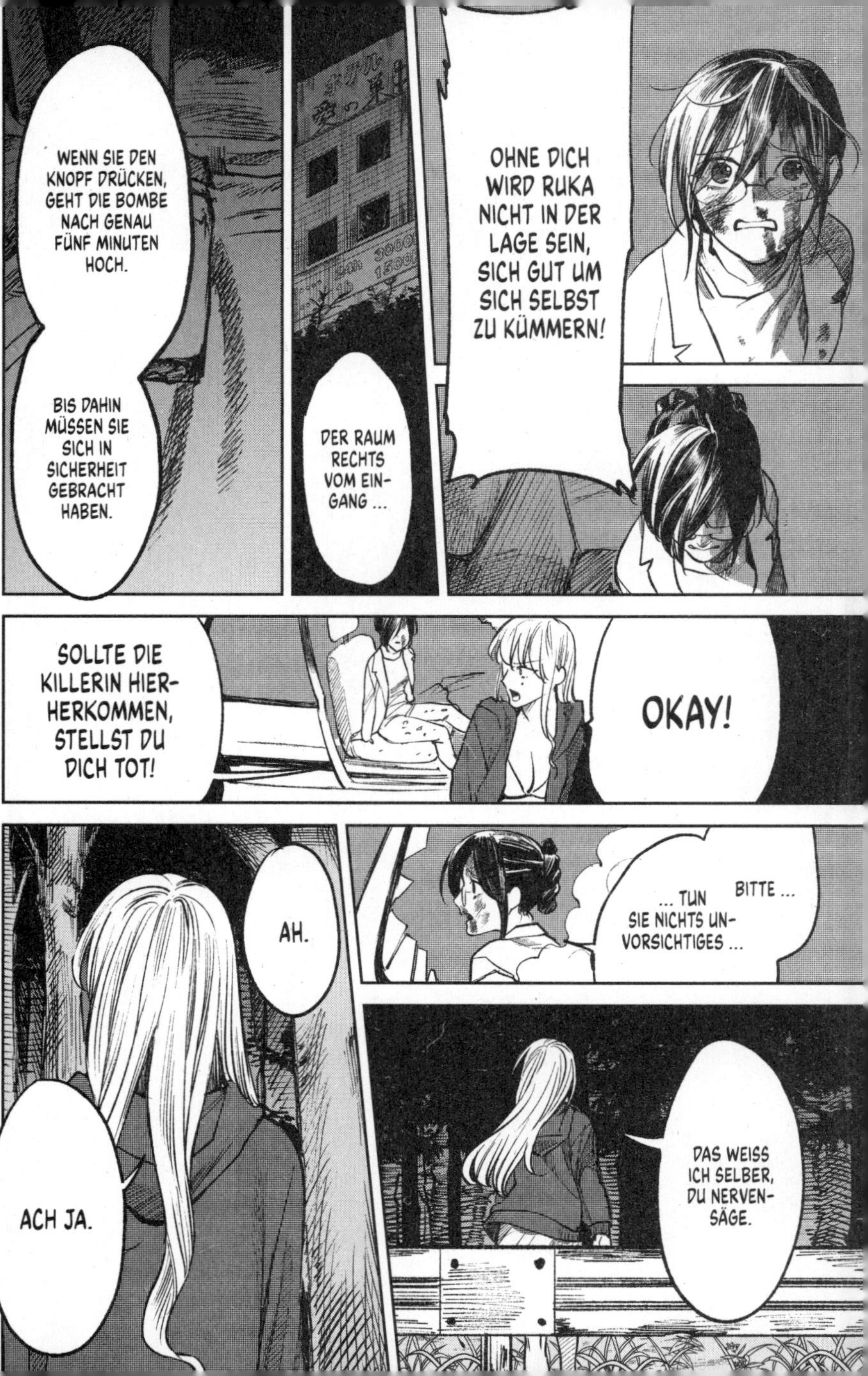

OHNE DICH WIRD RUKA NICHT IN DER LAGE SEIN, SICH GUT UM SICH SELBST ZU KÜMMERN!

DER RAUM RECHTS VOM EIN-GANG ...

WENN SIE DEN KNOPF DRÜCKEN, GEHT DIE BOMBE NACH GENAU FÜNF MINUTEN HOCH.

BIS DAHIN MÜSSEN SIE SICH IN SICHERHEIT GEBRACHT HABEN.

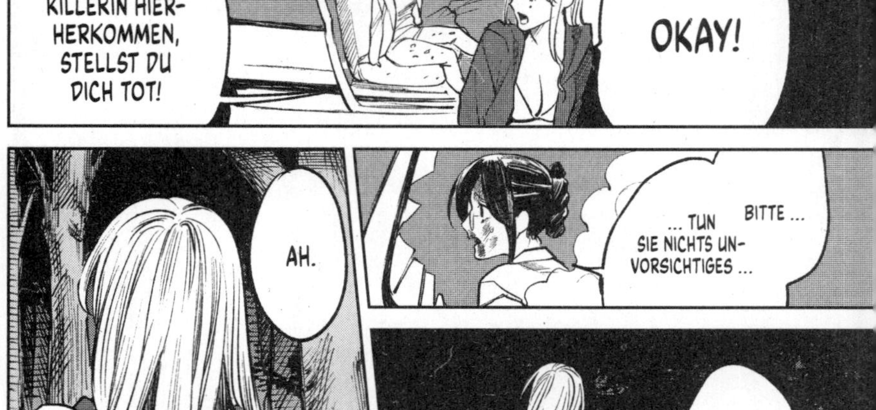

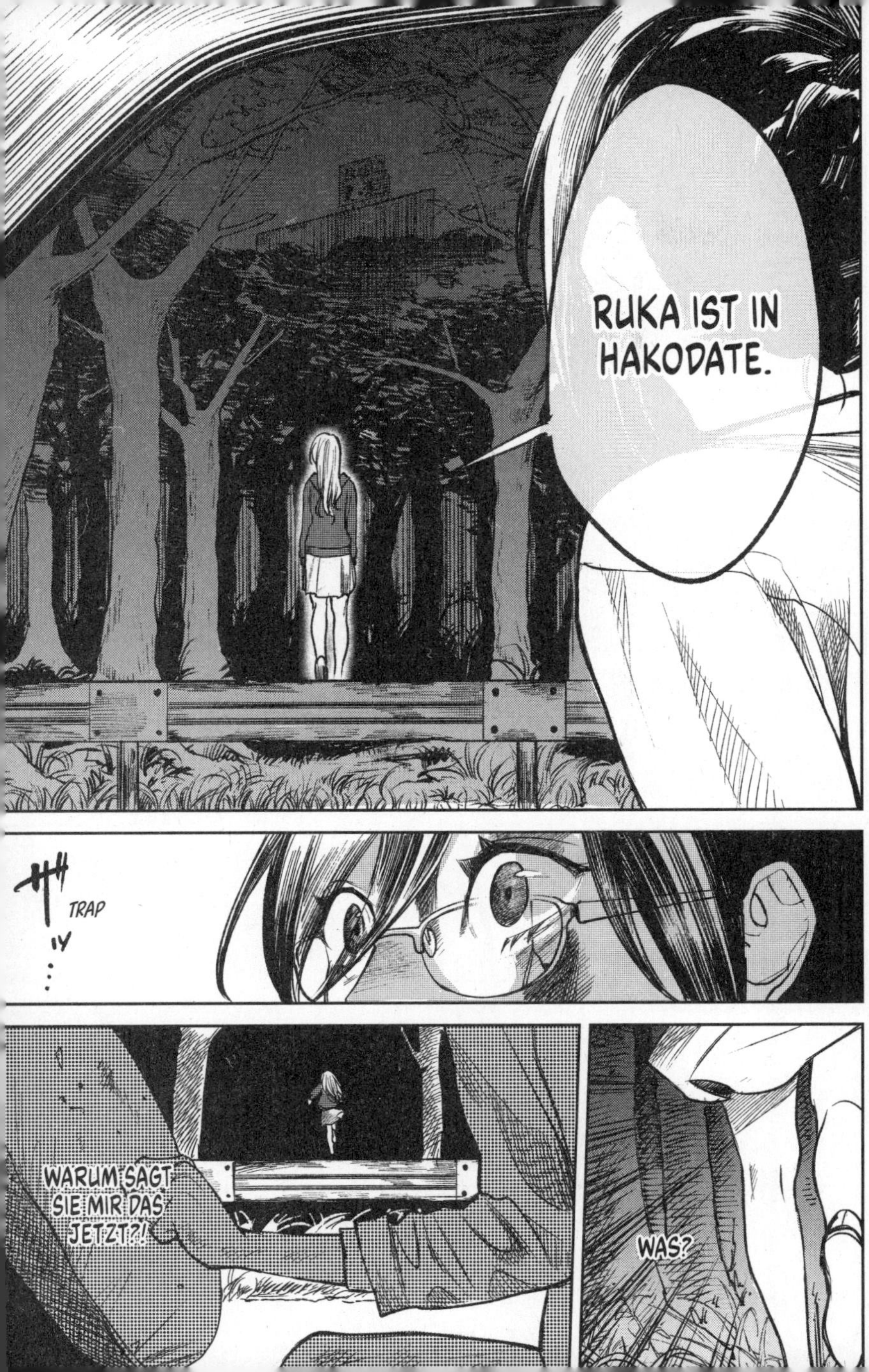

RUKA IST IN HAKODATE.

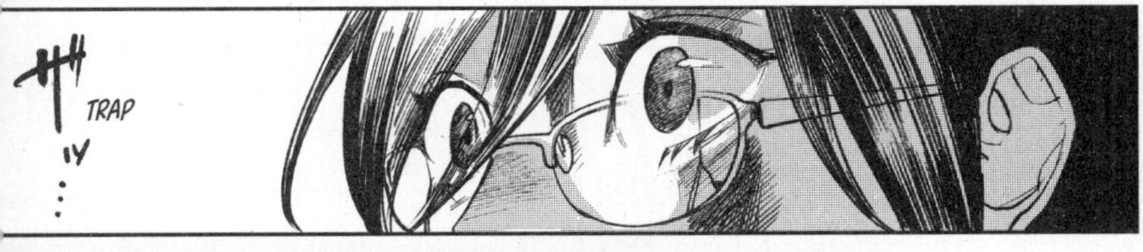

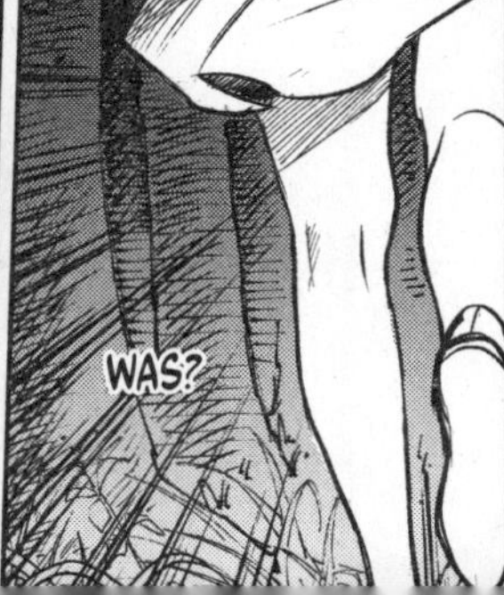

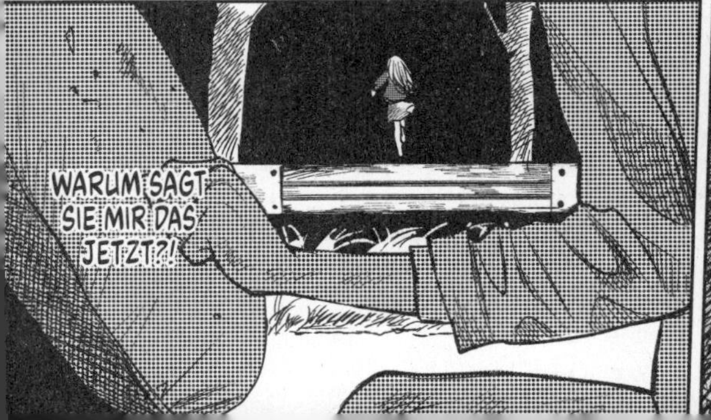

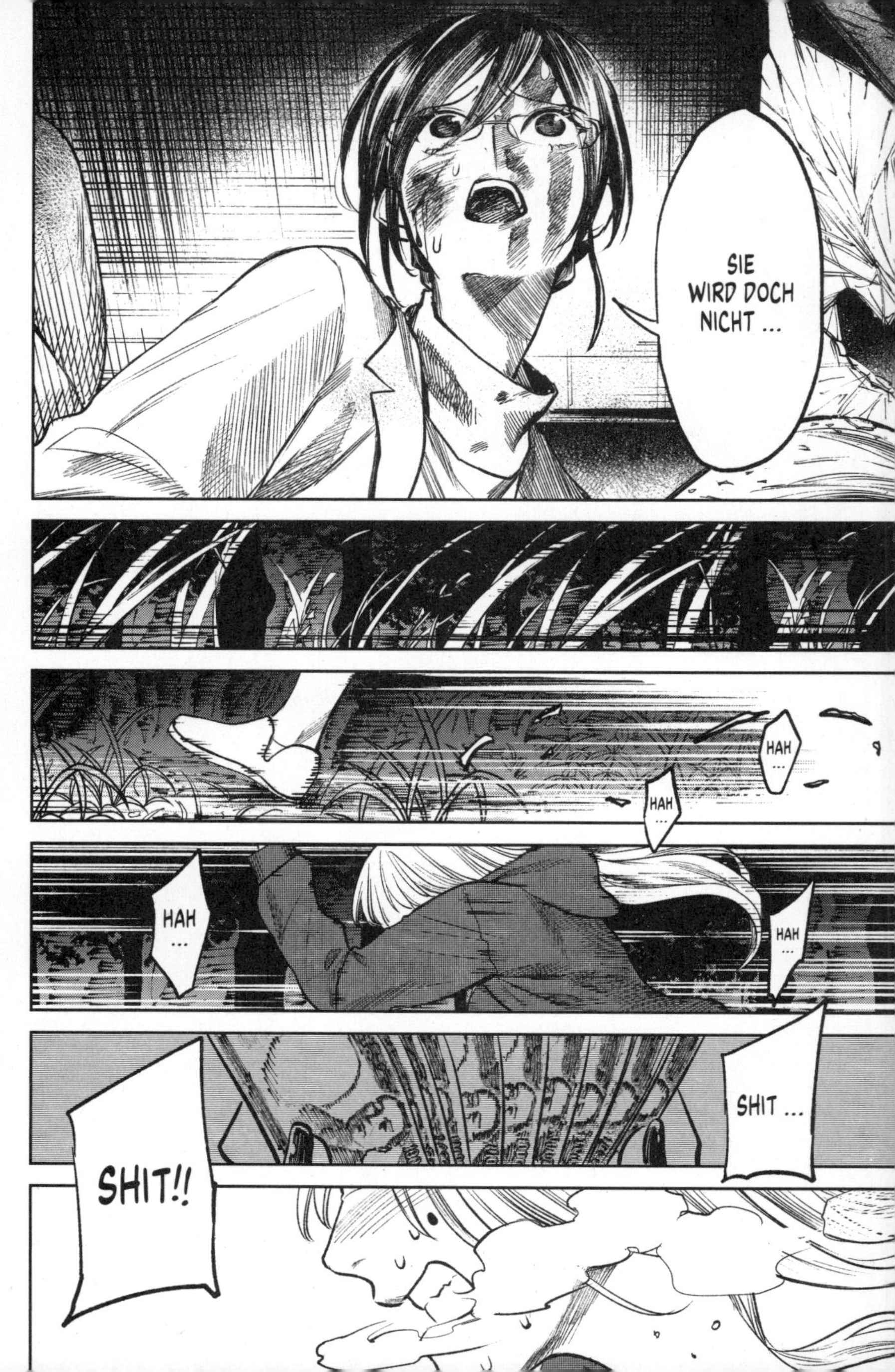
SIE WIRD DOCH NICHT ...
HAH ...
HAH ...
HAH ...
HAH ...
SHIT ...
SHIT!!

FÜR GELD
HABE ICH ALLES
GETAN.

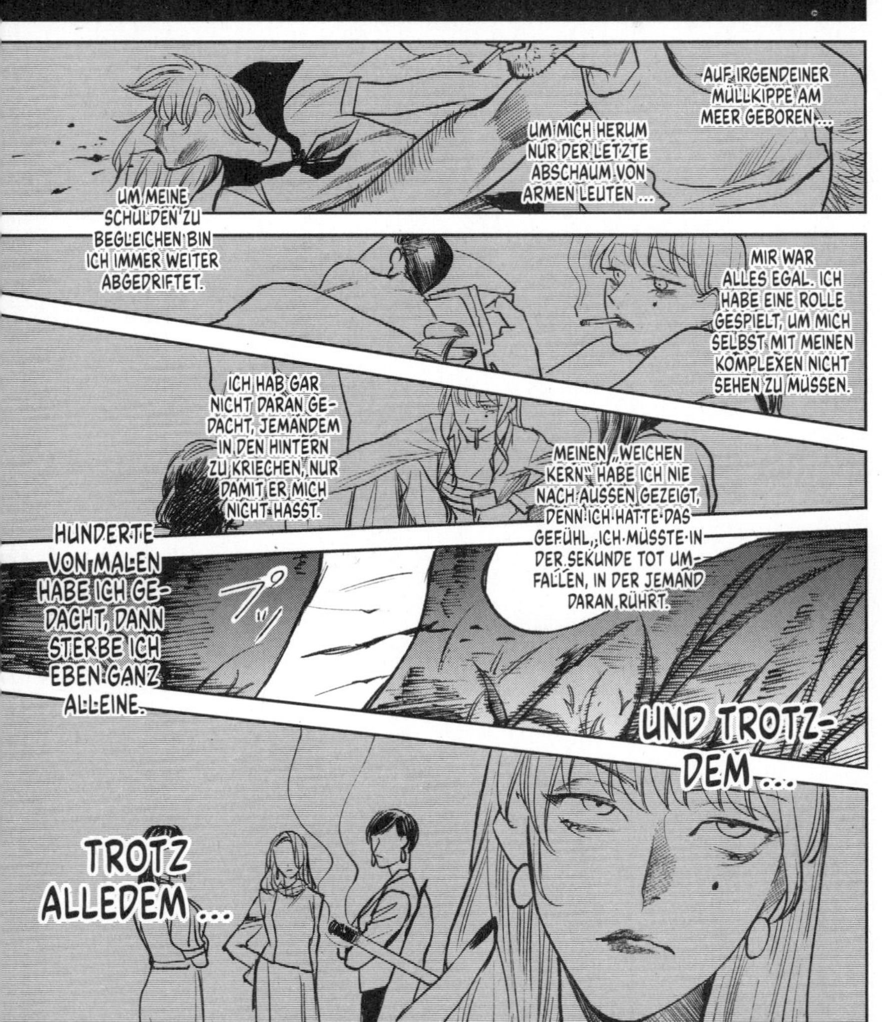

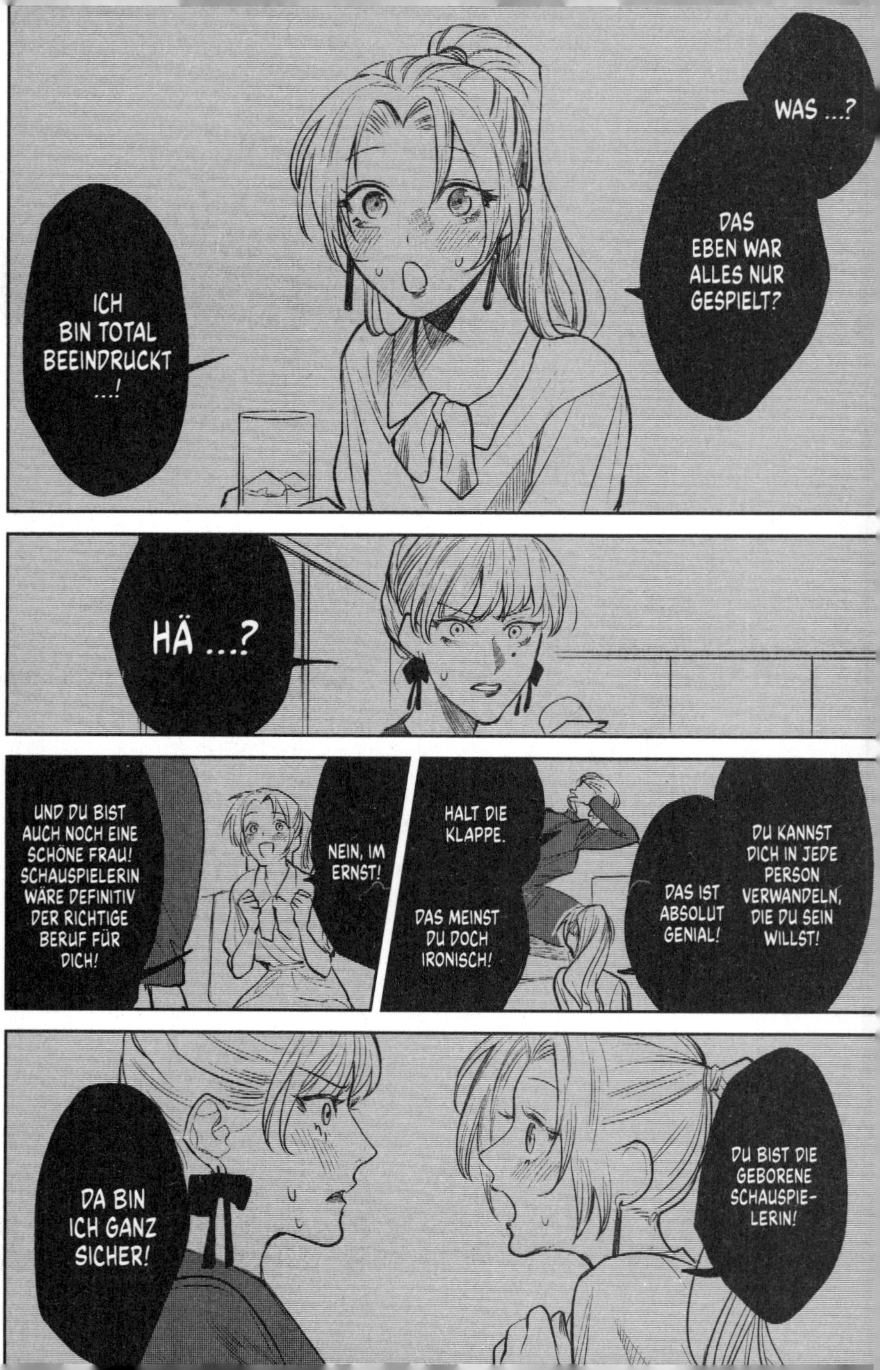

WAS ...?
DAS EBEN WAR ALLES NUR GESPIELT?
ICH BIN TOTAL BEEINDRUCKT ...!
HÄ ...?
DU KANNST DICH IN JEDE PERSON VERWANDELN, DIE DU SEIN WILLST!
DAS IST ABSOLUT GENIAL!
HALT DIE KLAPPE.
DAS MEINST DU DOCH IRONISCH!
NEIN, IM ERNST!
UND DU BIST AUCH NOCH EINE SCHÖNE FRAU! SCHAUSPIELERIN WÄRE DEFINITIV DER RICHTIGE BERUF FÜR DICH!

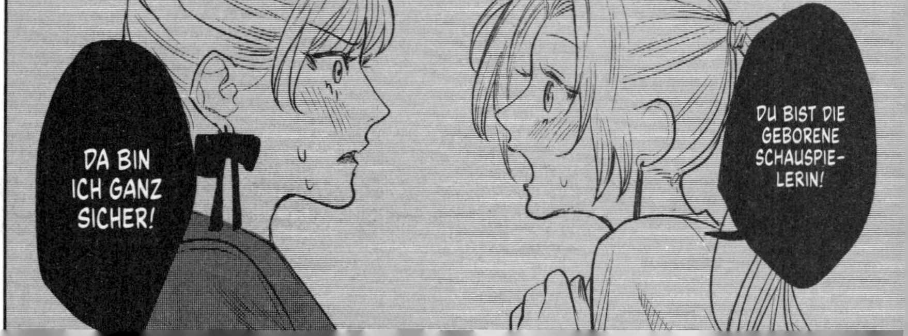

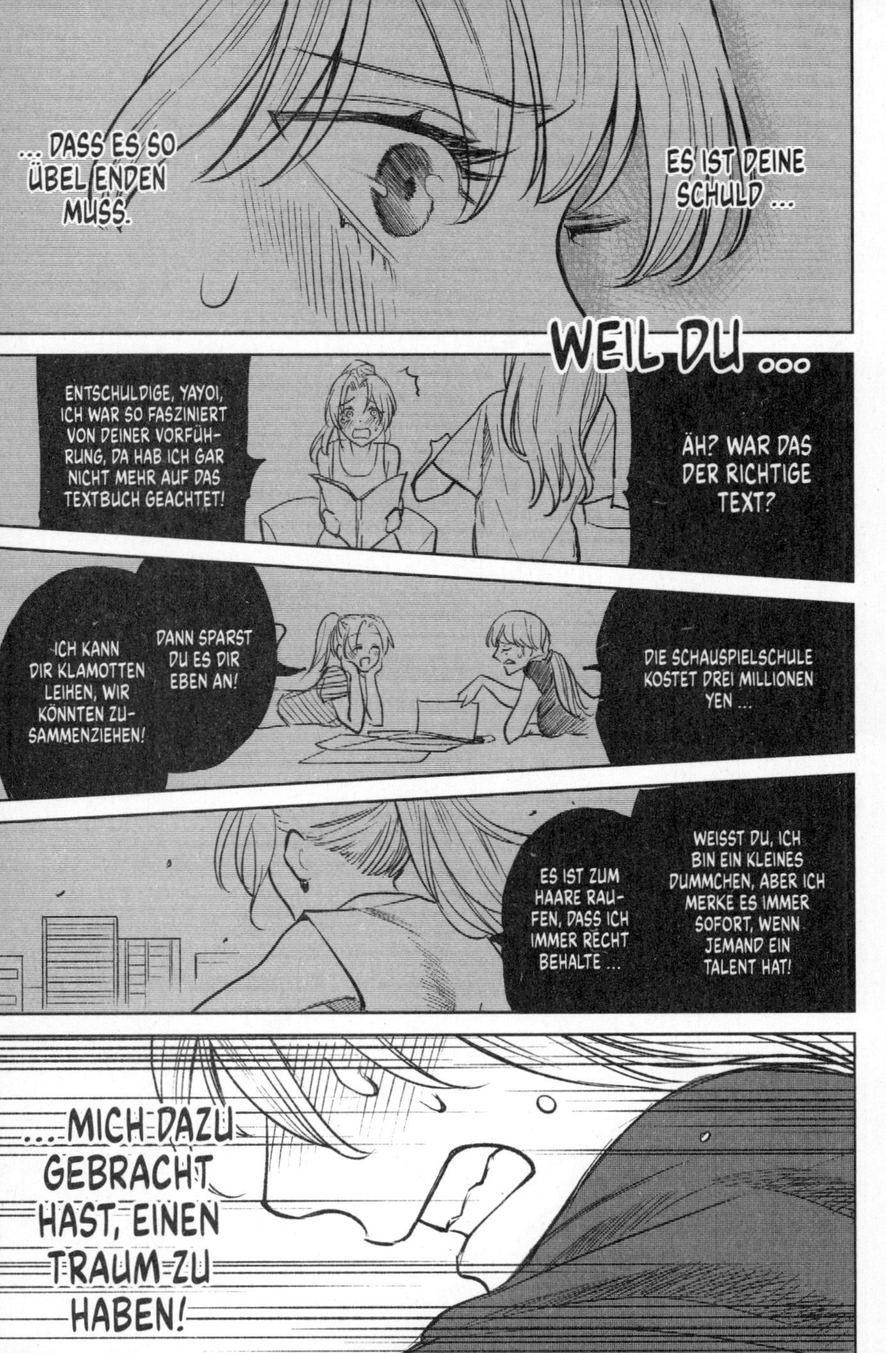
ES IST DEINE SCHULD ...
... DASS ES SO ÜBEL ENDEN MUSS.
WEIL DU ...
ÄH? WAR DAS DER RICHTIGE TEXT?
ENTSCHULDIGE, YAYOI, ICH WAR SO FASZINIERT VON DEINER VORFÜHRUNG, DA HAB ICH GAR NICHT MEHR AUF DAS TEXTBUCH GEACHTET!
DIE SCHAUSPIELSCHULE KOSTET DREI MILLIONEN YEN ...
DANN SPARST DU ES DIR EBEN AN!
ICH KANN DIR KLAMOTTEN LEIHEN, WIR KÖNNTEN ZUSAMMENZIEHEN!
WEISST DU, ICH BIN EIN KLEINES DUMMCHEN, ABER ICH MERKE ES IMMER SOFORT, WENN JEMAND EIN TALENT HAT!
ES IST ZUM HAARE RAUFEN, DASS ICH IMMER RECHT BEHALTE ...
... MICH DAZU GEBRACHT HAST, EINEN TRAUM ZU HABEN!

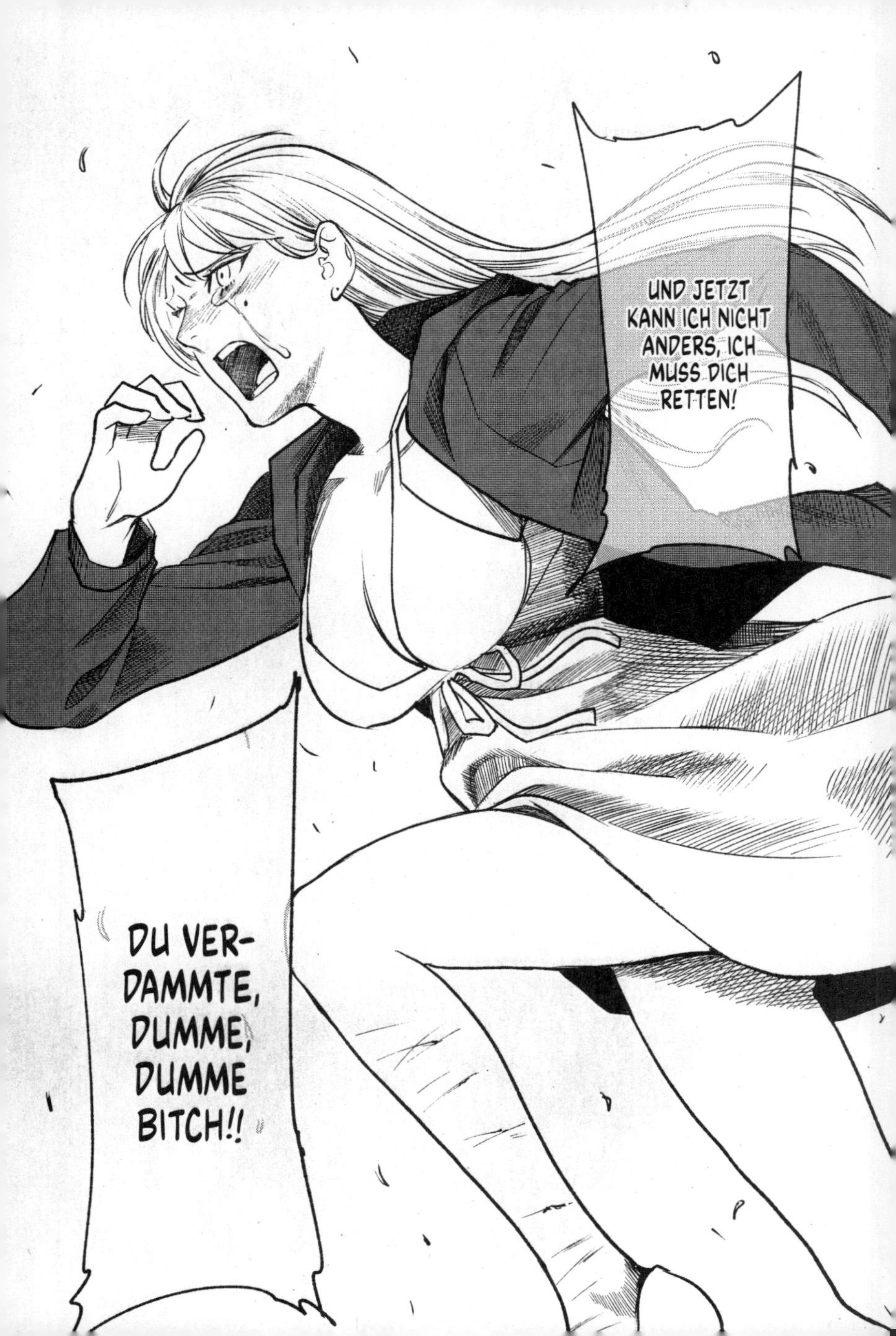
UND JETZT KANN ICH NICHT ANDERS, ICH MUSS DICH RETTEN!
DU VER-DAMMTE, DUMME, DUMME BITCH!!

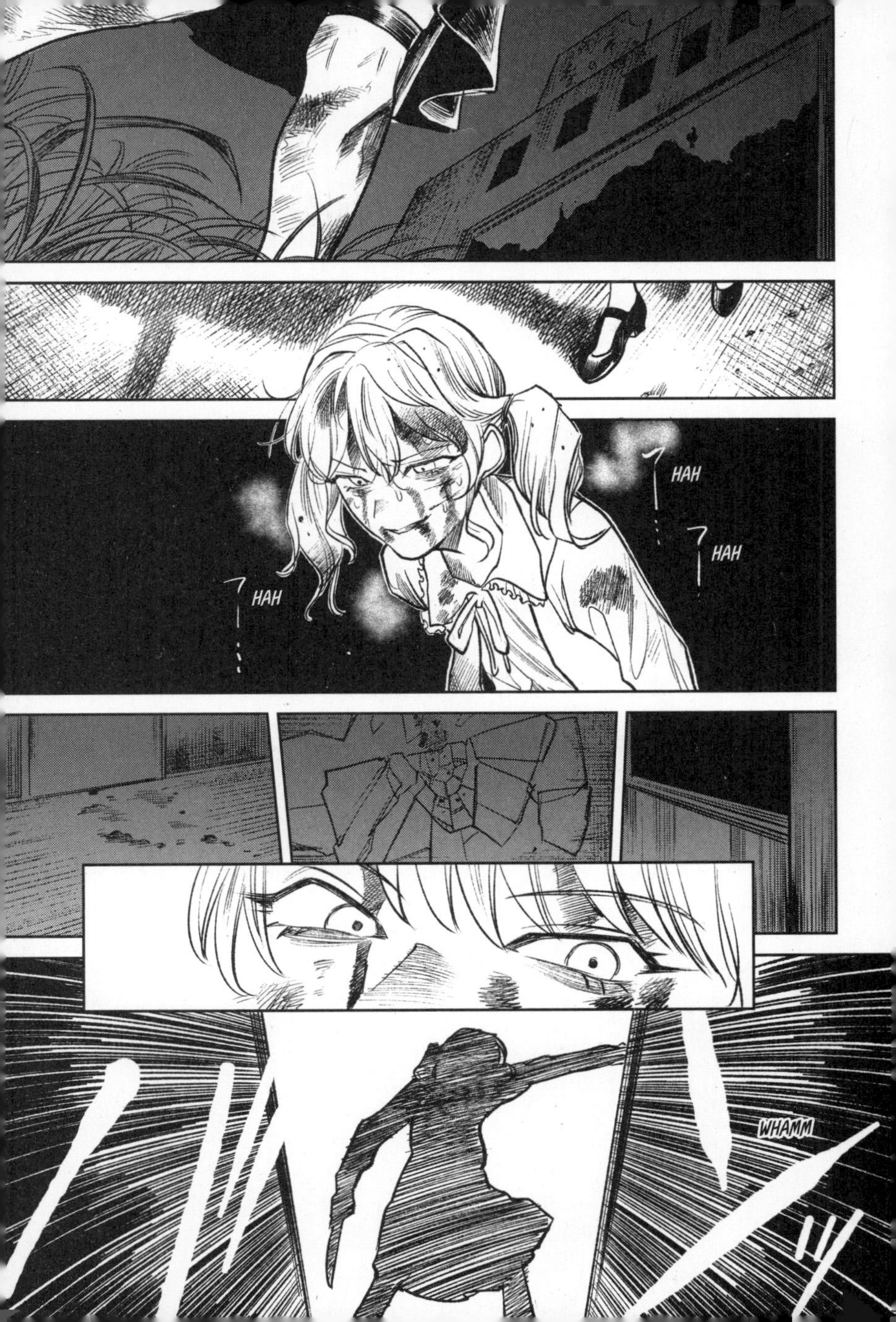

HAH
HAH
HAH
WHAMM

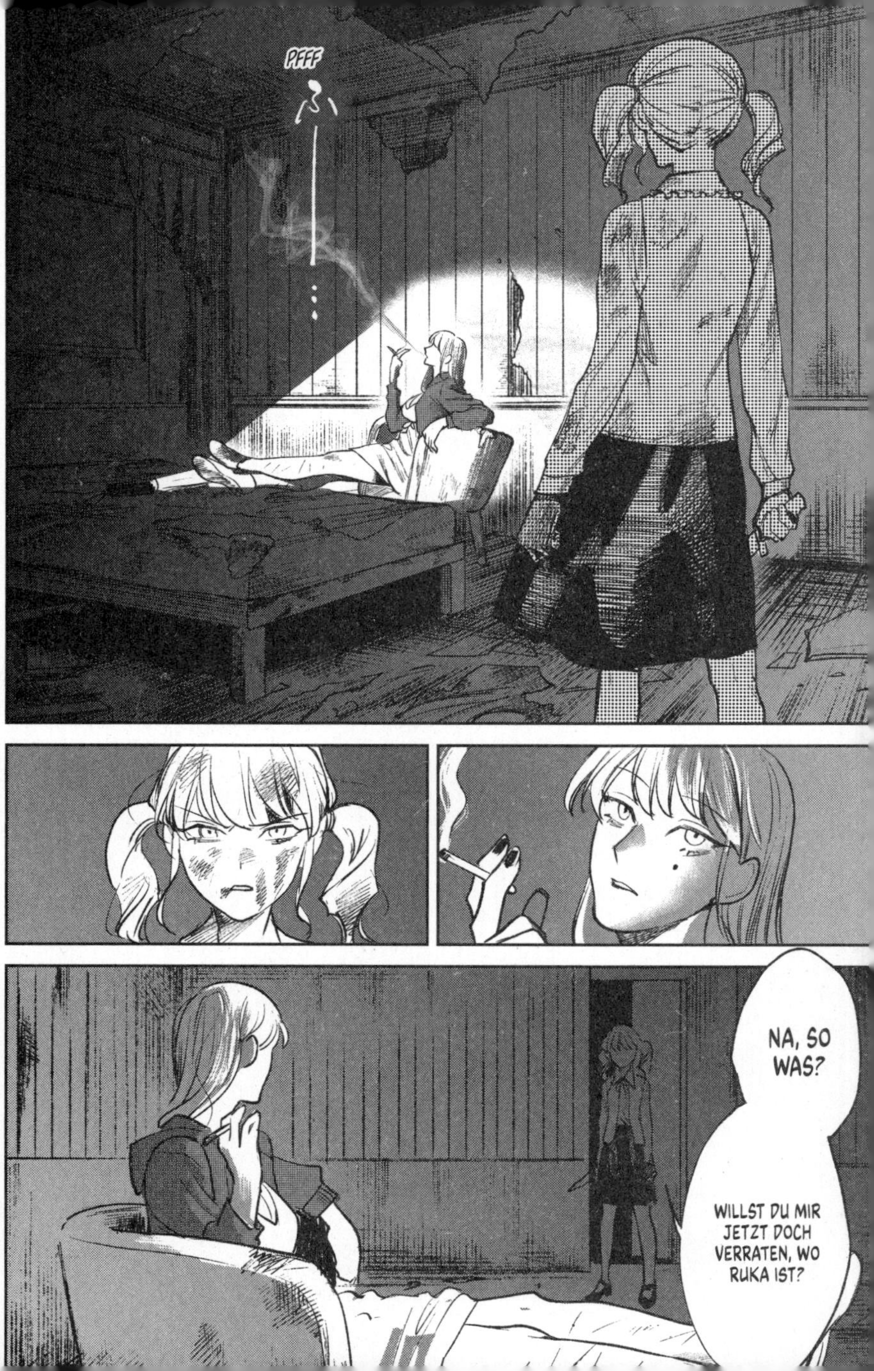

PFFF

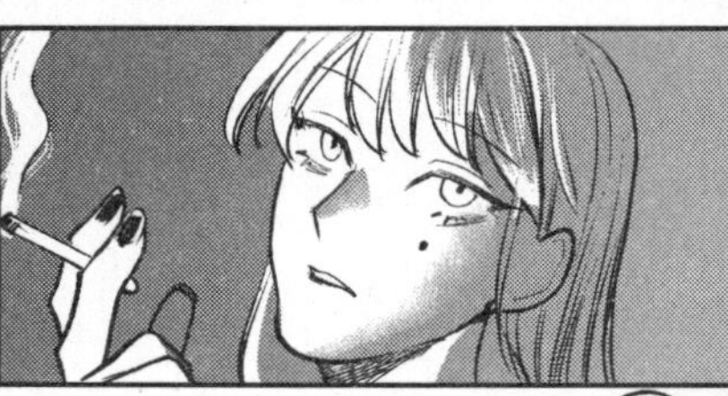

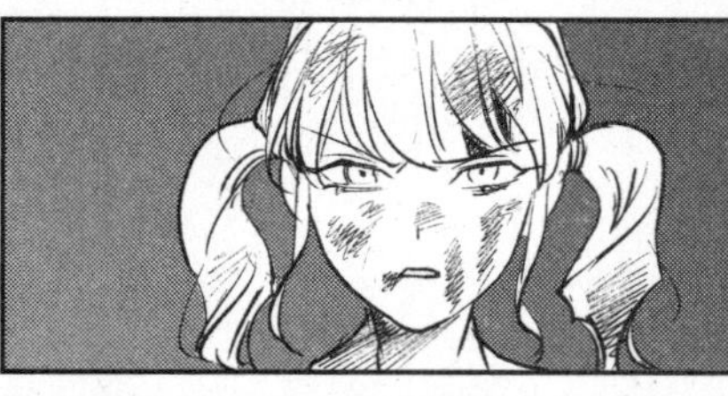

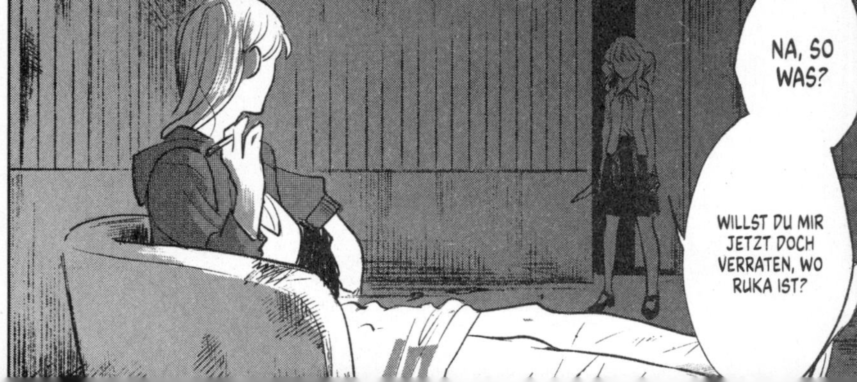
NA, SO WAS?
WILLST DU MIR JETZT DOCH VERRATEN, WO RUKA IST?

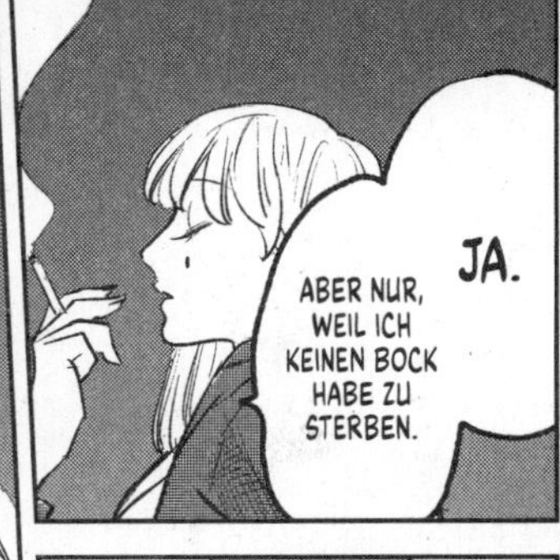
JA.
ABER NUR, WEIL ICH KEINEN BOCK HABE ZU STERBEN.
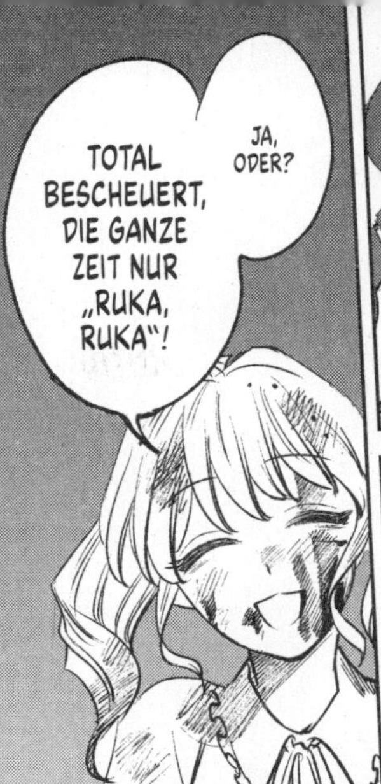
JA, ODER?
TOTAL BESCHEUERT, DIE GANZE ZEIT NUR „RUKA, RUKA"!
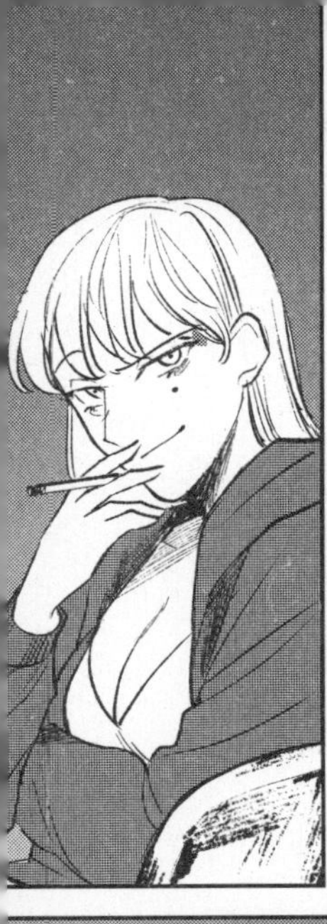
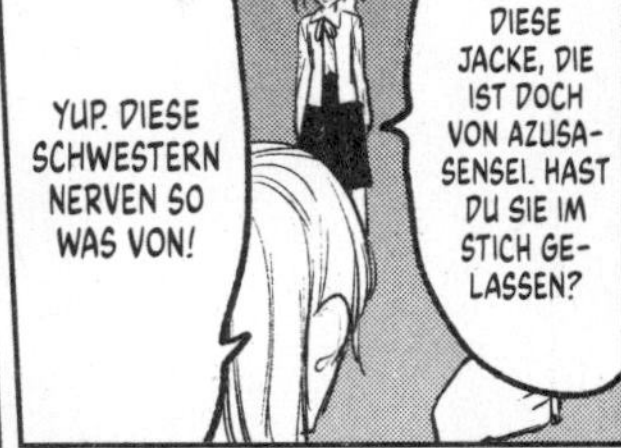
DIESE JACKE, DIE IST DOCH VON AZUSA-SENSEI. HAST DU SIE IM STICH GELASSEN?
YUP. DIESE SCHWESTERN NERVEN SO WAS VON!
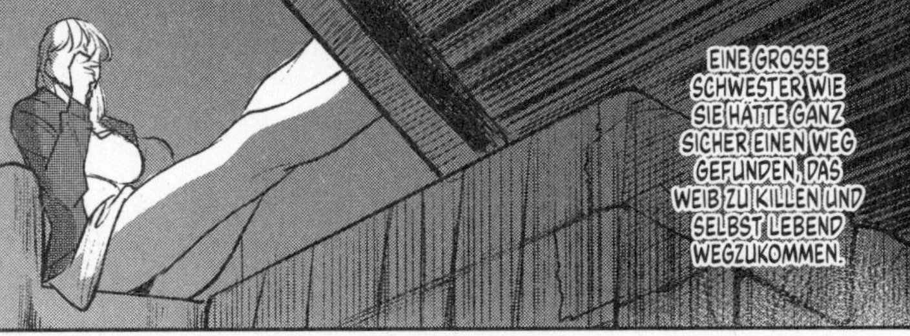
EINE GROSSE SCHWESTER WIE SIE HÄTTE GANZ SICHER EINEN WEG GEFUNDEN, DAS WEIB ZU KILLEN UND SELBST LEBEND WEGZUKOMMEN.
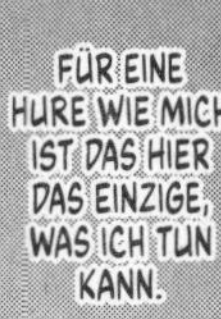
FÜR EINE HURE WIE MICH IST DAS HIER DAS EINZIGE, WAS ICH TUN KANN.
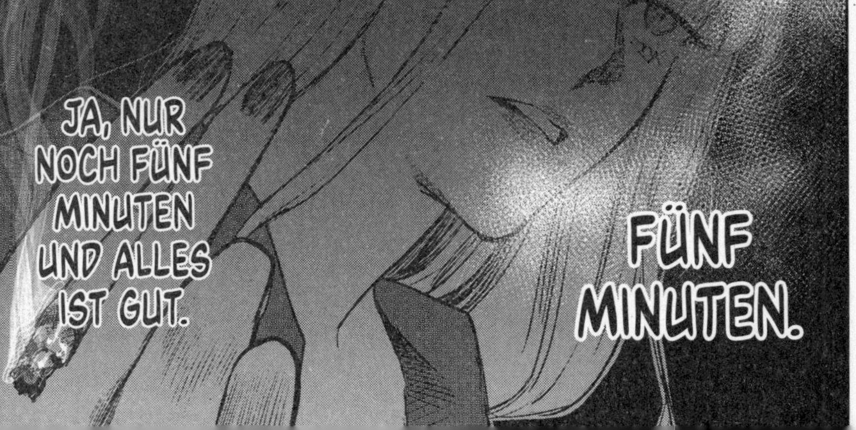
FÜNF MINUTEN.
JA, NUR NOCH FÜNF MINUTEN UND ALLES IST GUT.

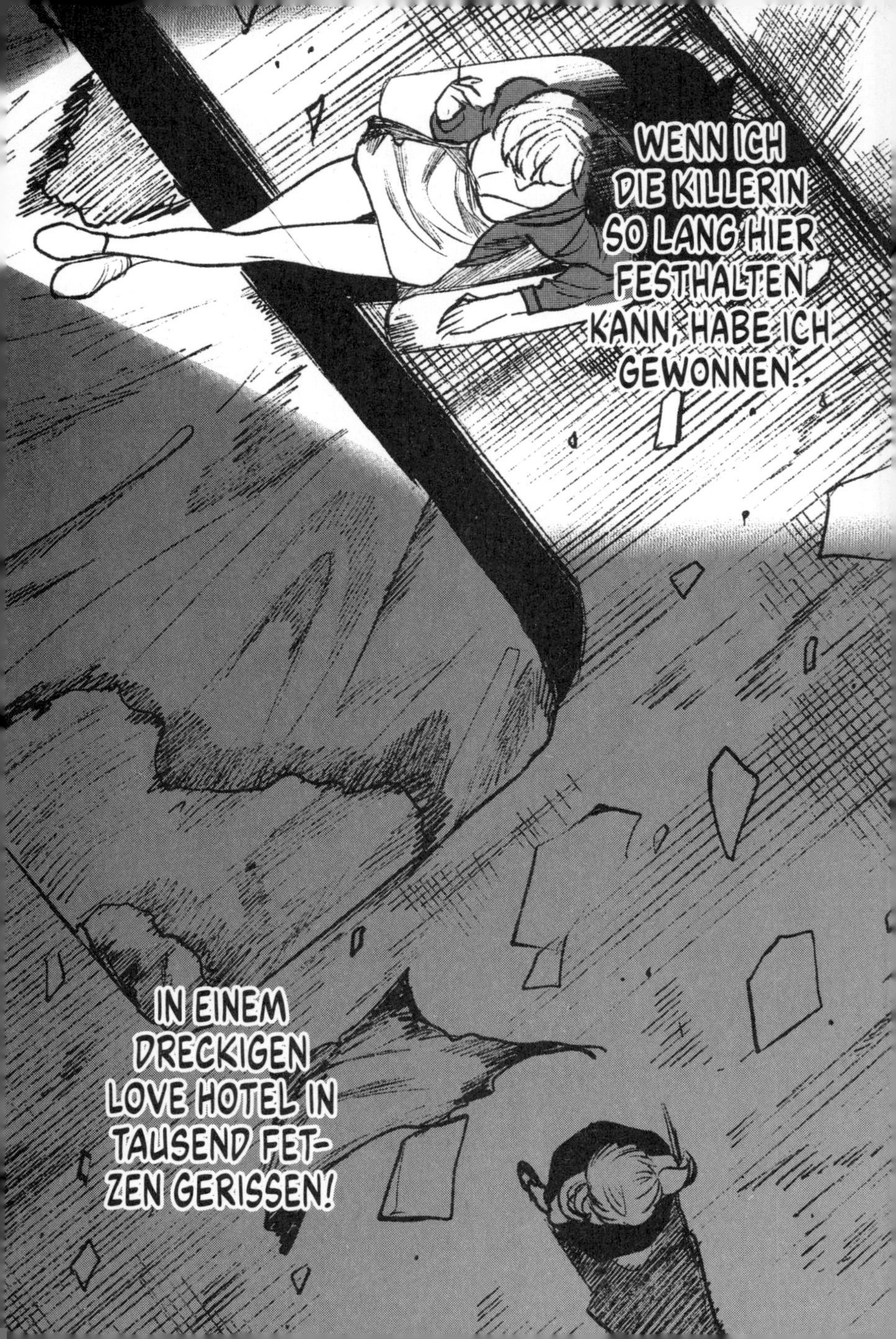
WENN ICH DIE KILLERIN SO LANG HIER FESTHALTEN KANN, HABE ICH GEWONNEN.
IN EINEM DRECKIGEN LOVE HOTEL IN TAUSEND FET-ZEN GERISSEN!

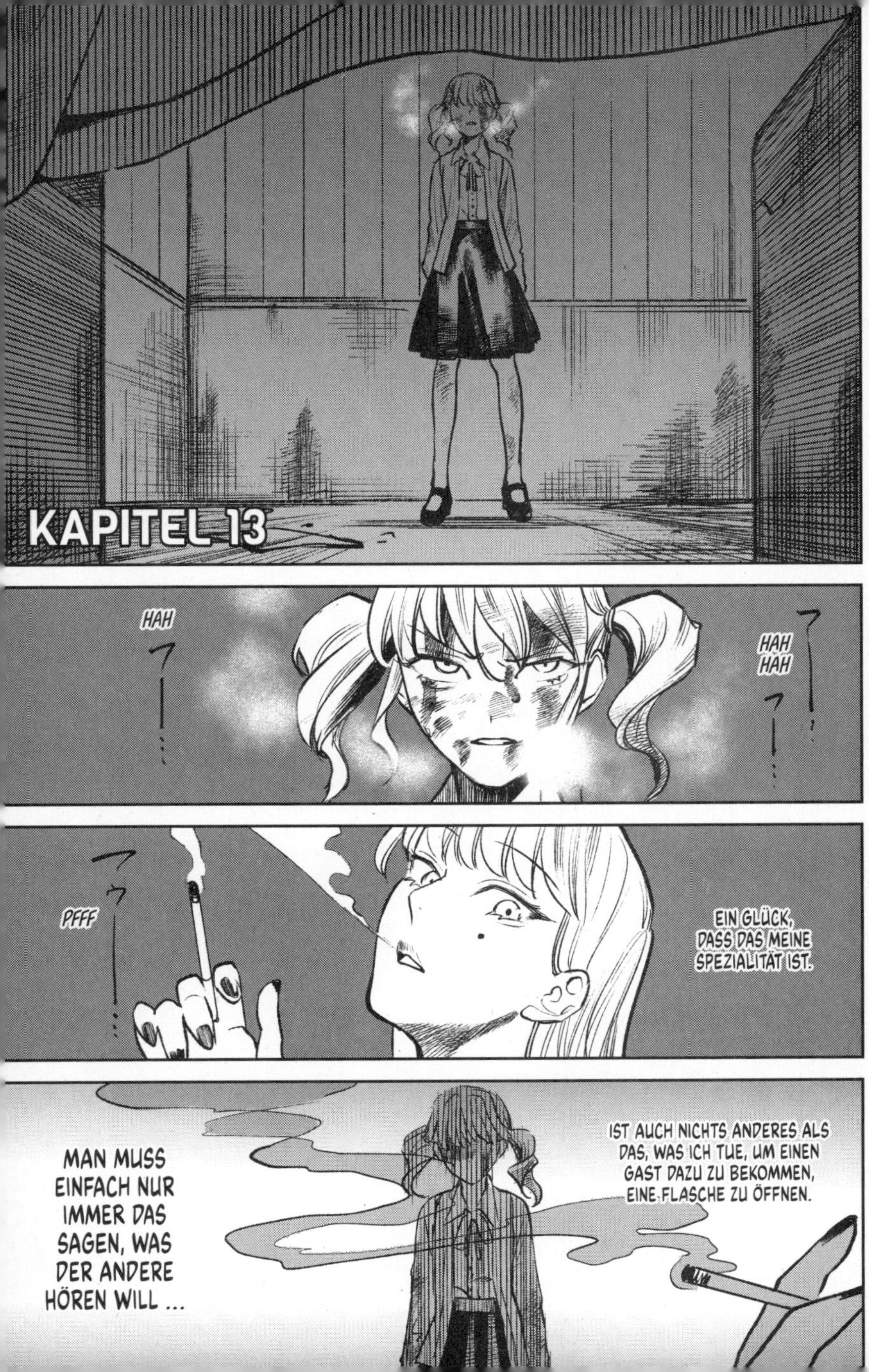

KAPITEL 13

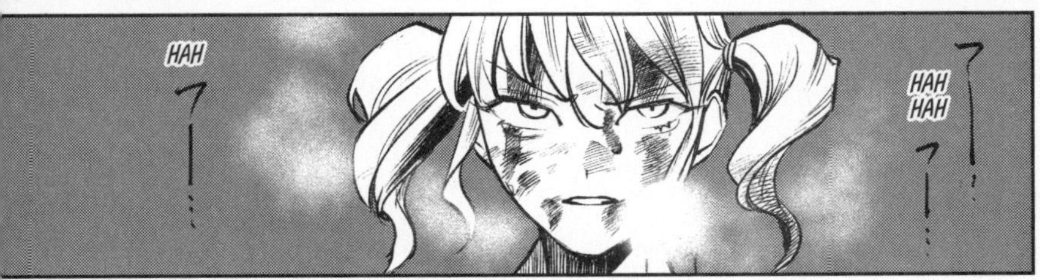
HAH
HAH
HAH

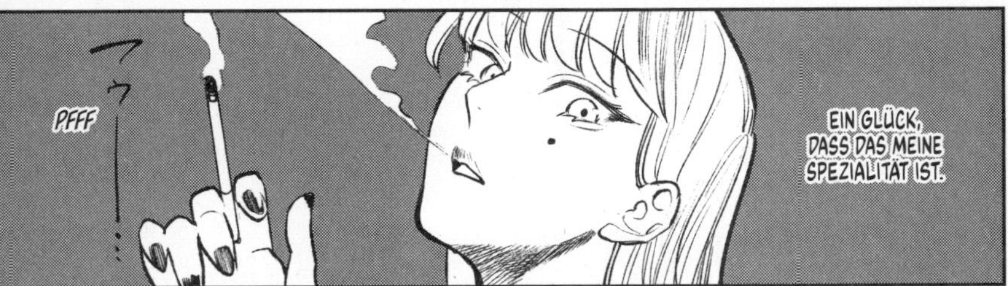
EIN GLÜCK, DASS DAS MEINE SPEZIALITÄT IST.
PFFF

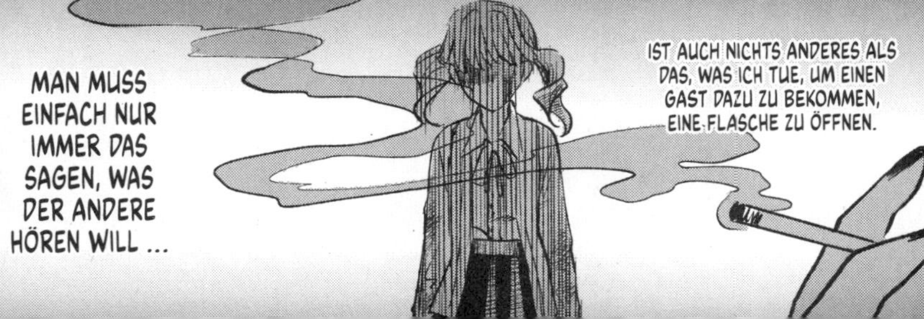
IST AUCH NICHTS ANDERES ALS DAS, WAS ICH TUE, UM EINEN GAST DAZU ZU BEKOMMEN, EINE FLASCHE ZU ÖFFNEN.
MAN MUSS EINFACH NUR IMMER DAS SAGEN, WAS DER ANDERE HÖREN WILL …

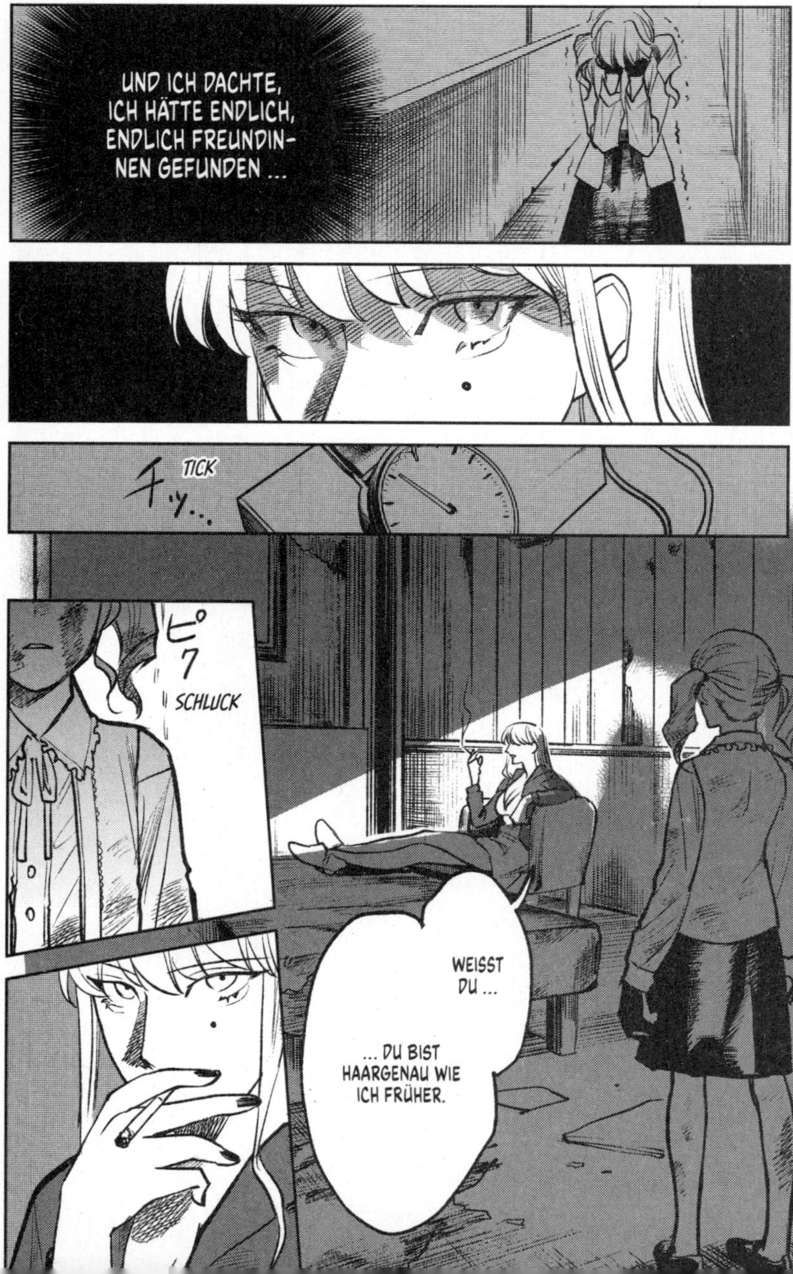

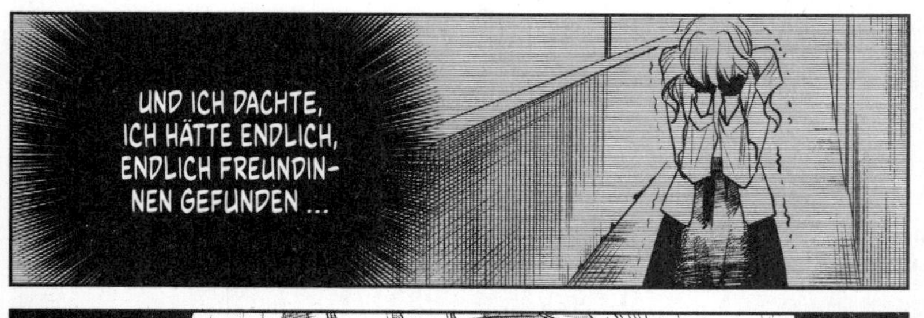

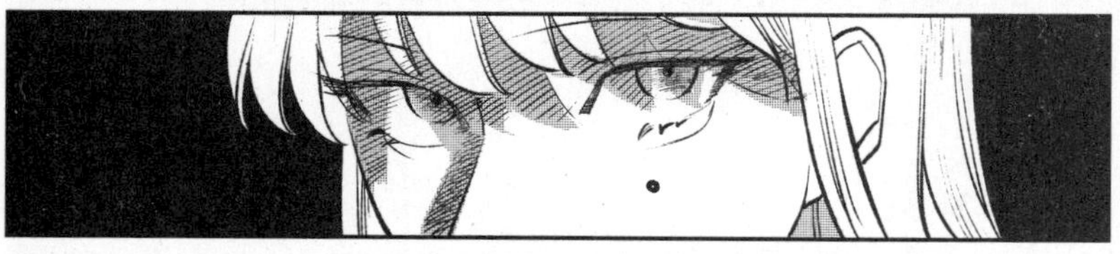

チッ…
TICK

ピク
SCHLUCK

WEISST DU …

… DU BIST HAARGENAU WIE ICH FRÜHER.

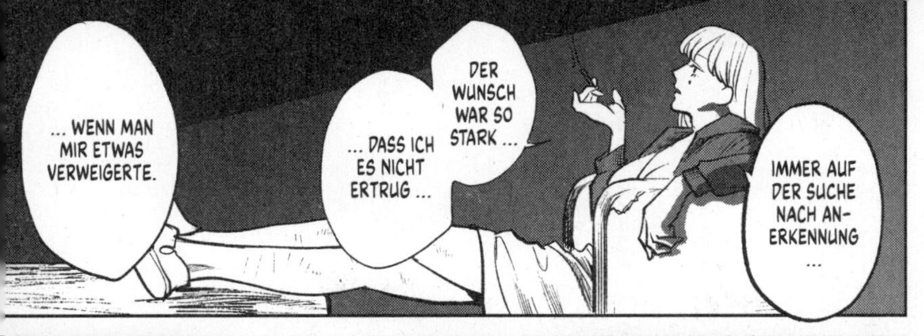
IMMER AUF DER SUCHE NACH AN-ERKENNUNG ...
DER WUNSCH WAR SO STARK ...
... DASS ICH ES NICHT ERTRUG ...
... WENN MAN MIR ETWAS VERWEIGERTE.

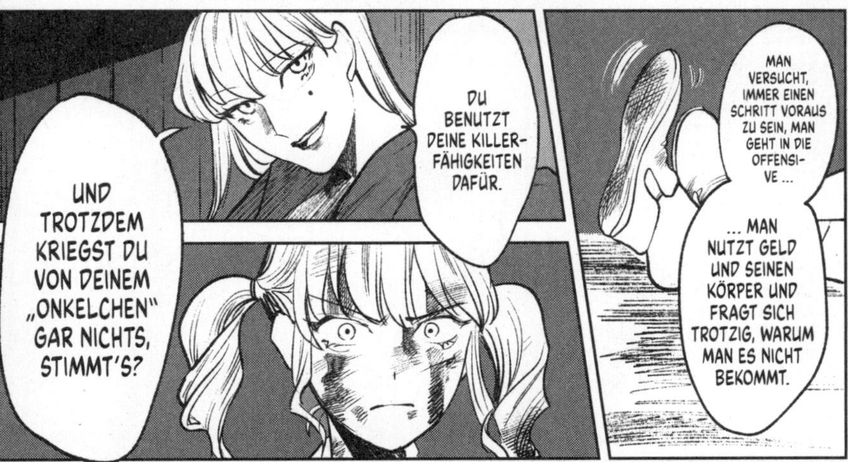
MAN VERSUCHT, IMMER EINEN SCHRITT VORAUS ZU SEIN, MAN GEHT IN DIE OFFENSI-VE ...
... MAN NUTZT GELD UND SEINEN KÖRPER UND FRAGT SICH TROTZIG, WARUM MAN ES NICHT BEKOMMT.
DU BENUTZT DEINE KILLER-FÄHIGKEITEN DAFÜR.
UND TROTZDEM KRIEGST DU VON DEINEM „ONKELCHEN" GAR NICHTS, STIMMT'S?

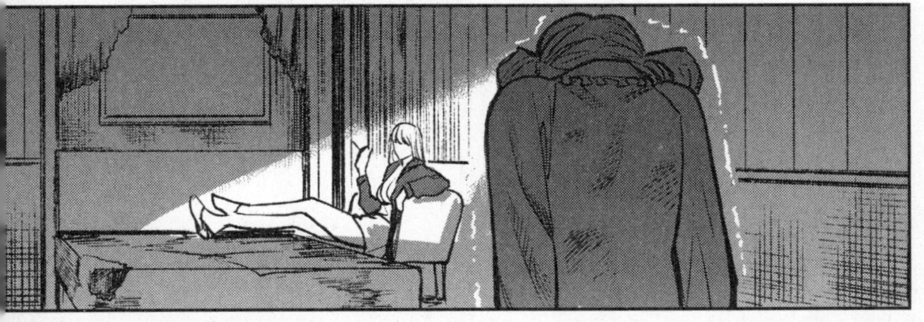

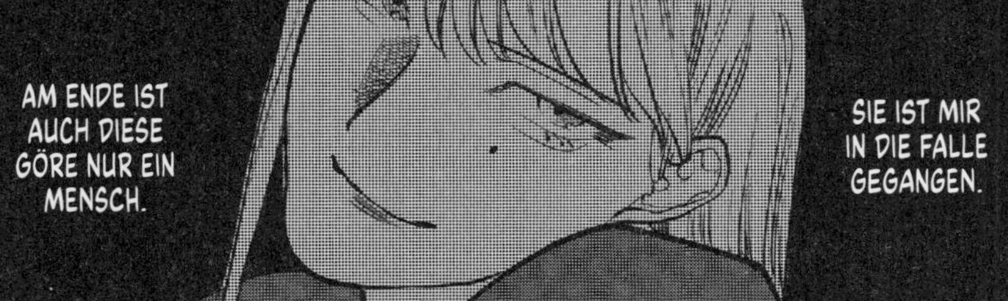
SIE IST MIR IN DIE FALLE GEGANGEN.
AM ENDE IST AUCH DIESE GÖRE NUR EIN MENSCH.

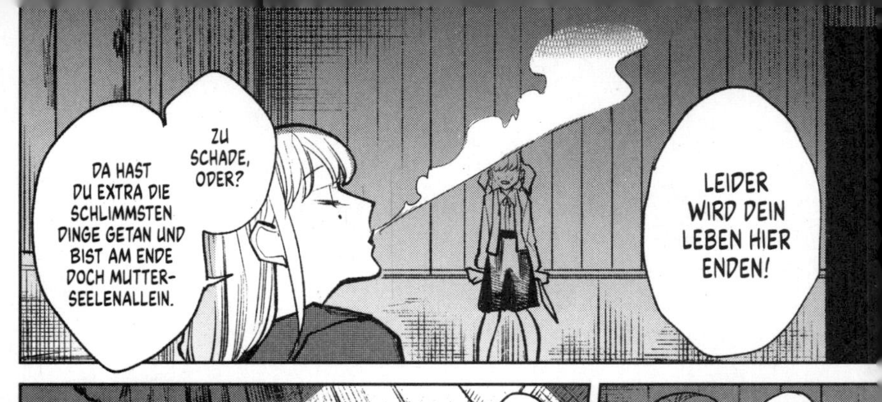
LEIDER WIRD DEIN LEBEN HIER ENDEN!
ZU SCHADE, ODER?
DA HAST DU EXTRA DIE SCHLIMMSTEN DINGE GETAN UND BIST AM ENDE DOCH MUTTER-SEELENALLEIN.

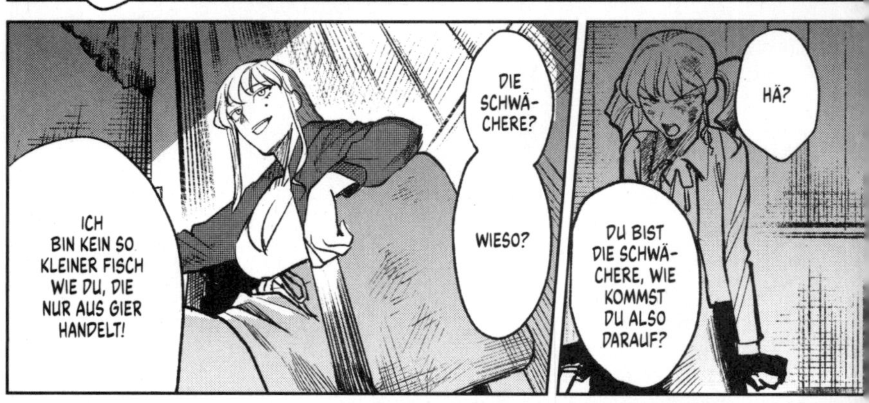
HÄ?
DU BIST DIE SCHWÄCHERE, WIE KOMMST DU ALSO DARAUF?
DIE SCHWÄCHERE?
WIESO?
ICH BIN KEIN SO KLEINER FISCH WIE DU, DIE NUR AUS GIER HANDELT!

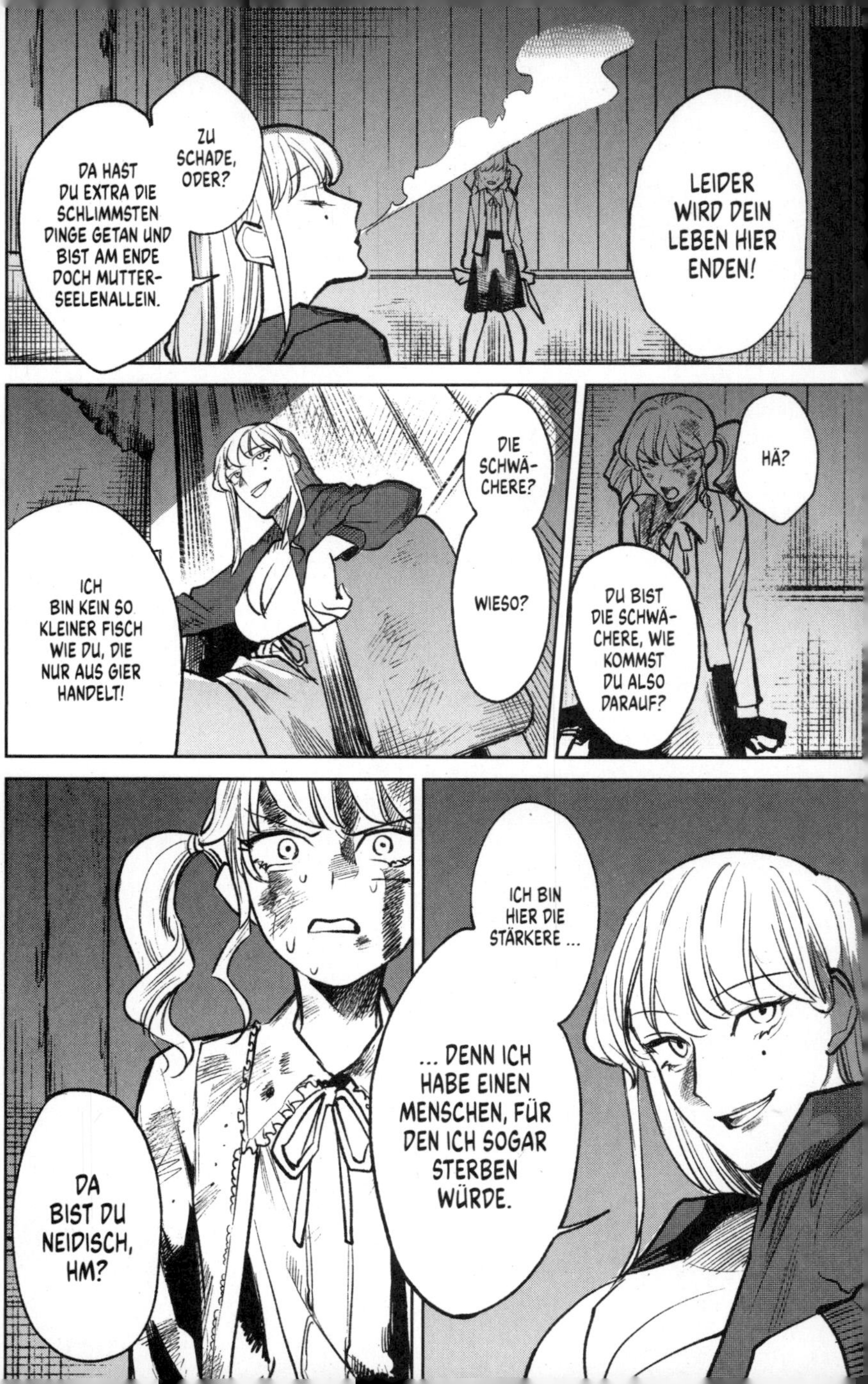

ICH BIN HIER DIE STÄRKERE ...
... DENN ICH HABE EINEN MENSCHEN, FÜR DEN ICH SOGAR STERBEN WÜRDE.
DA BIST DU NEIDISCH, HM?

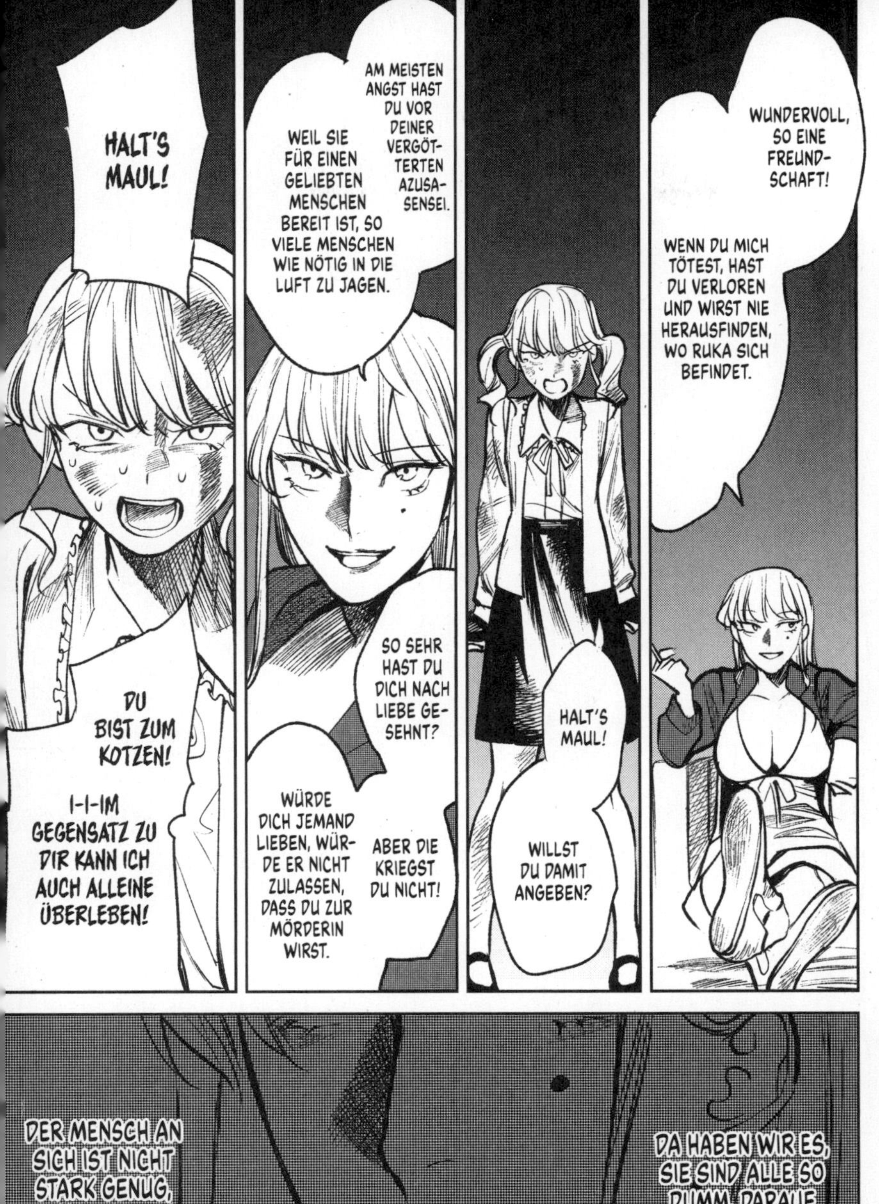
WUNDERVOLL, SO EINE FREUNDSCHAFT!
WENN DU MICH TÖTEST, HAST DU VERLOREN UND WIRST NIE HERAUSFINDEN, WO RUKA SICH BEFINDET.
HALT'S MAUL!
WILLST DU DAMIT ANGEBEN?
AM MEISTEN ANGST HAST DU VOR DEINER VERGÖTTERTEN AZUSA-SENSEI.
WEIL SIE FÜR EINEN GELIEBTEN MENSCHEN BEREIT IST, SO VIELE MENSCHEN WIE NÖTIG IN DIE LUFT ZU JAGEN.
SO SEHR HAST DU DICH NACH LIEBE GESEHNT?
ABER DIE KRIEGST DU NICHT!
WÜRDE DICH JEMAND LIEBEN, WÜRDE ER NICHT ZULASSEN, DASS DU ZUR MÖRDERIN WIRST.
HALT'S MAUL!
DU BIST ZUM KOTZEN!
I-I-IM GEGENSATZ ZU DIR KANN ICH AUCH ALLEINE ÜBERLEBEN!
DA HABEN WIR ES, SIE SIND ALLE SO DUMM, DARAUF REINZUFALLEN.
DER MENSCH AN SICH IST NICHT STARK GENUG, EINSAMKEIT ZU ERTRAGEN.

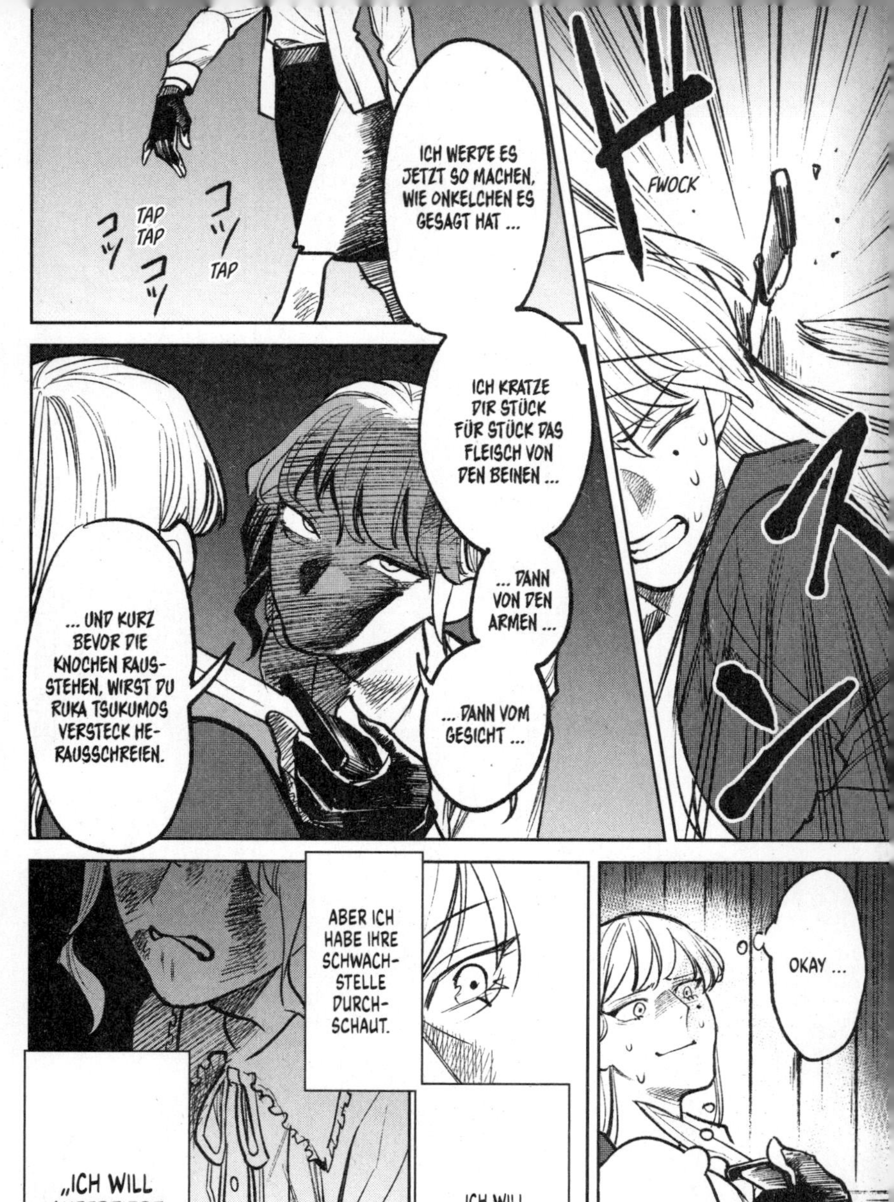
FWOCK
ICH WERDE ES JETZT SO MACHEN, WIE ONKELCHEN ES GESAGT HAT ...
コッ TAP
TAP TAP
コッ
コッ
ICH KRATZE DIR STÜCK FÜR STÜCK DAS FLEISCH VON DEN BEINEN ...
... DANN VON DEN ARMEN ...
... DANN VOM GESICHT ...
... UND KURZ BEVOR DIE KNOCHEN RAUS-STEHEN, WIRST DU RUKA TSUKUMOS VERSTECK HE-RAUSSCHREIEN.
OKAY ...
DAS KLINGT NACH KEINEM SCHNELLEN TOD.
ABER ICH HABE IHRE SCHWACH-STELLE DURCH-SCHAUT.
„ICH WILL VERSTANDEN WERDEN."
„ICH WILL AKZEPTIERT WERDEN."

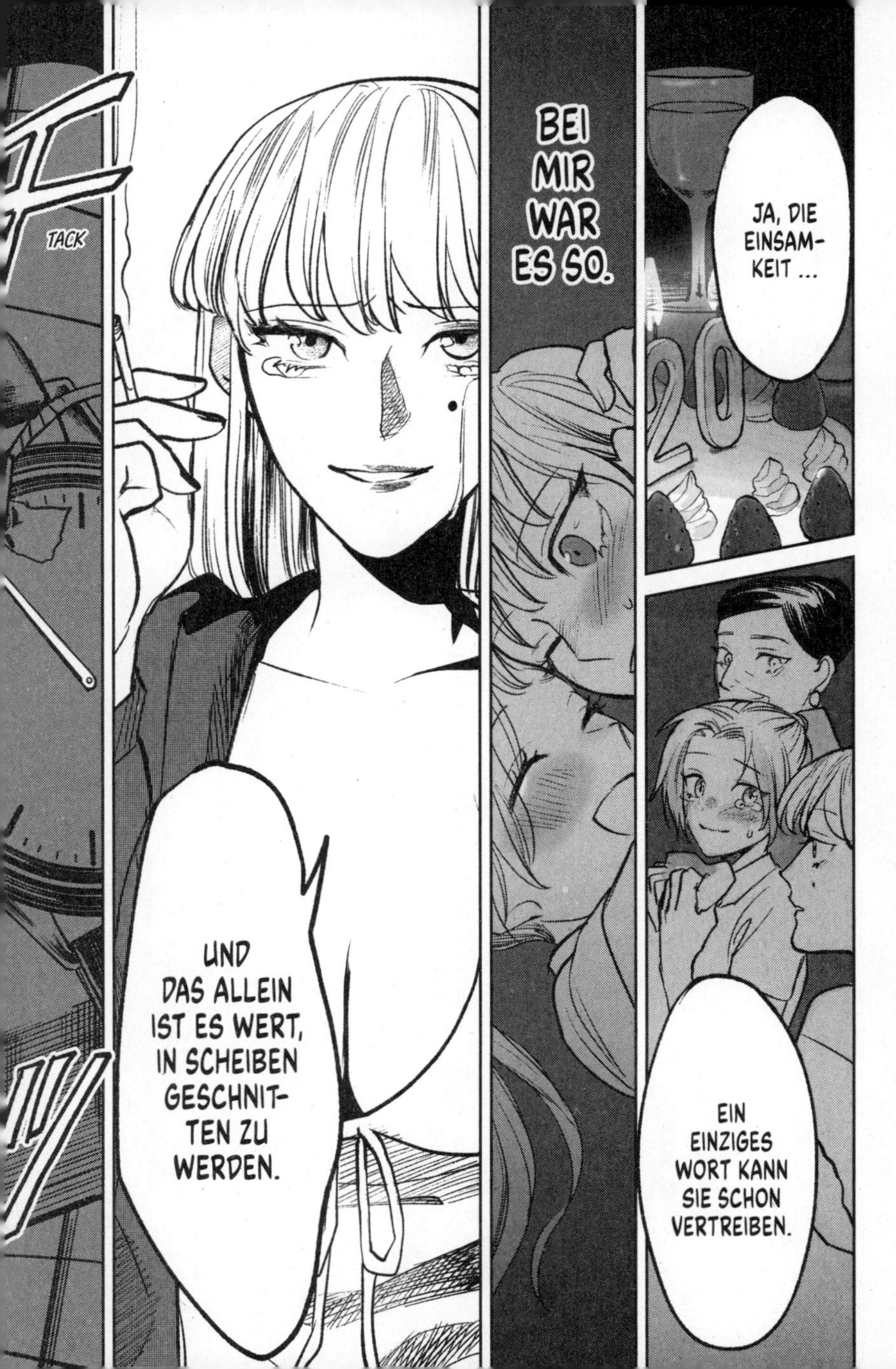
JA, DIE EINSAMKEIT ...
BEI MIR WAR ES SO.
TACK
EIN EINZIGES WORT KANN SIE SCHON VERTREIBEN.
UND DAS ALLEIN IST ES WERT, IN SCHEIBEN GESCHNITTEN ZU WERDEN.

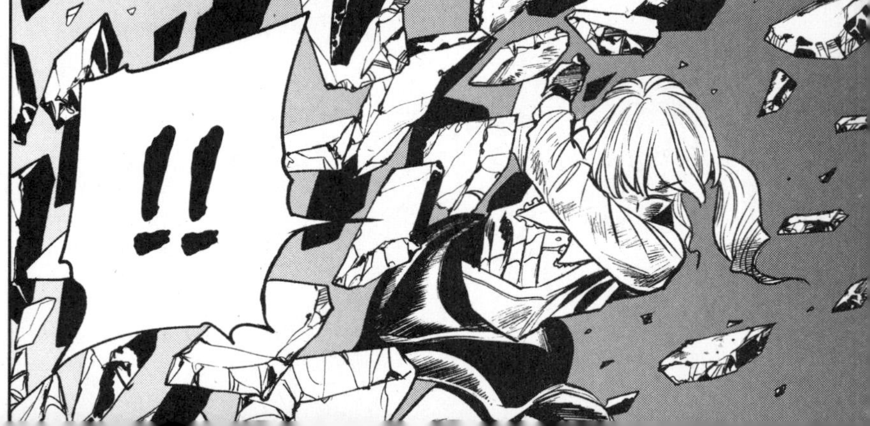

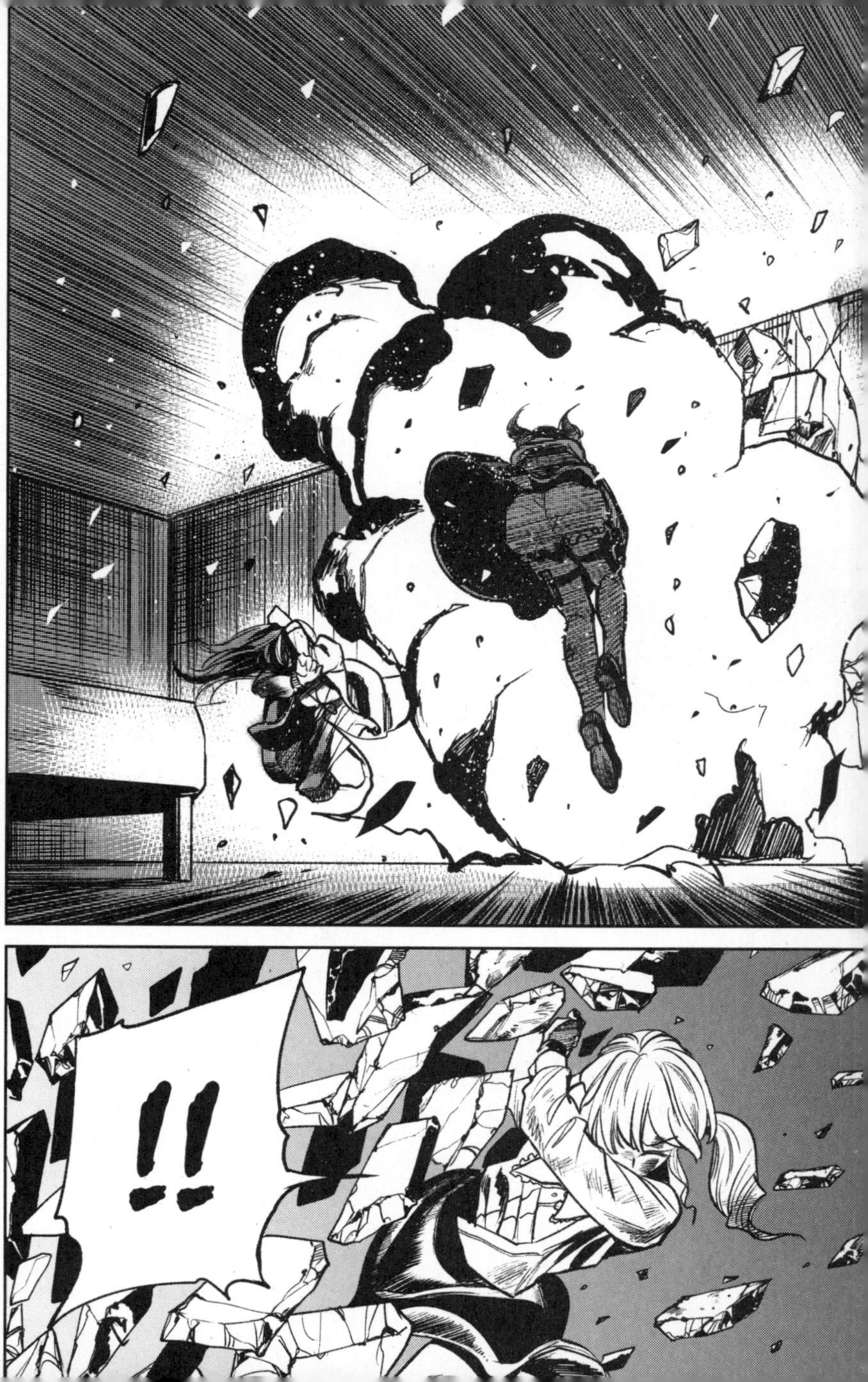

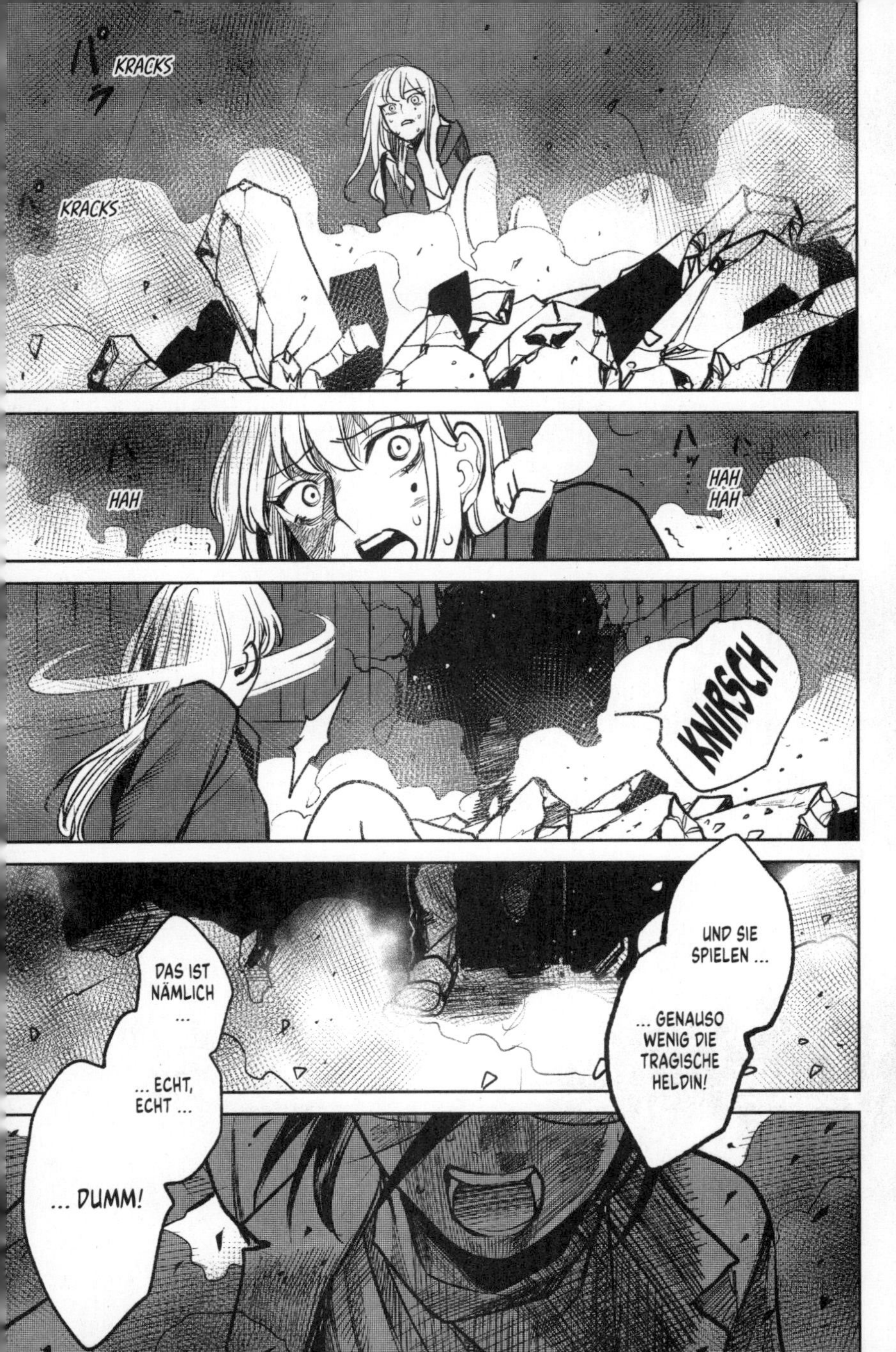
KRACKS
KRACKS
HAH
HAH HAH
KNIRSCH
UND SIE SPIELEN ...
... GENAUSO WENIG DIE TRAGISCHE HELDIN!
DAS IST NÄMLICH ...
... ECHT, ECHT ...
... DUMM!

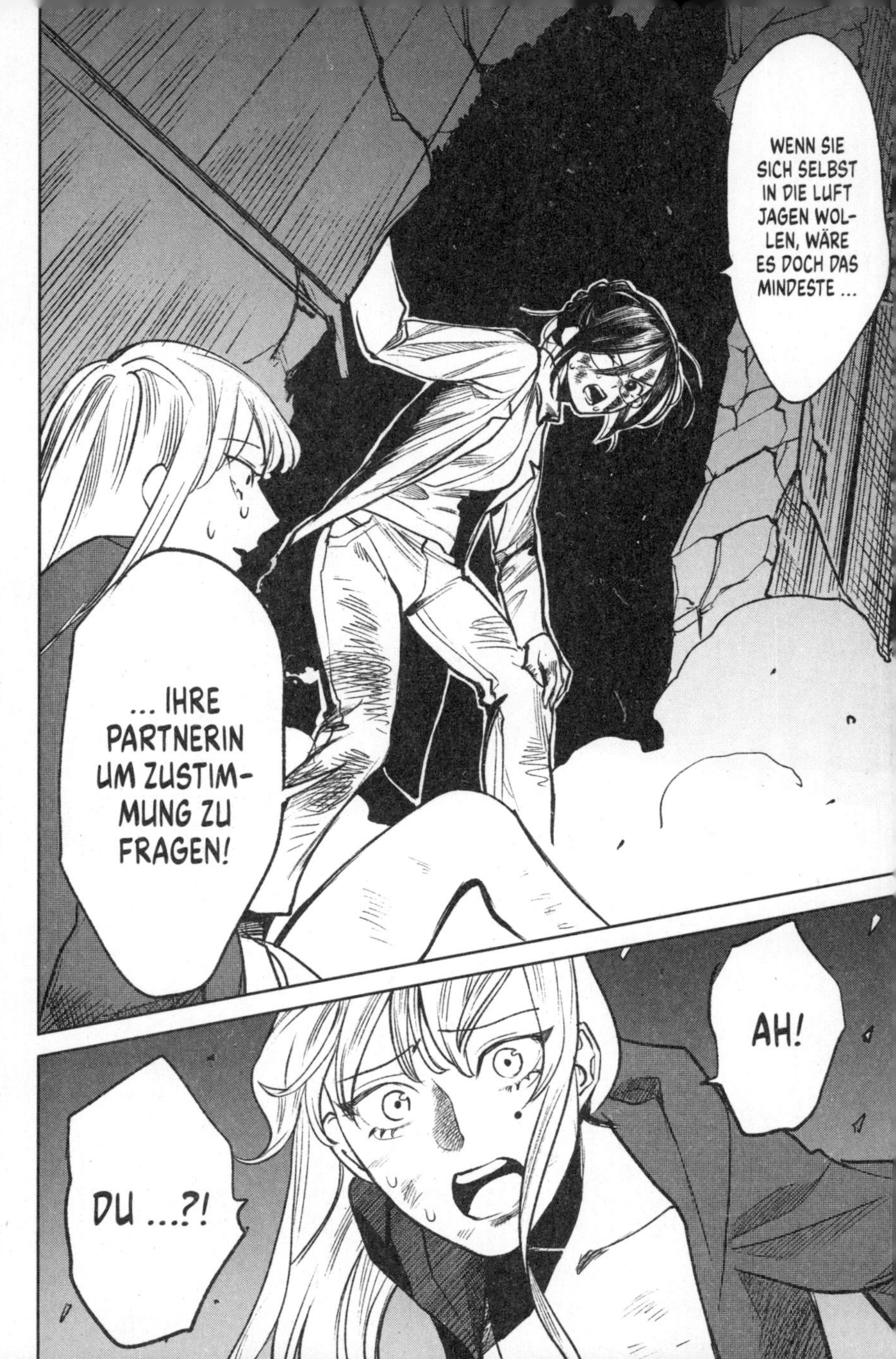
WENN SIE SICH SELBST IN DIE LUFT JAGEN WOLLEN, WÄRE ES DOCH DAS MINDESTE ...
... IHRE PARTNERIN UM ZUSTIMMUNG ZU FRAGEN!
AH!
DU ...?!

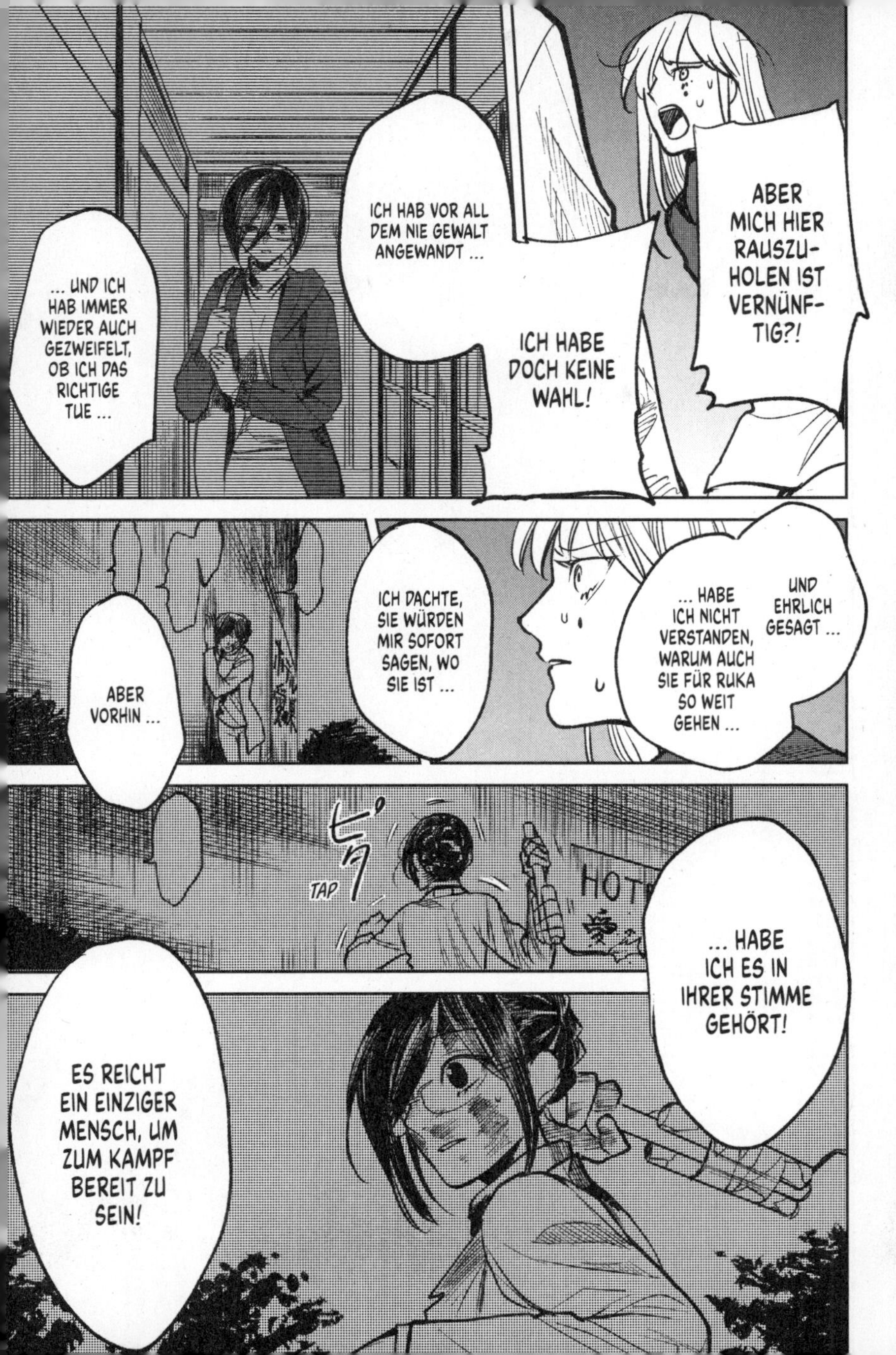
ABER MICH HIER RAUSZUHOLEN IST VERNÜNFTIG?!
ICH HABE DOCH KEINE WAHL!
ICH HAB VOR ALL DEM NIE GEWALT ANGEWANDT ...
... UND ICH HAB IMMER WIEDER AUCH GEZWEIFELT, OB ICH DAS RICHTIGE TUE ...
UND EHRLICH GESAGT ...
... HABE ICH NICHT VERSTANDEN, WARUM AUCH SIE FÜR RUKA SO WEIT GEHEN ...
ICH DACHTE, SIE WÜRDEN MIR SOFORT SAGEN, WO SIE IST ...
ABER VORHIN ...
... HABE ICH ES IN IHRER STIMME GEHÖRT!
ピク
TAP
ES REICHT EIN EINZIGER MENSCH, UM ZUM KAMPF BEREIT ZU SEIN!

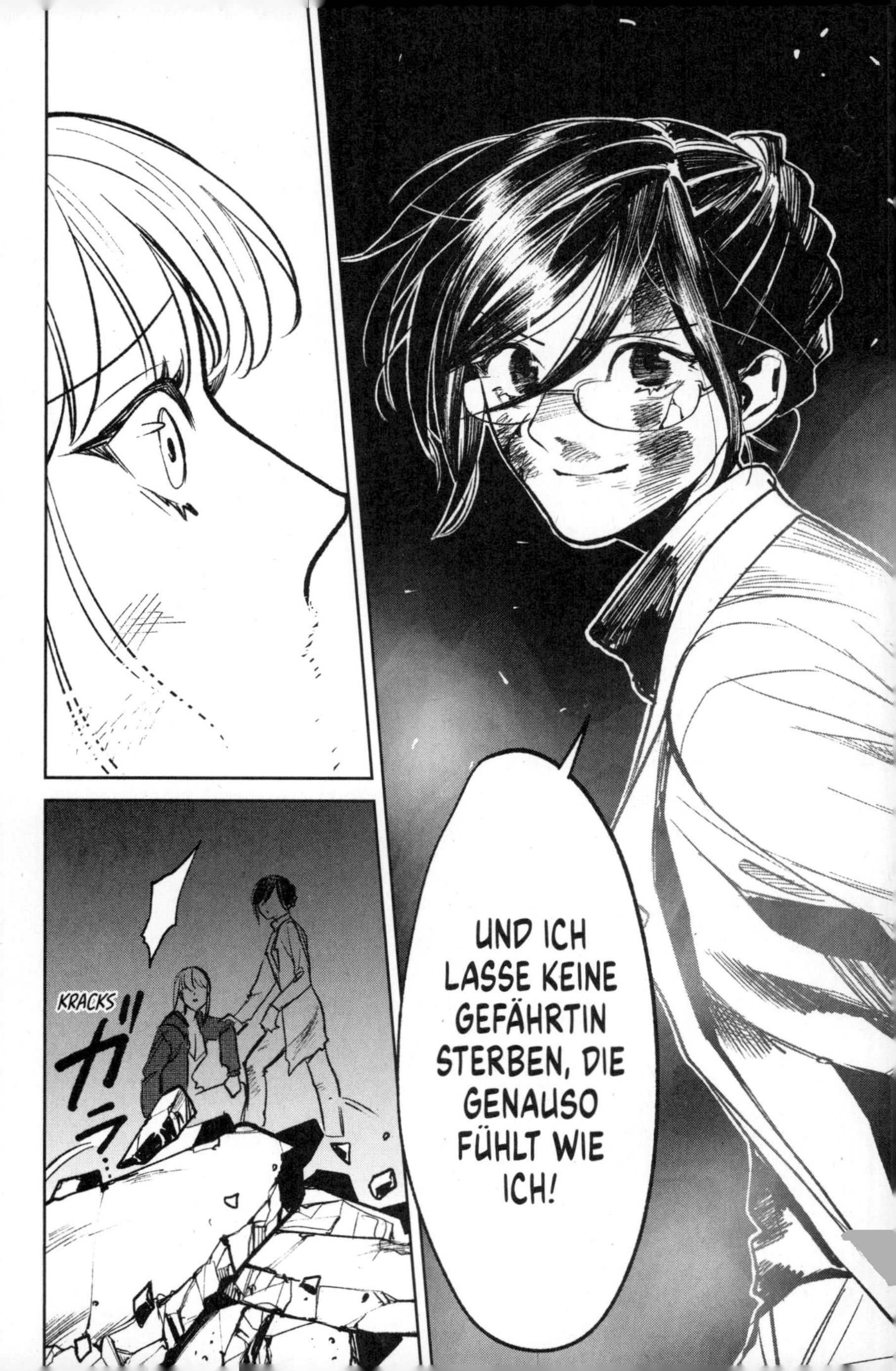
UND ICH LASSE KEINE GEFÄHRTIN STERBEN, DIE GENAUSO FÜHLT WIE ICH!
KRACKS
ガラ

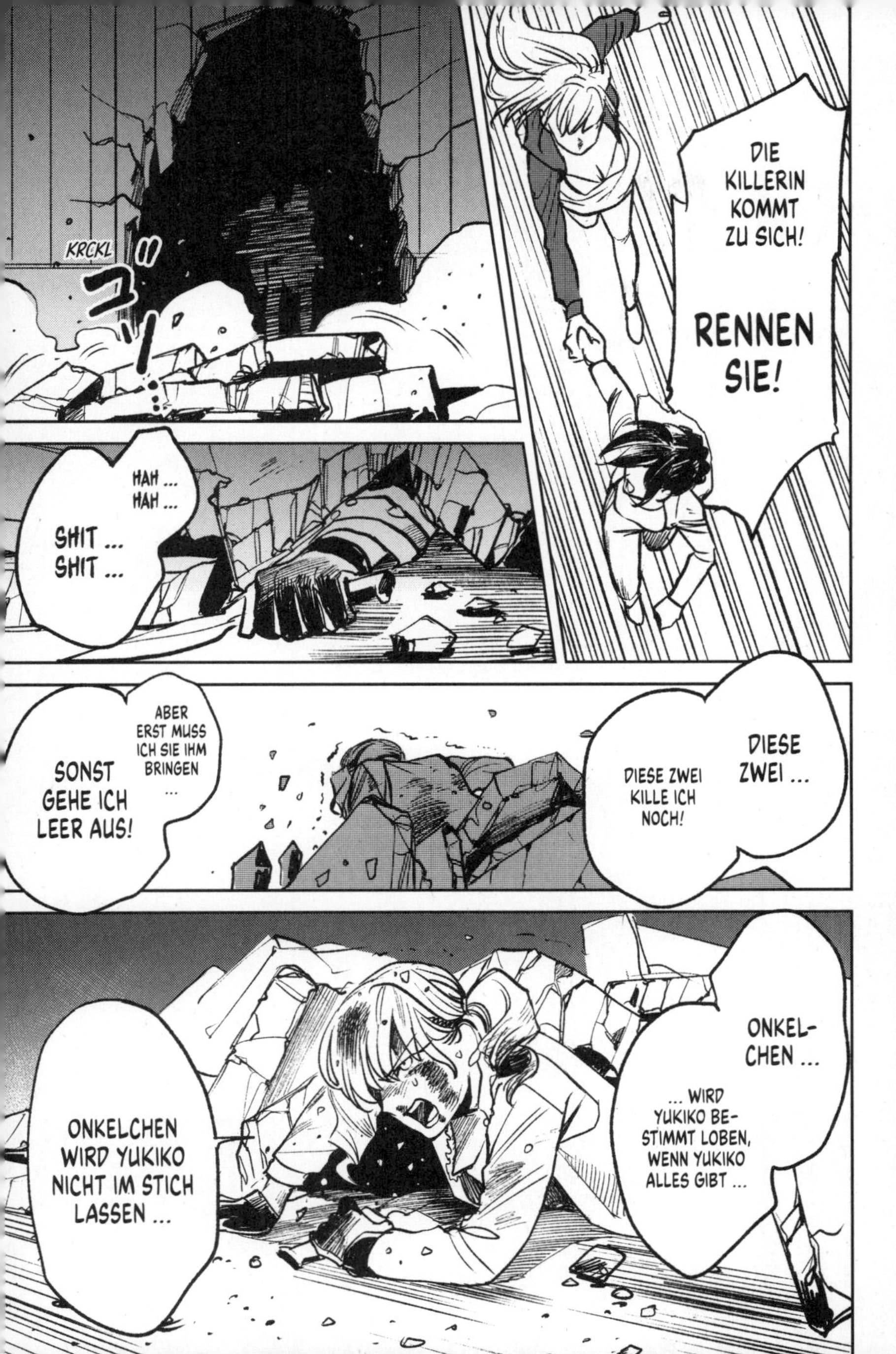
DIE KILLERIN KOMMT ZU SICH!
RENNEN SIE!
KRCKL
HAH ... HAH ...
SHIT ... SHIT ...
DIESE ZWEI ...
DIESE ZWEI KILLE ICH NOCH!
ABER ERST MUSS ICH SIE IHM BRINGEN ...
SONST GEHE ICH LEER AUS!
ONKELCHEN ...
... WIRD YUKIKO BESTIMMT LOBEN, WENN YUKIKO ALLES GIBT ...
ONKELCHEN WIRD YUKIKO NICHT IM STICH LASSEN ...

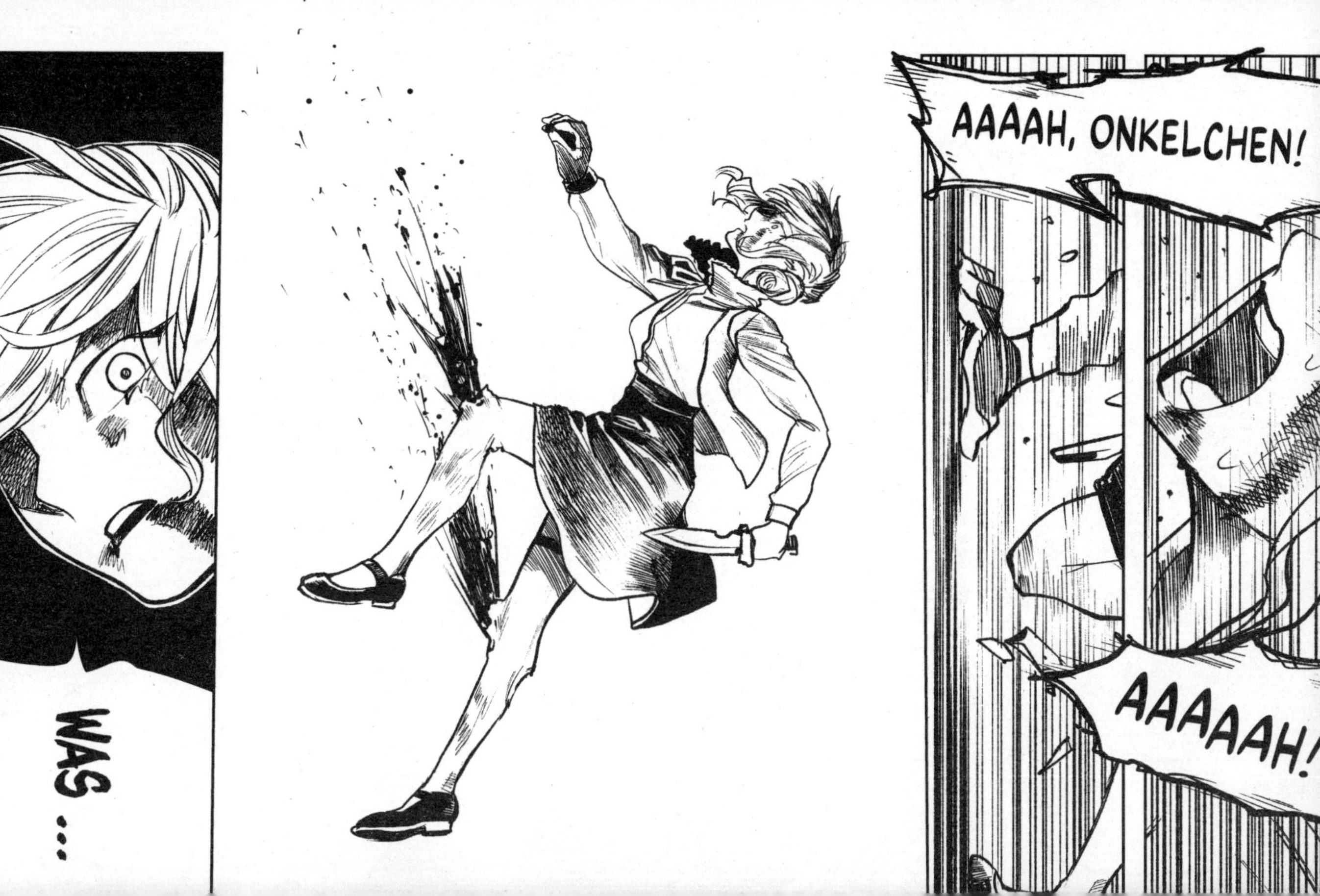
AAAAH, ONKELCHEN!
AAAAAH!
WAS ...

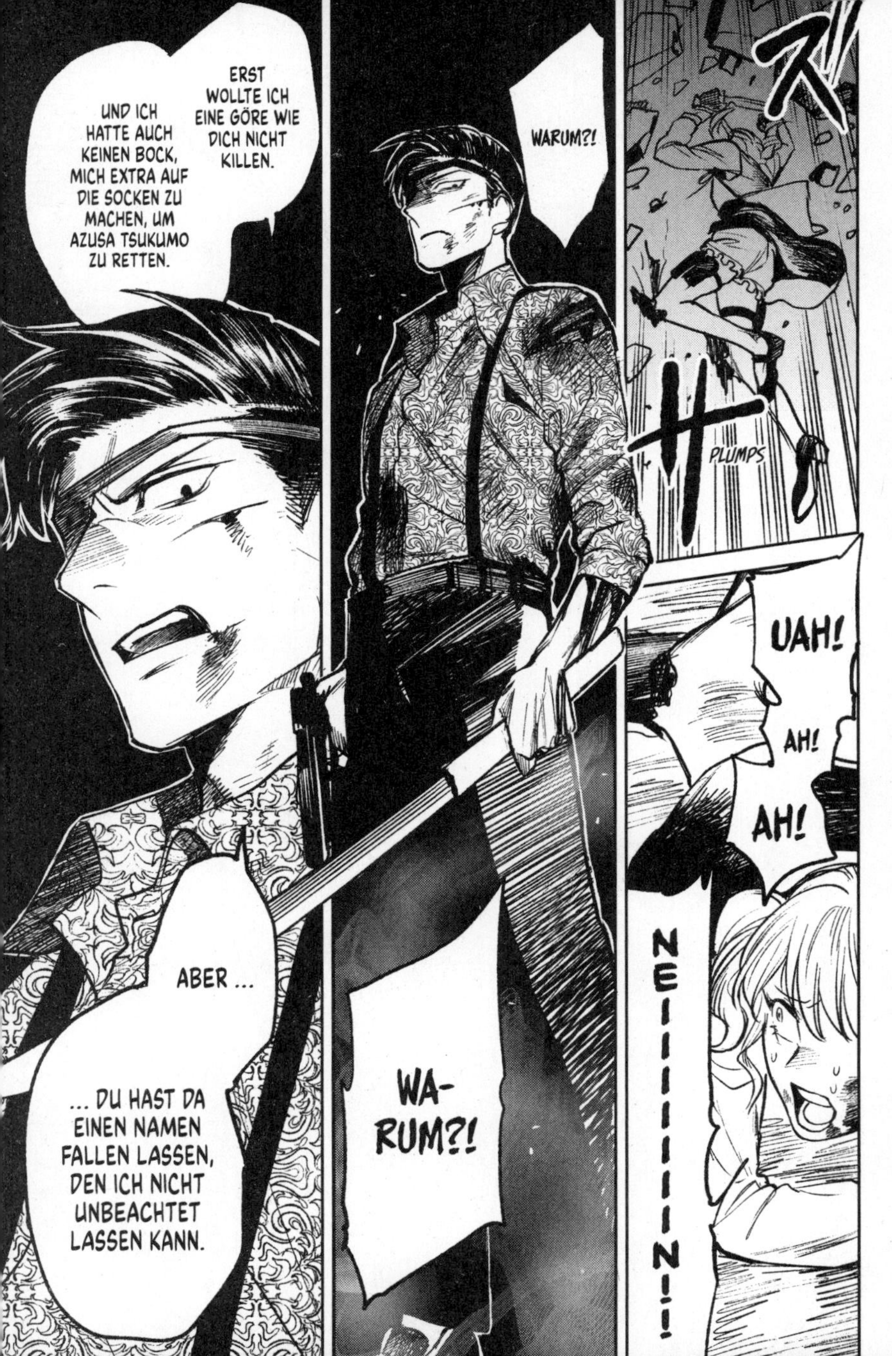

PLUMPS
UAH!
AH!
AH!
NEIIIIIIIIIN!!!
WARUM?!
ERST WOLLTE ICH EINE GÖRE WIE DICH NICHT KILLEN.
UND ICH HATTE AUCH KEINEN BOCK, MICH EXTRA AUF DIE SOCKEN ZU MACHEN, UM AZUSA TSUKUMO ZU RETTEN.
WA-RUM?!
ABER ...
... DU HAST DA EINEN NAMEN FALLEN LASSEN, DEN ICH NICHT UNBEACHTET LASSEN KANN.

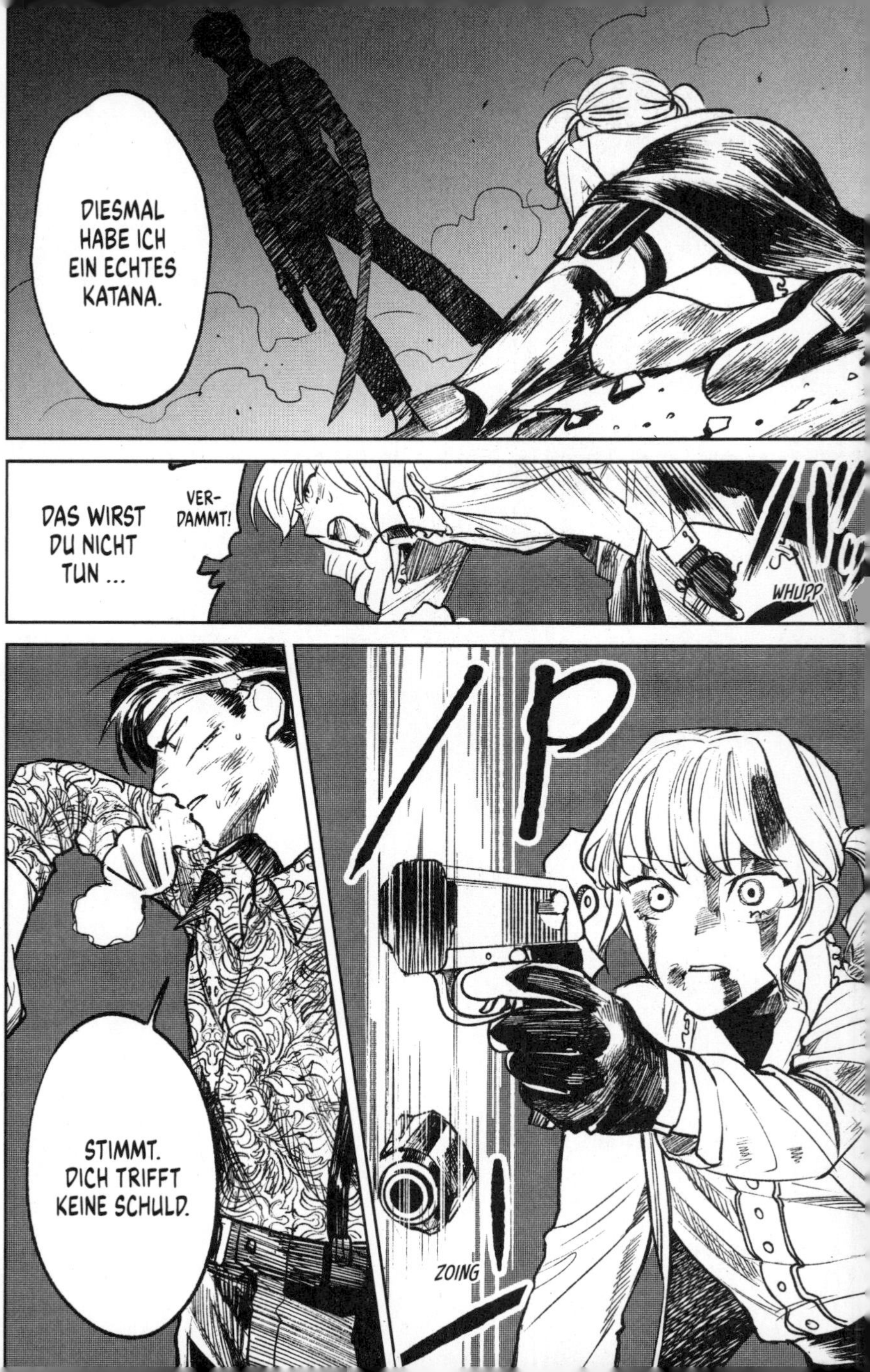

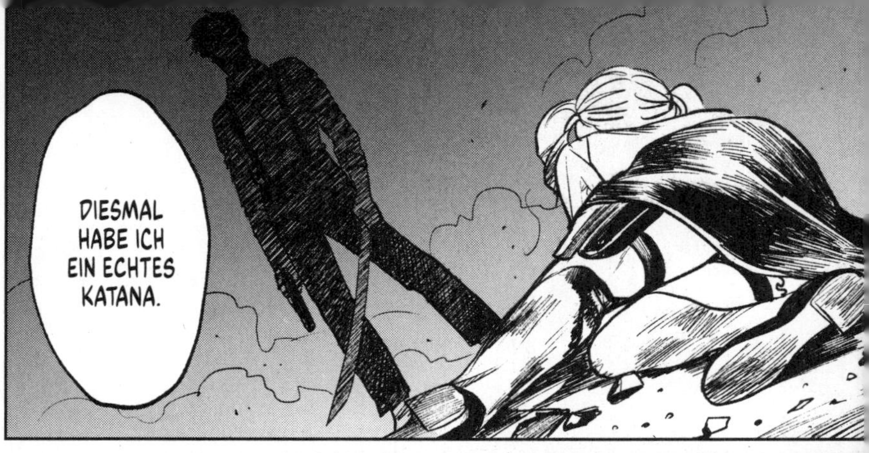
DIESMAL
HABE ICH
EIN ECHTES
KATANA.

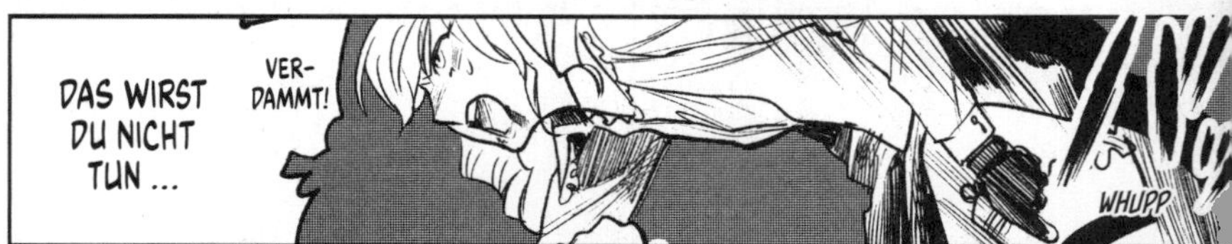
WHUPP
VER-
DAMMT!
DAS WIRST
DU NICHT
TUN ...

ZOING
STIMMT.
DICH TRIFFT
KEINE SCHULD.

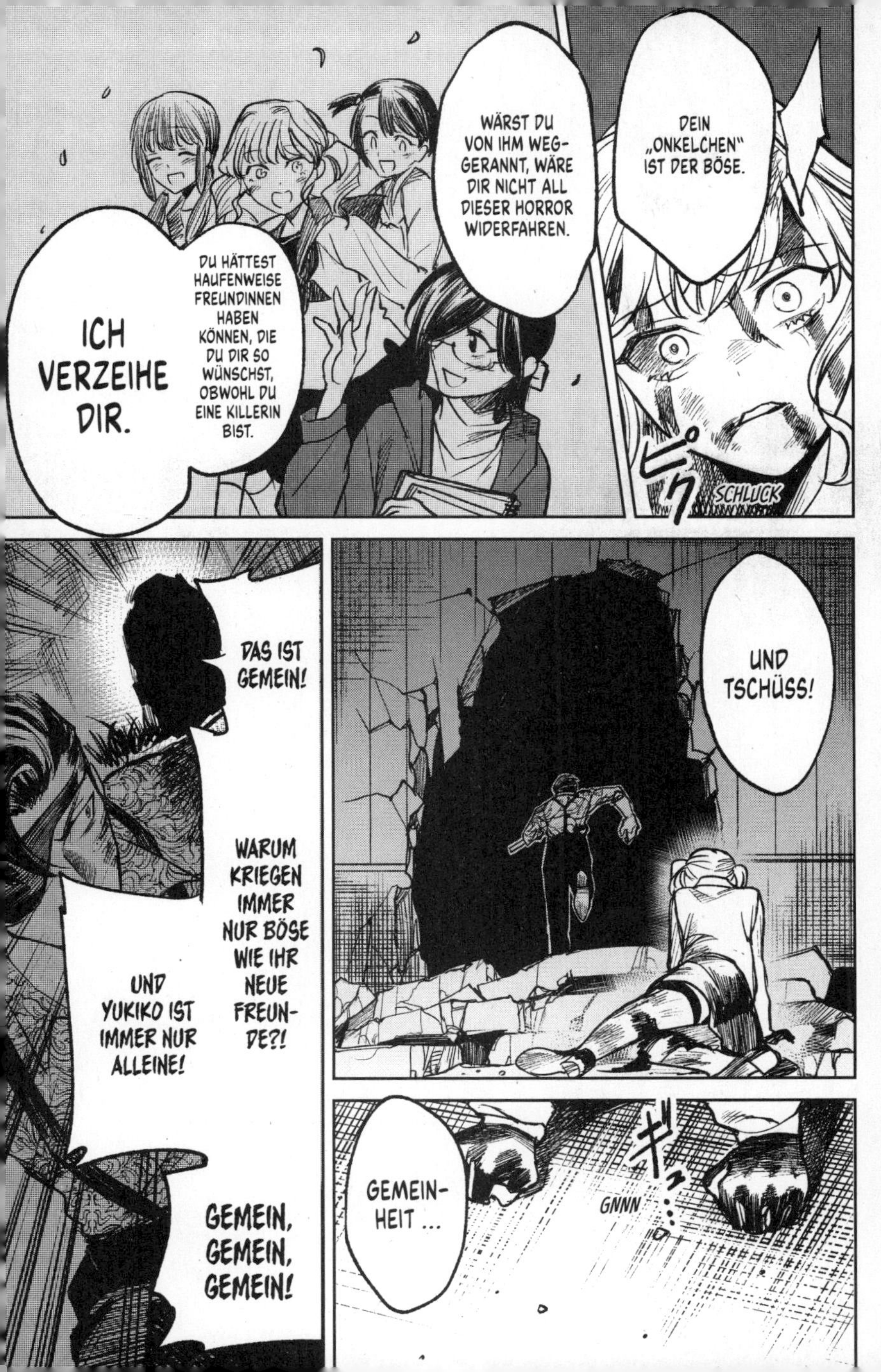

DEIN „ONKELCHEN" IST DER BÖSE.

WÄRST DU VON IHM WEG-GERANNT, WÄRE DIR NICHT ALL DIESER HORROR WIDERFAHREN.

DU HÄTTEST HAUFENWEISE FREUNDINNEN HABEN KÖNNEN, DIE DU DIR SO WÜNSCHST, OBWOHL DU EINE KILLERIN BIST.

ICH VERZEIHE DIR.

ピク

SCHLUCK

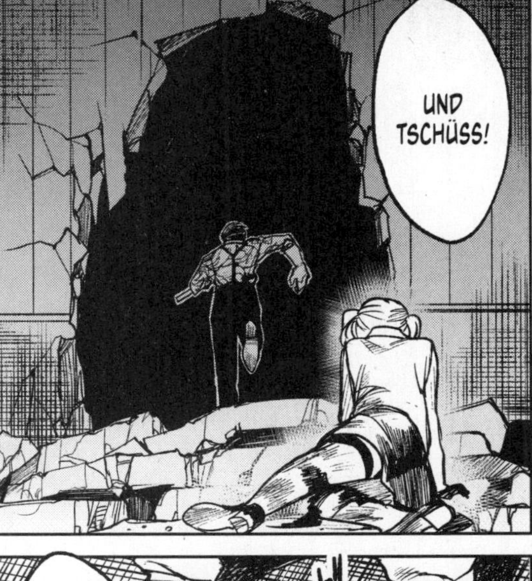

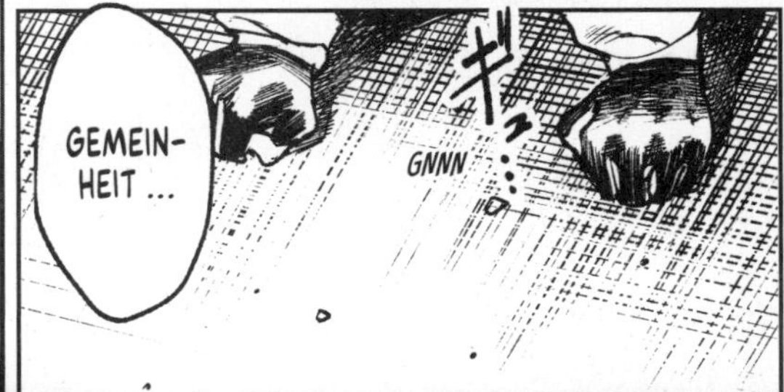

DAS IST GEMEIN!

WARUM KRIEGEN IMMER NUR BÖSE WIE IHR NEUE FREUN-DE?!

UND YUKIKO IST IMMER NUR ALLEINE!

GEMEIN, GEMEIN, GEMEIN!

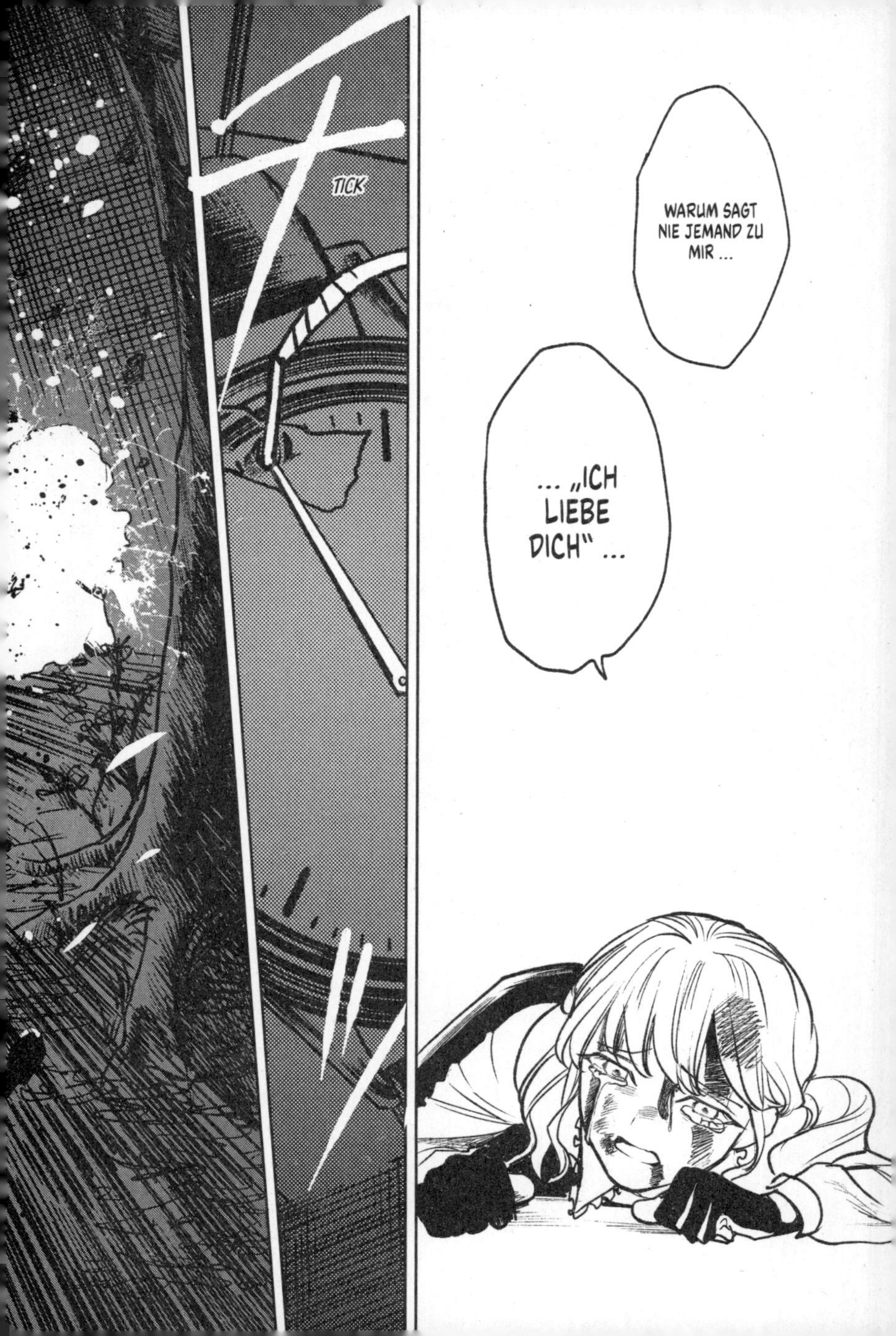

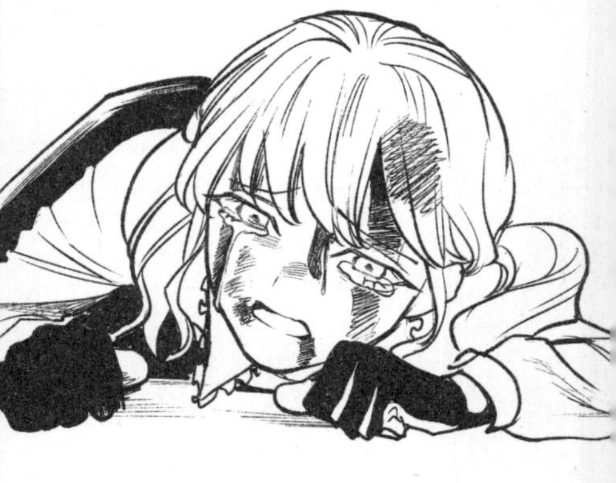
WARUM SAGT NIE JEMAND ZU MIR …
… „ICH LIEBE DICH" …
TICK

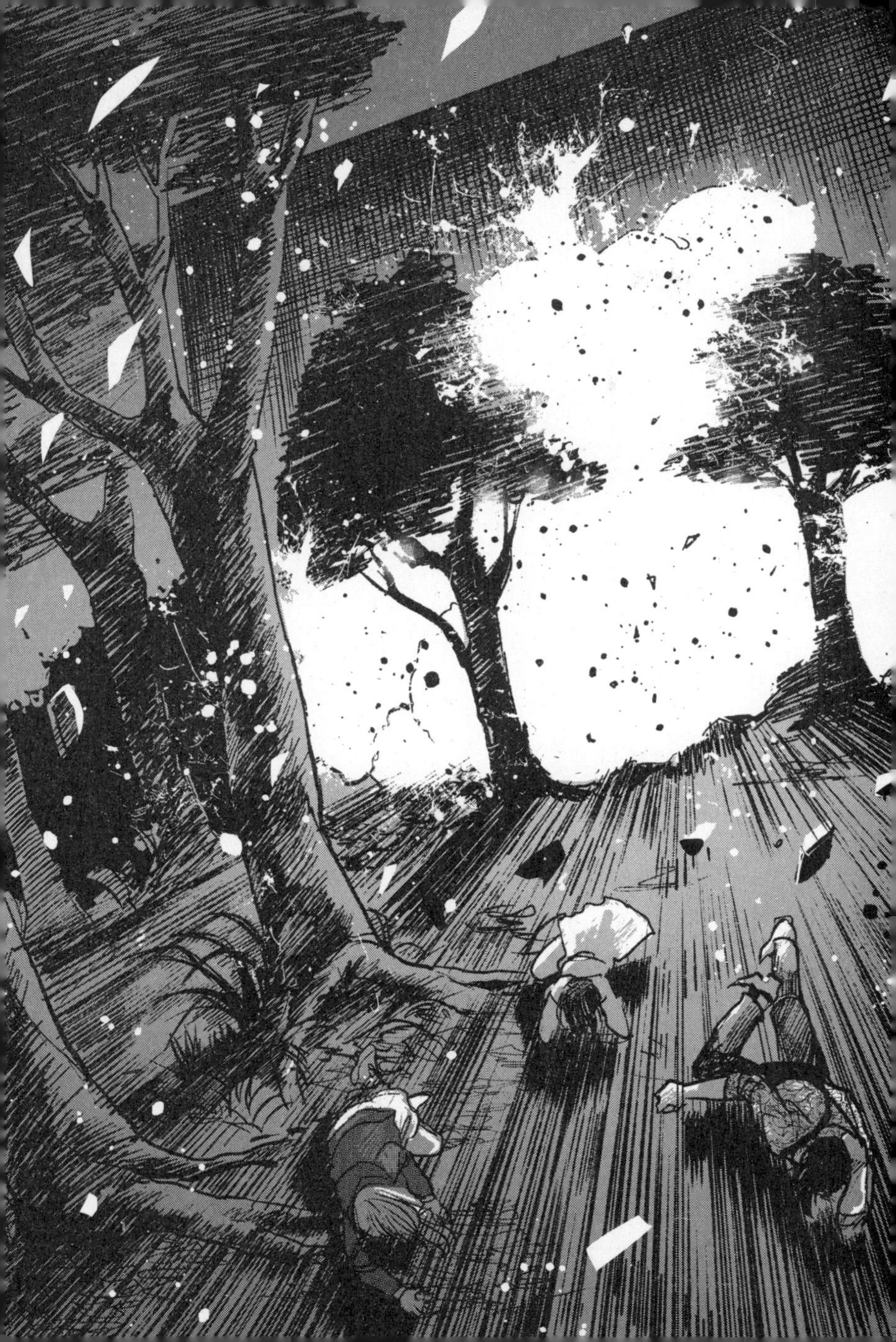

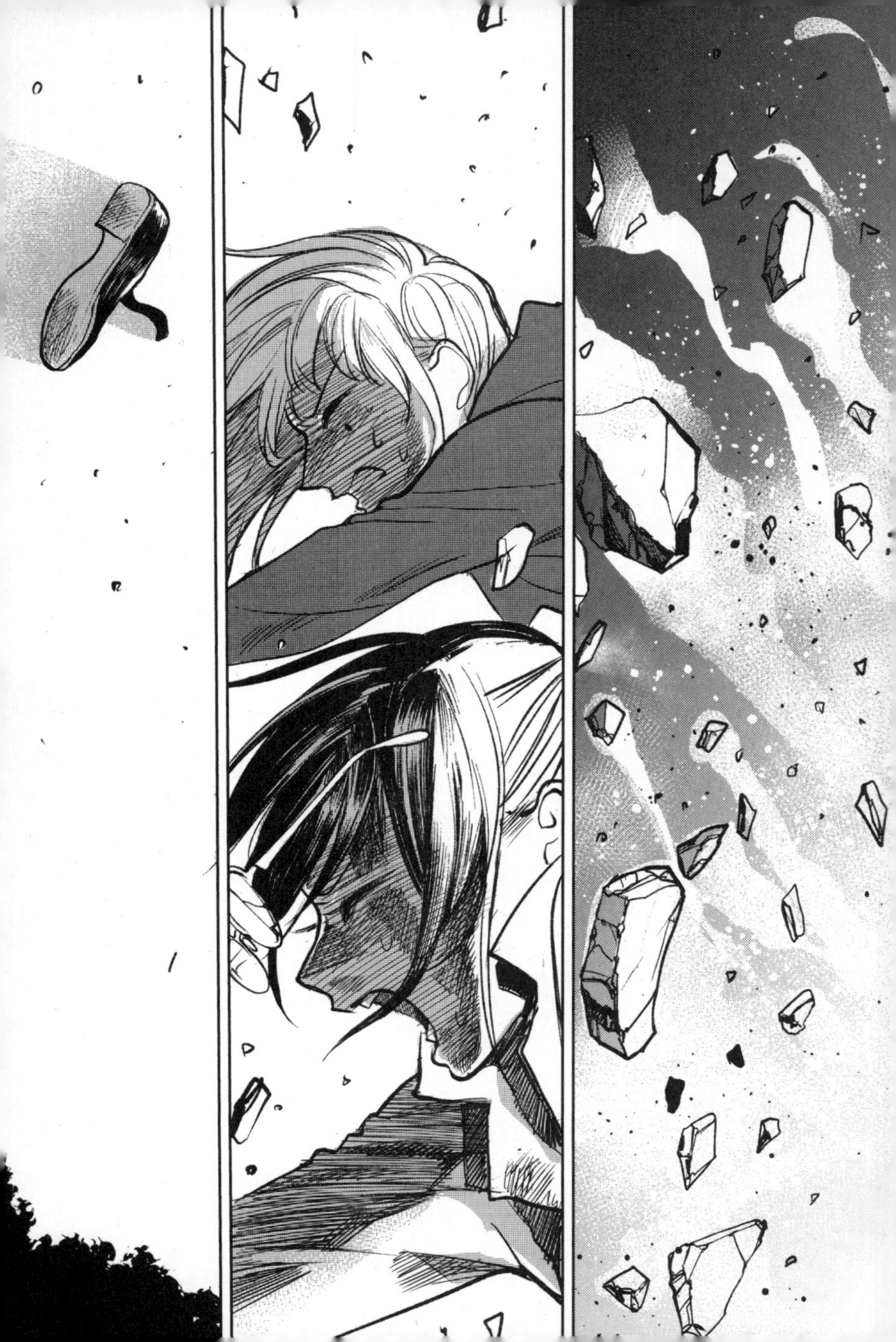

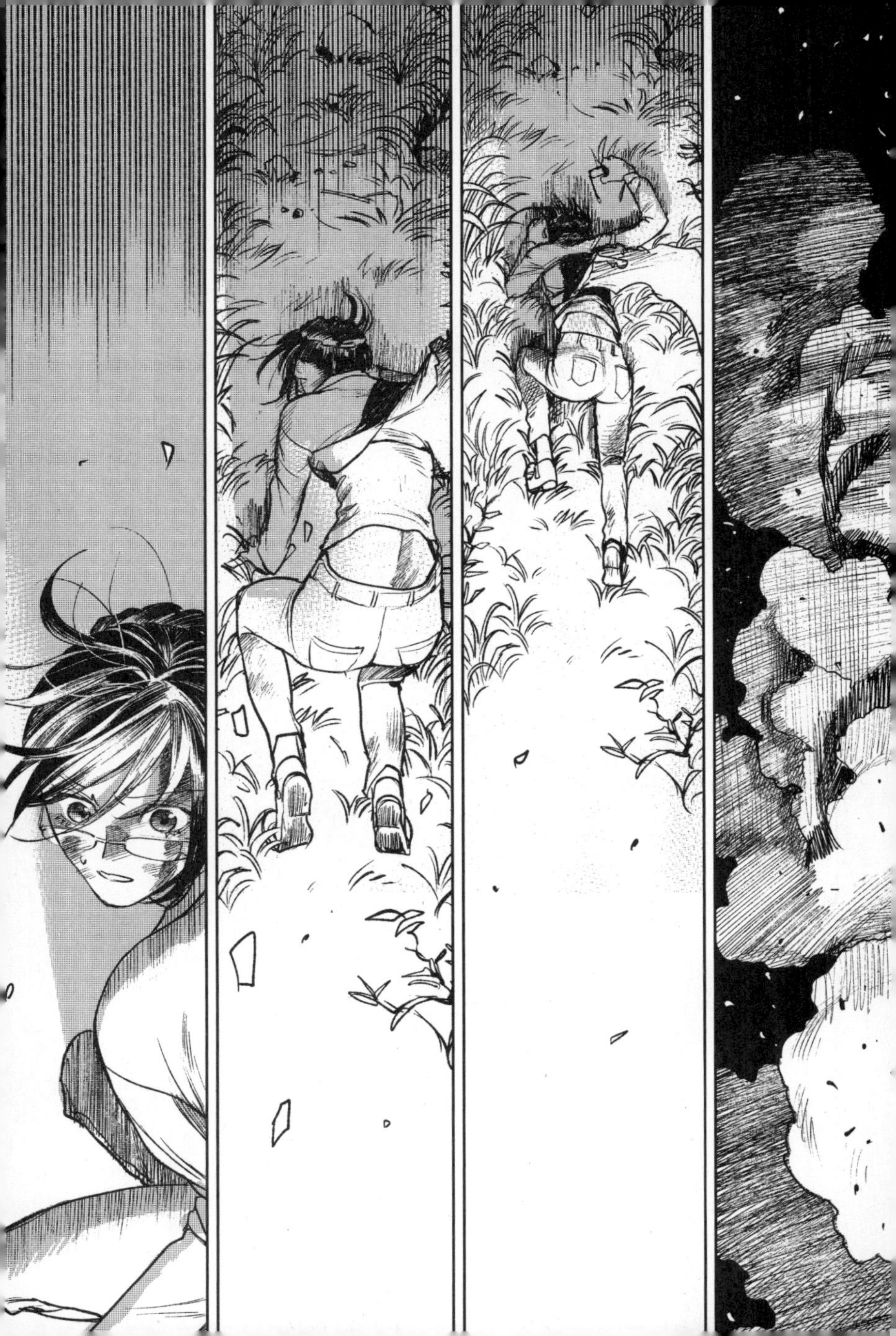

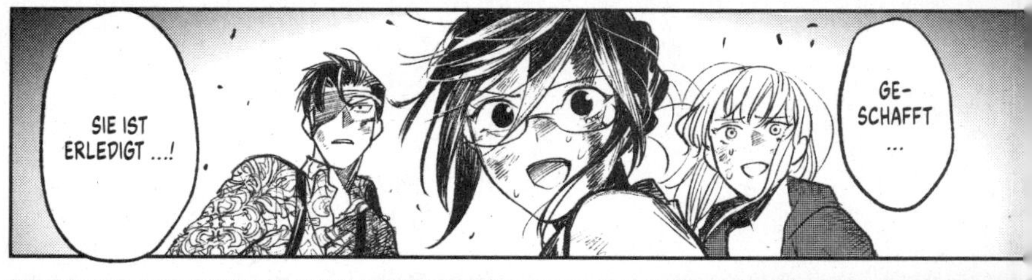
GE-
SCHAFFT
…
SIE IST
ERLEDIGT …!

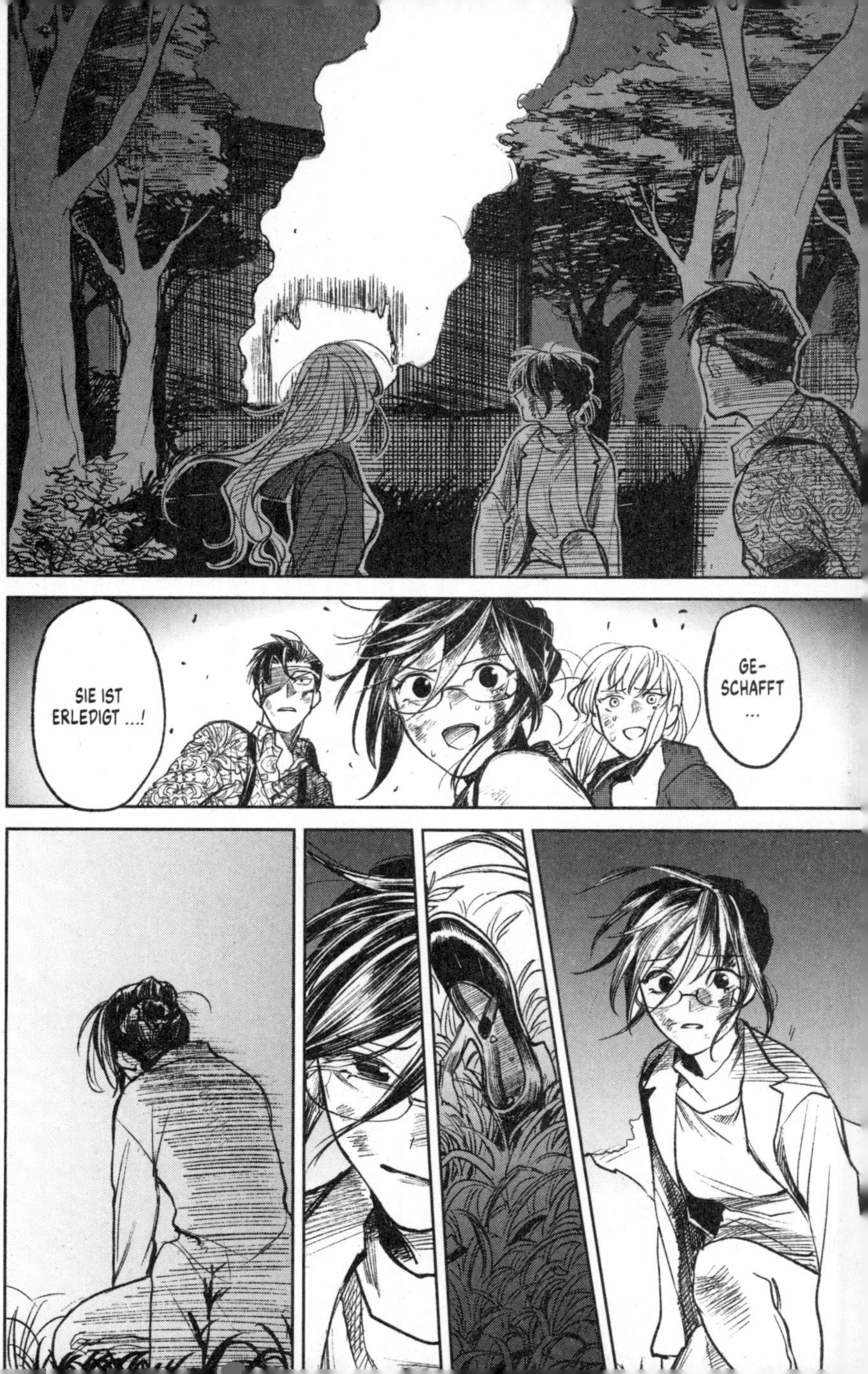

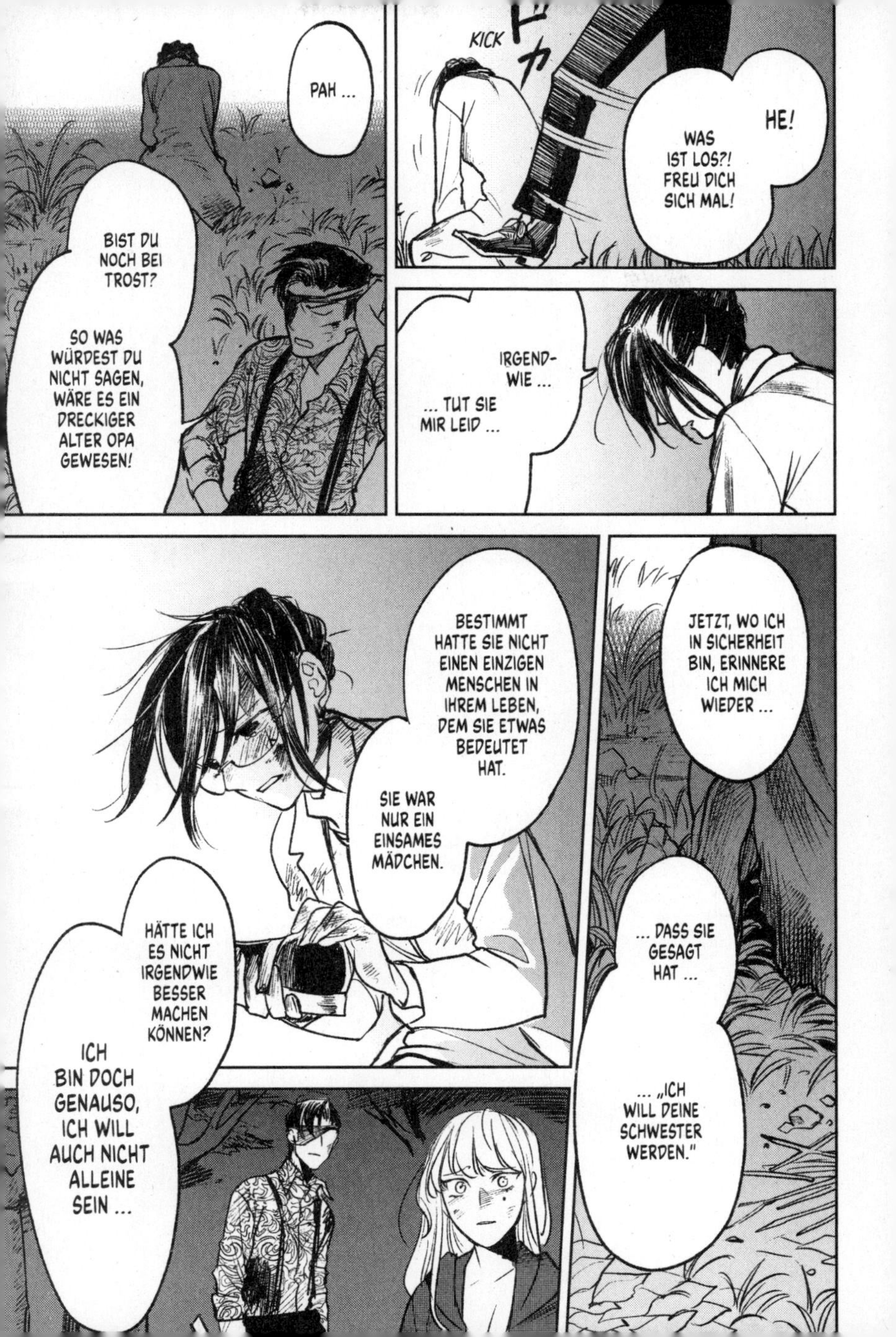

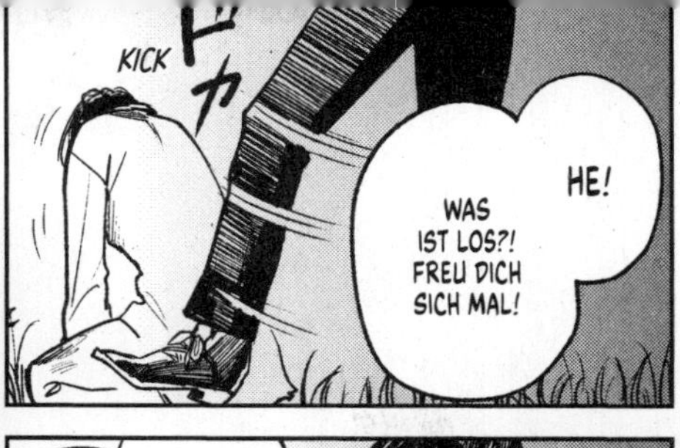

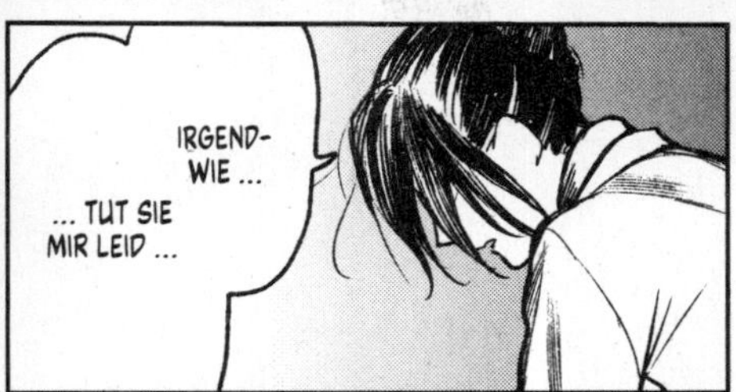

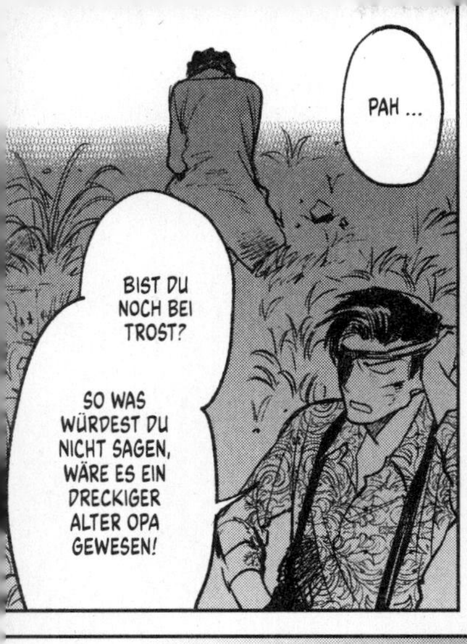

JETZT, WO ICH IN SICHERHEIT BIN, ERINNERE ICH MICH WIEDER ...

... DASS SIE GESAGT HAT ...

... „ICH WILL DEINE SCHWESTER WERDEN."

BESTIMMT HATTE SIE NICHT EINEN EINZIGEN MENSCHEN IN IHREM LEBEN, DEM SIE ETWAS BEDEUTET HAT.

SIE WAR NUR EIN EINSAMES MÄDCHEN.

HÄTTE ICH ES NICHT IRGENDWIE BESSER MACHEN KÖNNEN?

ICH BIN DOCH GENAUSO, ICH WILL AUCH NICHT ALLEINE SEIN ...

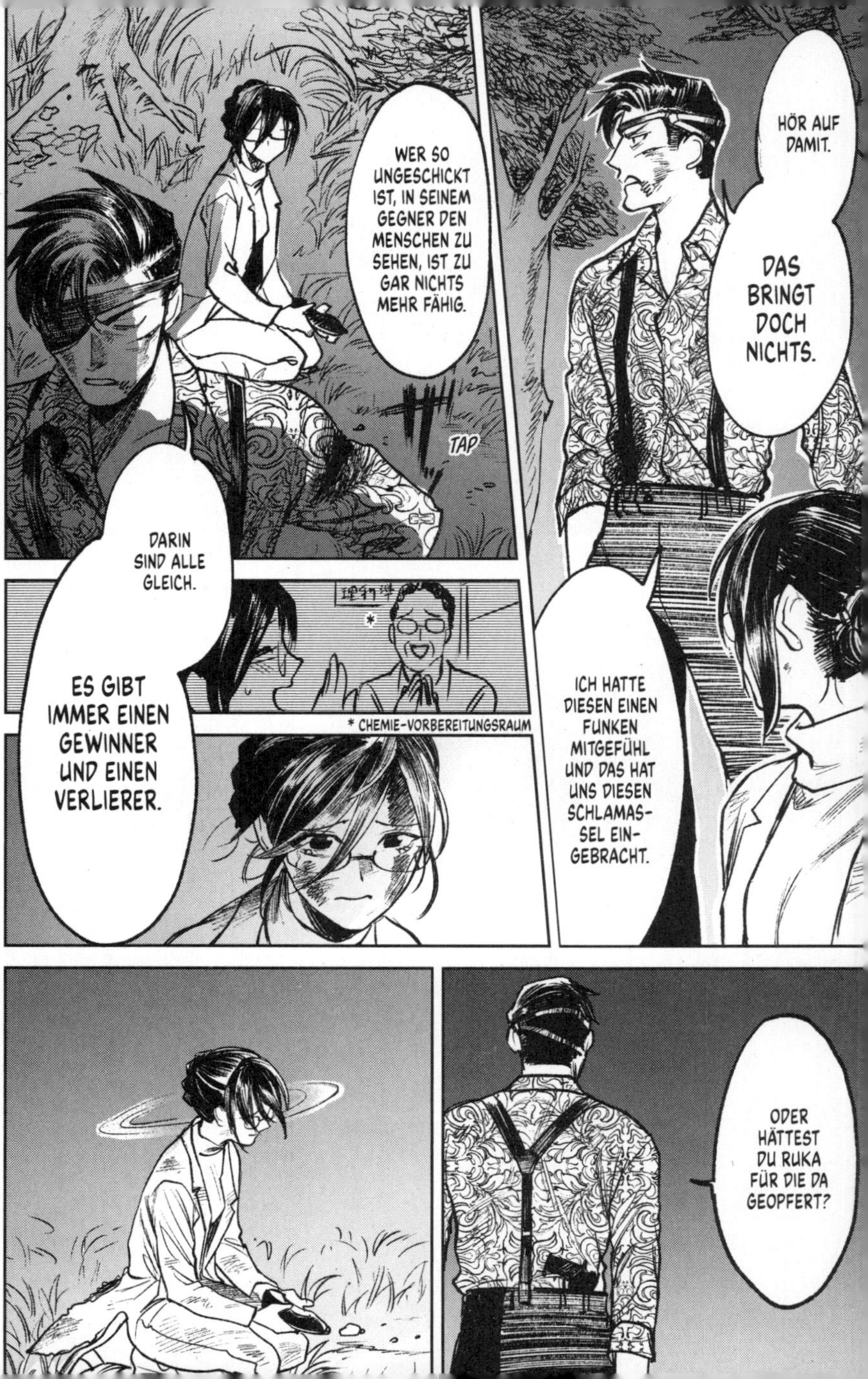

HÖR AUF DAMIT.
DAS BRINGT DOCH NICHTS.
WER SO UNGESCHICKT IST, IN SEINEM GEGNER DEN MENSCHEN ZU SEHEN, IST ZU GAR NICHTS MEHR FÄHIG.
TAP
ICH HATTE DIESEN EINEN FUNKEN MITGEFÜHL UND DAS HAT UNS DIESEN SCHLAMASSEL EINGEBRACHT.
DARIN SIND ALLE GLEICH.
ES GIBT IMMER EINEN GEWINNER UND EINEN VERLIERER.

* CHEMIE-VORBEREITUNGSRAUM

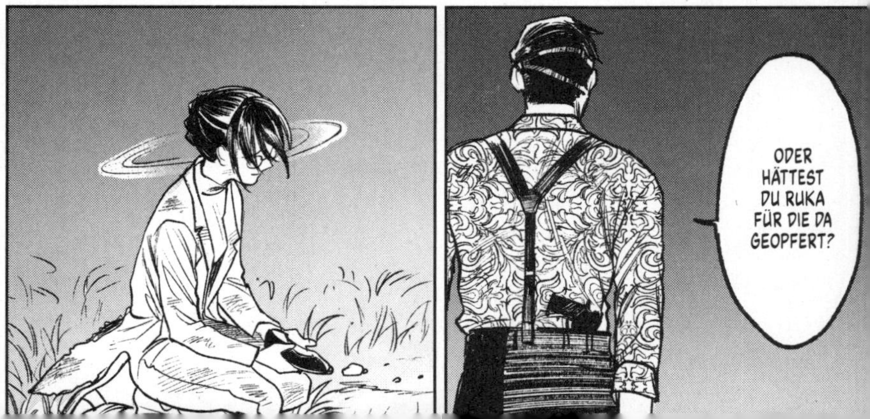

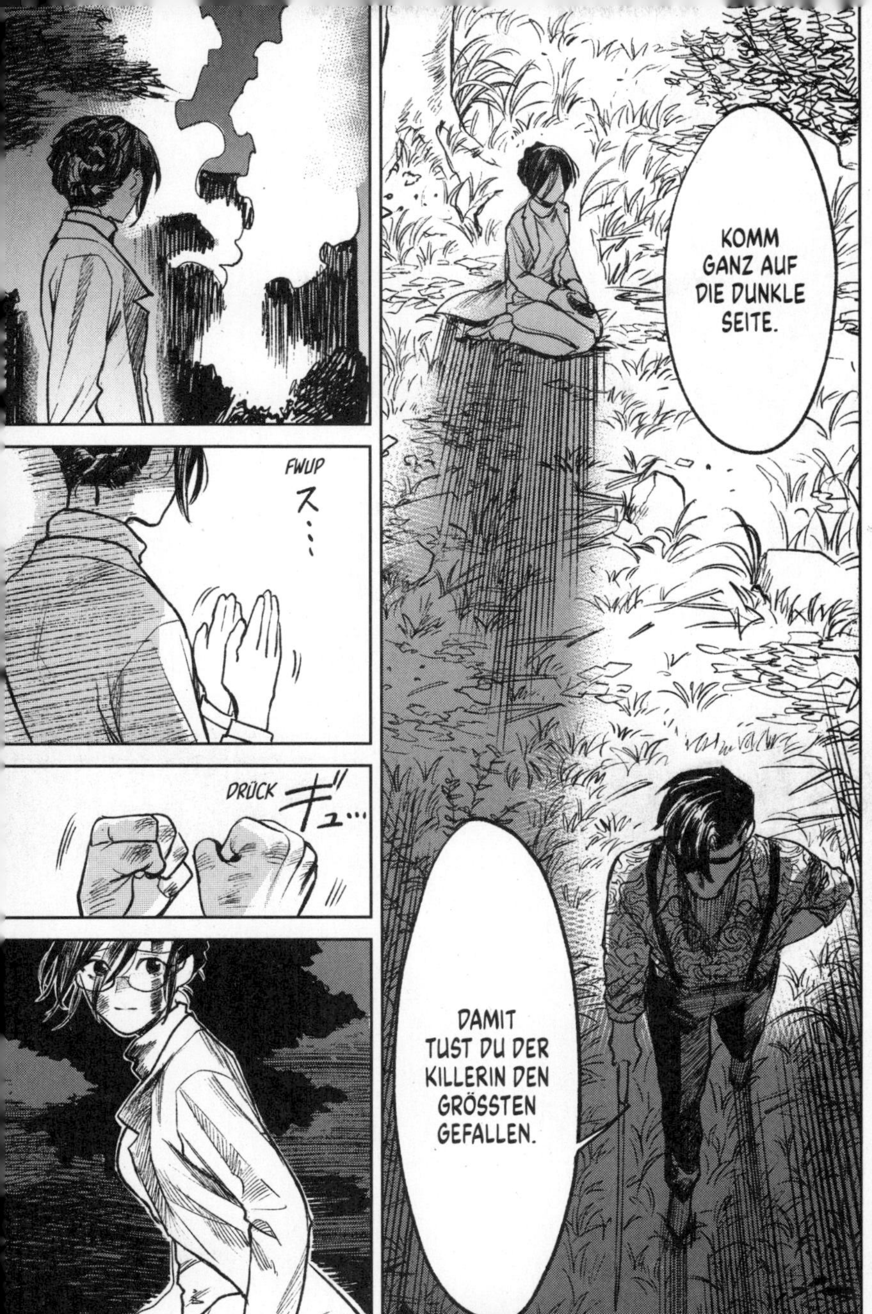
KOMM GANZ AUF DIE DUNKLE SEITE.
DAMIT TUST DU DER KILLERIN DEN GRÖSSTEN GEFALLEN.
FWUP
ス…
DRÜCK
ギュ…

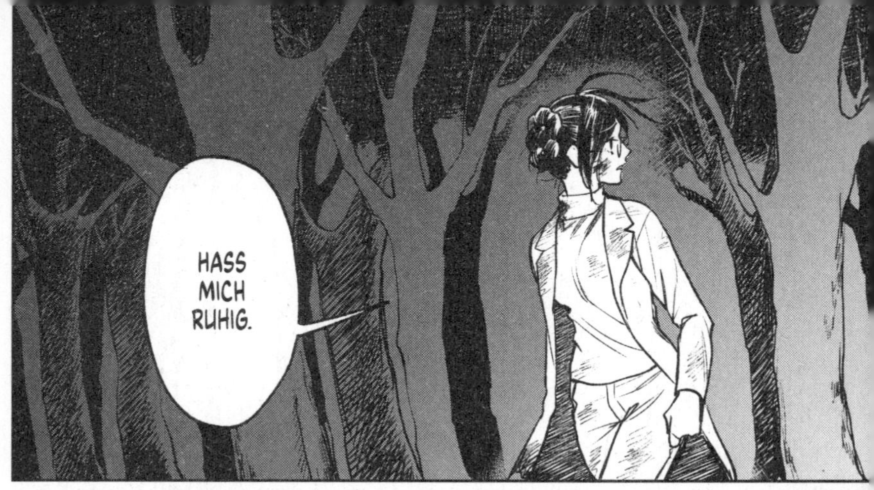
HASS
MICH
RUHIG.

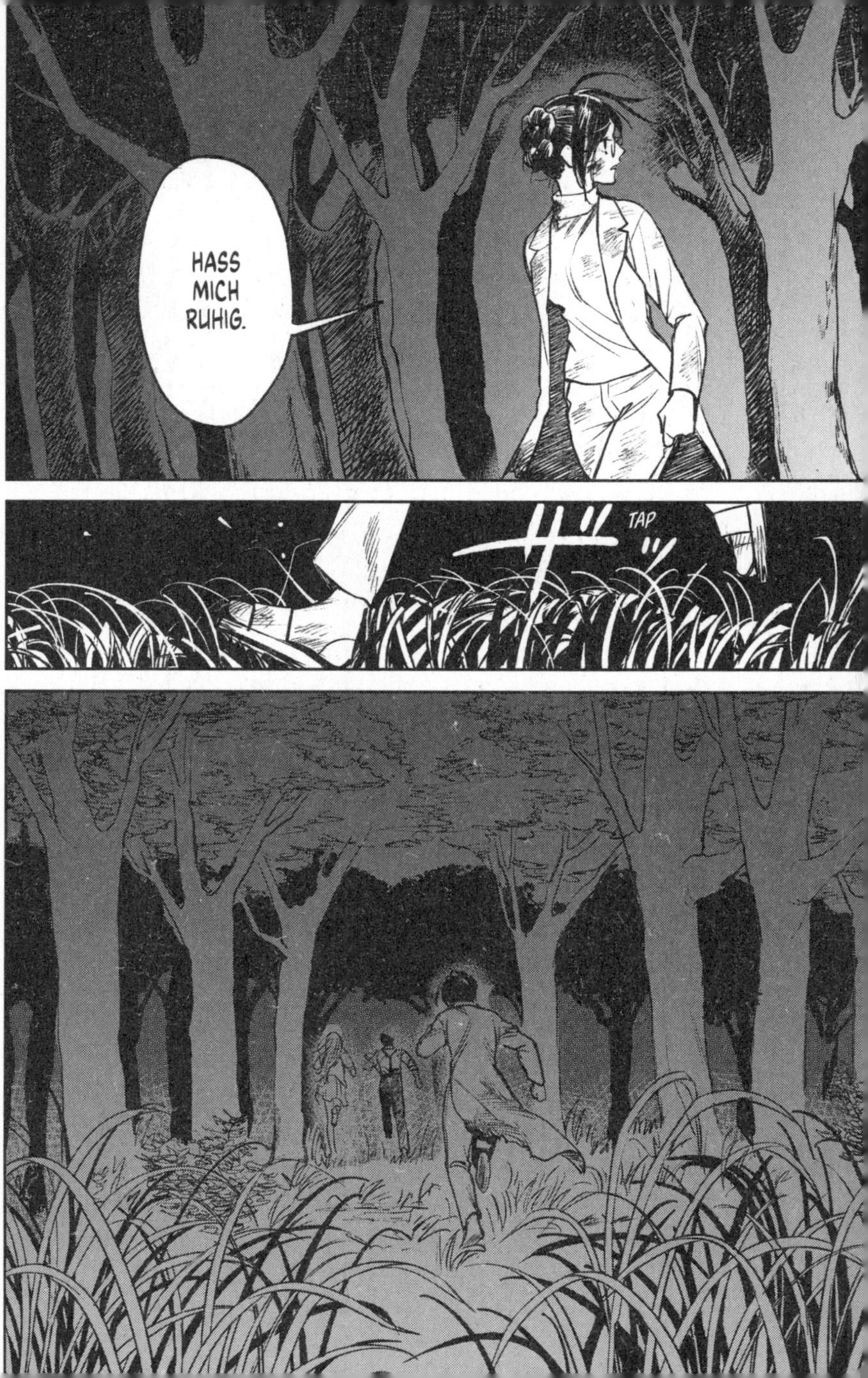

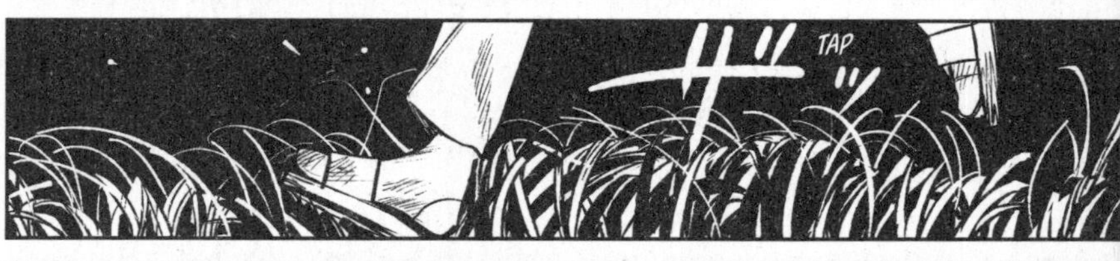
TAP

KAPITEL 14

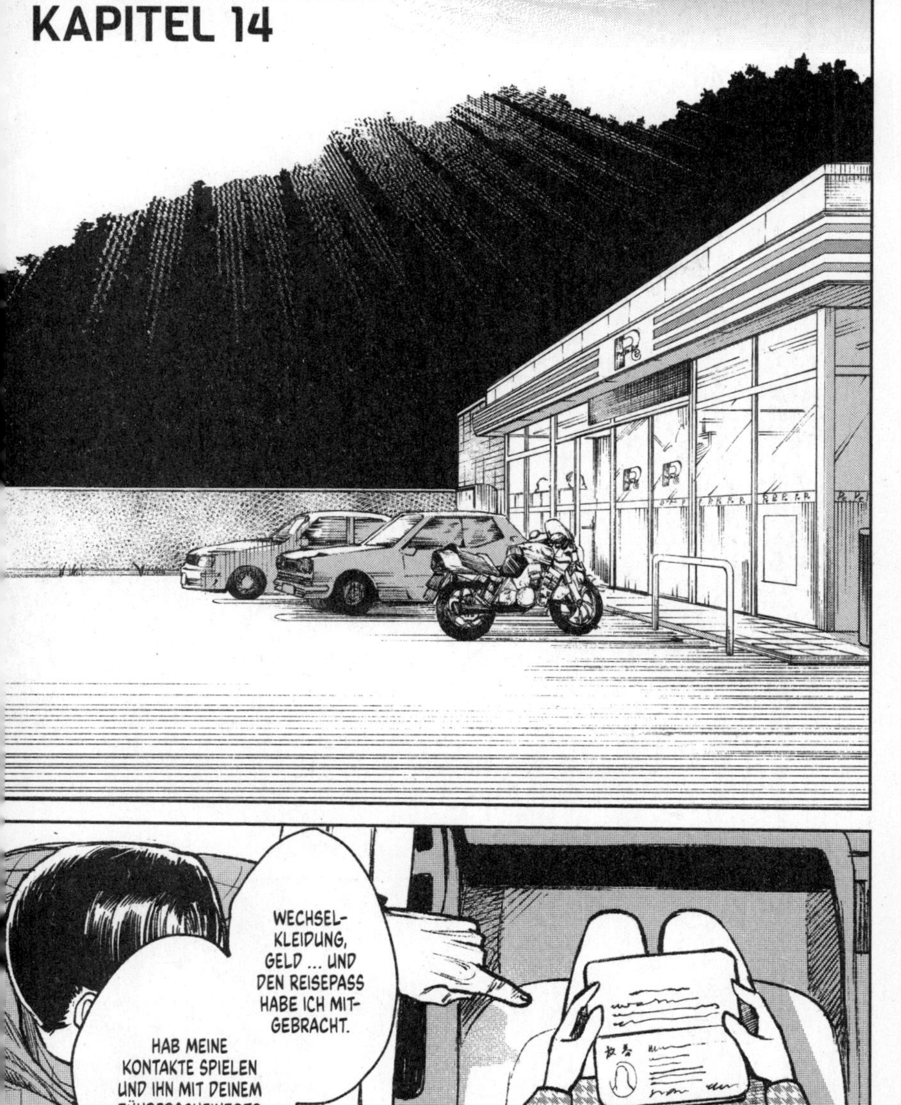
WECHSEL-KLEIDUNG, GELD ... UND DEN REISEPASS HABE ICH MIT-GEBRACHT.
HAB MEINE KONTAKTE SPIELEN UND IHN MIT DEINEM FÜHRERSCHEINFOTO MACHEN LASSEN, GING SCHNELLER.

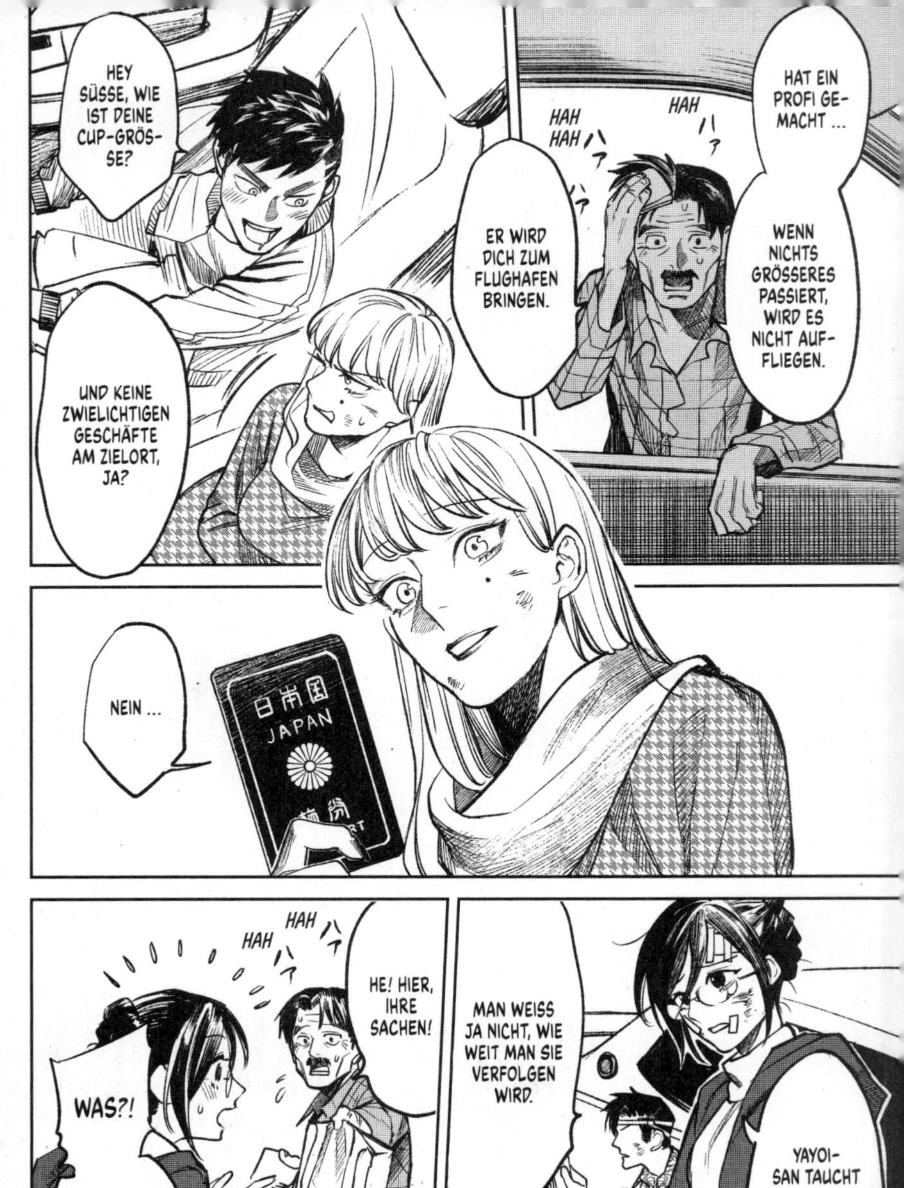
HAT EIN PROFI GEMACHT ...
WENN NICHTS GRÖSSERES PASSIERT, WIRD ES NICHT AUFFLIEGEN.
HAH HAH
HAH
ER WIRD DICH ZUM FLUGHAFEN BRINGEN.
HEY SÜSSE, WIE IST DEINE CUP-GRÖSSE?
UND KEINE ZWIELICHTIGEN GESCHÄFTE AM ZIELORT, JA?
NEIN ...
日本国
JAPAN
YAYOI-SAN TAUCHT ALSO IM AUSLAND UNTER ...
MAN WEISS JA NICHT, WIE WEIT MAN SIE VERFOLGEN WIRD.
HAH HAH
HE! HIER, IHRE SACHEN!
WAS?!
AH, VIELEN DANK!

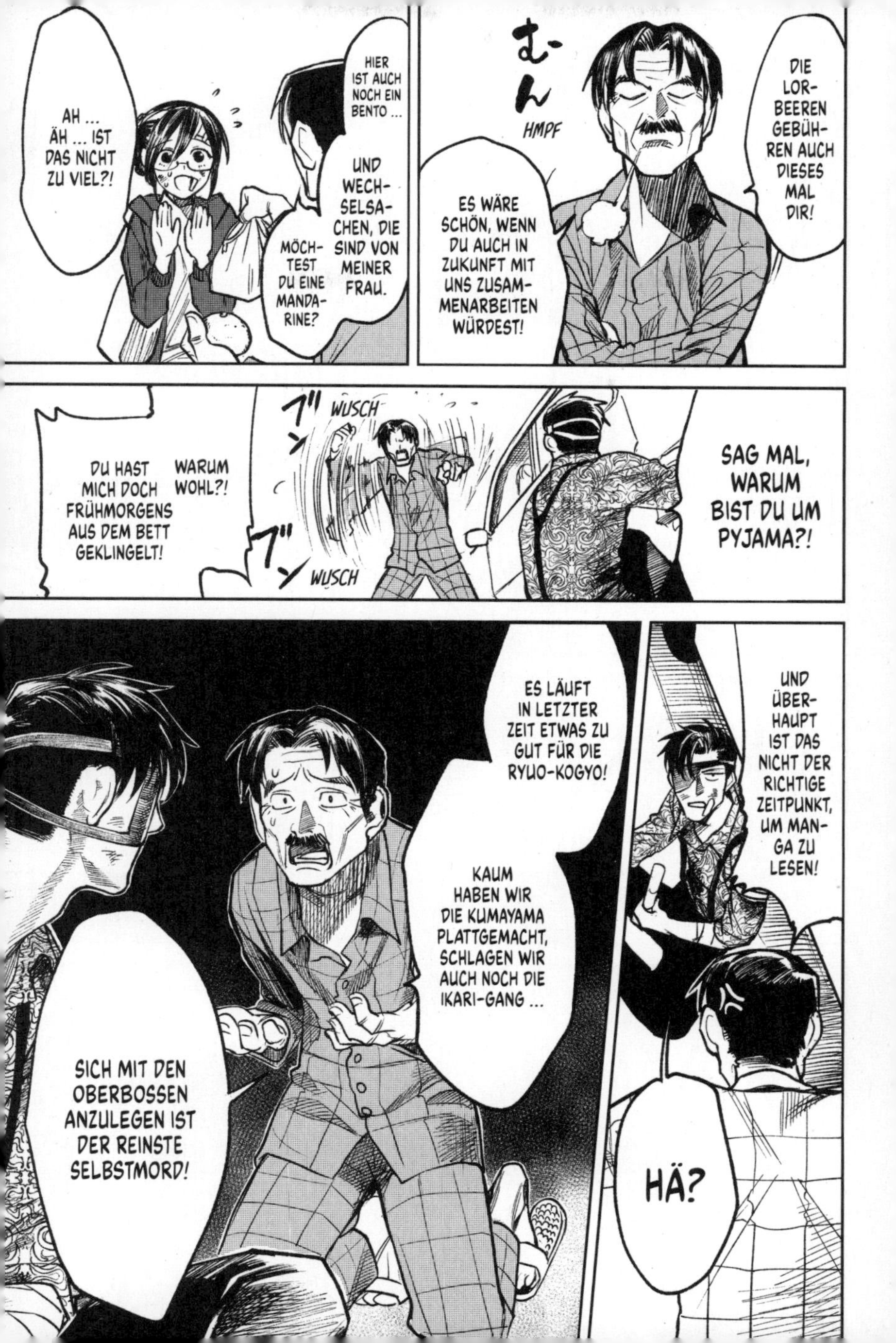

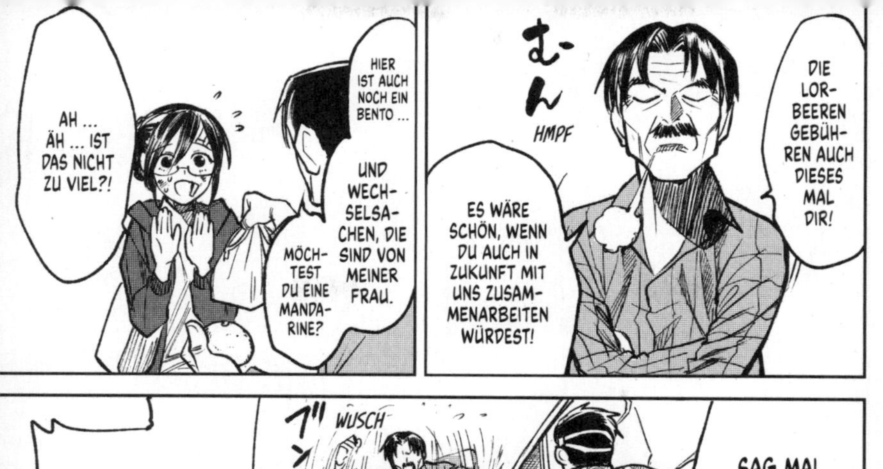

SAG MAL, WARUM BIST DU UM PYJAMA?!

WUSCH

WUSCH

WARUM WOHL?!

DU HAST MICH DOCH FRÜHMORGENS AUS DEM BETT GEKLINGELT!

UND ÜBERHAUPT IST DAS NICHT DER RICHTIGE ZEITPUNKT, UM MANGA ZU LESEN!

HÄ?

ES LÄUFT IN LETZTER ZEIT ETWAS ZU GUT FÜR DIE RYUO-KOGYO!

KAUM HABEN WIR DIE KUMAYAMA PLATTGEMACHT, SCHLAGEN WIR AUCH NOCH DIE IKARI-GANG ...

SICH MIT DEN OBERBOSSEN ANZULEGEN IST DER REINSTE SELBSTMORD!

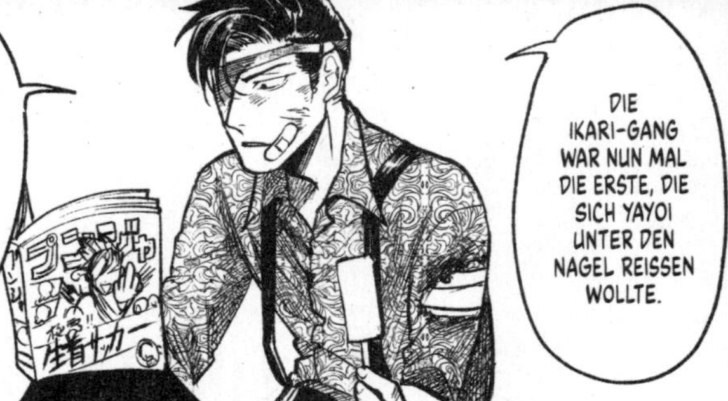

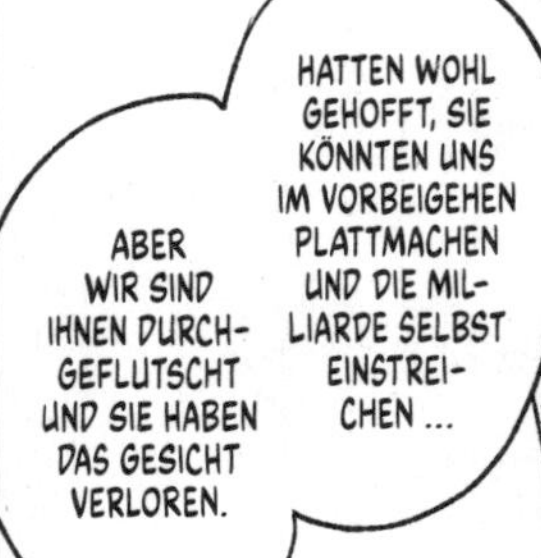

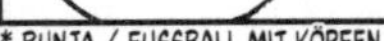
* BUNJA / FUSSBALL MIT KÖPFEN

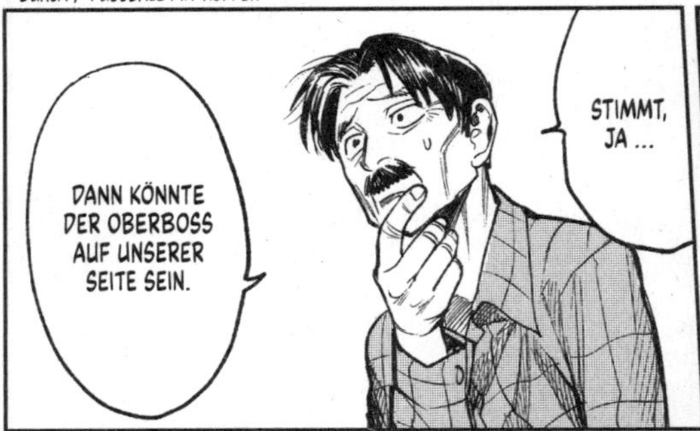

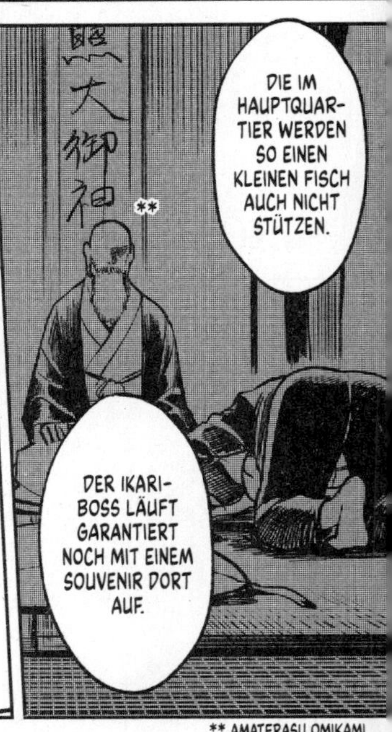

** AMATERASU OMIKAMI

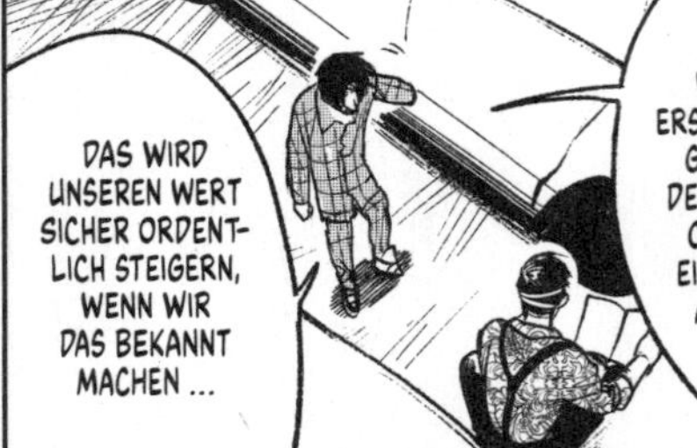

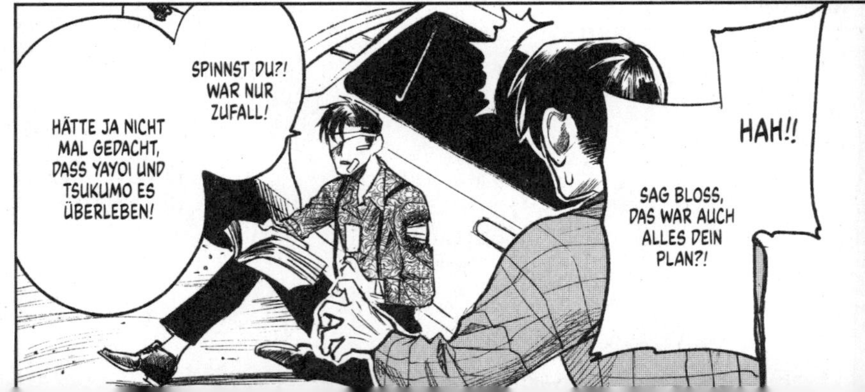

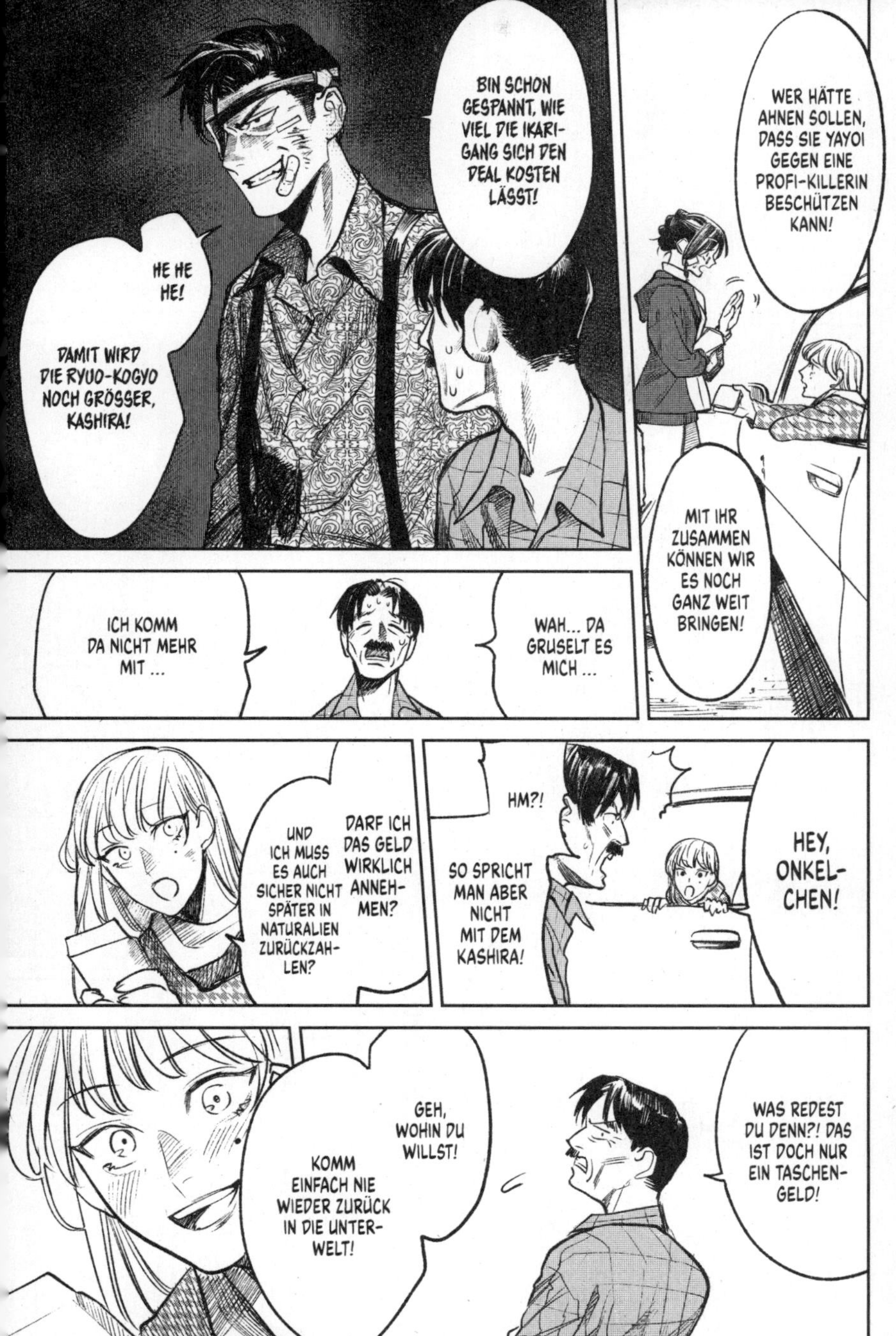
WER HÄTTE AHNEN SOLLEN, DASS SIE YAYOI GEGEN EINE PROFI-KILLERIN BESCHÜTZEN KANN!
MIT IHR ZUSAMMEN KÖNNEN WIR ES NOCH GANZ WEIT BRINGEN!
BIN SCHON GESPANNT, WIE VIEL DIE IKARI-GANG SICH DEN DEAL KOSTEN LÄSST!
HE HE HE!
DAMIT WIRD DIE RYUO-KOGYO NOCH GRÖSSER, KASHIRA!
WAH... DA GRUSELT ES MICH ...
ICH KOMM DA NICHT MEHR MIT ...
HEY, ONKEL-CHEN!
HM?!
SO SPRICHT MAN ABER NICHT MIT DEM KASHIRA!
DARF ICH DAS GELD WIRKLICH ANNEH-MEN?
UND ICH MUSS ES AUCH SICHER NICHT SPÄTER IN NATURALIEN ZURÜCKZAH-LEN?
WAS REDEST DU DENN?! DAS IST DOCH NUR EIN TASCHEN-GELD!
GEH, WOHIN DU WILLST!
KOMM EINFACH NIE WIEDER ZURÜCK IN DIE UNTER-WELT!

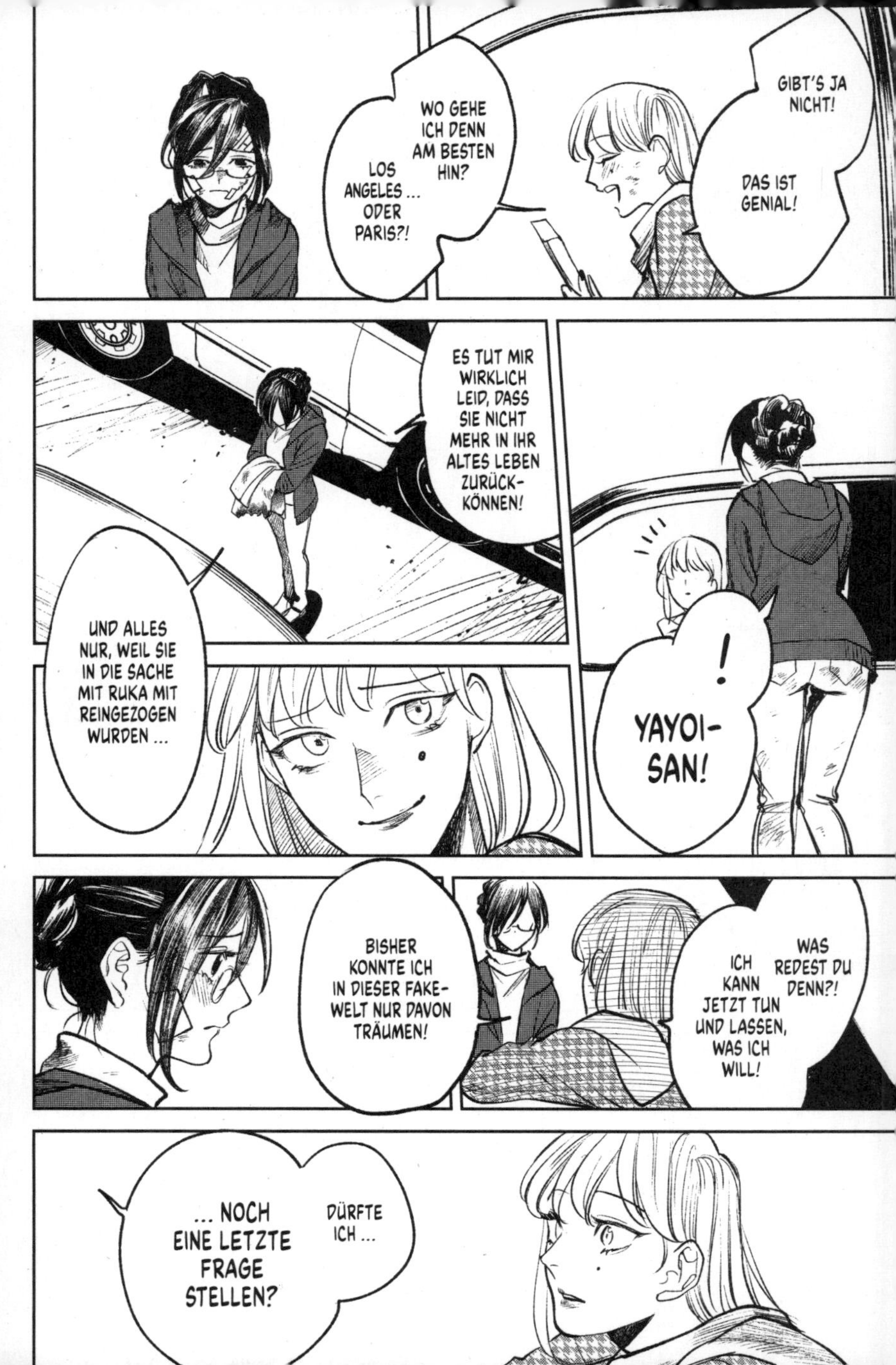
GIBT'S JA NICHT!
DAS IST GENIAL!
WO GEHE ICH DENN AM BESTEN HIN?
LOS ANGELES … ODER PARIS?!
YAYOI-SAN!
!
ES TUT MIR WIRKLICH LEID, DASS SIE NICHT MEHR IN IHR ALTES LEBEN ZURÜCK-KÖNNEN!
UND ALLES NUR, WEIL SIE IN DIE SACHE MIT RUKA MIT REINGEZOGEN WURDEN …
WAS REDEST DU DENN?!
ICH KANN JETZT TUN UND LASSEN, WAS ICH WILL!
BISHER KONNTE ICH IN DIESER FAKE-WELT NUR DAVON TRÄUMEN!
DÜRFTE ICH …
… NOCH EINE LETZTE FRAGE STELLEN?

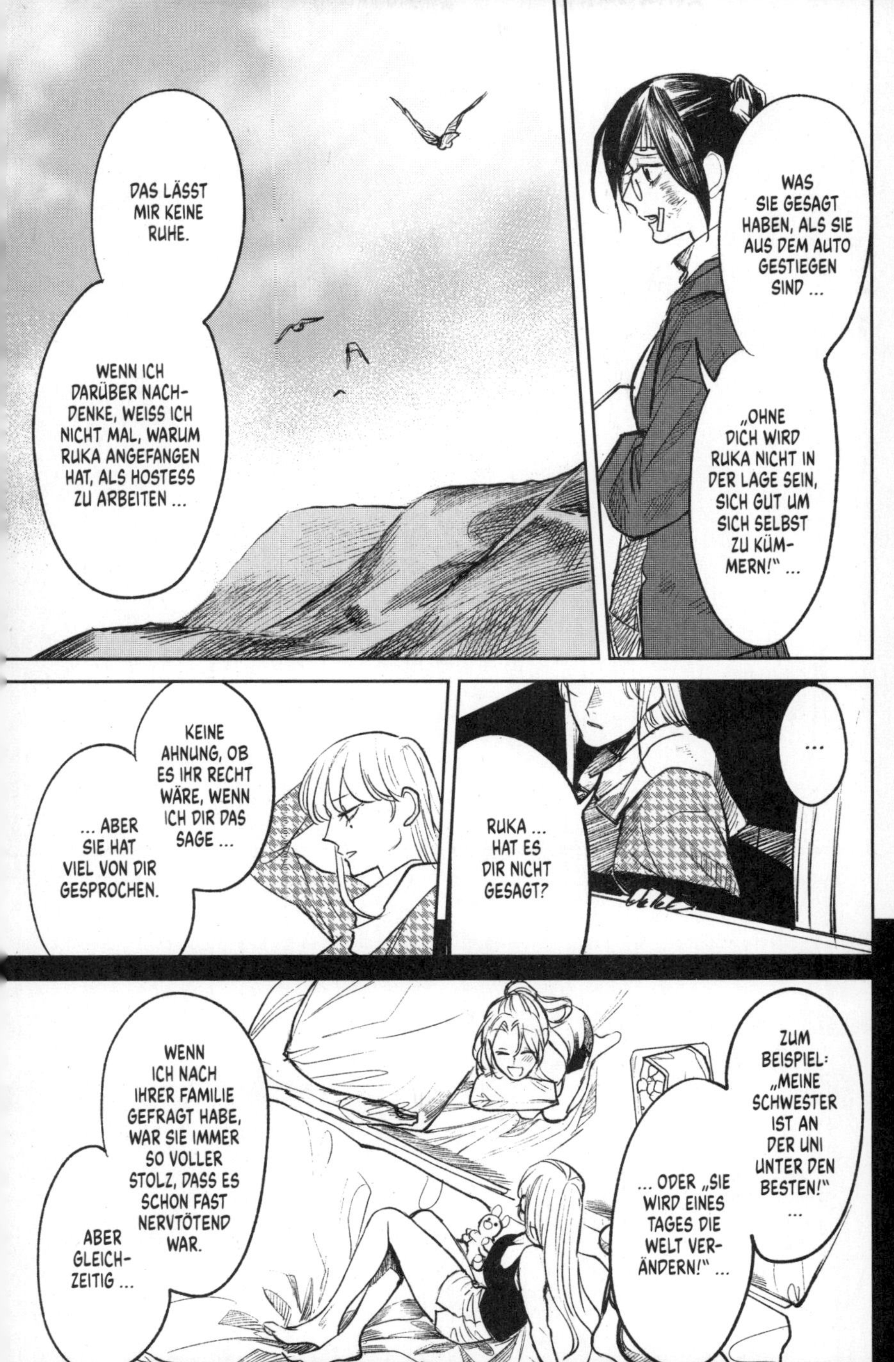
WAS SIE GESAGT HABEN, ALS SIE AUS DEM AUTO GESTIEGEN SIND …
„OHNE DICH WIRD RUKA NICHT IN DER LAGE SEIN, SICH GUT UM SICH SELBST ZU KÜMMERN!“ …
DAS LÄSST MIR KEINE RUHE.
WENN ICH DARÜBER NACHDENKE, WEISS ICH NICHT MAL, WARUM RUKA ANGEFANGEN HAT, ALS HOSTESS ZU ARBEITEN …
…
RUKA … HAT ES DIR NICHT GESAGT?
KEINE AHNUNG, OB ES IHR RECHT WÄRE, WENN ICH DIR DAS SAGE …
… ABER SIE HAT VIEL VON DIR GESPROCHEN.
ZUM BEISPIEL: „MEINE SCHWESTER IST AN DER UNI UNTER DEN BESTEN!“ …
… ODER „SIE WIRD EINES TAGES DIE WELT VERÄNDERN!“ …
WENN ICH NACH IHRER FAMILIE GEFRAGT HABE, WAR SIE IMMER SO VOLLER STOLZ, DASS ES SCHON FAST NERVTÖTEND WAR.
ABER GLEICHZEITIG …

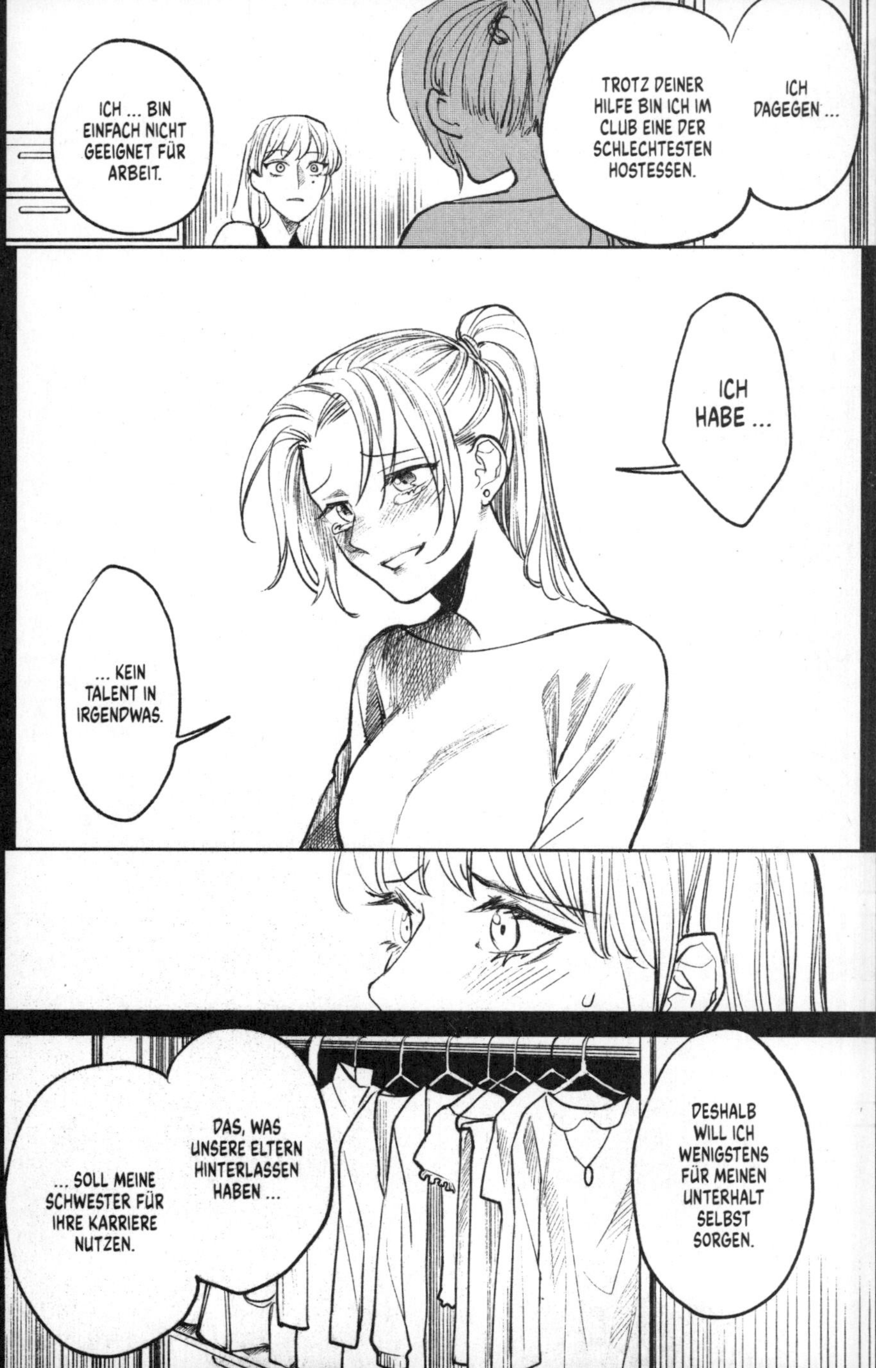
ICH DAGEGEN ...
TROTZ DEINER HILFE BIN ICH IM CLUB EINE DER SCHLECHTESTEN HOSTESSEN.
ICH ... BIN EINFACH NICHT GEEIGNET FÜR ARBEIT.
ICH HABE ...
... KEIN TALENT IN IRGENDWAS.
DESHALB WILL ICH WENIGSTENS FÜR MEINEN UNTERHALT SELBST SORGEN.
DAS, WAS UNSERE ELTERN HINTERLASSEN HABEN ...
... SOLL MEINE SCHWESTER FÜR IHRE KARRIERE NUTZEN.

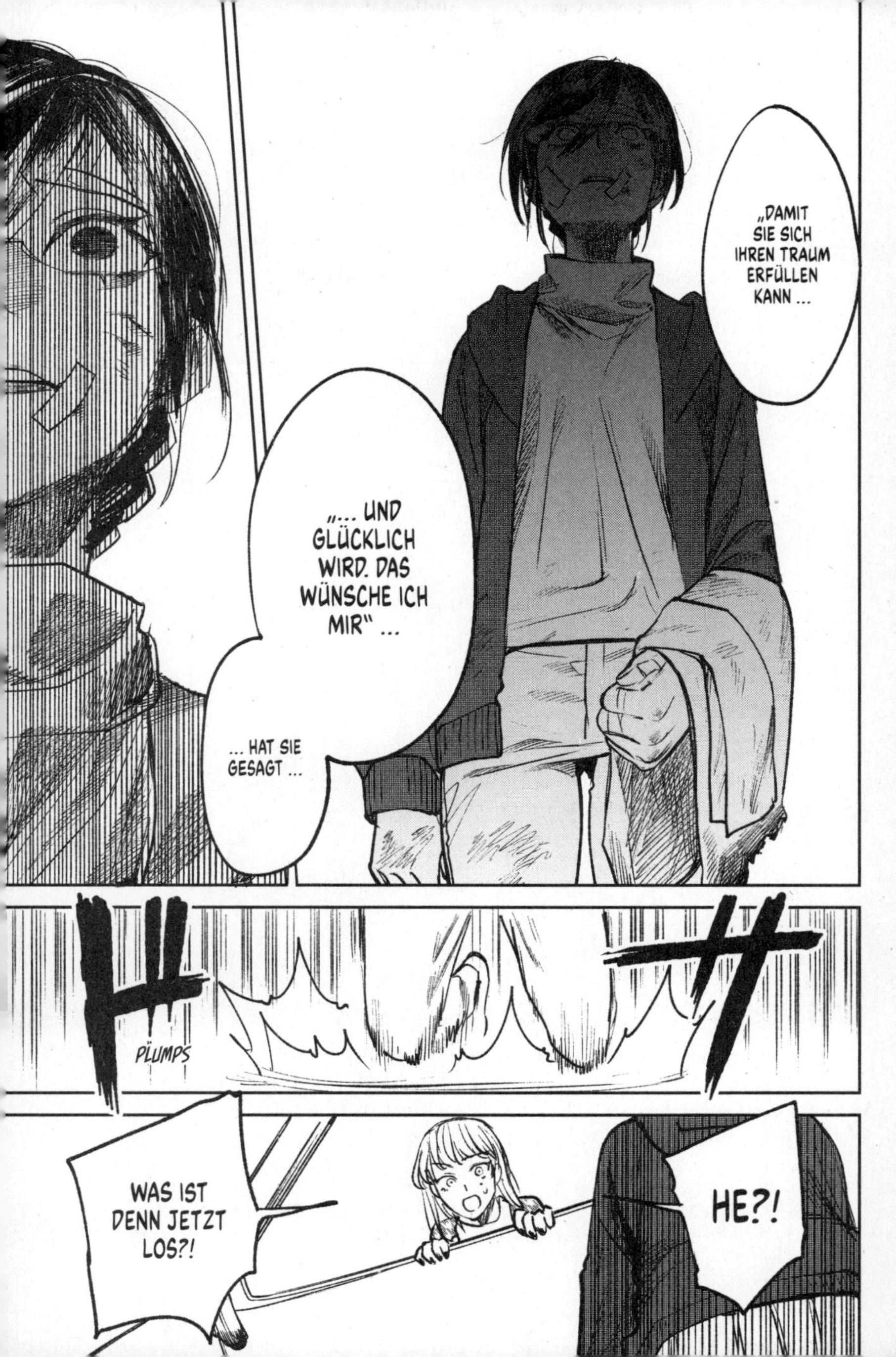
„DAMIT SIE SICH IHREN TRAUM ERFÜLLEN KANN …
„… UND GLÜCKLICH WIRD. DAS WÜNSCHE ICH MIR“ …
… HAT SIE GESAGT …
PLUMPS
HE?!
WAS IST DENN JETZT LOS?!

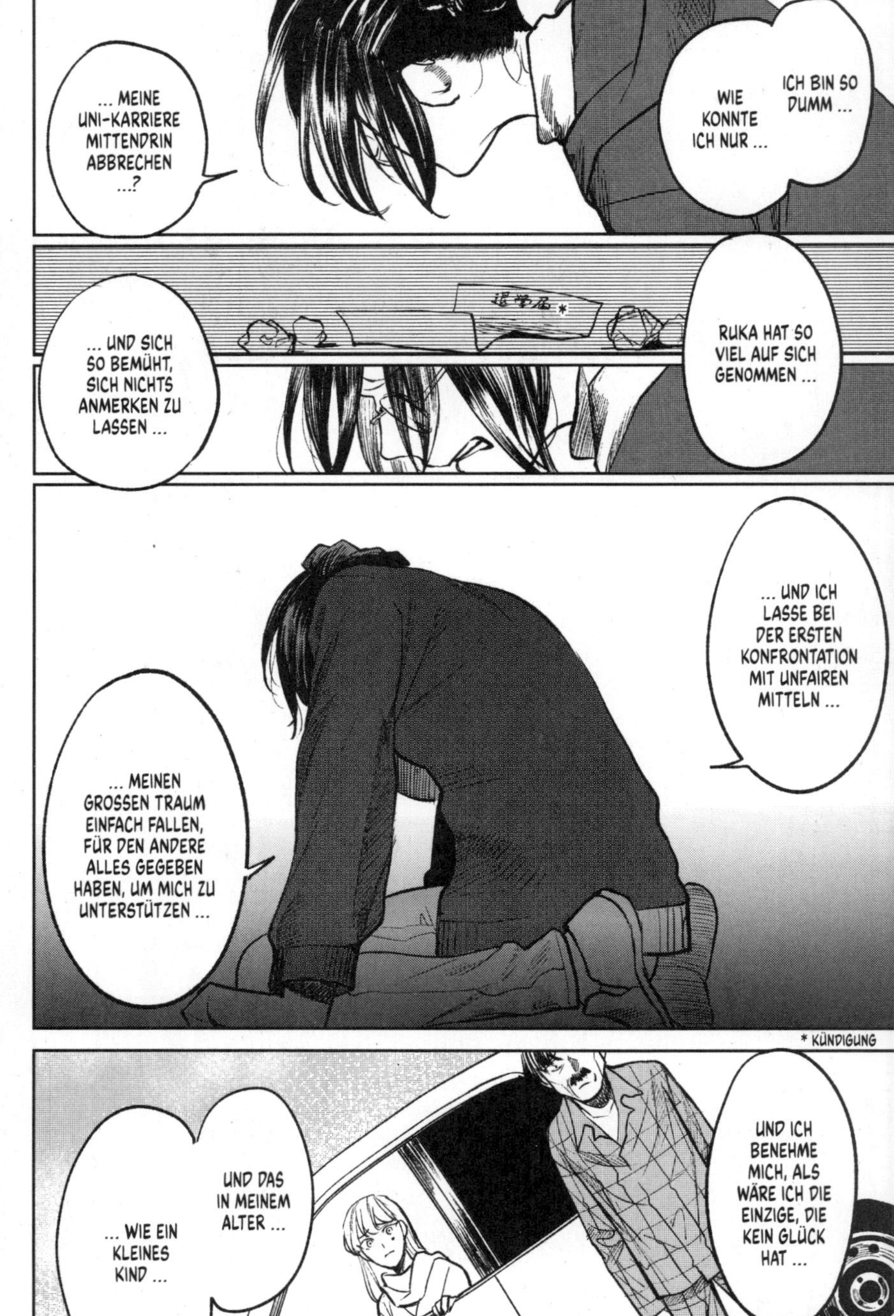

ICH BIN SO DUMM ...
WIE KONNTE ICH NUR ...
... MEINE UNI-KARRIERE MITTENDRIN ABBRECHEN ...?
退学届*
RUKA HAT SO VIEL AUF SICH GENOMMEN ...
... UND SICH SO BEMÜHT, SICH NICHTS ANMERKEN ZU LASSEN ...
... UND ICH LASSE BEI DER ERSTEN KONFRONTATION MIT UNFAIREN MITTELN ...
... MEINEN GROSSEN TRAUM EINFACH FALLEN, FÜR DEN ANDERE ALLES GEGEBEN HABEN, UM MICH ZU UNTERSTÜTZEN ...
* KÜNDIGUNG
UND ICH BENEHME MICH, ALS WÄRE ICH DIE EINZIGE, DIE KEIN GLÜCK HAT ...
UND DAS IN MEINEM ALTER ...
... WIE EIN KLEINES KIND ...

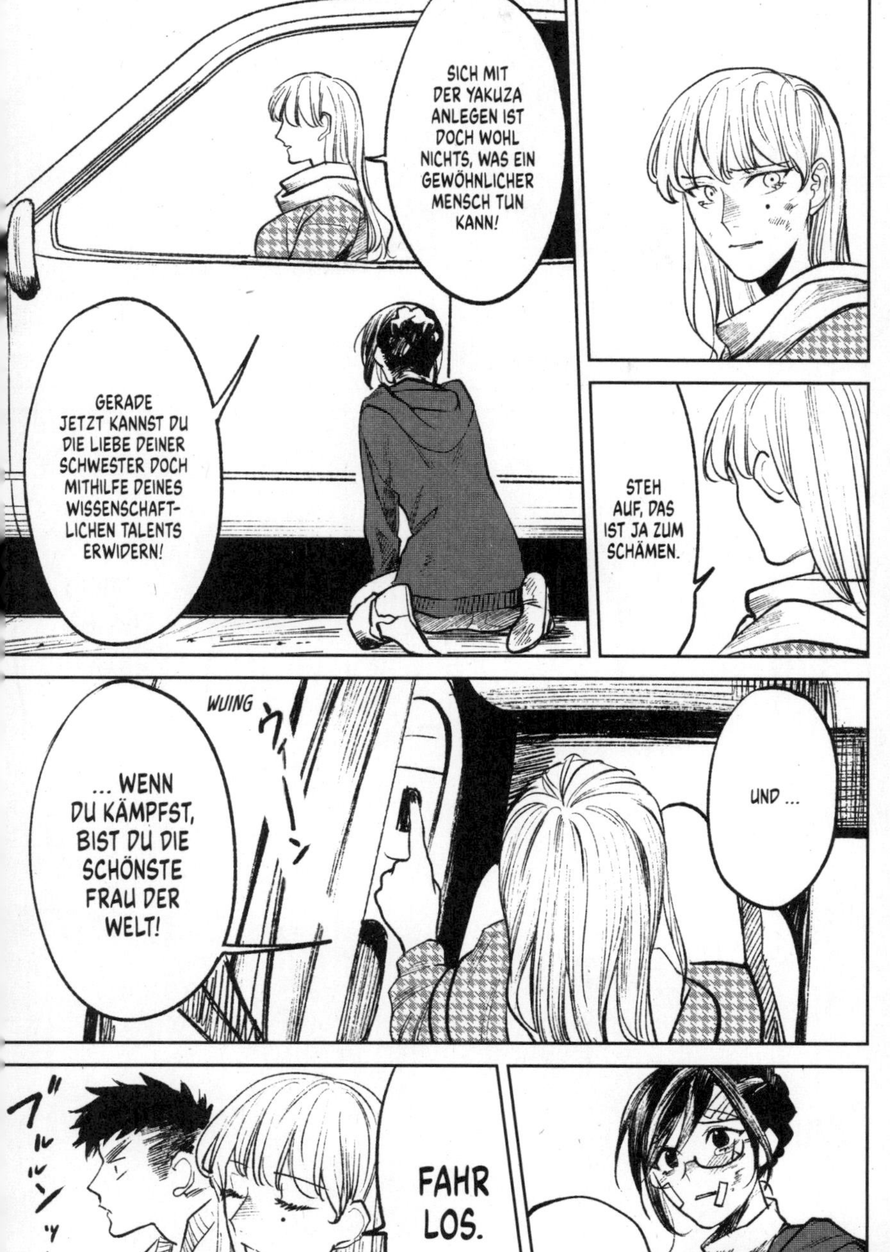
SICH MIT DER YAKUZA ANLEGEN IST DOCH WOHL NICHTS, WAS EIN GEWÖHNLICHER MENSCH TUN KANN!
STEH AUF, DAS IST JA ZUM SCHÄMEN.
GERADE JETZT KANNST DU DIE LIEBE DEINER SCHWESTER DOCH MITHILFE DEINES WISSENSCHAFT-LICHEN TALENTS ERWIDERN!
UND ...
WUING
... WENN DU KÄMPFST, BIST DU DIE SCHÖNSTE FRAU DER WELT!
...
FAHR LOS.
WRRRMM

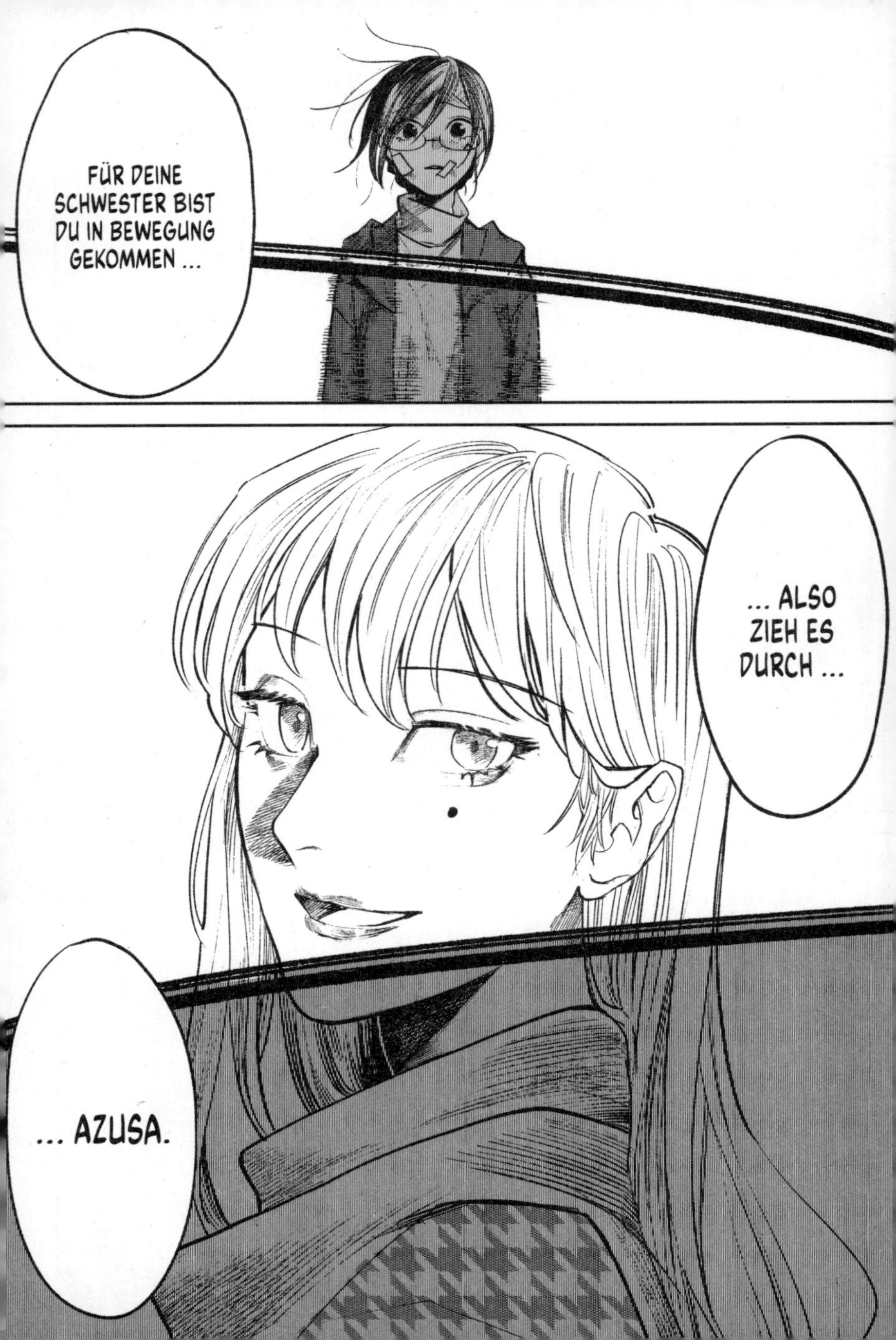
FÜR DEINE SCHWESTER BIST DU IN BEWEGUNG GEKOMMEN ...
... ALSO ZIEH ES DURCH ...
... AZUSA.

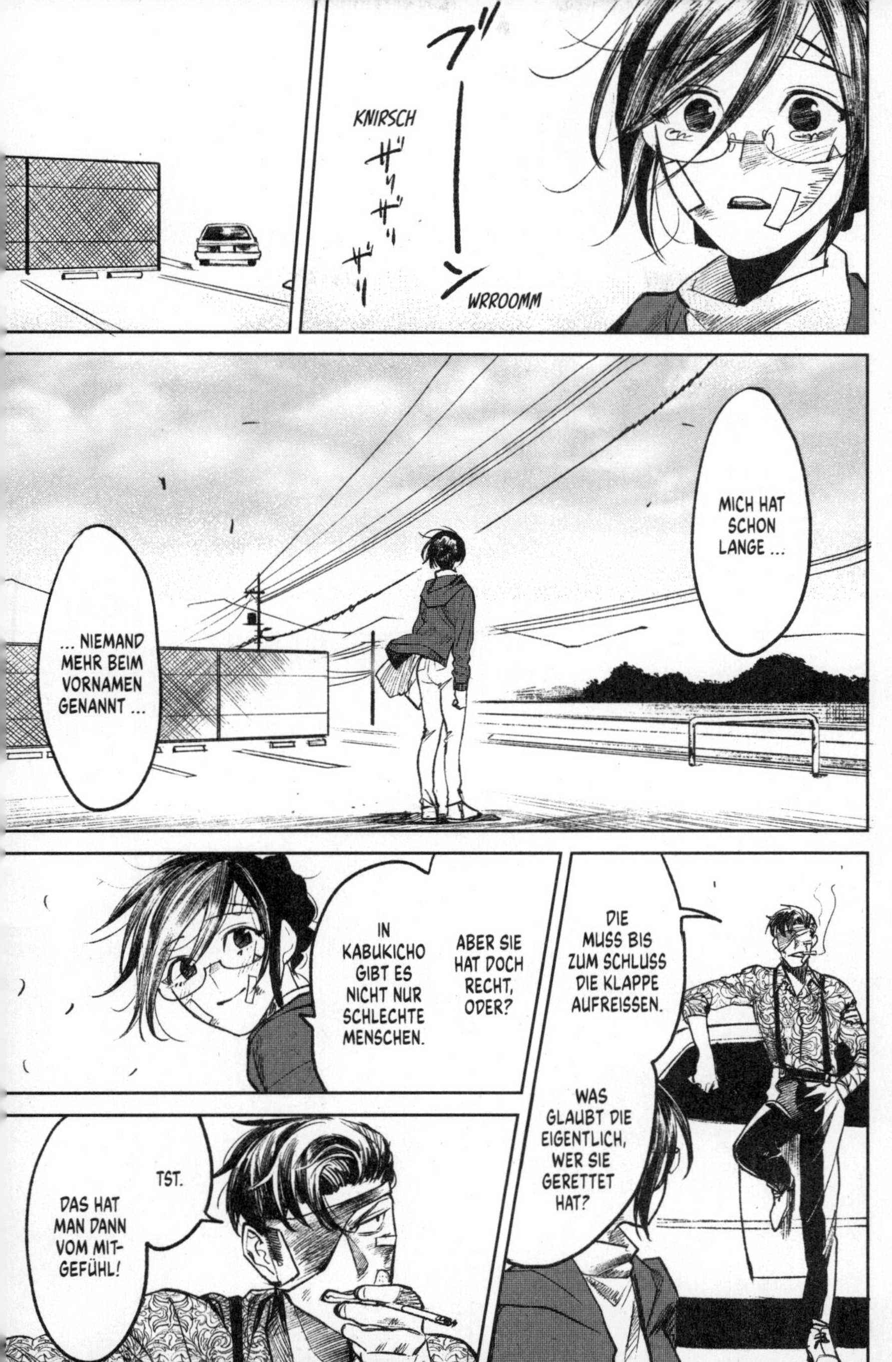
ブーン
WRROOMM
ザリザリザリ
KNIRSCH
MICH HAT SCHON LANGE ...
... NIEMAND MEHR BEIM VORNAMEN GENANNT ...
DIE MUSS BIS ZUM SCHLUSS DIE KLAPPE AUFREISSEN.
WAS GLAUBT DIE EIGENTLICH, WER SIE GERETTET HAT?
ABER SIE HAT DOCH RECHT, ODER?
IN KABUKICHO GIBT ES NICHT NUR SCHLECHTE MENSCHEN.
TST.
DAS HAT MAN DANN VOM MIT-GEFÜHL!

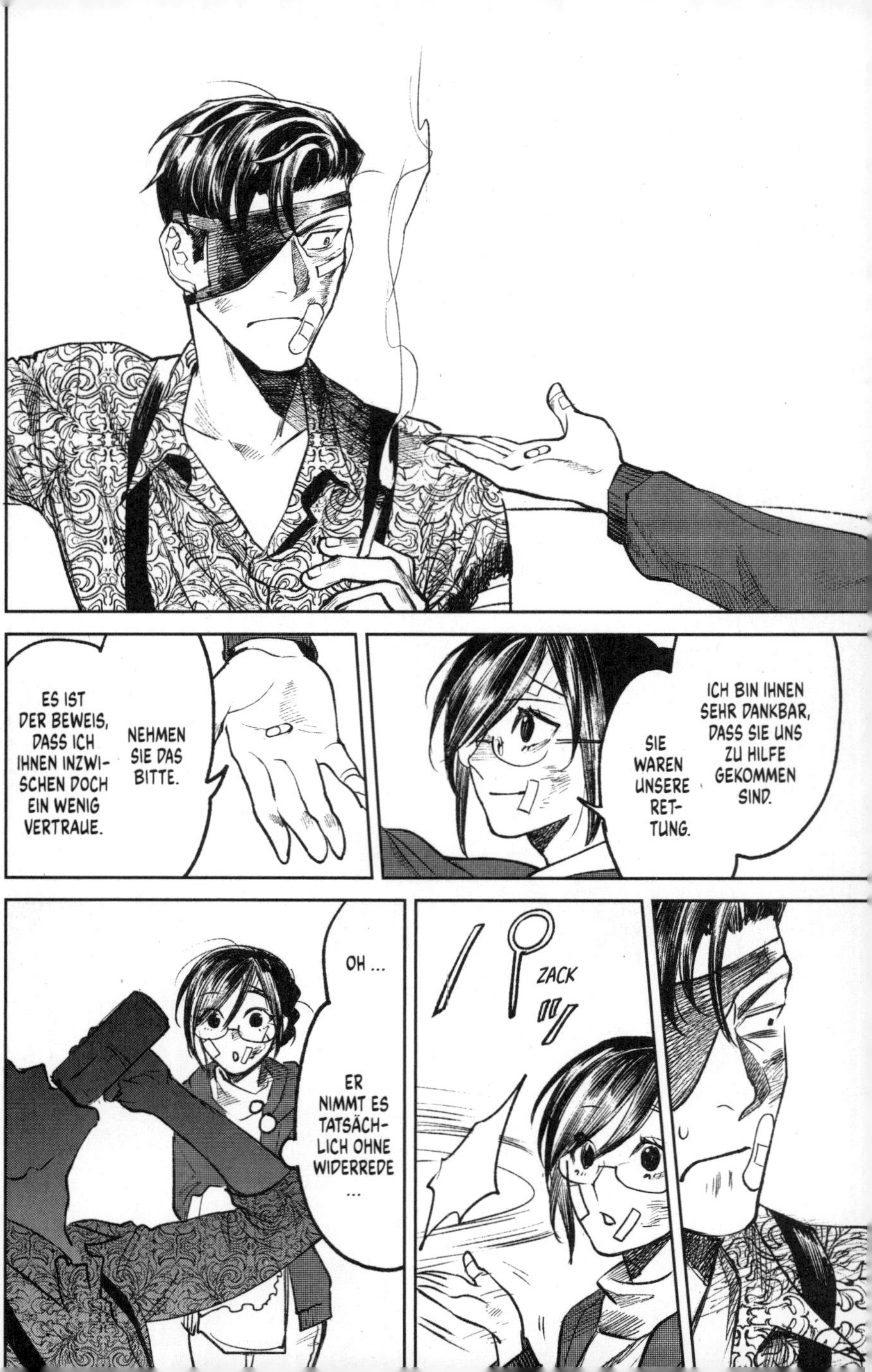

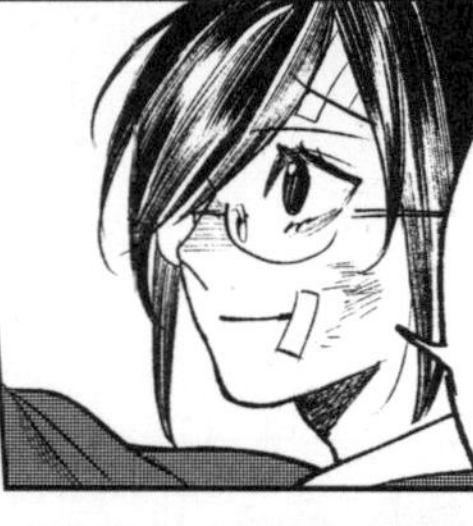
ICH BIN IHNEN SEHR DANKBAR, DASS SIE UNS ZU HILFE GEKOMMEN SIND.
SIE WAREN UNSERE RETTUNG.

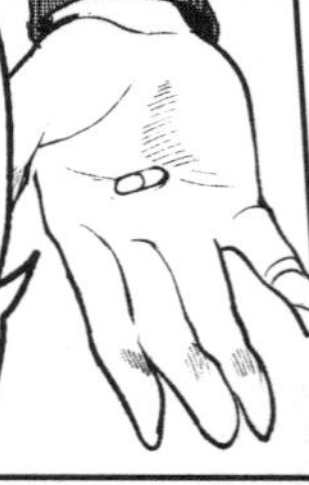
NEHMEN SIE DAS BITTE.

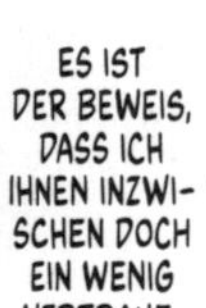
ES IST DER BEWEIS, DASS ICH IHNEN INZWISCHEN DOCH EIN WENIG VERTRAUE.

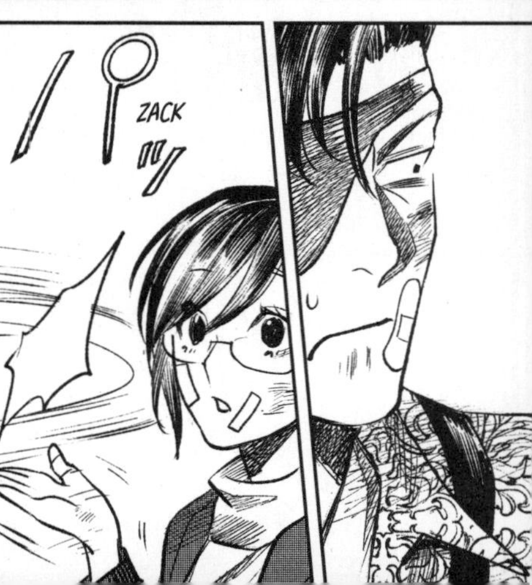
ZACK

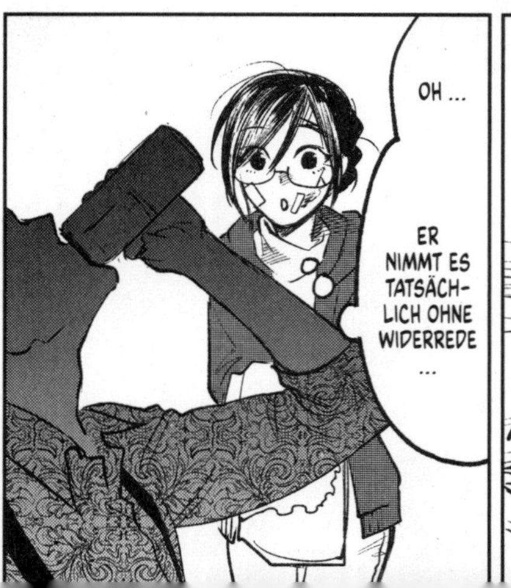
OH ...
ER NIMMT ES TATSÄCHLICH OHNE WIDERREDE ...

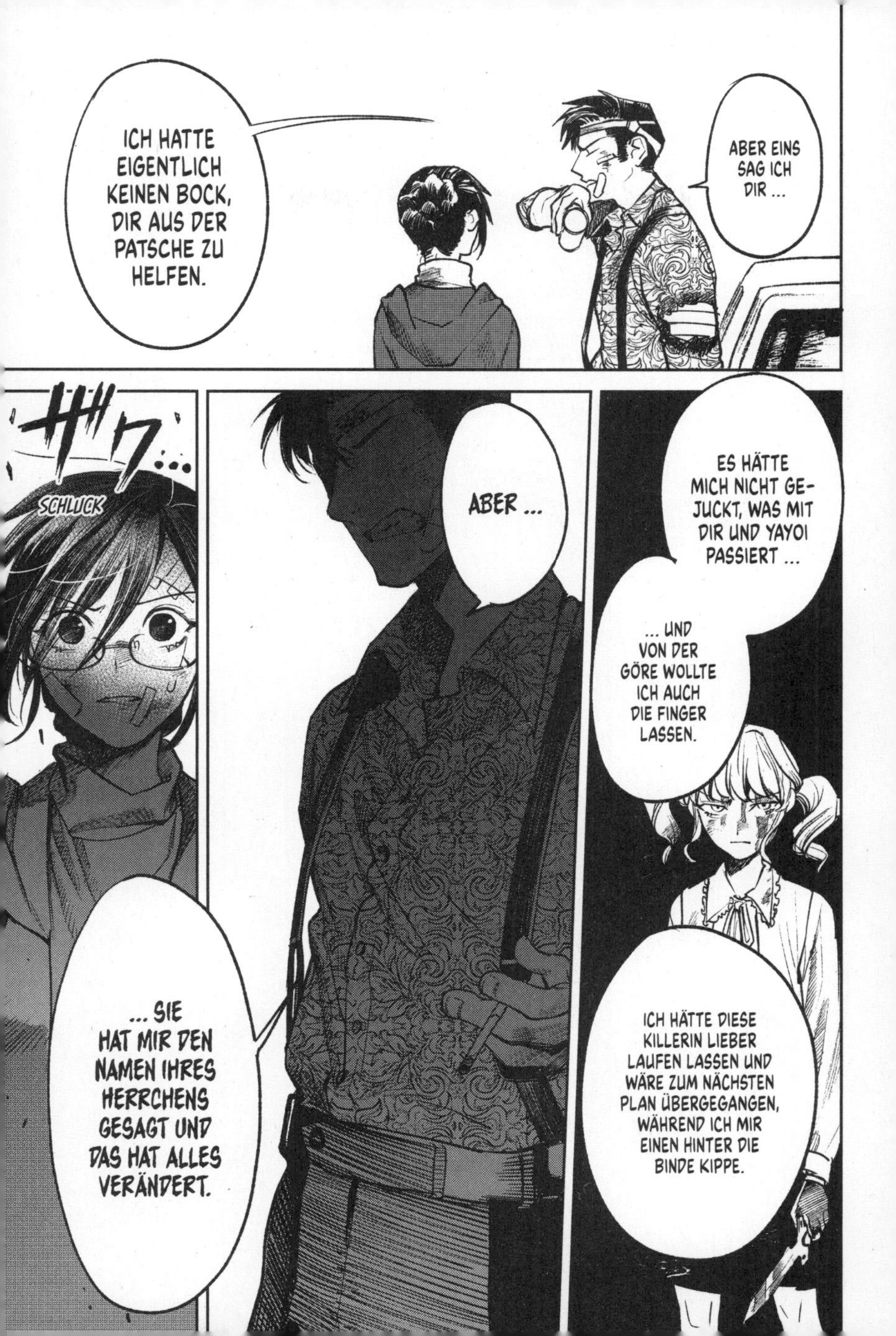

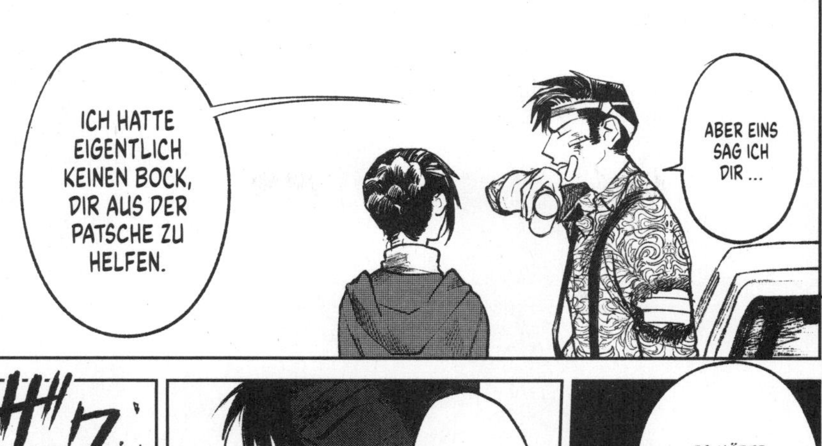

ES HÄTTE MICH NICHT GEJUCKT, WAS MIT DIR UND YAYOI PASSIERT ...

... UND VON DER GÖRE WOLLTE ICH AUCH DIE FINGER LASSEN.

ICH HÄTTE DIESE KILLERIN LIEBER LAUFEN LASSEN UND WÄRE ZUM NÄCHSTEN PLAN ÜBERGEGANGEN, WÄHREND ICH MIR EINEN HINTER DIE BINDE KIPPE.

ABER ...

SCHLUCK

... SIE HAT MIR DEN NAMEN IHRES HERRCHENS GESAGT UND DAS HAT ALLES VERÄNDERT.

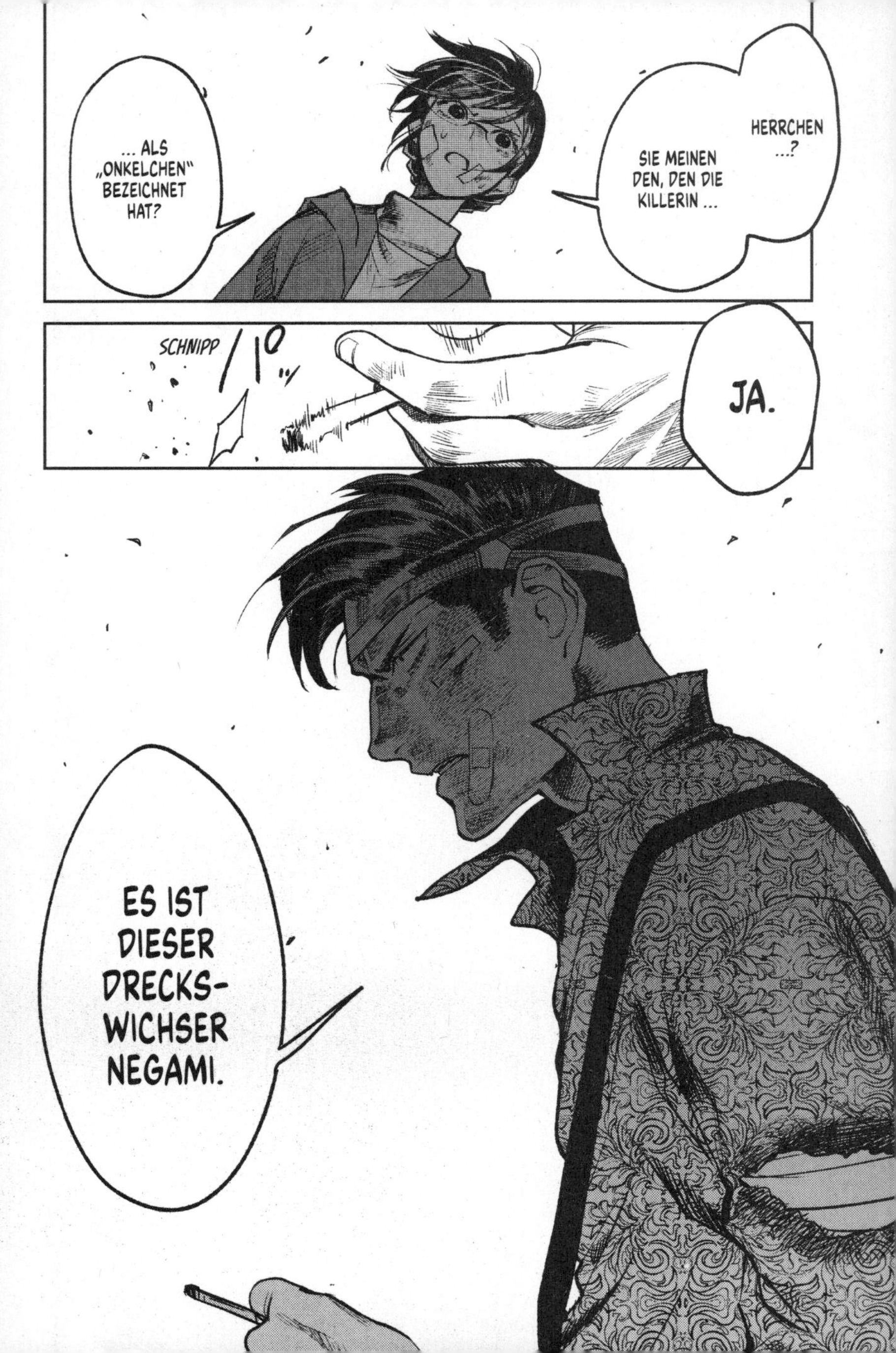
HERRCHEN …?
SIE MEINEN DEN, DEN DIE KILLERIN …
… ALS „ONKELCHEN“ BEZEICHNET HAT?
JA.
SCHNIPP
ES IST DIESER DRECKS-WICHSER NEGAMI.

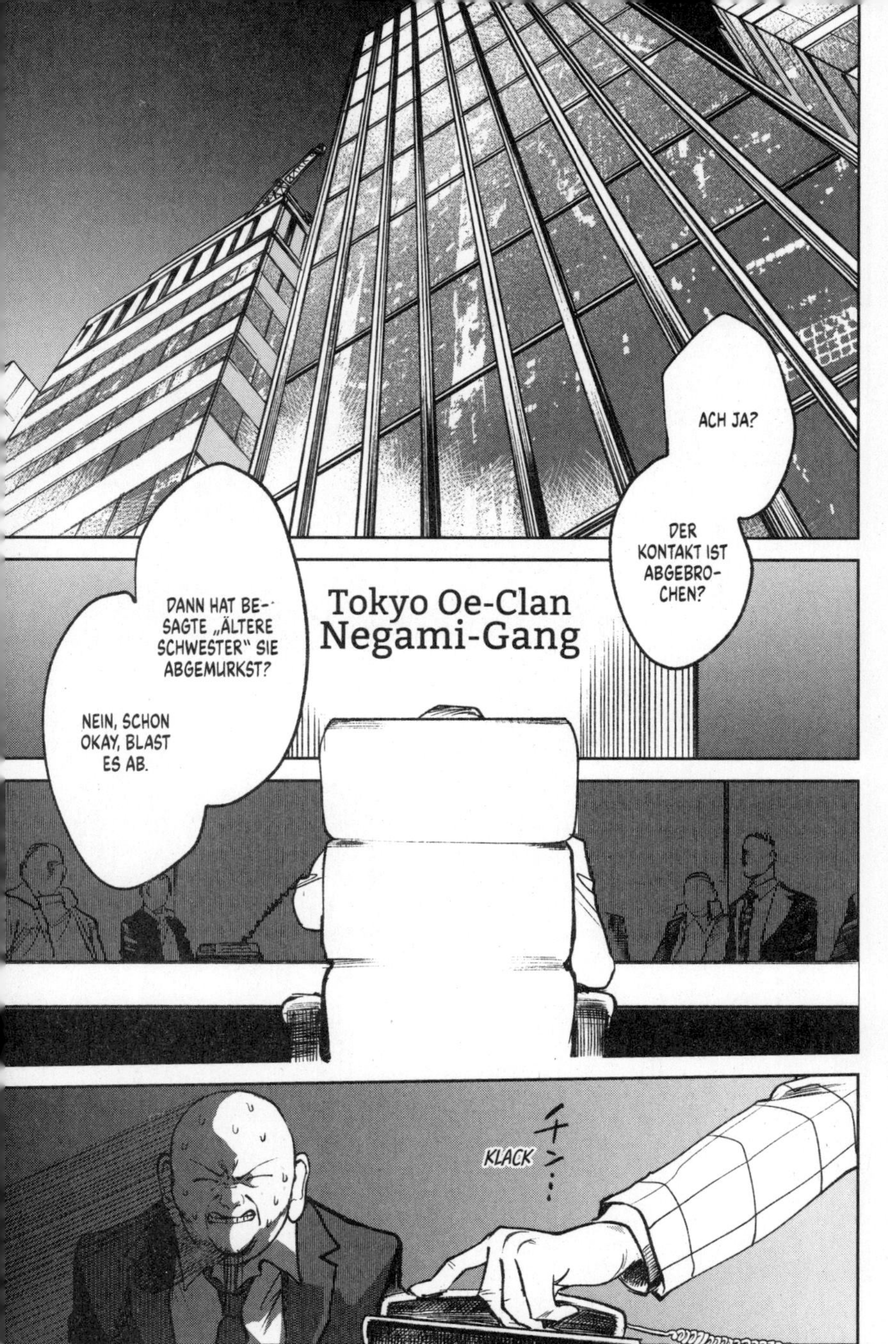
Tokyo Oe-Clan Negami-Gang
ACH JA?
DER KONTAKT IST ABGEBRO-CHEN?
DANN HAT BE-SAGTE „ÄLTERE SCHWESTER“ SIE ABGEMURKST?
NEIN, SCHON OKAY, BLAST ES AB.
チン…
KLACK

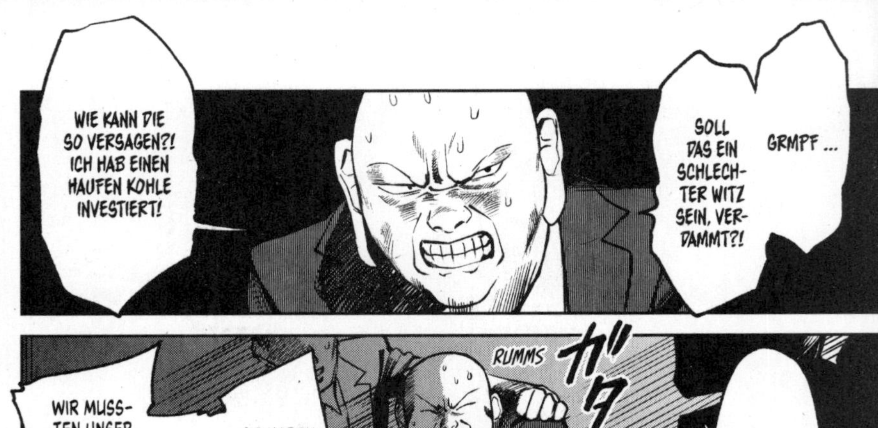
GRMPF ...
SOLL DAS EIN SCHLECHTER WITZ SEIN, VERDAMMT?!
WIE KANN DIE SO VERSAGEN?! ICH HAB EINEN HAUFEN KOHLE INVESTIERT!

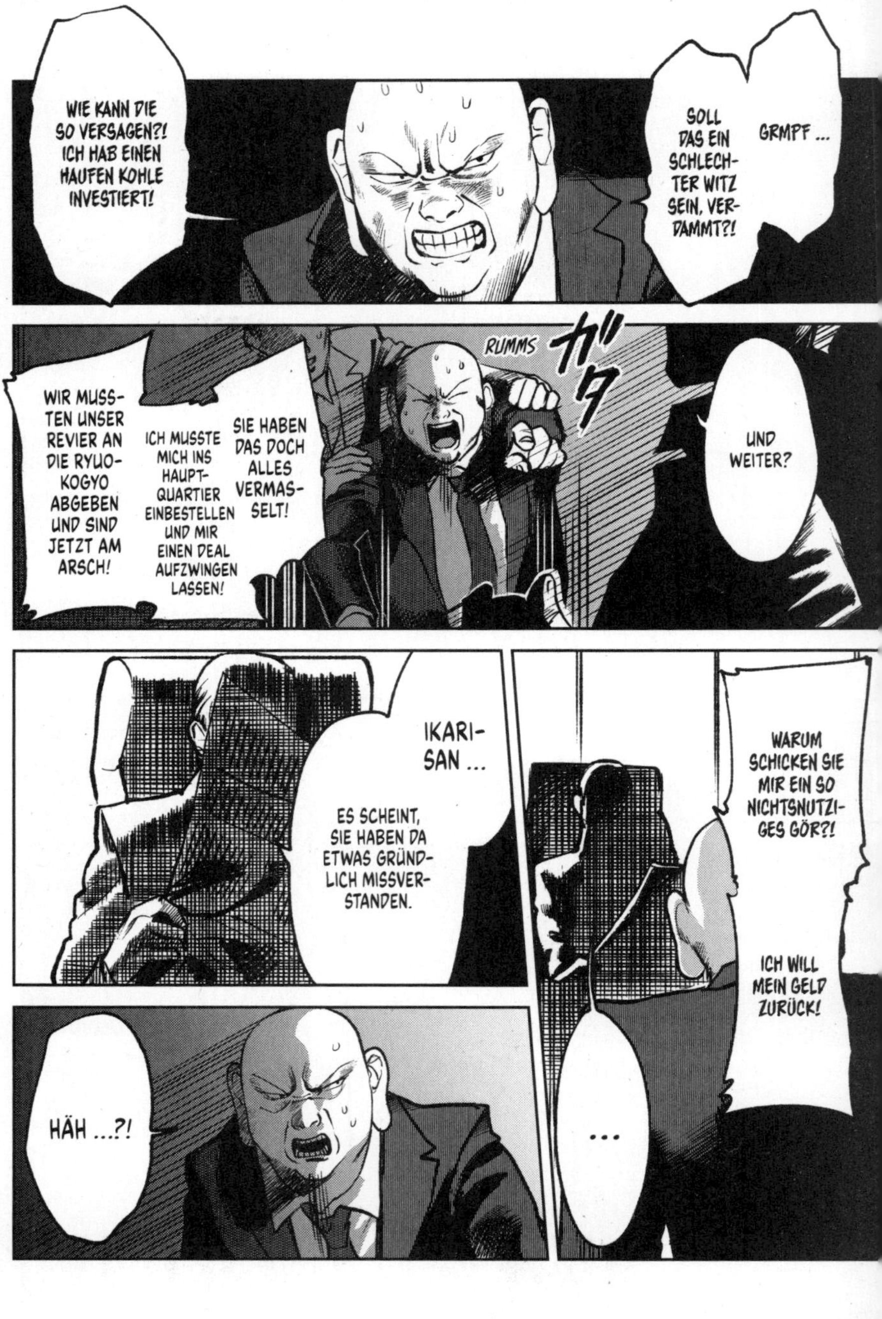

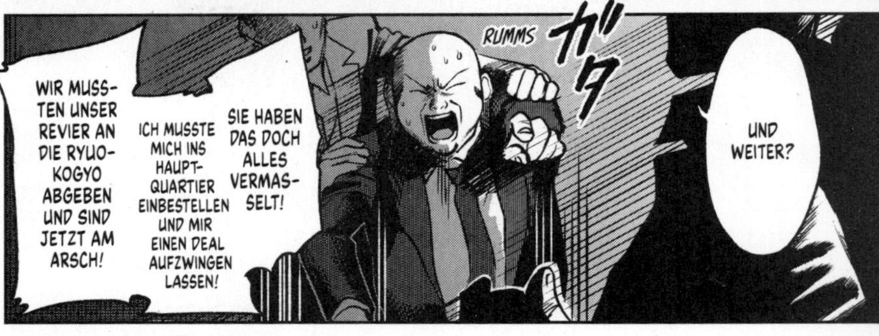
UND WEITER?
RUMMS
SIE HABEN DAS DOCH ALLES VERMASSELT!
ICH MUSSTE MICH INS HAUPTQUARTIER EINBESTELLEN UND MIR EINEN DEAL AUFZWINGEN LASSEN!
WIR MUSSTEN UNSER REVIER AN DIE RYUO-KOGYO ABGEBEN UND SIND JETZT AM ARSCH!

WARUM SCHICKEN SIE MIR EIN SO NICHTSNUTZIGES GÖR?!
ICH WILL MEIN GELD ZURÜCK!
...
IKARI-SAN ...
ES SCHEINT, SIE HABEN DA ETWAS GRÜNDLICH MISSVERSTANDEN.
HÄH ...?!

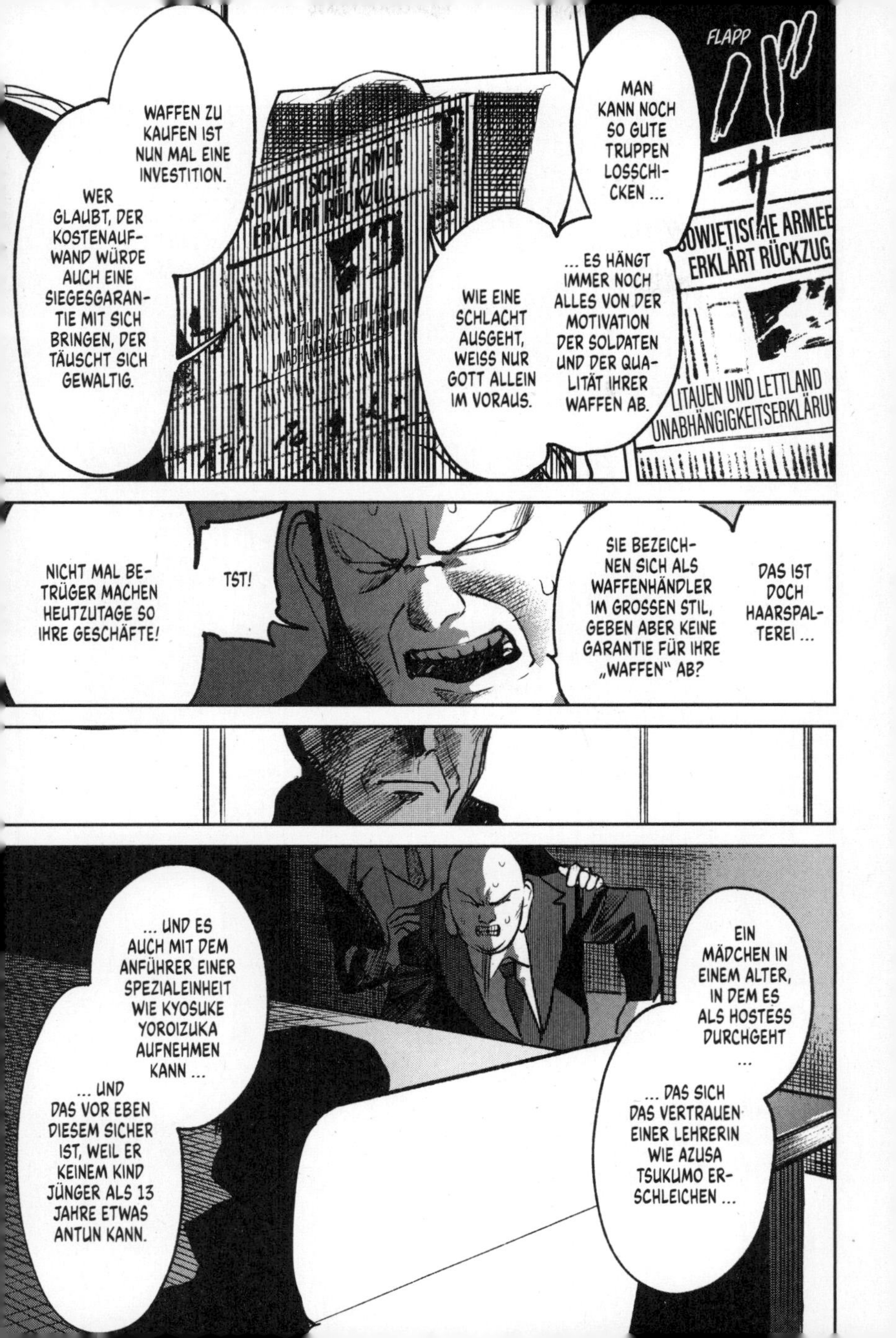

FLAPP

MAN KANN NOCH SO GUTE TRUPPEN LOSSCHICKEN ...

... ES HÄNGT IMMER NOCH ALLES VON DER MOTIVATION DER SOLDATEN UND DER QUALITÄT IHRER WAFFEN AB.

WIE EINE SCHLACHT AUSGEHT, WEISS NUR GOTT ALLEIN IM VORAUS.

SOWJETISCHE ARMEE ERKLÄRT RÜCKZUG

LITAUEN UND LETTLAND UNABHÄNGIGKEITSERKLÄRUN

WAFFEN ZU KAUFEN IST NUN MAL EINE INVESTITION.

WER GLAUBT, DER KOSTENAUFWAND WÜRDE AUCH EINE SIEGESGARANTIE MIT SICH BRINGEN, DER TÄUSCHT SICH GEWALTIG.

DAS IST DOCH HAARSPALTEREI ...

SIE BEZEICHNEN SICH ALS WAFFENHÄNDLER IM GROSSEN STIL, GEBEN ABER KEINE GARANTIE FÜR IHRE „WAFFEN“ AB?

TST!

NICHT MAL BETRÜGER MACHEN HEUTZUTAGE SO IHRE GESCHÄFTE!

EIN MÄDCHEN IN EINEM ALTER, IN DEM ES ALS HOSTESS DURCHGEHT ...

... DAS SICH DAS VERTRAUEN EINER LEHRERIN WIE AZUSA TSUKUMO ERSCHLEICHEN ...

... UND ES AUCH MIT DEM ANFÜHRER EINER SPEZIALEINHEIT WIE KYOSUKE YOROIZUKA AUFNEHMEN KANN ...

... UND DAS VOR EBEN DIESEM SICHER IST, WEIL ER KEINEM KIND JÜNGER ALS 13 JAHRE ETWAS ANTUN KANN.

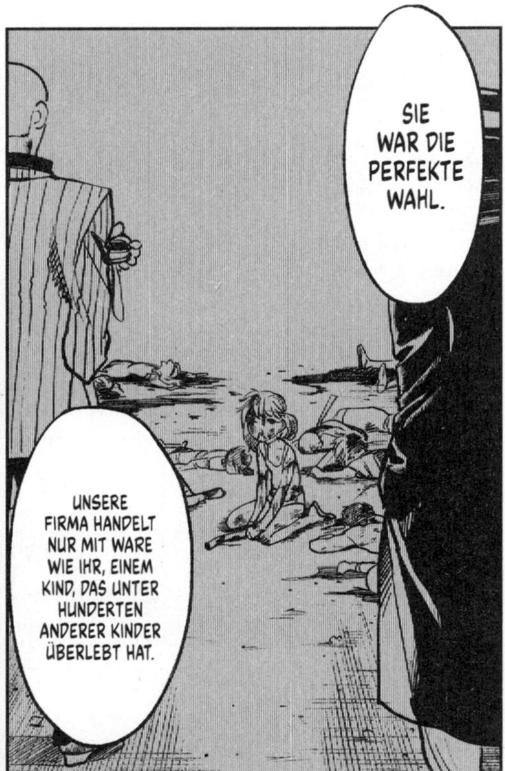
SIE WAR DIE PERFEKTE WAHL.
UNSERE FIRMA HANDELT NUR MIT WARE WIE IHR, EINEM KIND, DAS UNTER HUNDERTEN ANDERER KINDER ÜBERLEBT HAT.

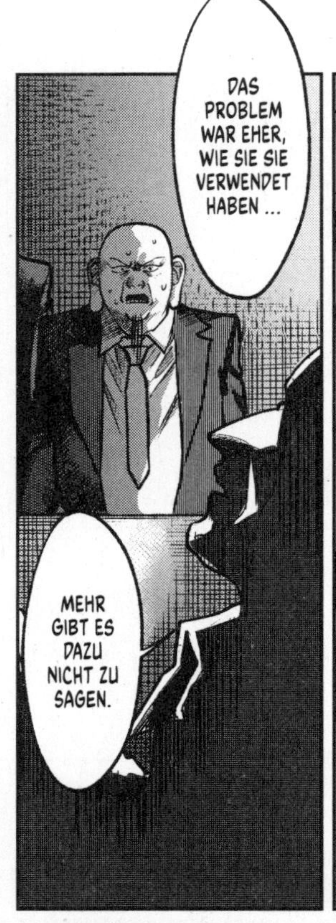
DAS PROBLEM WAR EHER, WIE SIE SIE VERWENDET HABEN ...
MEHR GIBT ES DAZU NICHT ZU SAGEN.

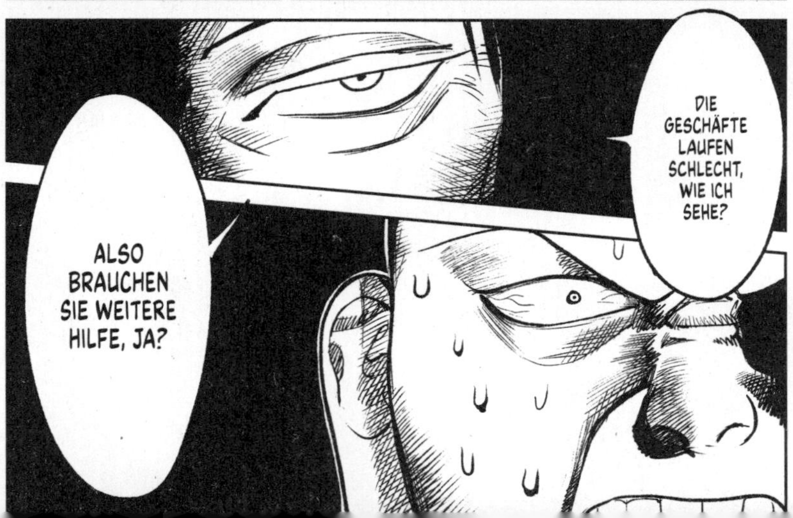
DIE GESCHÄFTE LAUFEN SCHLECHT, WIE ICH SEHE?
ALSO BRAUCHEN SIE WEITERE HILFE, JA?

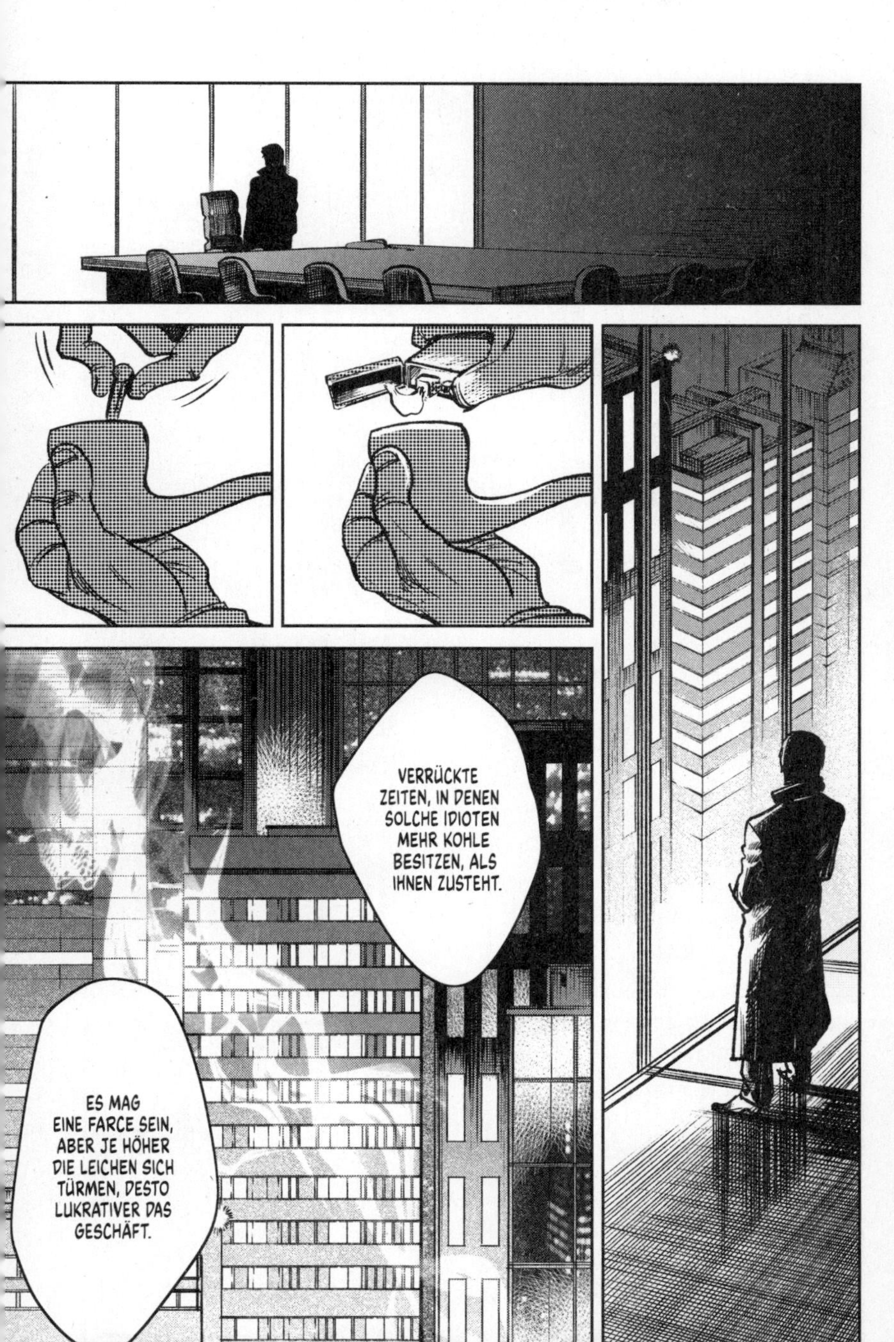
VERRÜCKTE ZEITEN, IN DENEN SOLCHE IDIOTEN MEHR KOHLE BESITZEN, ALS IHNEN ZUSTEHT.
ES MAG EINE FARCE SEIN, ABER JE HÖHER DIE LEICHEN SICH TÜRMEN, DESTO LUKRATIVER DAS GESCHÄFT.

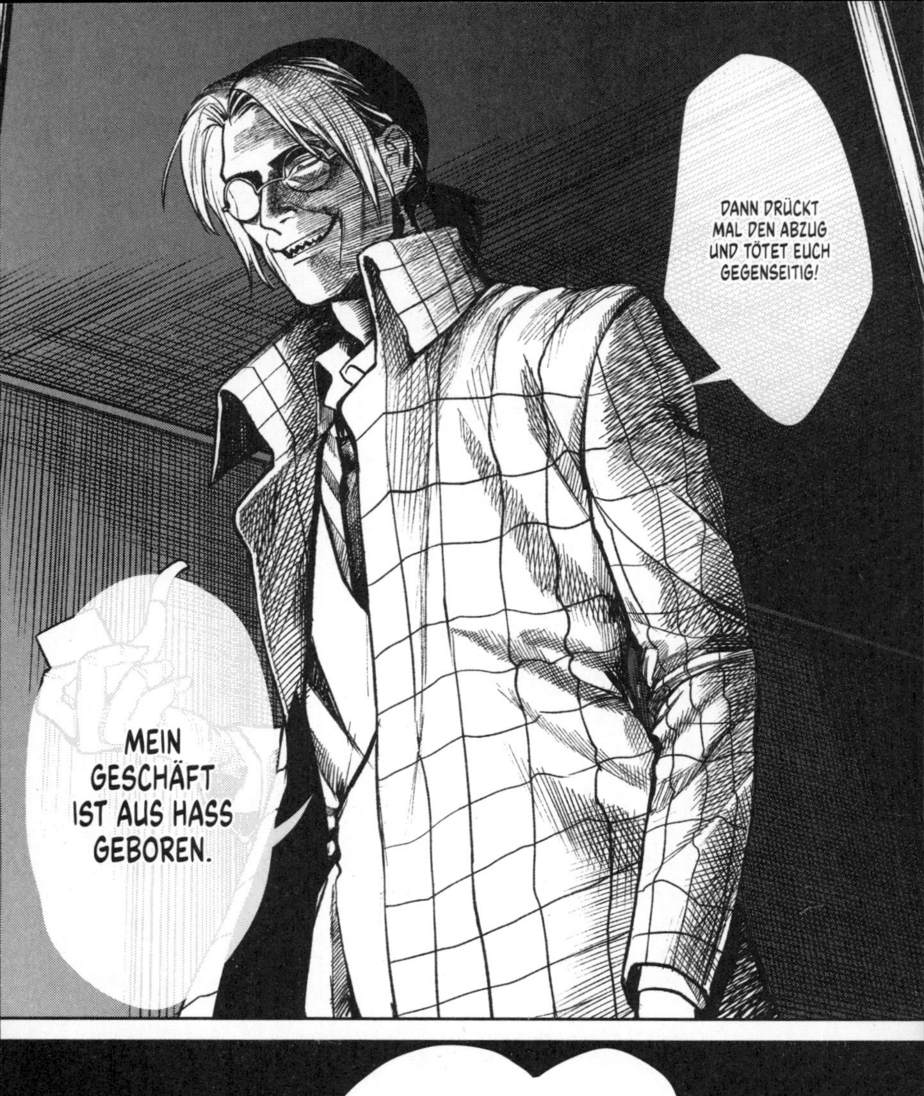

TANZT FÜR MICH ...

... IHR VERBRECHER!

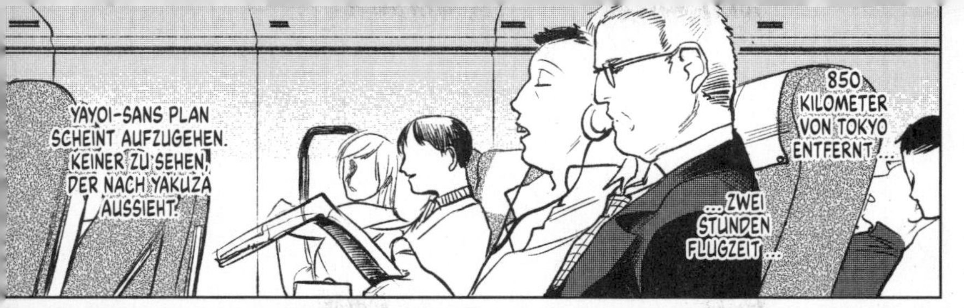

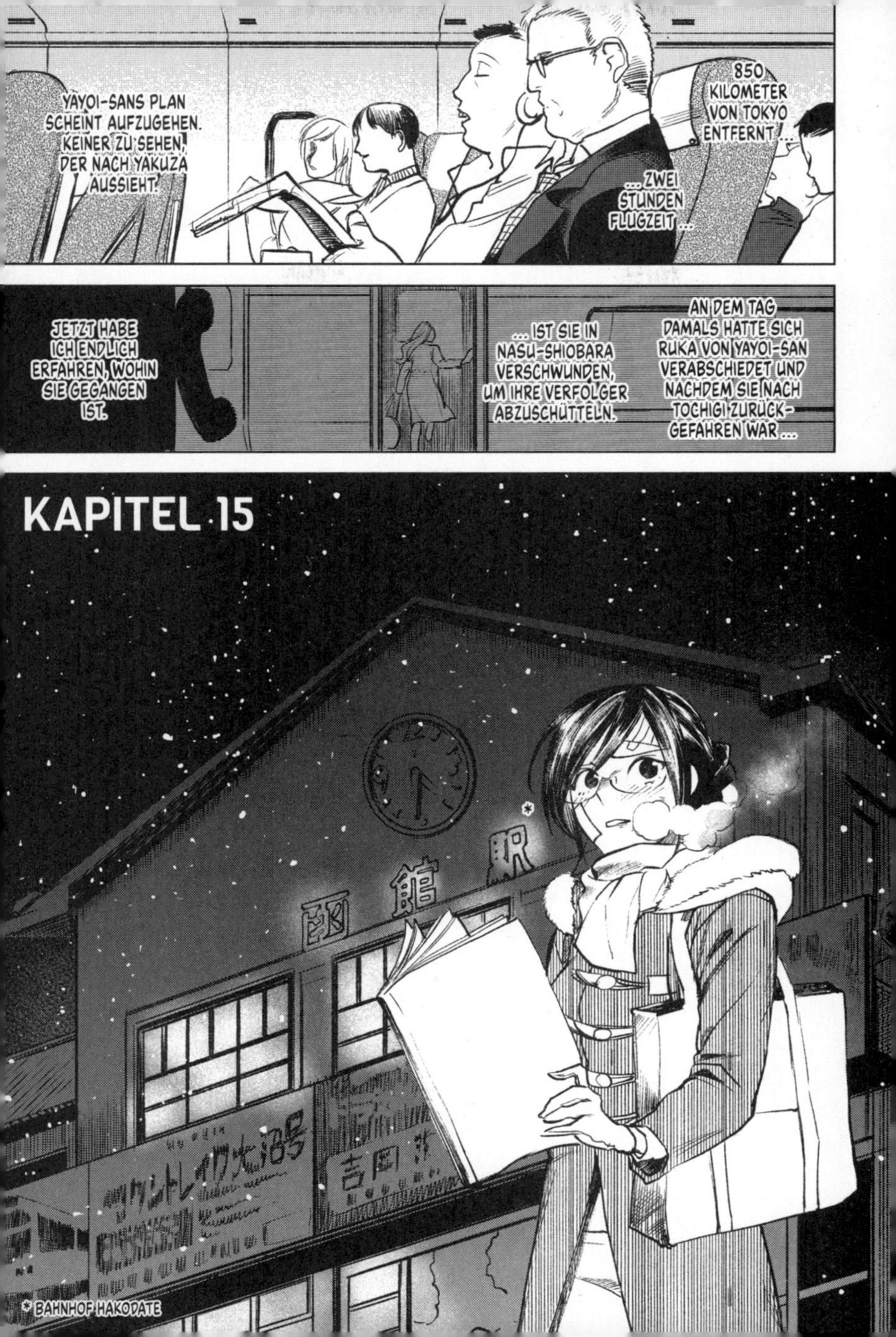

AN DEM TAG DAMALS HATTE SICH RUKA VON YAYOI-SAN VERABSCHIEDET UND NACHDEM SIE NACH TOCHIGI ZURÜCKGEFAHREN WAR ...

... IST SIE IN NASU-SHIOBARA VERSCHWUNDEN, UM IHRE VERFOLGER ABZUSCHÜTTELN.

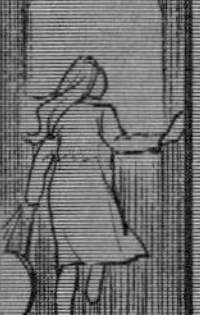

JETZT HABE ICH ENDLICH ERFAHREN, WOHIN SIE GEGANGEN IST.

KAPITEL 15

函館駅*

* BAHNHOF HAKODATE

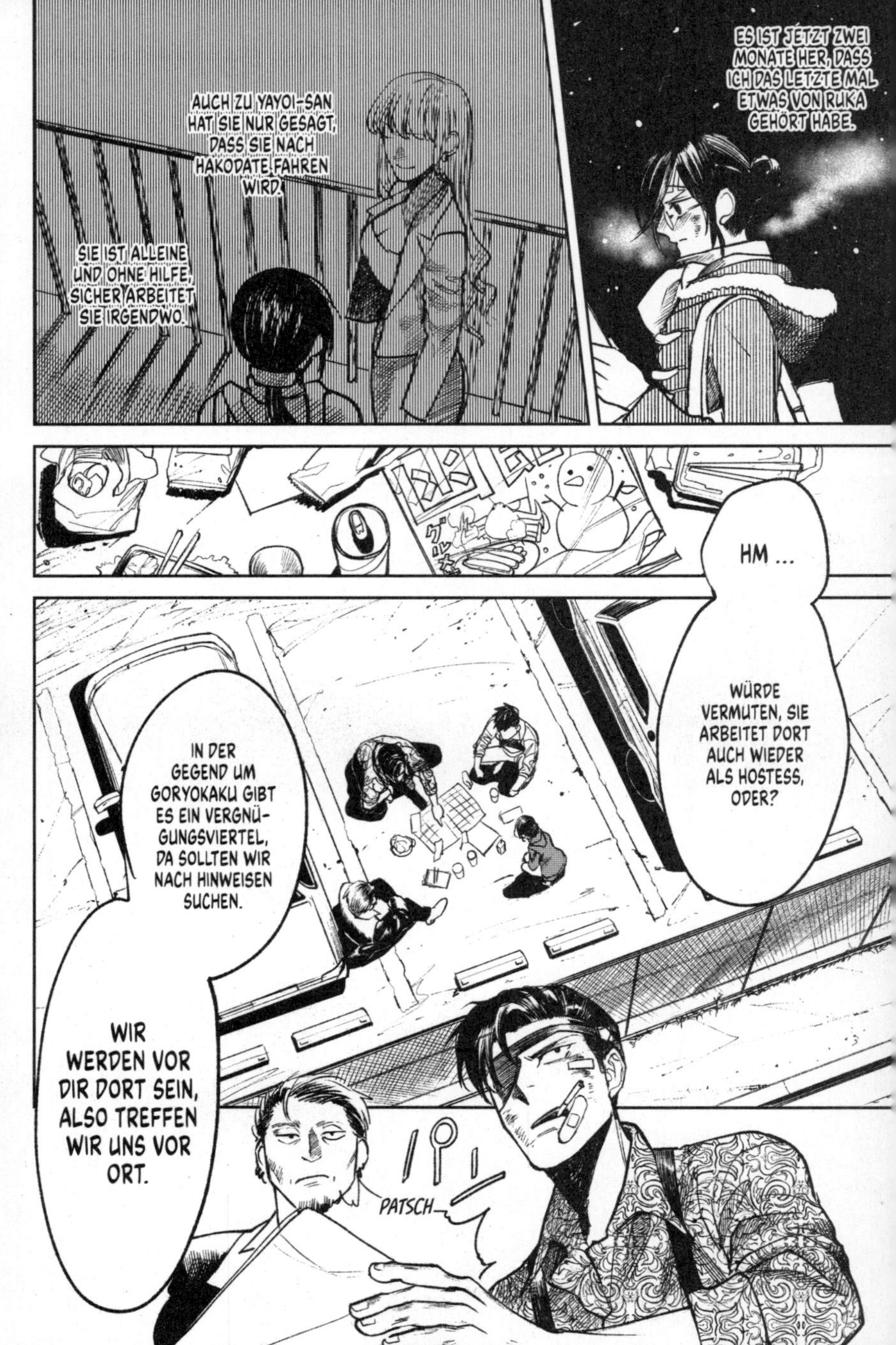
ES IST JETZT ZWEI MONATE HER, DASS ICH DAS LETZTE MAL ETWAS VON RUKA GEHÖRT HABE.
AUCH ZU YAYOI-SAN HAT SIE NUR GESAGT, DASS SIE NACH HAKODATE FAHREN WIRD.
SIE IST ALLEINE UND OHNE HILFE, SICHER ARBEITET SIE IRGENDWO.
HM ...
WÜRDE VERMUTEN, SIE ARBEITET DORT AUCH WIEDER ALS HOSTESS, ODER?
IN DER GEGEND UM GORYOKAKU GIBT ES EIN VERGNÜ-GUNGSVIERTEL, DA SOLLTEN WIR NACH HINWEISEN SUCHEN.
WIR WERDEN VOR DIR DORT SEIN, ALSO TREFFEN WIR UNS VOR ORT.
PATSCH

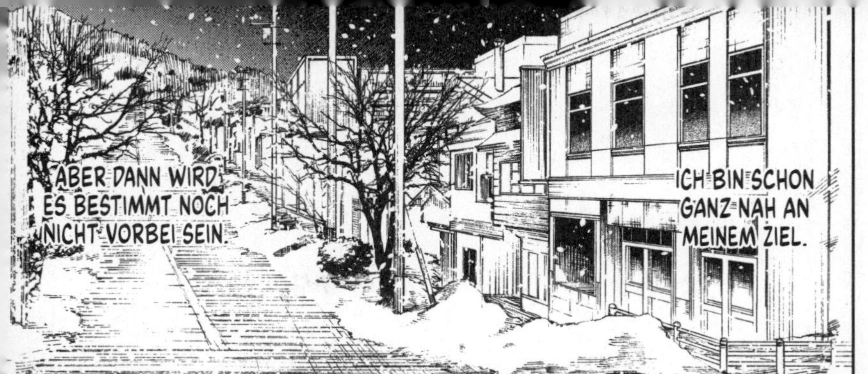

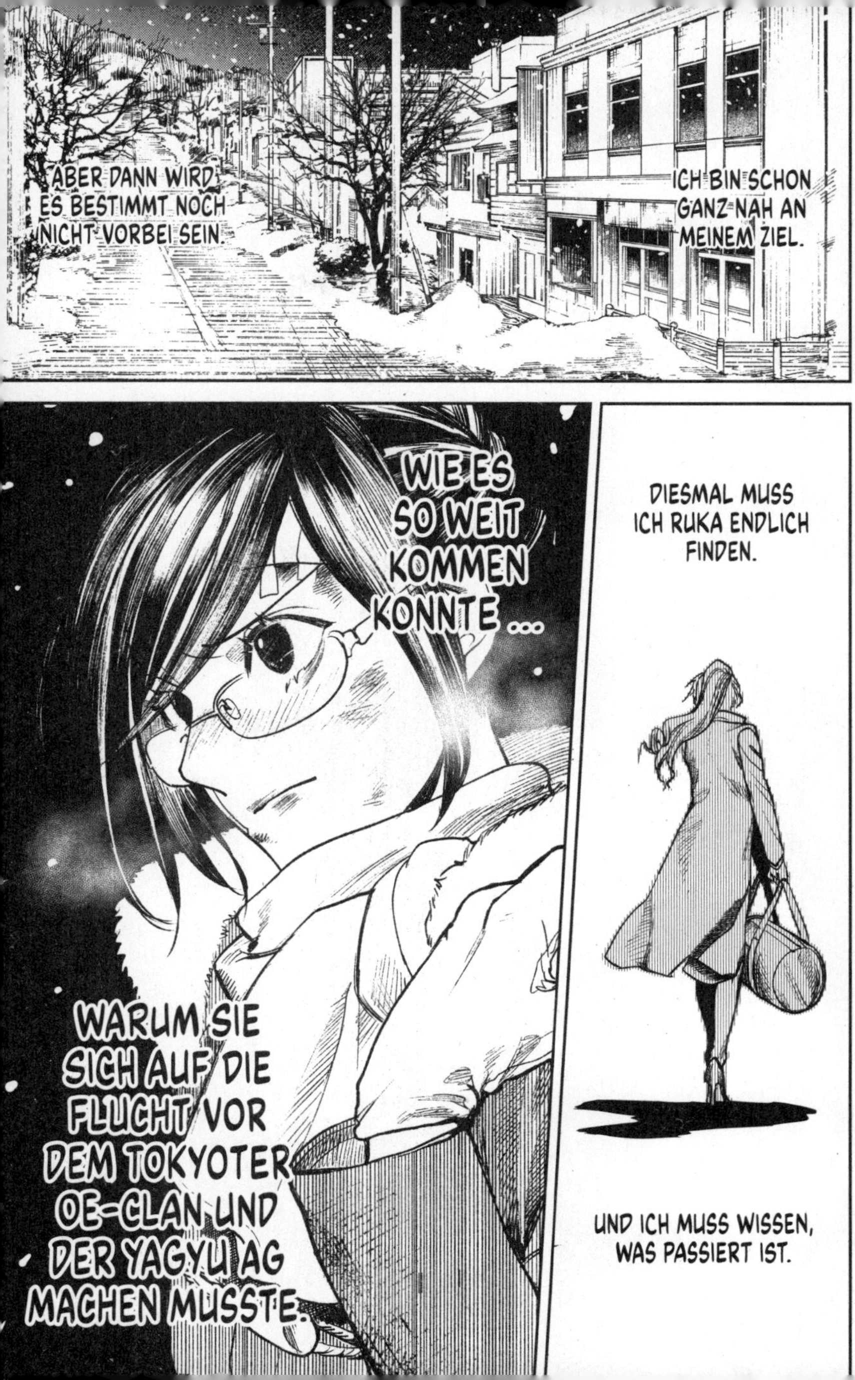

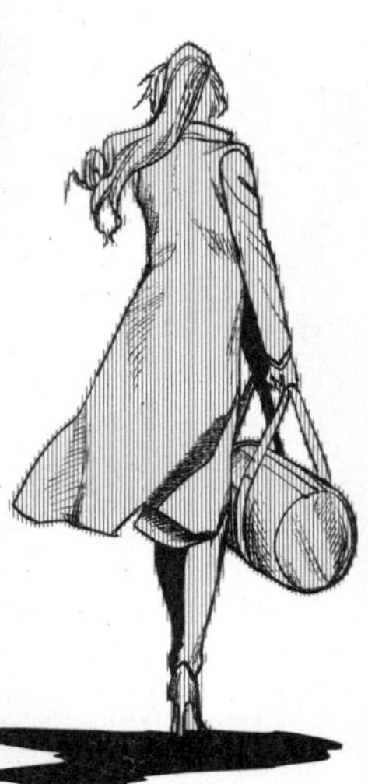

WIE ES SO WEIT KOMMEN KONNTE ...

WARUM SIE SICH AUF DIE FLUCHT VOR DEM TOKYOTER OE-CLAN UND DER YAGYU AG MACHEN MUSSTE.

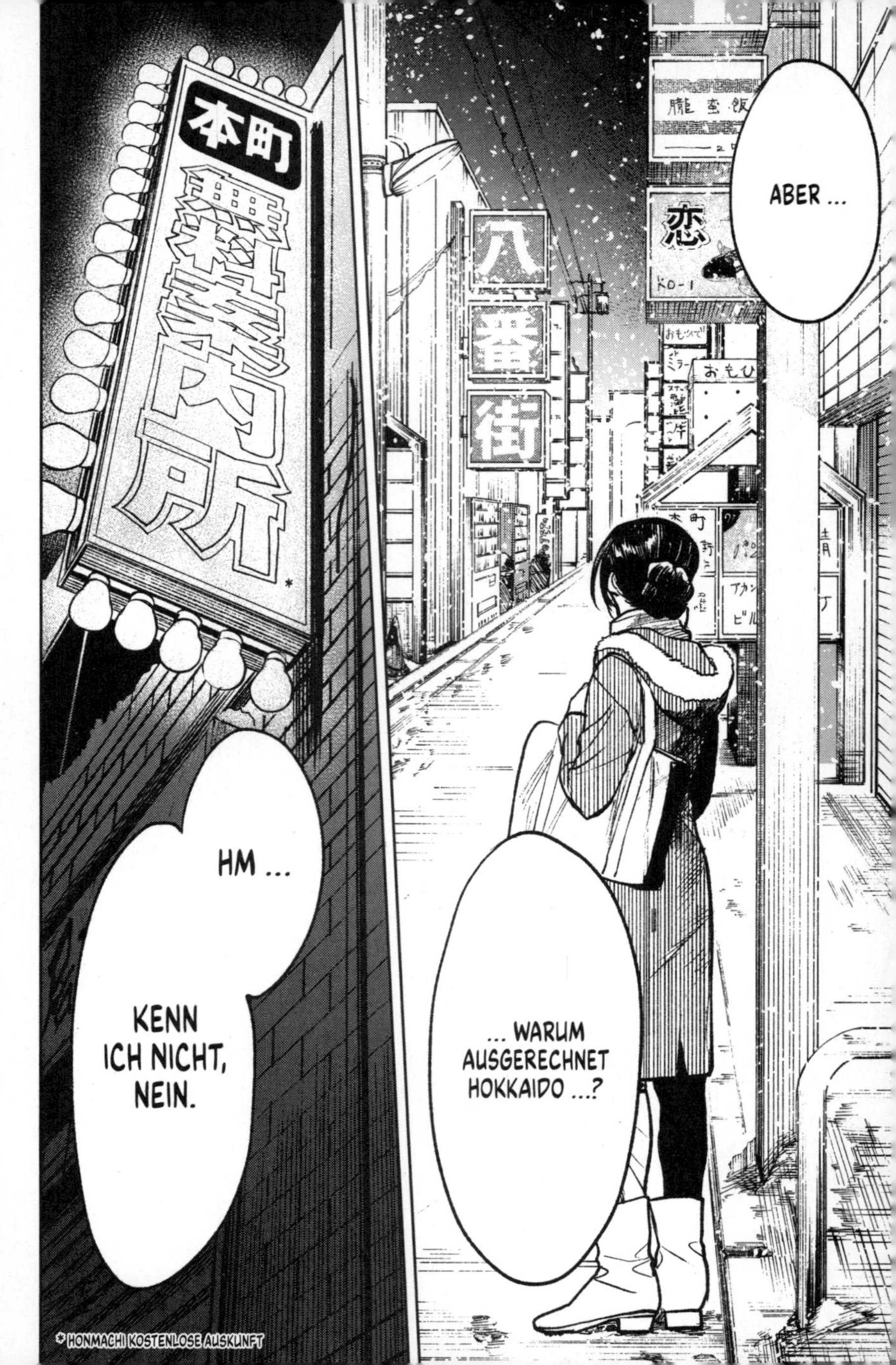

* HONMACHI KOSTENLOSE AUSKUNFT

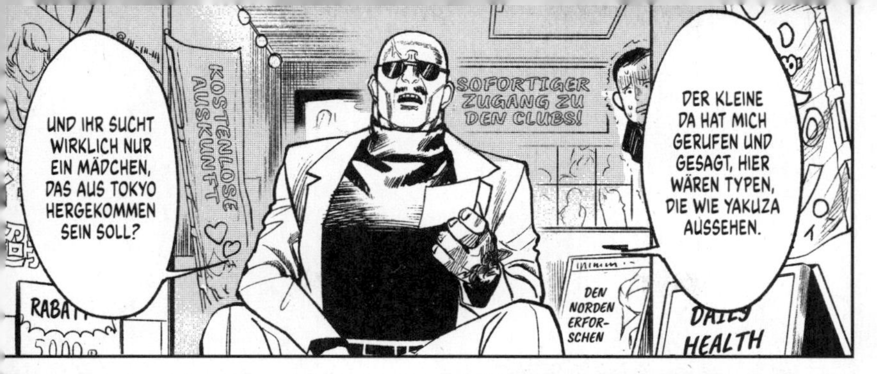
DER KLEINE DA HAT MICH GERUFEN UND GESAGT, HIER WÄREN TYPEN, DIE WIE YAKUZA AUSSEHEN.
UND IHR SUCHT WIRKLICH NUR EIN MÄDCHEN, DAS AUS TOKYO HERGEKOMMEN SEIN SOLL?
SOFORTIGER ZUGANG ZU DEN CLUBS!
KOSTENLOSE AUSKUNFT
DEN NORDEN ERFOR-SCHEN
DAILY HEALTH
RABATT

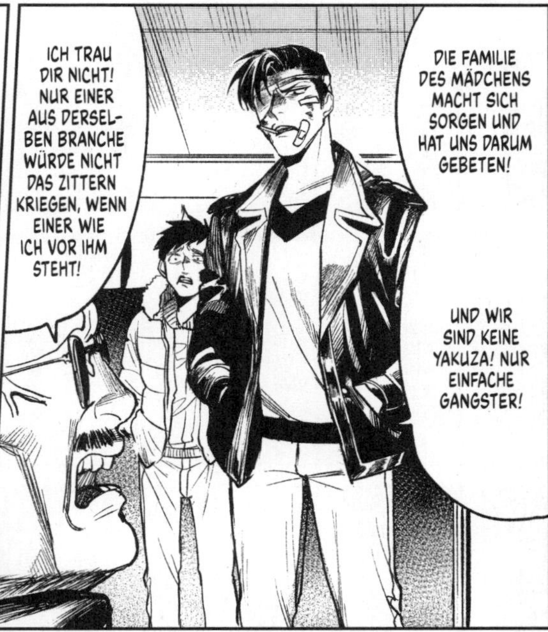
DIE FAMILIE DES MÄDCHENS MACHT SICH SORGEN UND HAT UNS DARUM GEBETEN!
UND WIR SIND KEINE YAKUZA! NUR EINFACHE GANGSTER!
ICH TRAU DIR NICHT! NUR EINER AUS DERSEL-BEN BRANCHE WÜRDE NICHT DAS ZITTERN KRIEGEN, WENN EINER WIE ICH VOR IHM STEHT!

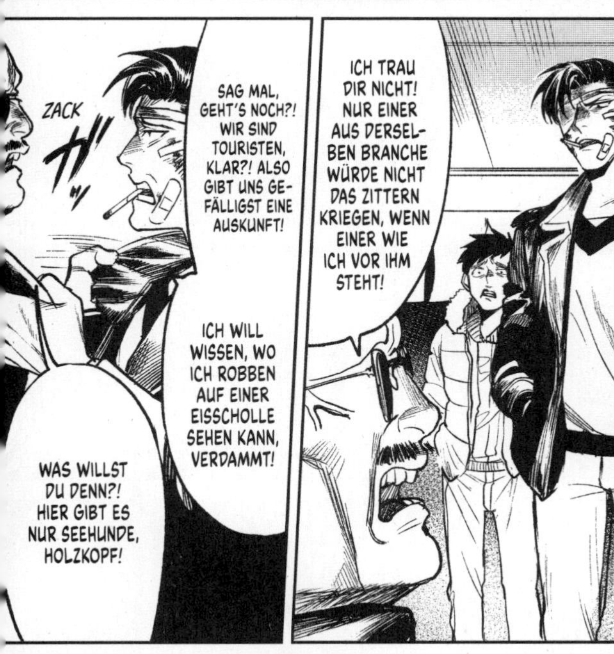
SAG MAL, GEHT'S NOCH?! WIR SIND TOURISTEN, KLAR?! ALSO GIBT UNS GE-FÄLLIGST EINE AUSKUNFT!
ZACK
ICH WILL WISSEN, WO ICH ROBBEN AUF EINER EISSCHOLLE SEHEN KANN, VERDAMMT!
WAS WILLST DU DENN?! HIER GIBT ES NUR SEEHUNDE, HOLZKOPF!

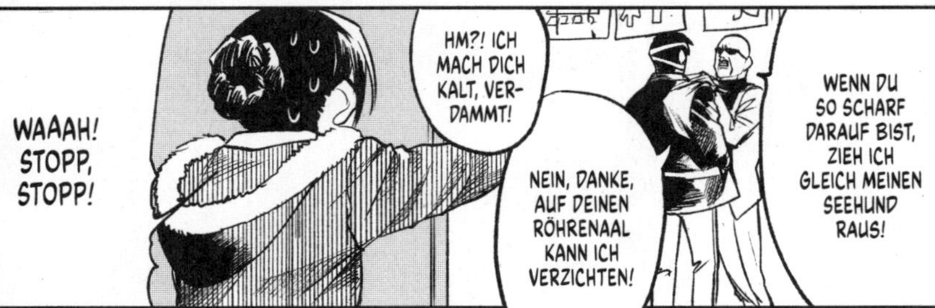
WENN DU SO SCHARF DARAUF BIST, ZIEH ICH GLEICH MEINEN SEEHUND RAUS!
NEIN, DANKE, AUF DEINEN RÖHRENAAL KANN ICH VERZICHTEN!
HM?! ICH MACH DICH KALT, VER-DAMMT!
WAAAH! STOPP, STOPP!

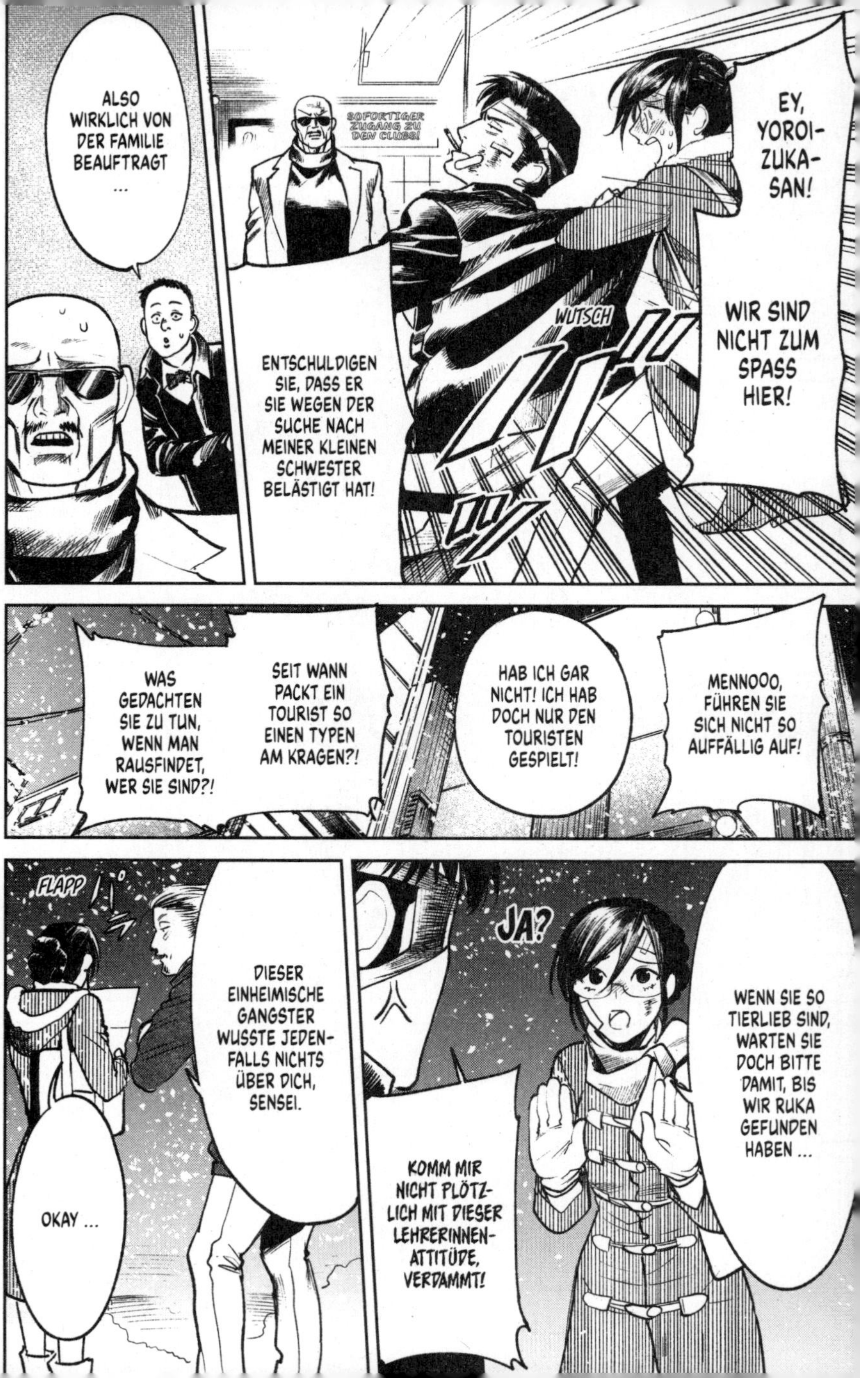

EY, YOROI-ZUKA-SAN!

WIR SIND NICHT ZUM SPASS HIER!

WUTSCH

SOFORTIGER ZUGANG ZU DEN CLUBS!

ENTSCHULDIGEN SIE, DASS ER SIE WEGEN DER SUCHE NACH MEINER KLEINEN SCHWESTER BELÄSTIGT HAT!

ALSO WIRKLICH VON DER FAMILIE BEAUFTRAGT ...

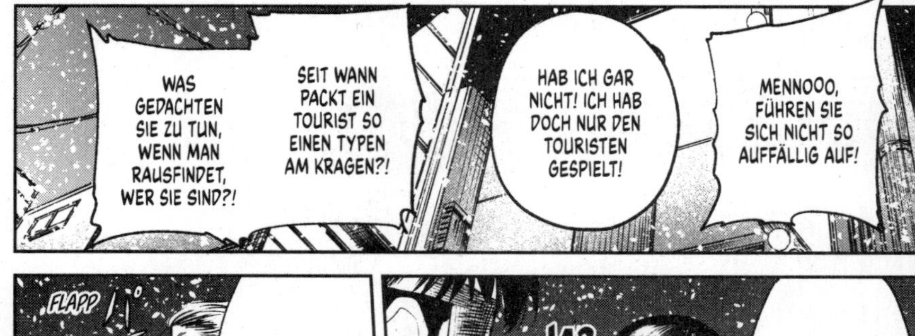

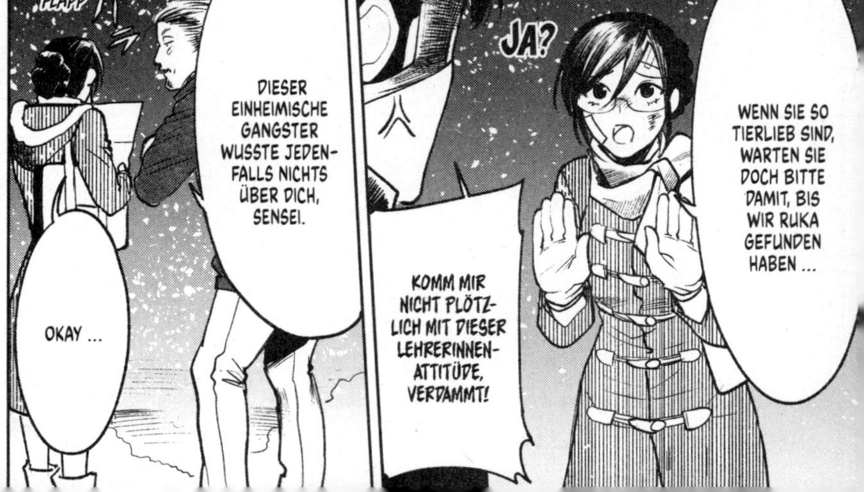

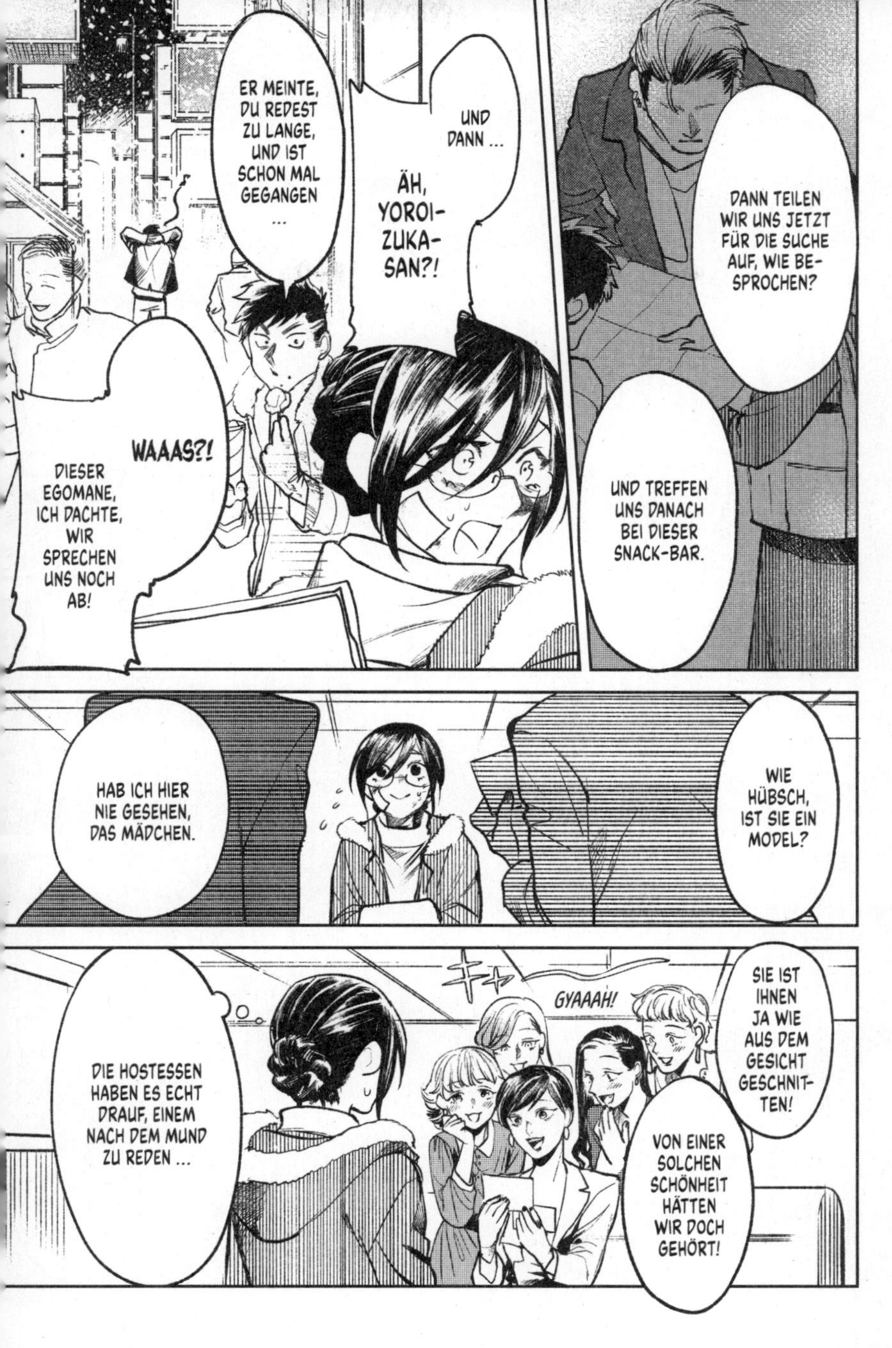
DANN TEILEN WIR UNS JETZT FÜR DIE SUCHE AUF, WIE BESPROCHEN?
UND TREFFEN UNS DANACH BEI DIESER SNACK-BAR.
UND DANN ...
ÄH, YOROIZUKA-SAN?!
ER MEINTE, DU REDEST ZU LANGE, UND IST SCHON MAL GEGANGEN ...
WAAAS?!
DIESER EGOMANE, ICH DACHTE, WIR SPRECHEN UNS NOCH AB!
WIE HÜBSCH, IST SIE EIN MODEL?
HAB ICH HIER NIE GESEHEN, DAS MÄDCHEN.
SIE IST IHNEN JA WIE AUS DEM GESICHT GESCHNITTEN!
VON EINER SOLCHEN SCHÖNHEIT HÄTTEN WIR DOCH GEHÖRT!
GYAAAH!
DIE HOSTESSEN HABEN ES ECHT DRAUF, EINEM NACH DEM MUND ZU REDEN ...

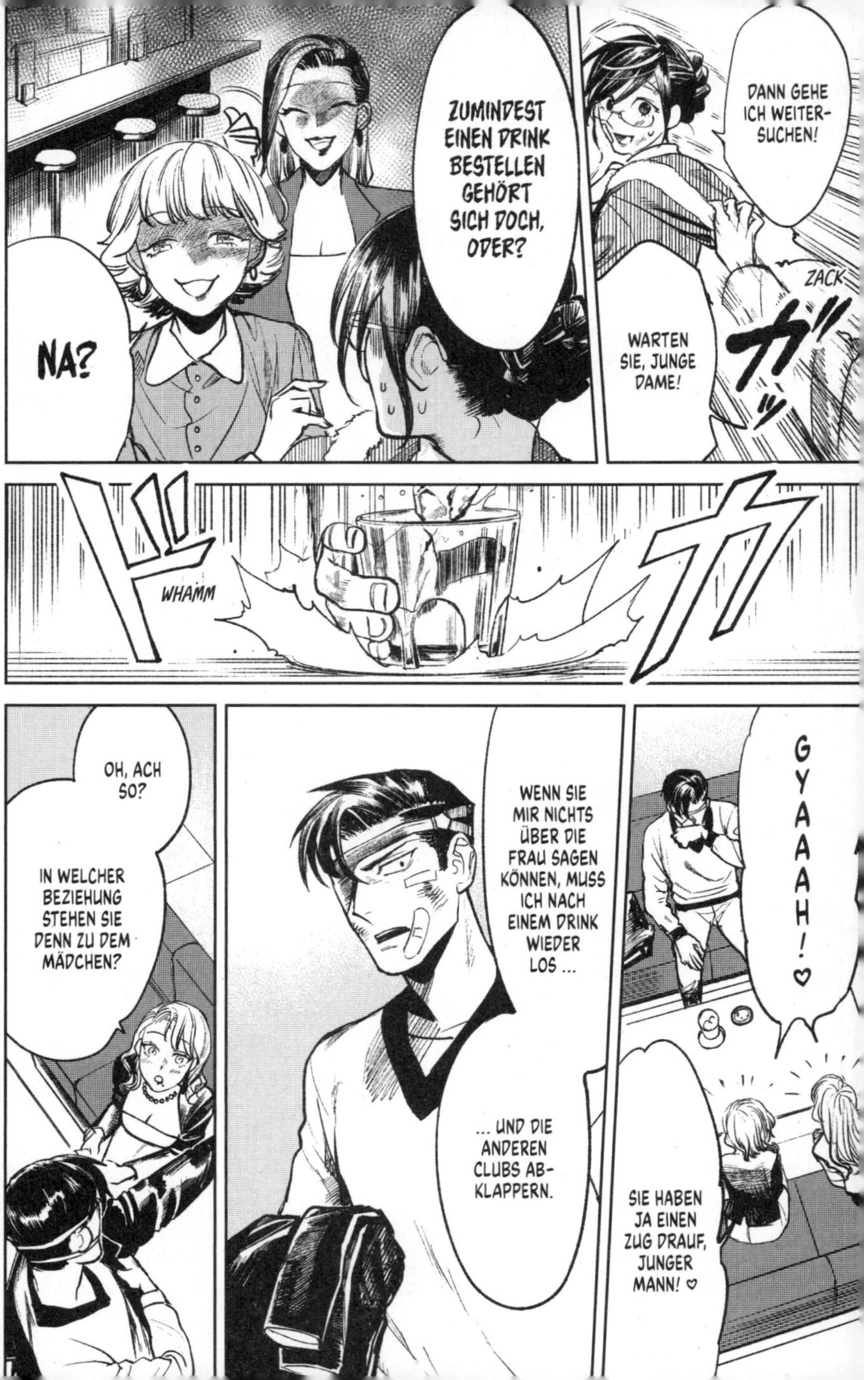

DANN GEHE ICH WEITER-SUCHEN!

ZACK

WARTEN SIE, JUNGE DAME!

ZUMINDEST EINEN DRINK BESTELLEN GEHÖRT SICH DOCH, ODER?

NA?

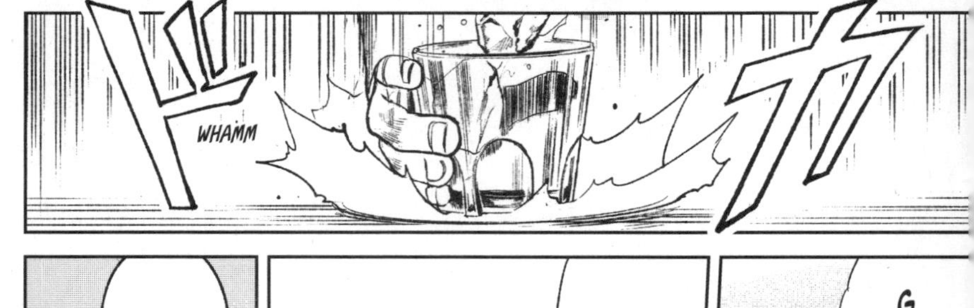

GYAAAH! ♡

SIE HABEN JA EINEN ZUG DRAUF, JUNGER MANN! ♡

WENN SIE MIR NICHTS ÜBER DIE FRAU SAGEN KÖNNEN, MUSS ICH NACH EINEM DRINK WIEDER LOS ...

... UND DIE ANDEREN CLUBS ABKLAPPERN.

OH, ACH SO?

IN WELCHER BEZIEHUNG STEHEN SIE DENN ZU DEM MÄDCHEN?

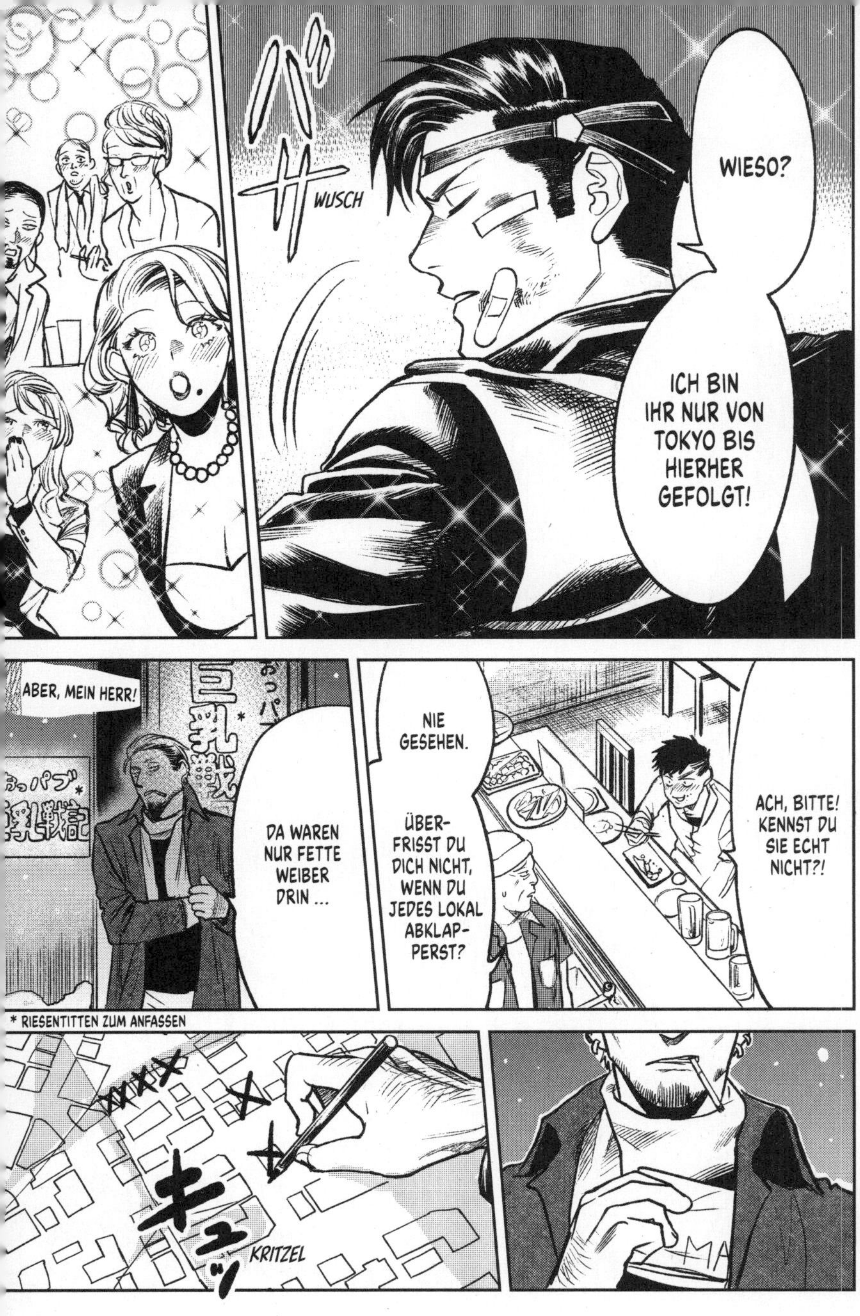

WUSCH
WIESO?
ICH BIN IHR NUR VON TOKYO BIS HIERHER GEFOLGT!

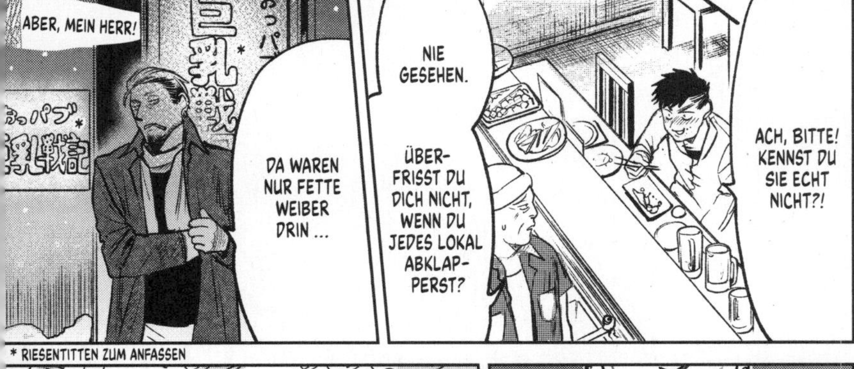

* RIESENTITTEN ZUM ANFASSEN

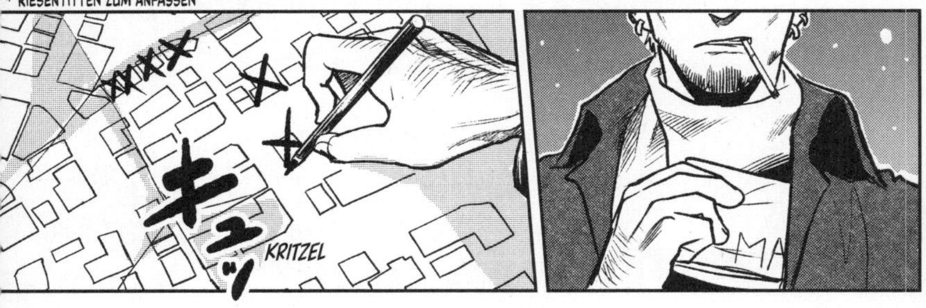

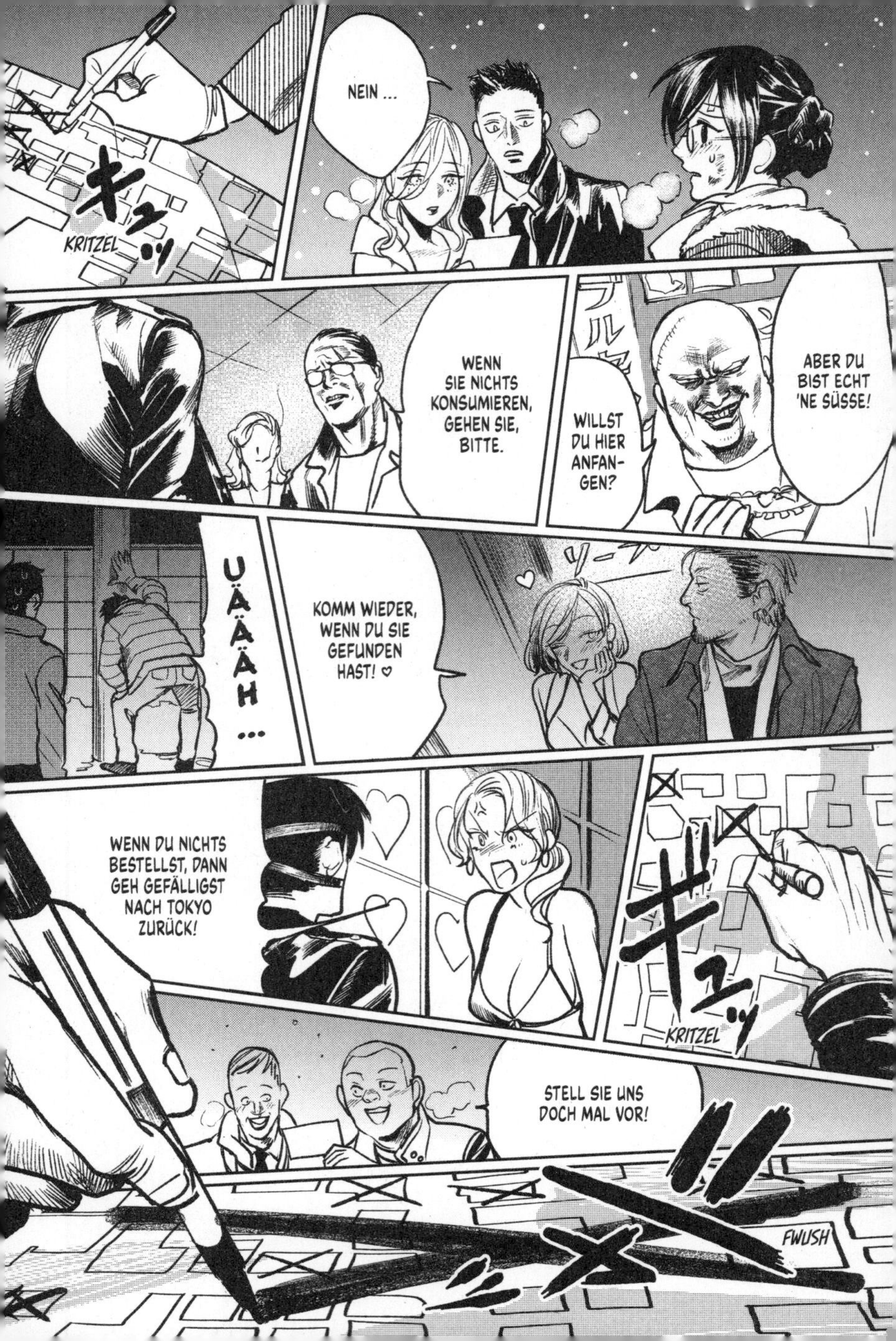
NEIN ...
KRITZEL
ABER DU BIST ECHT 'NE SÜSSE!
WILLST DU HIER ANFANGEN?
WENN SIE NICHTS KONSUMIEREN, GEHEN SIE, BITTE.
KOMM WIEDER, WENN DU SIE GEFUNDEN HAST! ♡
UÄÄÄH ...
KRITZEL
WENN DU NICHTS BESTELLST, DANN GEH GEFÄLLIGST NACH TOKYO ZURÜCK!
STELL SIE UNS DOCH MAL VOR!
FWUSH

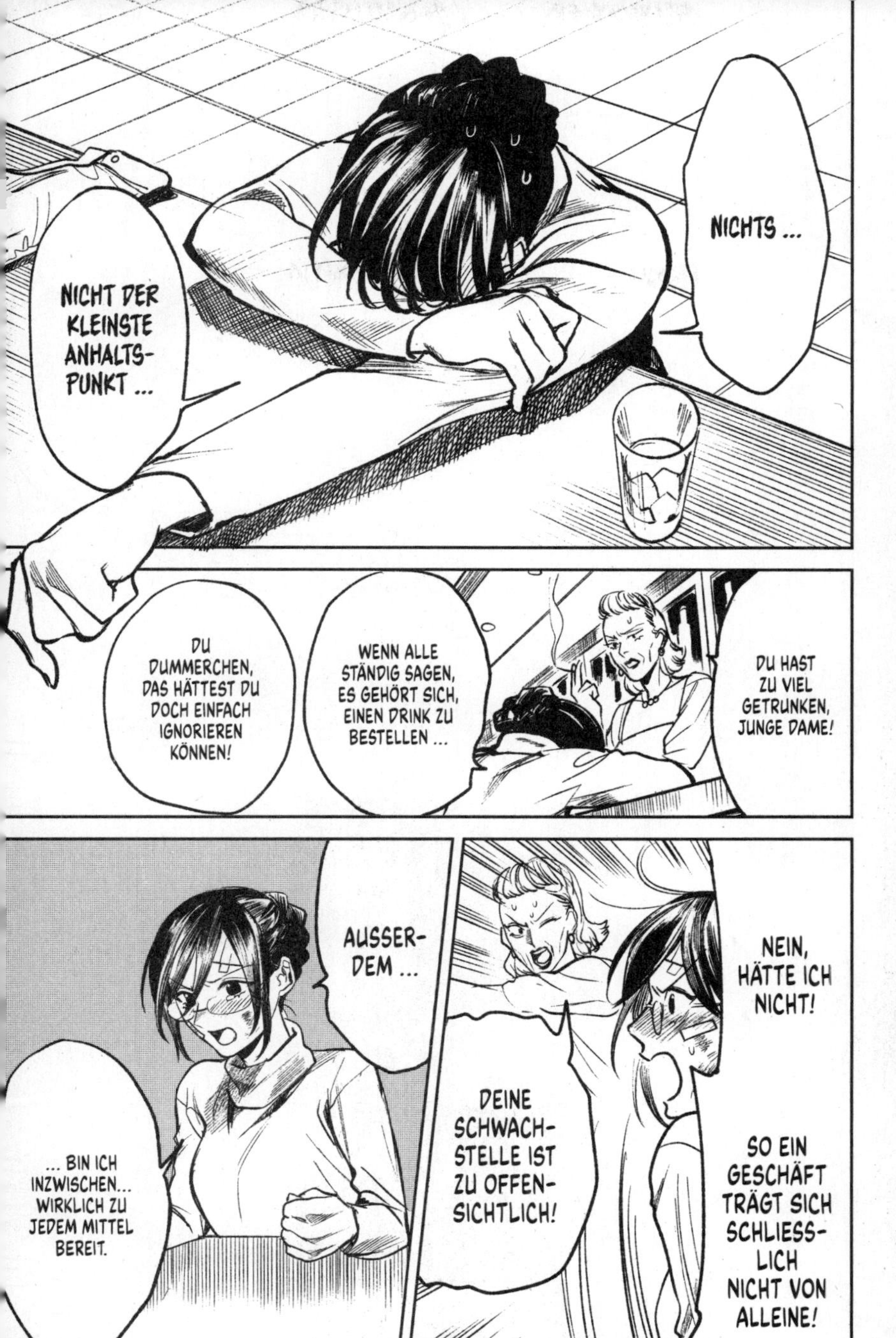
NICHTS ...
NICHT DER KLEINSTE ANHALTS-PUNKT ...
DU HAST ZU VIEL GETRUNKEN, JUNGE DAME!
WENN ALLE STÄNDIG SAGEN, ES GEHÖRT SICH, EINEN DRINK ZU BESTELLEN ...
DU DUMMERCHEN, DAS HÄTTEST DU DOCH EINFACH IGNORIEREN KÖNNEN!
NEIN, HÄTTE ICH NICHT!
SO EIN GESCHÄFT TRÄGT SICH SCHLIESS-LICH NICHT VON ALLEINE!
DEINE SCHWACH-STELLE IST ZU OFFEN-SICHTLICH!
AUSSER-DEM ...
... BIN ICH INZWISCHEN... WIRKLICH ZU JEDEM MITTEL BEREIT.

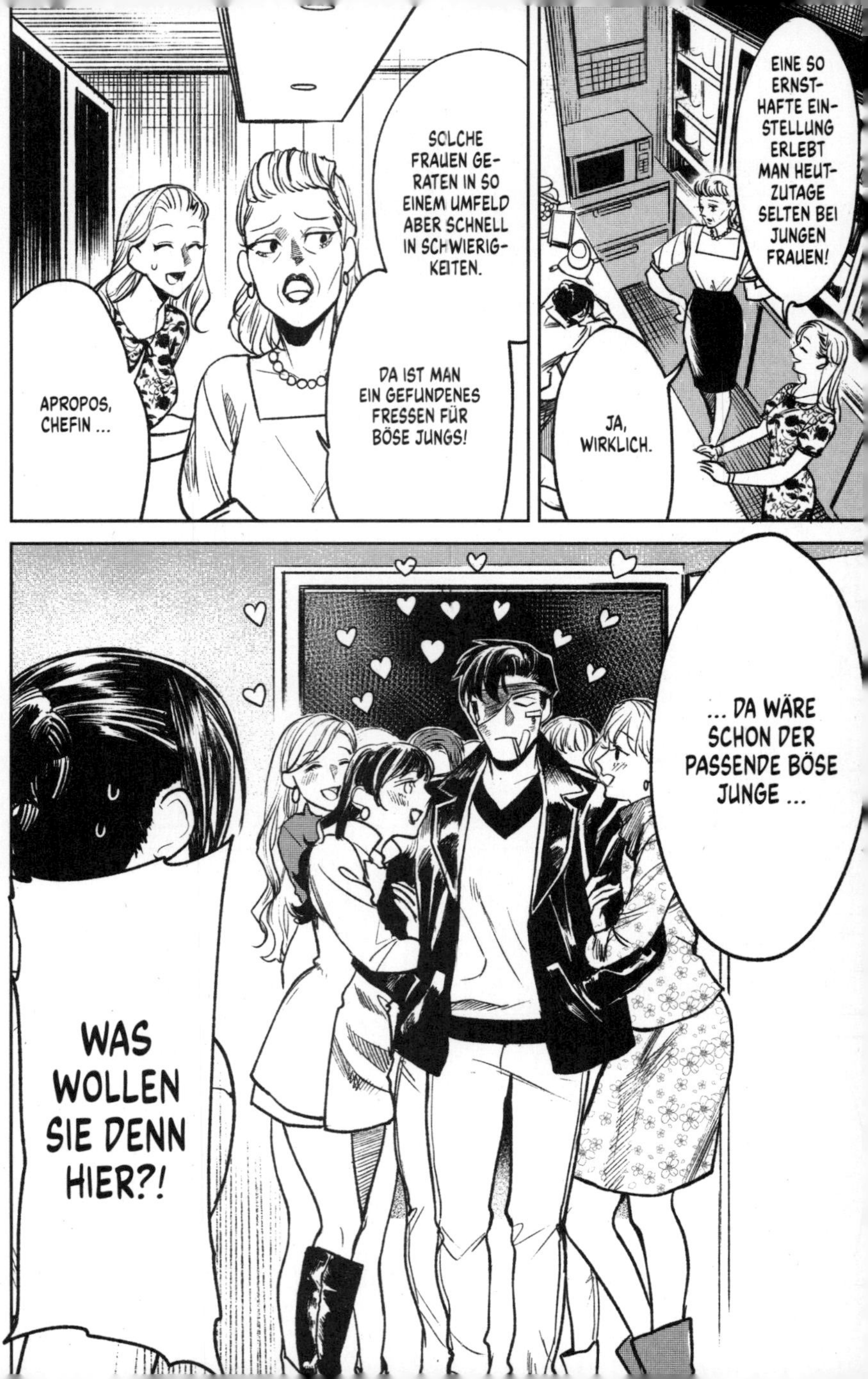

EINE SO ERNSTHAFTE EINSTELLUNG ERLEBT MAN HEUTZUTAGE SELTEN BEI JUNGEN FRAUEN!

JA, WIRKLICH.

SOLCHE FRAUEN GERATEN IN SO EINEM UMFELD ABER SCHNELL IN SCHWIERIGKEITEN.

DA IST MAN EIN GEFUNDENES FRESSEN FÜR BÖSE JUNGS!

APROPOS, CHEFIN …

… DA WÄRE SCHON DER PASSENDE BÖSE JUNGE …

WAS WOLLEN SIE DENN HIER?!

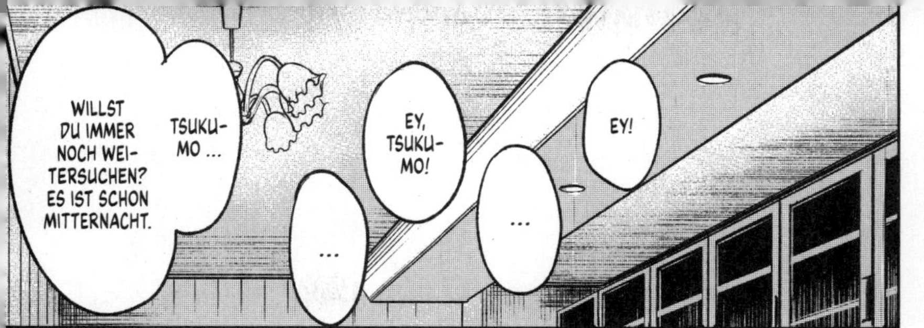
EY!
...
EY, TSUKUMO!
...
TSUKUMO ...
WILLST DU IMMER NOCH WEITERSUCHEN? ES IST SCHON MITTERNACHT.

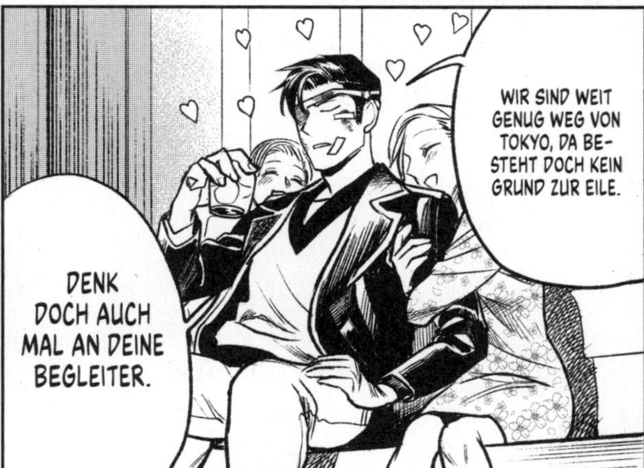
WIR SIND WEIT GENUG WEG VON TOKYO, DA BESTEHT DOCH KEIN GRUND ZUR EILE.
DENK DOCH AUCH MAL AN DEINE BEGLEITER.

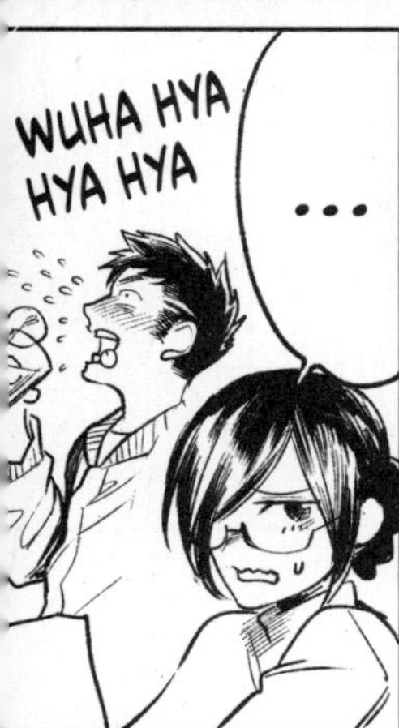
...
WUHA HYA HYA HYA

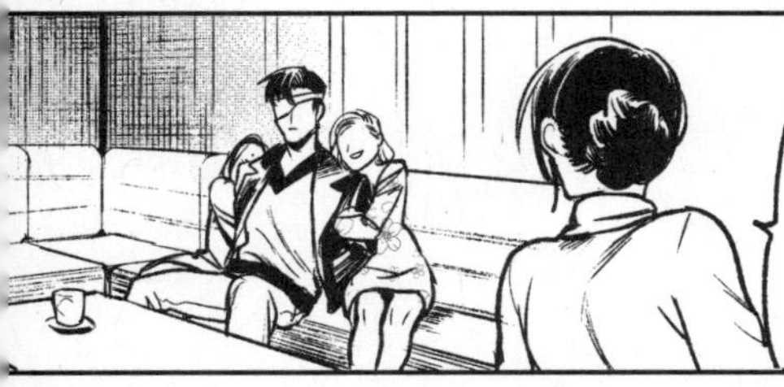
MACHEN SIE WITZE? ES GEHT UM EINE MILLIARDE YEN!
WÜRDE MICH NICHT WUNDERN, WENN DIE GANGSTER JEDERZEIT HIER AUFTAUCHEN ...

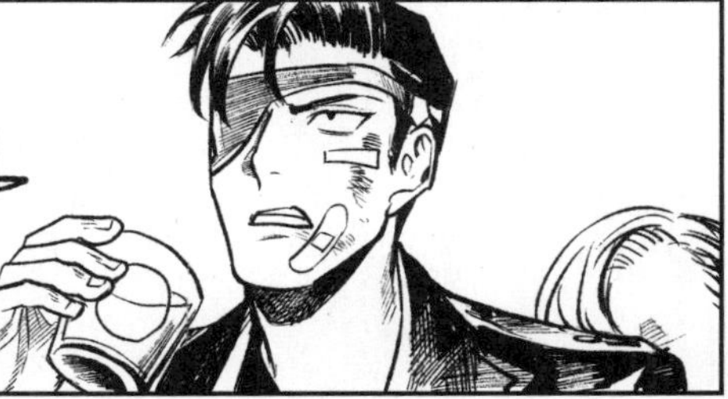
WAS DAS KOPFGELD ANGEHT ...
... DENKST DU NICHT AUCH, DAS IST EIN ÜBERTRIEBEN GROSSER KÖDER?

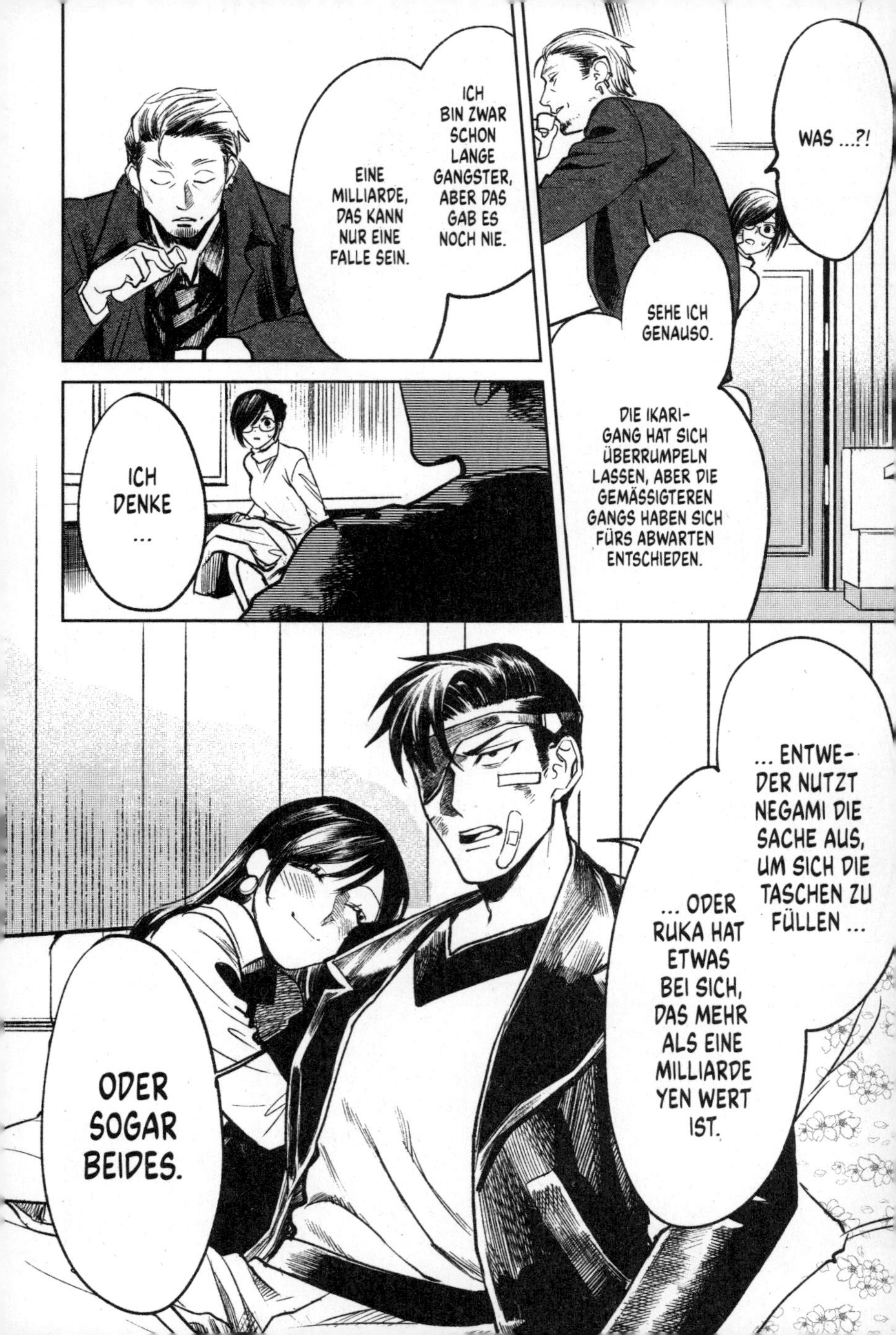
WAS ...?!
ICH BIN ZWAR SCHON LANGE GANGSTER, ABER DAS GAB ES NOCH NIE.
EINE MILLIARDE, DAS KANN NUR EINE FALLE SEIN.
SEHE ICH GENAUSO.
DIE IKARI-GANG HAT SICH ÜBERRUMPELN LASSEN, ABER DIE GEMÄSSIGTEREN GANGS HABEN SICH FÜRS ABWARTEN ENTSCHIEDEN.
ICH DENKE ...
... ENTWEDER NUTZT NEGAMI DIE SACHE AUS, UM SICH DIE TASCHEN ZU FÜLLEN ...
... ODER RUKA HAT ETWAS BEI SICH, DAS MEHR ALS EINE MILLIARDE YEN WERT IST.
ODER SOGAR BEIDES.

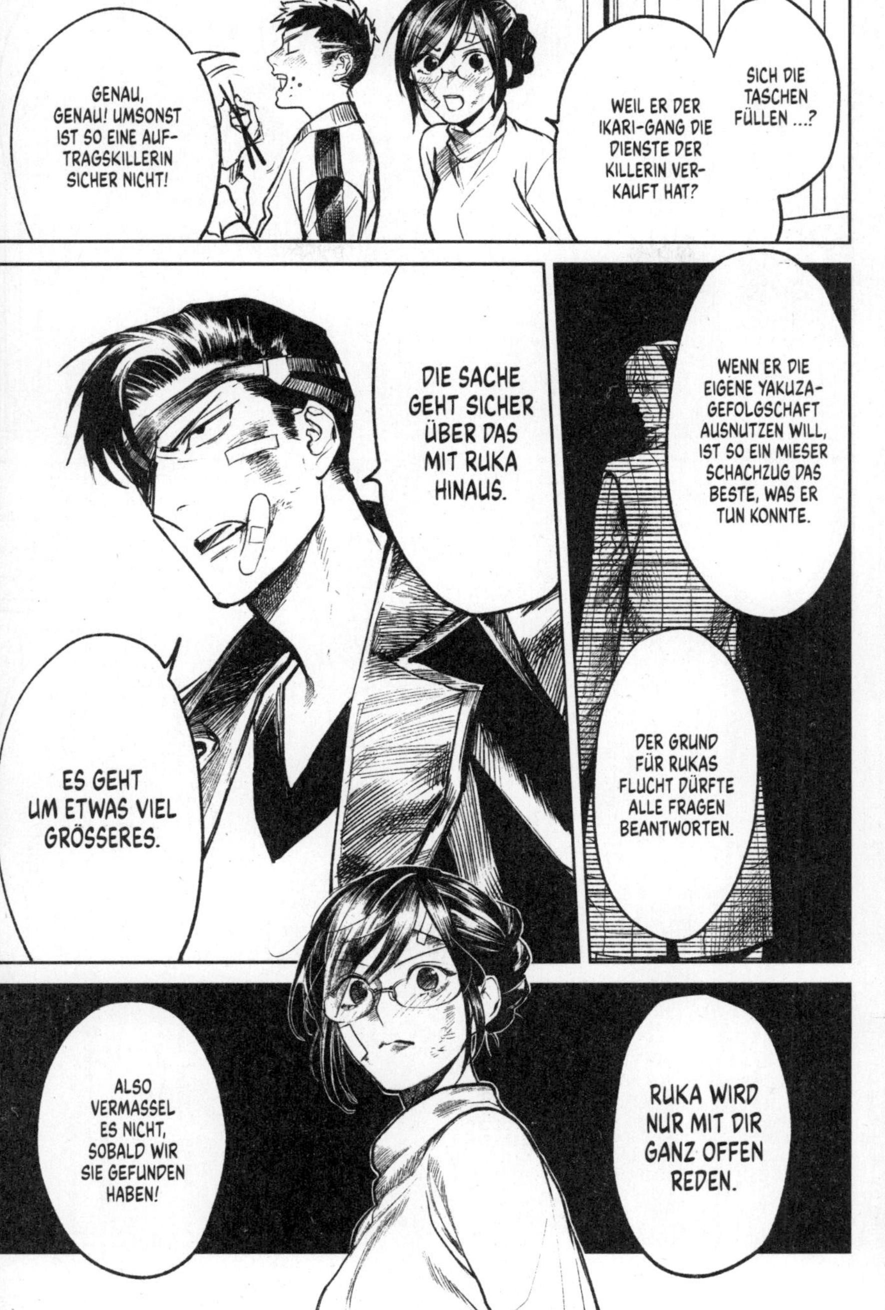
SICH DIE TASCHEN FÜLLEN ...?
WEIL ER DER IKARI-GANG DIE DIENSTE DER KILLERIN VERKAUFT HAT?
GENAU, GENAU! UMSONST IST SO EINE AUFTRAGSKILLERIN SICHER NICHT!
WENN ER DIE EIGENE YAKUZA-GEFOLGSCHAFT AUSNUTZEN WILL, IST SO EIN MIESER SCHACHZUG DAS BESTE, WAS ER TUN KONNTE.
DER GRUND FÜR RUKAS FLUCHT DÜRFTE ALLE FRAGEN BEANTWORTEN.
DIE SACHE GEHT SICHER ÜBER DAS MIT RUKA HINAUS.
ES GEHT UM ETWAS VIEL GRÖSSERES.
RUKA WIRD NUR MIT DIR GANZ OFFEN REDEN.
ALSO VERMASSEL ES NICHT, SOBALD WIR SIE GEFUNDEN HABEN!

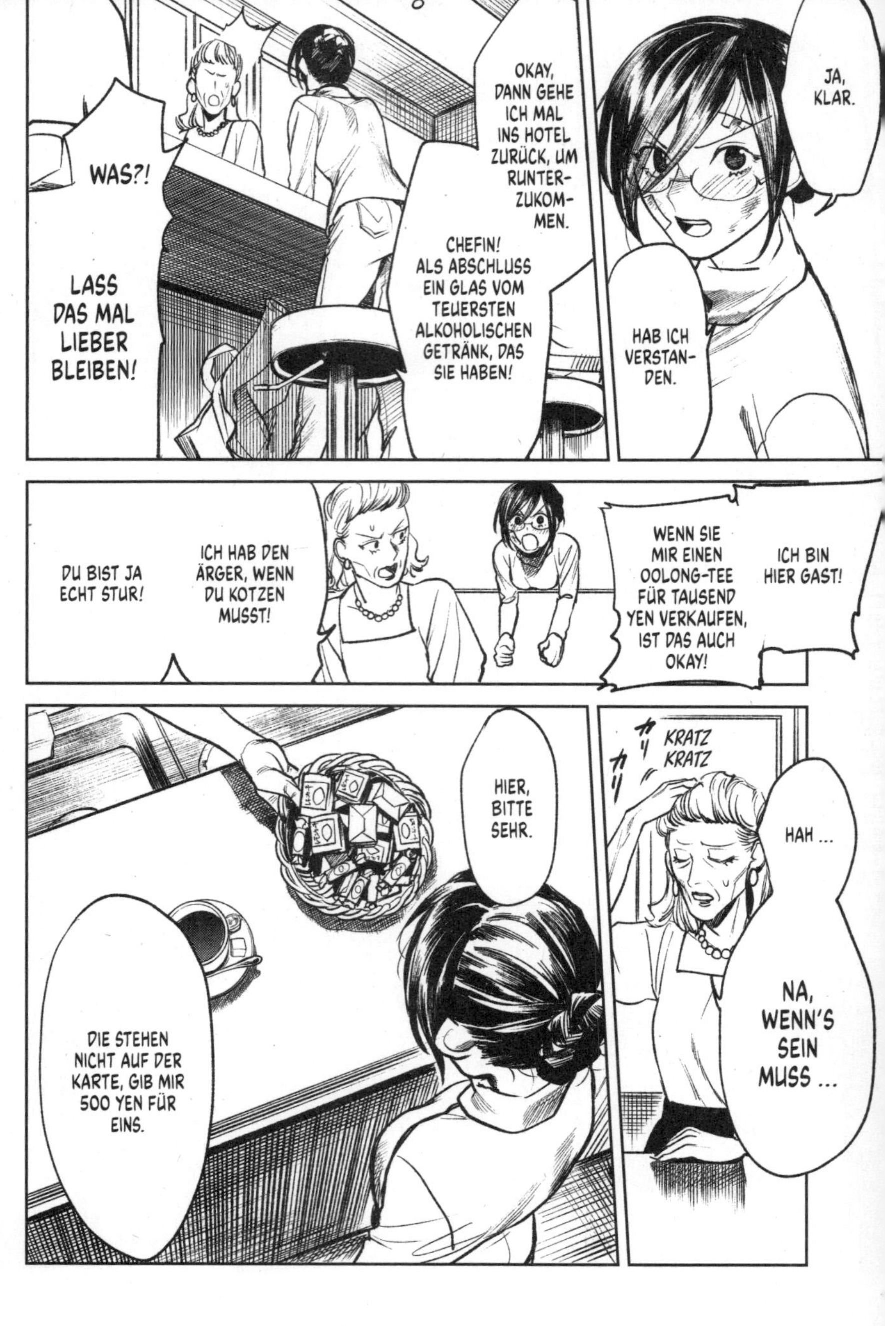
JA, KLAR.
HAB ICH VERSTANDEN.
OKAY, DANN GEHE ICH MAL INS HOTEL ZURÜCK, UM RUNTERZUKOMMEN.
CHEFIN! ALS ABSCHLUSS EIN GLAS VOM TEUERSTEN ALKOHOLISCHEN GETRÄNK, DAS SIE HABEN!
WAS?!
LASS DAS MAL LIEBER BLEIBEN!
ICH BIN HIER GAST!
WENN SIE MIR EINEN OOLONG-TEE FÜR TAUSEND YEN VERKAUFEN, IST DAS AUCH OKAY!
ICH HAB DEN ÄRGER, WENN DU KOTZEN MUSST!
DU BIST JA ECHT STUR!
KRATZ KRATZ
HAH ...
NA, WENN'S SEIN MUSS ...
HIER, BITTE SEHR.
DIE STEHEN NICHT AUF DER KARTE, GIB MIR 500 YEN FÜR EINS.

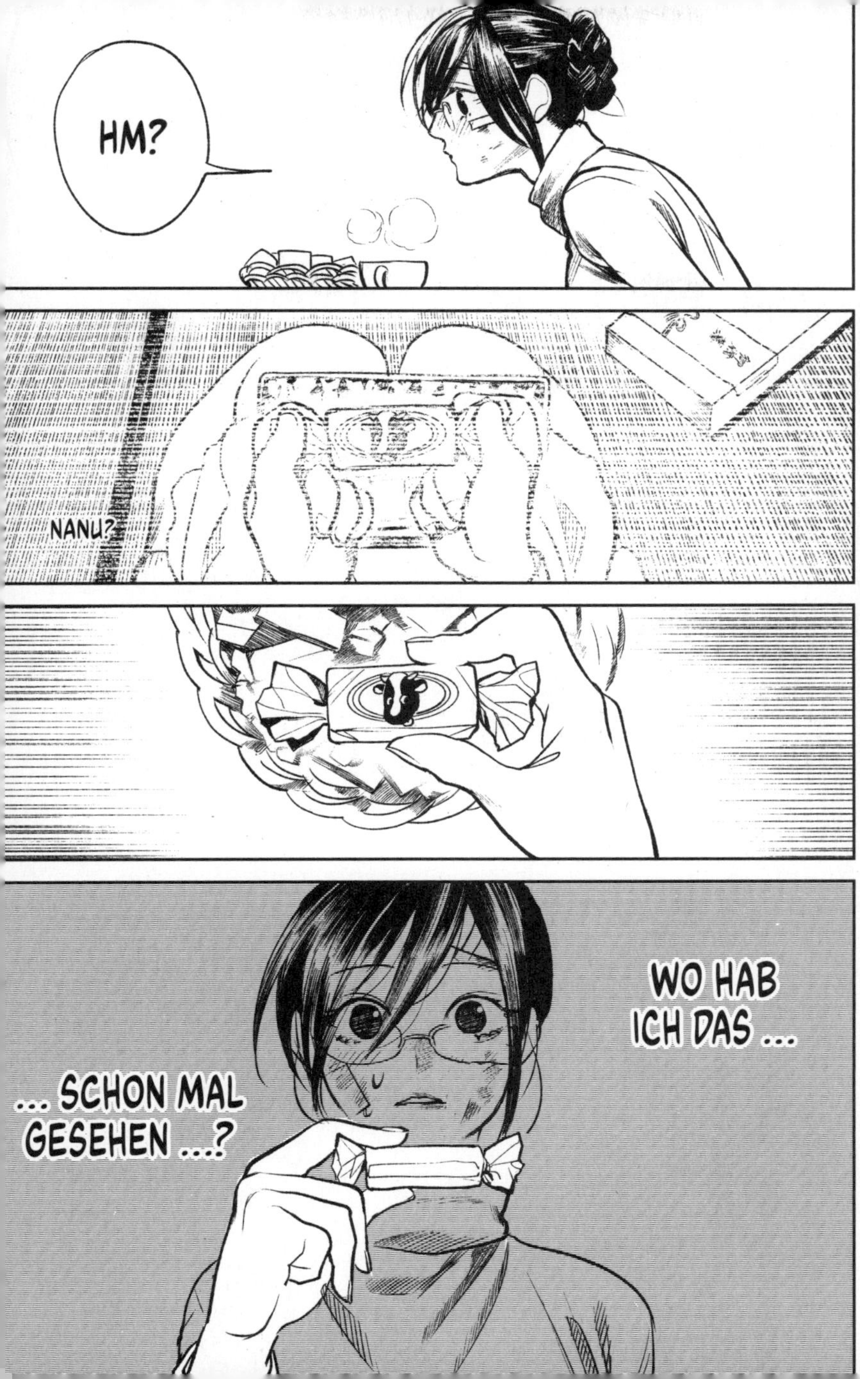

HM?

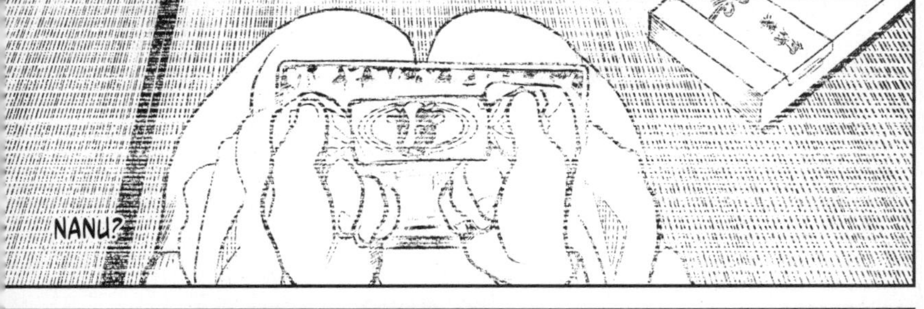

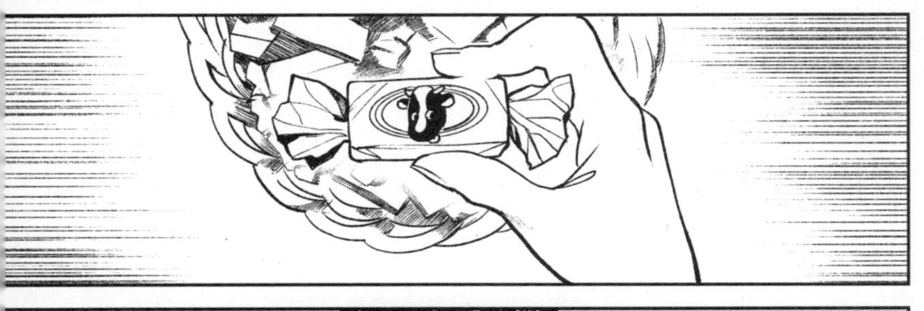

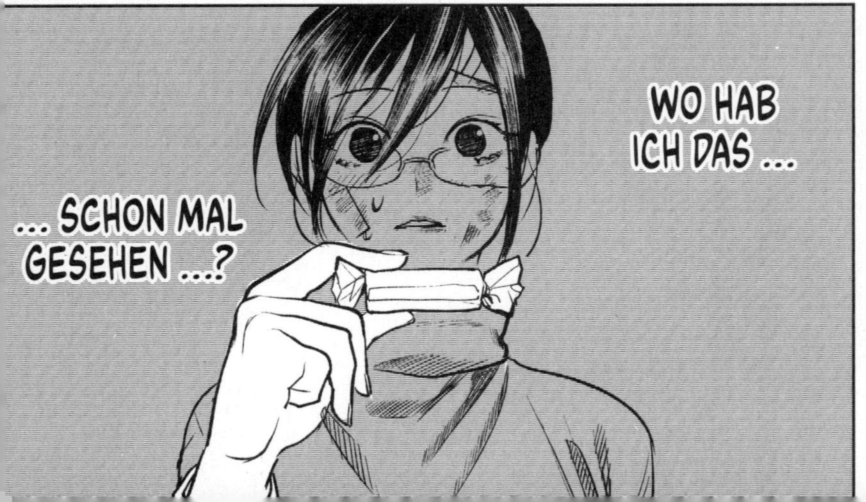

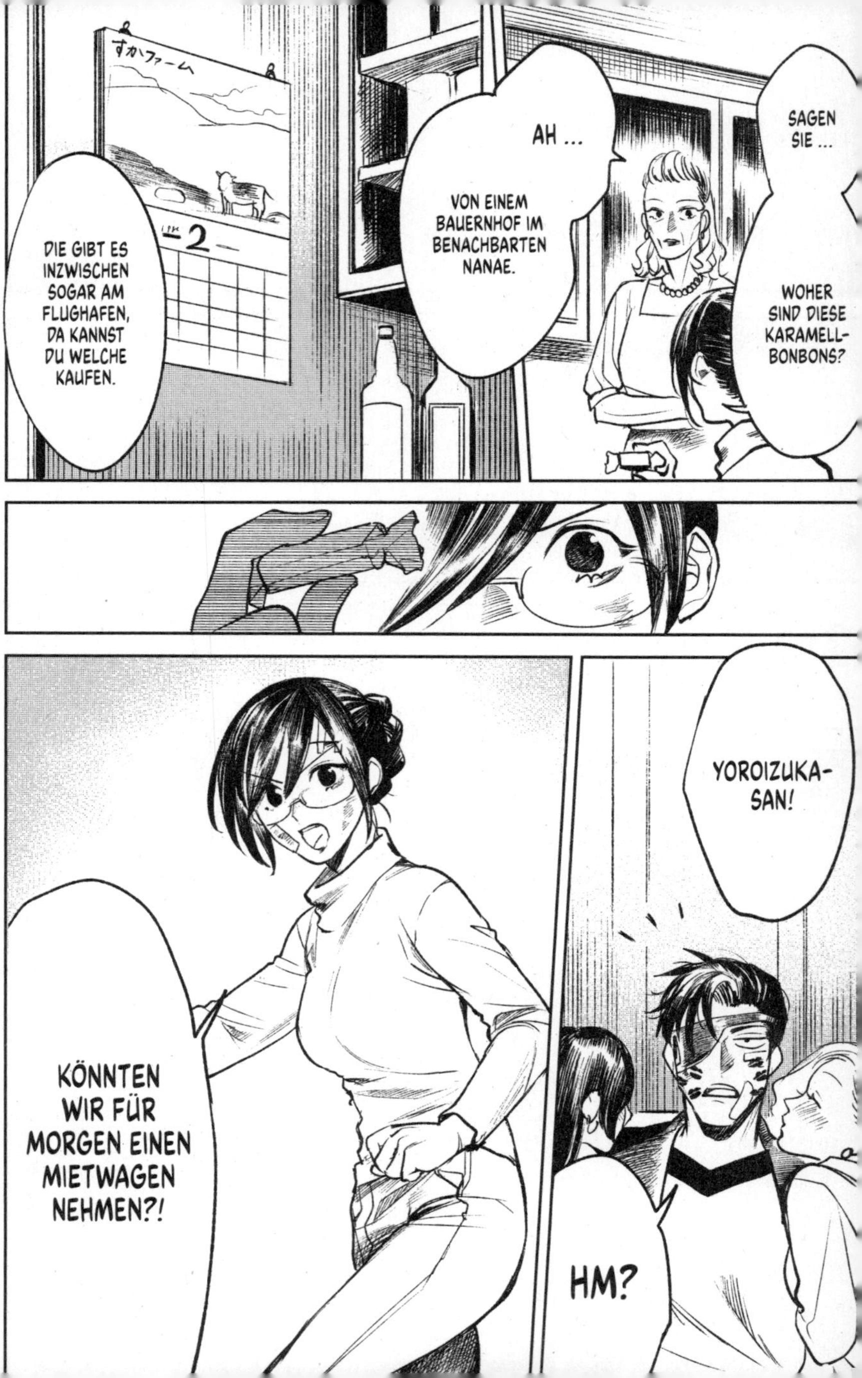

SAGEN SIE …

WOHER SIND DIESE KARAMELL-BONBONS?

AH …

VON EINEM BAUERNHOF IM BENACHBARTEN NANAE.

すかファーム

DIE GIBT ES INZWISCHEN SOGAR AM FLUGHAFEN, DA KANNST DU WELCHE KAUFEN.

YOROIZUKA-SAN!

HM?

KÖNNTEN WIR FÜR MORGEN EINEN MIETWAGEN NEHMEN?!

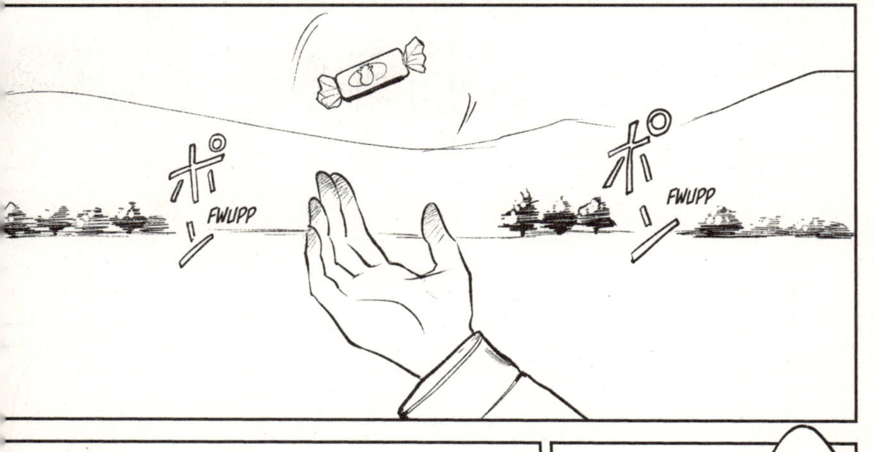
ポン
FWUPP
ポン
FWUPP
MIZUKI!
HEY, FANG, FANG!
パッ
WHUPP

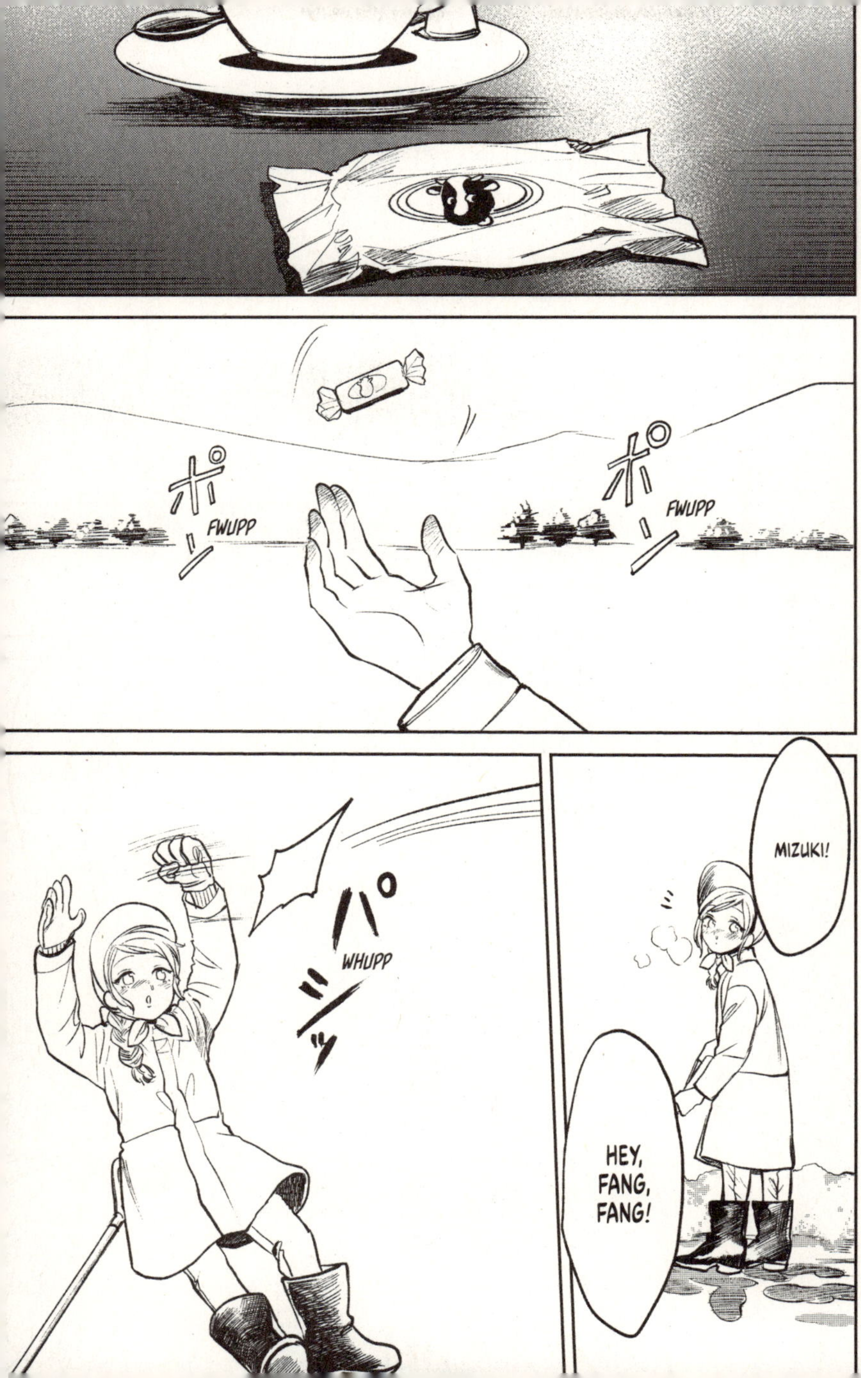

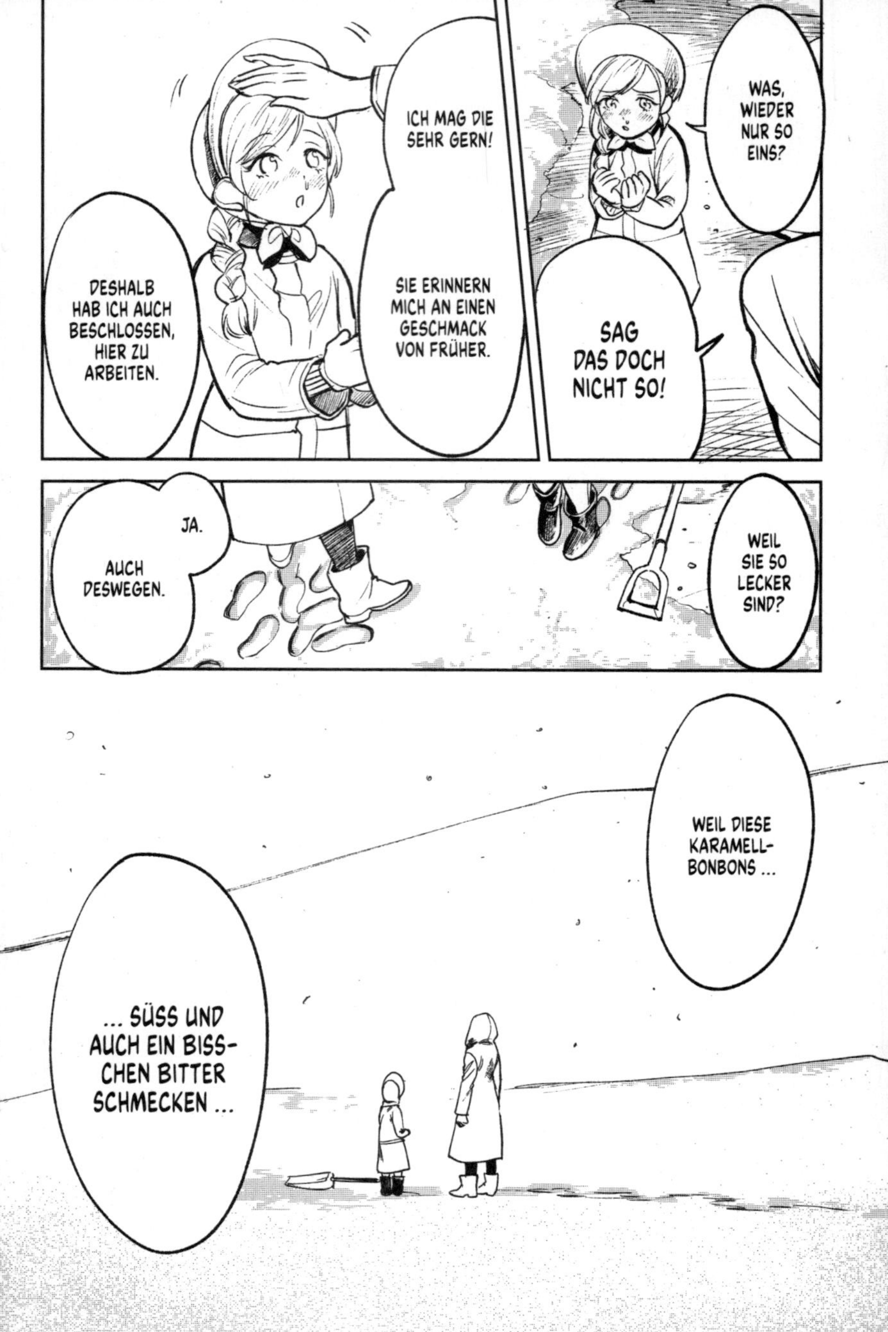
WAS, WIEDER NUR SO EINS?
SAG DAS DOCH NICHT SO!
ICH MAG DIE SEHR GERN!
SIE ERINNERN MICH AN EINEN GESCHMACK VON FRÜHER.
DESHALB HAB ICH AUCH BESCHLOSSEN, HIER ZU ARBEITEN.
WEIL SIE SO LECKER SIND?
JA.
AUCH DESWEGEN.
WEIL DIESE KARAMELL-BONBONS ...
... SÜSS UND AUCH EIN BISS-CHEN BITTER SCHMECKEN ...

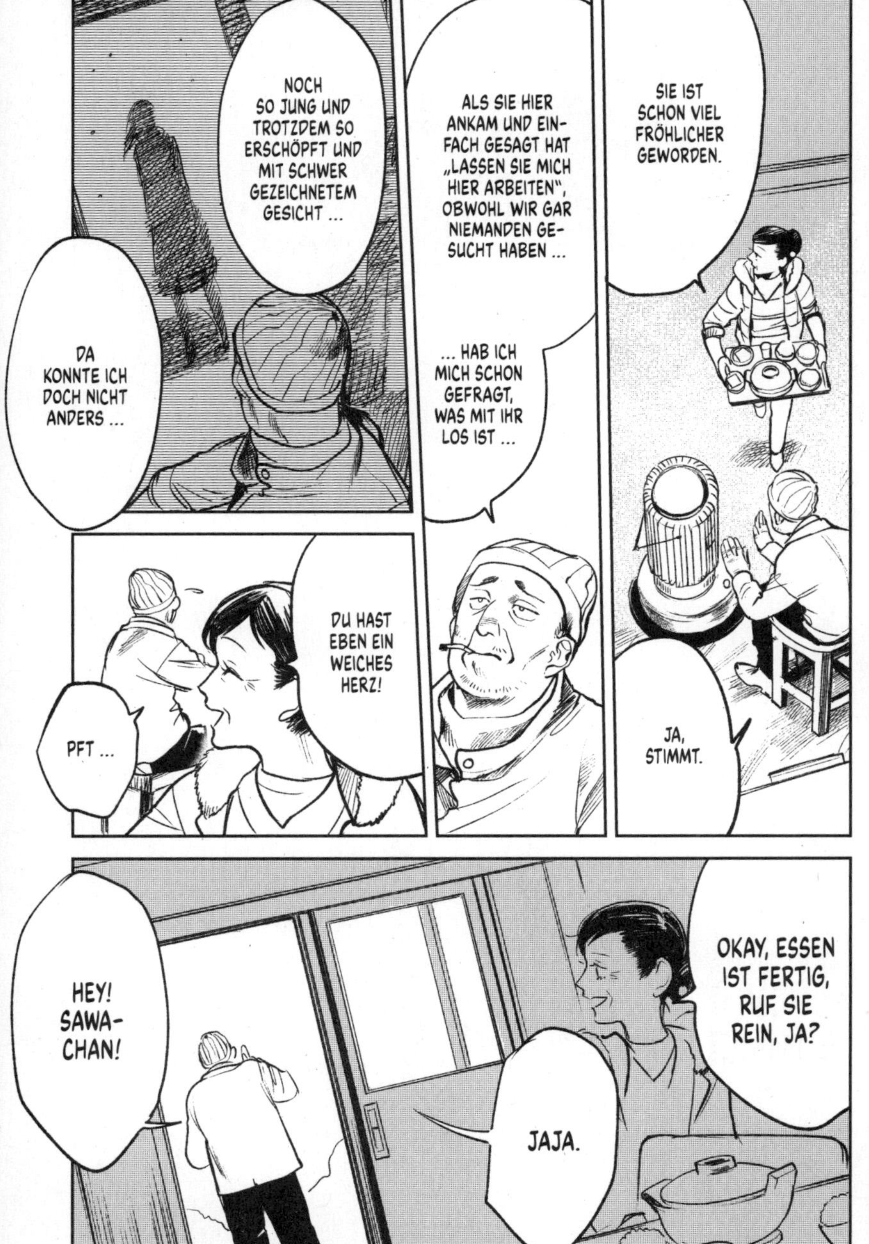
SIE IST SCHON VIEL FRÖHLICHER GEWORDEN.
ALS SIE HIER ANKAM UND EINFACH GESAGT HAT „LASSEN SIE MICH HIER ARBEITEN“, OBWOHL WIR GAR NIEMANDEN GESUCHT HABEN ...
... HAB ICH MICH SCHON GEFRAGT, WAS MIT IHR LOS IST ...
NOCH SO JUNG UND TROTZDEM SO ERSCHÖPFT UND MIT SCHWER GEZEICHNETEM GESICHT ...
DA KONNTE ICH DOCH NICHT ANDERS ...
JA, STIMMT.
DU HAST EBEN EIN WEICHES HERZ!
PFT ...
OKAY, ESSEN IST FERTIG, RUF SIE REIN, JA?
JAJA.
HEY! SAWA-CHAN!

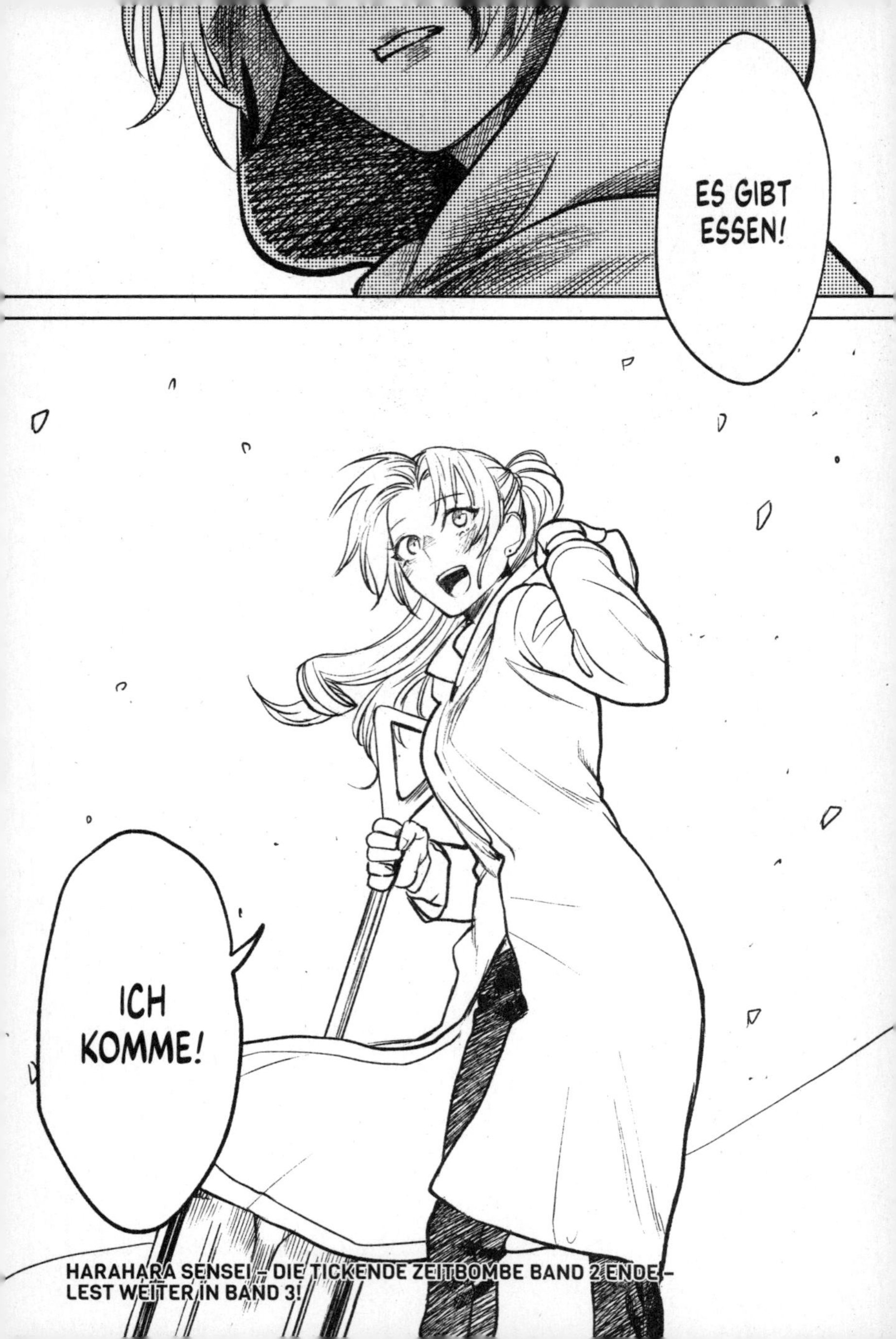
ES GIBT ESSEN!
ICH KOMME!
HARAHARA SENSEI – DIE TICKENDE ZEITBOMBE BAND 2 ENDE –
LEST WEITER IN BAND 3!

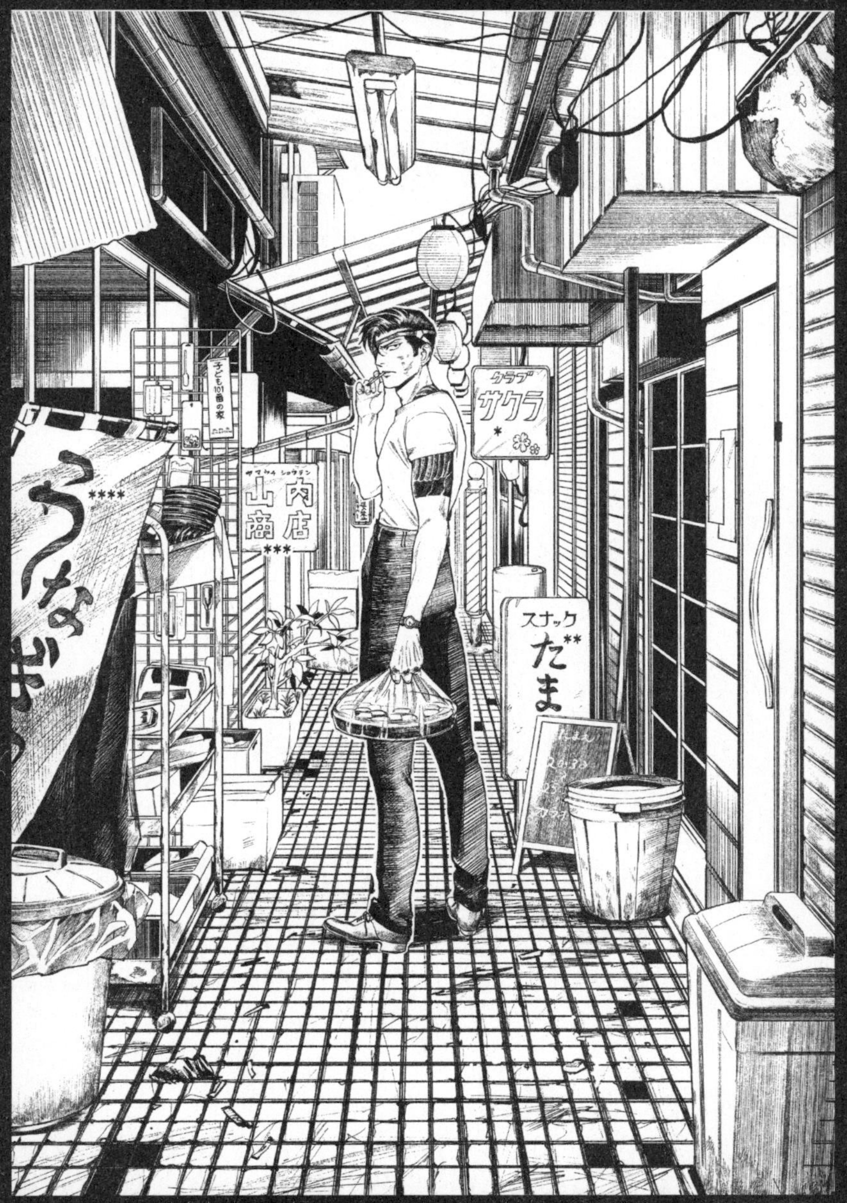

* CLUB SAKURA ** SNACK TAMA *** YAMAUCHI GEMISCHTWAREN **** GEBRATENER AAL

SPECIAL ILLUSTRATION 1

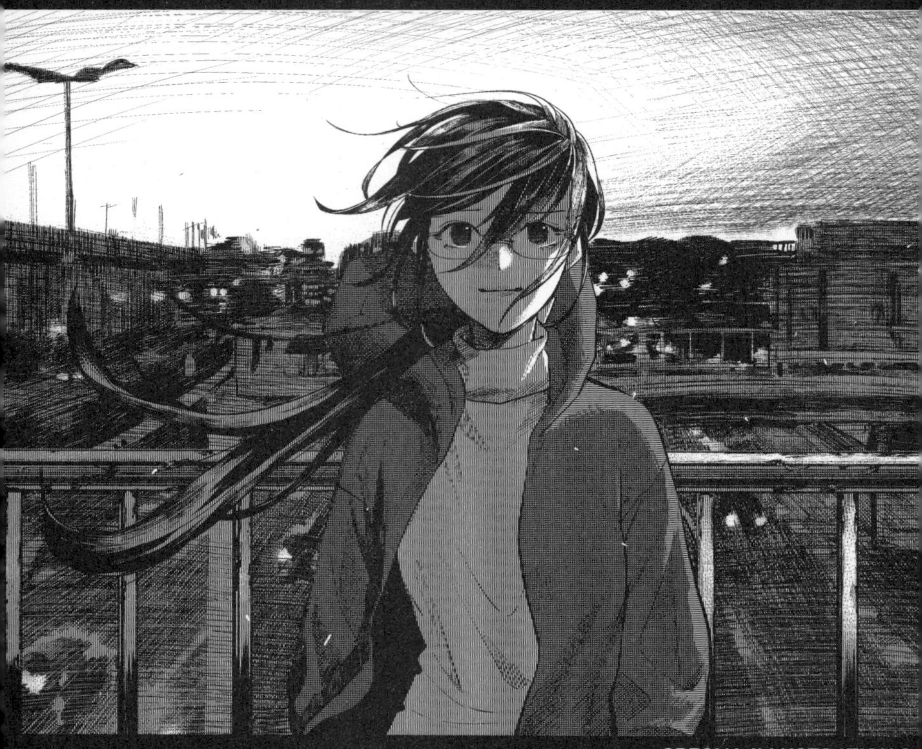

SPECIAL ILLUSTRATION 2

SPECIAL THANKS

REDAKTION: HITOSHI KOIKE
ASSISTENZ: JUNICHI KABUTO
RIKA MOTSUKI
DESIGN: CHIHIRO NAGAI
REDAKTIONSLEITUNG: KURARE

And you...

ACHTUNG!

Dieser Comic wird wie im Original gelesen:
von rechts nach links,
also fangt einfach von der anderen Seite des Buches an
und stürzt euch in die Welt von

HARAHARA SENSEI
DIE TICKENDE ZEITBOMBE

HARAHARA SENSEI – DIE TICKENDE ZEITBOMBE erscheint bei **PANINI MANGA**, Schloßstraße 76, D-70176 Stuttgart. HARAHARA SENSEI – DIE TICKENDE ZEITBOMBE wird unter Lizenz in Deutschland von PANINI Verlags-GmbH veröffentlicht. Druck: LEGO PRINT S.p.A. Anzeigenverkauf: BLAUFEUER VERLAGSVERTRETUNGEN GmbH, info@blaufeuer.com. Es gelten die Anzeigenpreise gemäß der Mediadaten 2024. Direkt-Abos auf **www.paninimanga.de**. Geschäftsführer **Hermann Paul**, Publishing Director Europe **Marco M. Lupoi**, Finanzen/Logistik **Felix Bauer**, Marketing Director **Holger Wiest**, Marketing **Dr. Rebecca Haar**, **Jessica Langer**, Vertrieb **Alexander Bubenheimer**, PR/Presse **Steffen Volkmer**, Publishing Manager **Lisa Pancaldi**, Redaktion **Stephanie Jakob**, **Matthias Korn**, **Philipp Nakata**, **Daniela Uhlmann**, Übersetzung **Dorothea Klepper**, Proofreading **Julia Weisenberger**, grafische Gestaltung **Rudy Remitti**, **Nicola Spano**, Art Director **Alessandro Gucciardo**, Redaktion Panini Comics **Elisa Panzani**, **Ludovica Ungari**, Repro/Packager **Alessandro Nalli** (coordinator), **Anna Boselli**, **Mario Da Rin Zanco**, **Valentina Esposito**, **Luca Ficarelli**, **Simone Guidetti**, **Linda Leporati**, **Fabio Melatti**. ISBN 978-3-7416-3473-4

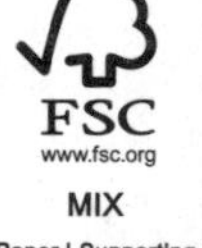

Digitale Ausgaben: ISBN 978-3-7569-0608-6 (.pdf) / ISBN 978-3-7569-0609-3 (.epub) / ISBN 978-3-7569-0607-9 (.mobi)

1. Auflage

Bibliografische Information der Deutschen Nationalbibliothek
Die Deutsche Nationalbibliothek verzeichnet diese Publikation in der Deutschen Nationalbibliografie; detaillierte bibliografische Daten sind im Internet über dnb.d-nb.de abrufbar.